연암 박지원 연구

실시학사
실학연구총서
04

〔연암 박지원 연구〕

燕巖 朴趾源

❖ 임형택 · 김명호 · 염정섭 · 리쉐탕 · 김용태 저

❖ 재단법인 실시학사 편

사람의무늬

實學研究叢書를 펴내며

실학(實學)이 우리나라 학계에 연구주제로 떠올라, 정식의 학술논문으로 학술지에 등재(登載)되기 시작한 것은 1952년 이후의 일이다. 천관우(千寬宇)의 「반계 류형원(磻溪 柳馨遠) 연구」가 『역사학보(歷史學報)』 2·3집에 발표된 것이 그 시발점이다. 지난 계몽기(啓蒙期)의 몇몇 선학(先學)들이 실학에 대한 관심을 표명해 왔으나 일반 신문 잡지에 논설조(論說調)로 내놓은 것이 고작이었던 것에 비하면, 천관우의 글은 당시 비록 한편에서 저널리스트식 필치로 써 내려온 것이란 비판이 있었지만 일단 수미정연(首尾整然)한 체제를 갖춘 논문으로 주목할 만하였다. 그러나 당시 연구자의 수가 많지 않고 학계의 관심도 분산되어 있어서 개별 실학자에 대한 연구가 간헐적으로 있는 정도였고 그리 활발한 편은 아니었다. 그중에서 1961년에 한우근(韓㳓劤)의 성호(星湖) 이익(李瀷)에 관한 연구가 『이조후기(李朝後期)의 사회(社會)와 사상(思想)』이란 책으로 나와, 그의 실증사학(實證史學)으로서의 견고한 학풍을 보여 주었다.

그러다가 1970년에 이우성(李佑成)의 「실학연구서설(實學研究序說)」이 나와, 그동안 유동적이었던 실학의 명칭문제가 일단 타결된 듯이 보이고, 나아가 실학의 내용을 경세치용(經世致用)·이용후생(利用厚生)·실사구시(實

事求是)의 세 파로 나누어 설명함으로써 그 학문의 성격을 용이하게 파악할 수 있게 하였다. 또한 경세치용파를 근기지방(近畿地方)의 농촌토착적 환경에서, 그리고 이용후생파를 서울의 도시적 상황 속에 형성된 것으로 이해하면서 「18세기 서울의 도시적 양상」을 묘사하여 이용후생파의 성립 배경을 밝히려고 하였다. 다시 나아가 다산(茶山) 정약용(丁若鏞)에 이르러 위의 양파(兩派)가 회합(匯合)되는 동시에 호한(浩汗)한 경전해석(經典解釋)으로 실사구시파(實事求是派)를 추동(推動)시킨 느낌이 있어, 다산학이 실학의 대성을 의미하는 것이라고 언급하였다. 이후 계속해서 실학의 후속 학자로 최한기(崔漢綺)와 최성환(崔瑆煥)을 연구하여 최한기가 『기학(氣學)』과 『인정(人政)』을 저술하는 한편 서양과학지식을 대폭 수용하고, 최성환은 중인(中人) 출신으로 국왕(國王)의 자문에 응한다는 취지에서 『고문비략(顧問備略)』을 저술하여 전반적 제도 개혁을 주장한 것을 높게 평가하였다. 특히 최성환의 바로 뒤에 중인층의 후배들이 개화운동의 배후 공작자로 활약하게 된 것을 말함으로써 실학사상(實學思想)과 개화사상(開化思想)의 연결관계를 미루어 알게 하였다.

한편 '실학국제회의(實學國際會議)'를 구성하여 한·중·일 삼국의 학자들이 각자 자국의 실학을 중심으로, 2년마다 돌아가면서 국제회의를 개최하도록 함으로써 동아시아세계로 실학의 지평을 넓혔다. 그리고 '한국실학학회(韓國實學學會)'를 조직하여 국내 학자들을 수시로 발표시키고 1년에 두 차례 학보를 발행하여 우리나라 실학연구를 다소 진작되게 하기도 하였다.

실시학사(實是學舍)가 서울에서 근기(近畿) 쪽으로 옮긴 뒤에도 나는 젊은 학도들과 강독 및 연토(研討)를 지속해 오고 있지만 연로신쇠(年老身衰)한 처지에서 불원 철수 은퇴할 것을 생각하고 있었다. 뜻밖에 나의 친구 모하(慕何) 이헌조(李憲祖) 형이 거액의 사재를 출연하여 실시학사를 재단법인으로 만들고 그 기금으로 실학연구에 박차를 가해 줄 것을 권유해 왔다. 나는 그의 사회와 학문에 대한 열정에 감동하여 사양치 않고 그의 뜻에 따랐다. 즉시 연구계획을 세우고 국내학자들을 널리 동원하여 1차 연도에 성호·다산을, 2차 연도에 담헌(湛軒)·연암(燕巖)과 실학파 문학을, 그리고 3차 연도에 반계와 초정(楚亭)을 다루기로 하였다. 각 팀에 5명을 한 단위로 하여 1년 동안의 공동연구 끝에 각자 논문을 제출하여 한 권의 책을 내기로 하였다.

이제 2년의 세월이 흘렀다. 각기 1년씩의 기간이 끝나 논문들이 함께 나와, 무려 5책을 한꺼번에 출판하게 되었다. 집필자들은 모두 해당 분야의 전문 연구자로서 가장 정예(精銳)로운 분들이라고 생각한다. 독자 여러분의 보살핌을 바란다. 앞으로 3차에 이어, 4차, 5차로 계속 진행될 것이다. 국내외 학계 여러분의 성원과 협조를 기대하여 마지않는다.

이 글을 마치려 함에 있어, 거듭 모하(慕何) 형에게 고마움을 표하면서 앞으로 그 뜻을 살려 더욱 성과를 내게 될 것을 다짐한다.

끝으로 이 책들의 출판에 임하여 주선과 지원에 진력(盡力)한 이승룡(李承龍) 사무국장, 보조직(補助職)인 김경희(金慶姬) 대리, 편집과 교정에 성의를 다한 최영옥(崔煐玉) 연구간사, 교정에 동참한 배성윤(裴晟允) 씨, 그리고 출판을 담당하여 여러모로 노고(勞苦)를 겪은 '사람의무늬'사(社) 여러분에게 심심(深甚)한 사의를 표해 둔다.

2012년 임진 4월 3일

李佑成

| 차 례 |

간행사 · 實學研究叢書를 펴내며 ·········· 5

燕巖의 經濟思想과 利用厚生論
| 임형택 |

1. 한국실학의 인식사에서의 연암 ·········· 14
2. 사(士)와 실학 ·········· 23
3. 시장경제에 대한 인식과 화폐론 ·········· 33
4. 『열하일기(熱河日記)』와 이용후생론(利用厚生論) ·········· 50
5. 결론을 대신해서 – 연암학파의 성립, 그 이후의 이용후생학 ·········· 70

燕巖의 實學思想에 미친 西學의 영향
| 김명호 |

1. 머리말 ·········· 81
2. 우정 담론의 발전과 『교우론(交友論)』 ·········· 84
3. 염세주의 및 천주만물창조설 비판과 『천주실의(天主實義)』 ·········· 102
4. '경계(境界)'의 철학과 『기하원본(幾何原本)』 ·········· 120
5. 맺음말 ·········· 138

燕巖의 『課農小抄』에 대한 綜合的 檢討
| 염정섭 |

1. 머리말 ·········· 149

2. 『과농소초(課農小抄)』의 편찬 과정 ················ 155

3. 『과농소초』의 내용 구성과 의의 ················ 175

4. 맺음말 ················ 235

筆談을 통해 본 『熱河日記』
| 리쉐탕 |

1. 머리말 ················ 245

2. 『열하일기(熱河日記)』에서 필담(筆談)의 의미와 위상 ················ 246

3. 필담의 실제와 성취 ················ 256

4. 필담의 문학적 구상 및 인물 형상의 창조 ················ 277

5. 맺음말 ················ 297

實學과 士意識
| 김용태 |

1. 머리말 ················ 303

2. 17세기 이후 실학파 사의식(士意識)의 전개 양상 ················ 305

3. 시기별 저술에 나타난 연암 사의식의 제 특징 ················ 327

4. 연암 사의식의 확산과 계승 ················ 347

5. 맺음말 ················ 358

이 책을 마치며 ················ 363

| 부록 |

연보 ················ 369

찾아보기 ················ 395

燕巖의 經濟思想과 利用厚生論

임형택 | 성균관대학교 명예교수

1. 한국실학의 인식사에서의 연암

2. 사(士)와 실학

　　1) 사(士)로서의 자각과 문명의식

　　2) 연암의 실학 개념

3. 시장경제에 대한 인식과 화폐론

　　1) 물화 유통과 시장에 대한 인식

　　2) 화폐론

　　3) 국부(國富)의 문제

4. 『열하일기(熱河日記)』와 이용후생론(利用厚生論)

　　1) 『열하일기』의 독법

　　2) 이용후생의 논리

　　3) 이용후생의 실천적 노력

5. 결론을 대신해서－연암학파의 성립, 그 이후의 이용후생학

앞 표제에 나오는 경제란 용어의 개념에 대해서 먼저 짚어 보는 것으로 본고의 첫말을 삼아 볼까 한다.

오늘날 경제는 인간이 먹고사는 데 필수적인 재화를 다루는 문제를 지칭하는 말이다. 그러나 본고에서 탐구의 대상이 된 연암(燕巖) 박지원(朴趾源, 1737~1805)만 해도 경제의 의미는 틀림없이 '경세제민(經世濟民)'의 준말로 생각했다. 경제란 두 글자는 똑같이 써도 고금의 개념 차가 분명하다. 그런데 연암의 '경세제민의 사상'을 들여다보면 근대적 개념의 경제에 해당하는 내용을 중요시하고 있었음을 알 수 있다.[1] 즉 경세제민의 방도로 이용후생(利用厚生)을 강구하고 '유민익국(裕民益國)'을 제창한 것이다. 여기에서 주목하는 것이 그 점이다. 요컨대 연암이 추구한 경세제민은 다른 무엇이 아니고 유민익국이다. 연암에 있어서 '경세제민의 사상'은 오늘의 경제사상에 다름 아니라고 말해도 좋지 싶다.

대략 이런 취지에서 '박지원의 경제사상과 이용후생론'이란 제목을 잡아 보았다. 이 주제는 오늘의 분과학문의 제도 하에서는 사회과학에 속하는 것임이 물론이다. 필자 같은 문학 전공의 인문학도가 범접할 영역이 아니다. 그럼에도 주제넘게 이 주제를 잡은 데는 나름의 뜻이 있다.

근대학문은 연암을 포함한 실학이라는 대상을 놓고서도 문학과 역사와 철학 그리고 사회과학이라는 분화된 지식의 경계에 따라 서로 다른 그림 그리기를 해 왔다. 그야말로 '장님 코끼리 만지기'를 한 꼴이다.

---

1 연암의 아들 朴宗采의 기록에 의하면, 연암이 평소에 강구한 학문이 '經濟實用之事'에 있다고 했던바, 이때 '경제'는 바로 經世濟民을 가리키며 '실용지사'는 利用厚生에 해당하는 것이다(朴宗采, 『過庭錄』 卷3, '築桂山草堂'條).

'탈분과학문적 연구'를 지향하여 '하나의 인문학'을 회복해야 한다는 주장이 설득력을 갖는 사례이다. 주제 자체가 마침 근래 인문학의 통합 학문적 방향으로 제기된 사회인문학의 성격을 갖는 것으로 보인다.

우리의 실학이야말로 주지하다시피 인문정신이 고도로 발휘된 위대한 정신적 성취이다. 필자는 최근에 근대학문의 분과적 틀을 지양하기 위한 방법론적 모색으로서 다산(茶山) 정약용(丁若鏞)의 공부법을 거론한 바 있다.[2] 이번의 '연암의 경제사상과 이용후생론'은 사회인문학이라는 새로운 방향을 구체화해 보려는 하나의 시도라고 하겠다. 사회과학적 내용의 인문학적 담론으로 비춰지기 십상이다. 요즘 경제제일주의가 판을 치는 것은 실로 큰 문제이긴 하지만, 다시 생각해 보면 그럴 정도로 경제는 인간 모두에게 한시도 떼 놓을 수 없는 문제이다. 인문학이라고 경제문제에 관해서 담을 쌓는다면 스스로 공리공담을 만드는 꼴이 아닌가도 싶다. 인문학은 사회인문학의 성격을 필수로 갖춰야 하지 않을까.

위 주제는 연암의 전체상을 그려 보기 위한 일환이지만, 필자는 연암의 리얼리티로 다가가는 길이 곧 연암시대의 리얼리티로 다가가는 길이 되기를 소망하고 있다.

1. 한국실학의 인식사에서의 연암

실학(實學)은 요컨대 17~19세기에 발흥한 신학풍을 지칭하는 말이지만, 이 신학풍을 실학이란 개념으로 파악하게 된 것은 20세기에 들

---

2 임형택(2011).

어와서의 일이다. 이런 한국실학의 인식사에서 연암은 다산과 나란히 쌍벽을 이룬 존재이다. 말하자면 다산이 학술적인 측면에서 조명을 받았다면, 연암은 문학적 측면에서 조명을 받은 편이었다. 그렇다 해서 연암에 대해 학술적 조명이 가해지지 않았다는 뜻은 아니다. 문학적 비중이 크게 인식된 그 자체가 연암의 실학자로서의 특징적 면모라고 볼 수 있다.

이 단원에서 나는 지난 20세기의 초두에서 김윤식(金允植, 1835~1920)과 김택영(金澤榮, 1850~1927)이 연암을 주목한 발언을 들어 본 다음, 1930~40년대에 홍기문(洪起文, 1903~1992)과 김석형(金錫亨, 1915~1996)의 연암론에 눈을 돌려 보려 한다. 이들은 실학 인식사에서 각기 소중한 문헌임에도 연구자들의 관심이 거의 미치지 못하는 실정이다. 지금 이 문헌들을 굳이 들춰내서 거론하는 취지는 무엇보다도 우리 지성사에서 꼭 기억해야 할 인물들의 연암에 대한 견해를 경청해 보자는 데 있다. 한국실학 인식과정의 초창기에서 의의를 갖는 내용임에 유의한 것이다.

전자의 김윤식과 김택영의 논리는 근대계몽기의 시대의식을 반영한 내용이다. 1900년을 전후한 기간의 한국사회는 제도적·문화적 지각변동이 폭발적으로 일어난 시점이었다. 조선왕조가 대한제국으로 개편된 것은 위로부터의 개혁의 징표라 할 것이다. 이 변역의 시대는 내우외환이 중첩된 위기의 시대이기도 했다. 사상문화의 개조에 주력하는 애국계몽운동이 확산되는 한편, 외세를 배격하고 주권 수호에 주력하는 의병투쟁이 강력하게 일어났다. 바로 이 상황에서 다산의 『목민심서(牧民心書)』, 『흠흠신서(欽欽新書)』, 『아방강역고(我邦彊域考)』 등의 저작들이 중시, 간행된 것이다. 동시에 연암의 작품들도 평가를 받아 새로운 매체에 소개되는가 하면, 『연암집(燕巖集)』의 발간도 이루어졌다. 전환기 시대의 호명을 받았다고 하겠다.

연암의 창조적 예지가 어린 노작들은 그의 사후 백 년이 가깝도록 햇빛을 보지 못한 채 사장되어 있었다. 연암의 손자가 다름 아닌 박규수(朴珪壽)이다. 그는 개화파의 사상적 지도자로 알려져 있으며, 벼슬도 우의정에까지 오른 인물이다. 그가 평안감사로 있을 당시 집안에서『연암집』을 간행하자는 의논이 나왔으나 유림의 비난을 받을까 두려워 그만두었다는 말이 전한다.[3] 이렇듯 연암의 작품은 불온시된 것이었지만, 20세기로 진입하는 시점에서는 사정이 확연히 달라졌다. 조선왕조가 대한제국으로 바뀐 광무 4년, 1900년에『연암집』이 드디어 공간(公刊)이 된다.『연암집』의 공간을 주도한 인물은 다름 아닌 김택영이다. 그것은 전집의 형태가 아니고 3책 분량의 선집이었다. 당시 물력이 미치지 못했던 때문이다.

김윤식의 연암론

김윤식은 1902년의 시점에서 연암 애독자가 많다고 하면서 연암을 읽는 태도를 "식견이 있는 자들은 '경제지문(經濟之文)'으로 읽고, 식견이 부족한 자들은 한낱 '유희한묵(遊戲翰墨)'으로 읽는다."라고 지적하고 있다. 연암의 문학이 유희적이란 비난은 연암 당시부터 이미 들어온 말이다. 김윤식은 연암을 '경제지문'의 작가로 주목하고 있음이 물론이다. "지금 문집의 글들을 살펴보면 오늘날 가장 요긴하고 가장 중대한 시무의 제반 학술과 서로 의논한 바 없음에도 합치하고 있다." 이처럼 연암은 자기 시대를 넘어서 오늘의 현실에 가장 부합되는 것으로

---

3 金澤榮,『重編燕巖集』卷首,「朴燕巖先生年譜」, "太上皇初, 孫右相珪壽之爲平安監司也, 其弟判書瑄壽請刊之, 右相公以虎叱文許生傳之屬, 素被儒林譏謗不從之."

김윤식은 인식하였다.

김윤식은 연암에 대해 자기의 시대를 넘어서 개혁개방의 이론을 수립한 지적인 호걸이요, 그런 의미에서 동양의 선각자라고 실로 최고의 찬사를 바친다. 그리고 구체적으로 10개조를 잡아서 연암의 글들은 오늘의 '시무의 학술'에 적절한 내용임을 입증하고 있다. 그러고 나서 김윤식은 하나의 의문을 던진다. "선생의 시대에는 서양의 문자를 접할 수 없었는데 어떻게 그의 언론이 서양인들의 학리(學理)·정술(政術)과 일일이 부합될 수 있었는가?" 이 물음에 김윤식이 낸 답은 이러하다.

서양의 훌륭한 법은 육경(六經)과 암합(暗合)이 되지 않을 것이 없다. 선생은 유자(儒者)이다. 그의 경술(經術) 문장(文章)은 모두 육경 가운데서 나오지 않은 것이 없으니 그의 언론이 저쪽과 부합하게 된 것을 어찌 이상하다고 할 것이랴![4]

서양 것이라도 참으로 훌륭하면 동양의 육경과 부합하기 마련이다. 최상의 보편적 차원에 올라서면 저절로 상통하게 된다는 생각이다. 그렇기에 육경에 근거한 연암의 개혁적 논리가 서양의 학술과 뜻하지 않게 합치된 것이라는 주장이다. 이 논법은 따지고 보면, 연원이 동도서기론(東道西器論)에 닿지만 그 틀을 파탈한 것이다. 그러면서도 철저히 유교적 보편주의의 입장에 서 있다. 김윤식은 실학이란 개념을 직접 쓰진 않았으나 연암을 20세기의 시무에 절실한 학문, 즉 실학으로 인식했다고 하겠다.

---

4 金允植,『雲養集』卷10,「燕巖集序」, "曰泰西善法, 未嘗不暗合於六經. 先生儒者也. 其經術文章, 皆自六經中來, 其言之相符, 曷足異也!"

김택영의 연암론

김택영은 광무 4년(1900)판 『연암집』의 발간을 주도한 이후로도 연암에 대해서 지속적으로 관심을 표명했다. 그의 연암에 대한 평가의 논리는 「연암집원서(燕巖集原序)」라는 제목의 글에 잘 나타나 있다.

> 무릇 연암 선생은 어찌하여 생존한 시기가 청대의 중엽이면서 그의 글은 선진(先秦)을 하면 선진이 되고 사마천(司馬遷)을 하면 사마천이 되고 한유(韓愈)·소식(蘇軾)을 하면 한유·소식이 될 수 있었던가? 웅장·굉걸(雄壯宏傑)하면서도 우유한가(優遊閑暇)하여 우뚝이 천년의 역사를 내려다보고 있으니, 동방의 작가들로서는 전에 있지 못했던 바였다.[5]

산문작가로서의 연암의 존재에 최고의 찬사를 바치면서, 또 어떻게 능히 그렇게 될 수 있었느냐는 문제를 제기하고 있다. 이 의문에 김택영이 제출한 답은 "참으로 훌륭한 작가는 시대에 구애받지 않을 수 있다."라는 보편론에다 "중국의 문자는 그 유래가 워낙 오래된 까닭에 명청대에 이르러서는 이미 파쇄(破碎)의 지경에 이르렀지만, 우리 동방은 문자를 쓴 기간이 상대적으로 짧기 때문에 선생의 시대에 와서도 기운이 아직 질박하고 온전한 상태이다."라며 후발주자라는 조선적 특성을 들었다. "이 두 가지 점을 선생에게 맞춰 보면 하나로 합치하는 바 있다."라는 것이다.

연암의 위대성을 설명한 김택영의 논리는 한문학의 전통적인 입장

---

5 金澤榮, 『重編燕巖集』, 「燕巖集原序」, "夫何朴燕巖先生者, 其生也在淸之中世, 而其文欲爲先秦則斯爲先秦, 欲爲遷則斯爲遷, 欲爲愈與軾則斯爲愈與軾, 壯雄閎鉅, 優遊閑暇, 傑然睥睨于千載之上, 而爲東邦諸家之所未有也."

이다. 홍기문의 논평을 원용하자면 '고문가(古文家)의 진부한 안목'이라고 폄하할 수도 있겠다. 그런데 개인의 천재성과 함께 시대적 환경을 중시하는 그 논법은 동 시기 불란서의 문예사가 히폴리트 텐(Hippolyte Taine, 1828~1893)의 이론과도 어느 면에서 통하는 듯하다. 그렇다면 이 또한 '암합'이라 하겠다.

김택영은 국운이 이미 기운 상황에서 중국으로 망명하였다. 망명지에서 그는 한문학 유산의 정리·간행 사업에 주력하고 있었다. 이미 잃어버린 조국의 빛을 민족의 문학유산에서 살려 내려 한 셈이다. 방금 살핀 김택영 특유의 연암론에서 민족의식을 읽을 수 있다. 반면 계몽기의 개혁적 열정은 식을 수밖에 없었다. 그렇다 해서 연암의 경세가적 측면을 무시한 것은 아니었다. "(연암은) 당시 자국의 정치제도가 소루함을 고민하여 이용후생의 학설에 관해서 반복하여 거론했다."라고 김택영은 강조하는 어법으로 지적하였다.

홍기문의 연암론

일제가 군국주의로 치달은 1930년대에 민족정체성의 상실 위기에 처해서 자아를 지키기 위한 노력의 일환으로 조선학운동이 일어났던 것은 공인하는 사실이다. 특히 다산 서거 1백 주년을 계기로 실학연구가 촉구되었다. 지금 바야흐로 일으켜 세우려는 조선학의 뿌리로서 실학을 발견한 것이다. 1937년은 마침 연암 탄신 2백 주기인데 이를 기념해서 홍기문은 「박연암(朴燕岩)의 예술(藝術)과 사상(思想)」이란 제목의 논문을 『조선일보』 지면에 발표한다.

연암의 위대한 점은 그 문학에만 있는 것이 아니다. 그보다 몇 배 더 많이 그 당시에 있어 가장 참신하고 탁월한 그 사상에 있는 것이니, ……

고문가(古文家)의 모든 금단 밑에서는 도저히 그의 사상의 자유로운 표현을 얻지 못하였던 까닭일지도 모르나, 문학에 대한 그의 초일한 견해와 진지한 태도가 한 걸음 내키어 모든 사물에까지 예리한 관찰과 심각한 사색을 요구한 것이라고도 생각지 못할 것은 없다. 하여튼 연암은 단순한 고문가만이 아니다. 조선사상사에 있어서도 커다란 지위를 점령한다[6](고딕체―인용자. 이하 같음).

위 글은 연암문학의 위대성을 전제하고서 그의 사상적 위대성·진보성을 역설한 데 특징이 있다. 연암사상의 위대성·진보성을 문학의 자유를 추구하고 진정한 문학을 하려는 그 자신의 자세와 연계하여 설명한 것이다. '문학에 대한 그의 초일한 견해와 진지한 태도가 한 걸음 나아가 모든 사물에까지 예리한 관찰과 심각한 사색을 요구한 것'이라는 발언은 그야말로 정곡을 찔렀다. 해묵은 표현을 빌리자면 연문소도(沿文泝道)[7]라고 할까. 홍기문 자신이 한문학의 풍부한 교양에서 출발했기 때문에 연암의 문학과 사상을 통일적으로 읽을 수 있었다고 하겠다.

홍기문의 「박연암의 예술과 사상」이 문학적 입장의 담론이었다면, 김석형이 1941년 5월호 『춘추(春秋)』에 발표한 「박연암과 『열하일기(熱河日記)』」라는 표제의 글은 역사학적 입장의 담론이라 하겠다.

---

6 洪起文(1937).

7 沿文泝道는 문학을 따라서 도의 경지로 올라간다는 뜻이다. 퇴계 이황이 점필재 김종직의 문하에서 도학의 제자들이 배출된 사실을 두고 쓴 표현이다(李滉, 『退溪集』 卷2, 「閒居 次趙士敬·具景瑞·金舜擧 權景受諸人唱酬韻 十四首」, "佔畢師門百世名, 沿文泝道得鴻生.").

김석형의 연암론

김석형은 조선학 창도자들의 후속 세대로, 이 글에도 조선학운동의 영향이 감지되는 것 같다. 비록 대중잡지에 발표된 것이지만 『열하일기』를 논한 최초의 논문으로 본격적인 사론의 성격을 띠고 있다. 『열하일기』의 성격에 대해 그가 내린 결론은 이렇다.

> 오직 그(연암―인용자, 이하 같음)가 제출한 실천의 과제는 소위 북학― 배도 만들어 보고 길도 내어 보고 다리도 놓아 보고 차도 만들어 보자는데 지나지 않았다. 이렇듯 그의 이상론은 일개의 온건한 사회개량론이라고 할 수 있을 것이다. …… 그 일파, 소위 실학파는 당시에 있어서는 이단자이었음과 동시에 시대의 아들이었다. 이 사회의 새로운 싹은 주의(注意) 깊은 또 어디까지든지 이단자이기를 두려워하는 양반계급의 일우(一隅)에서 싹트기 시작하였던 것이다. 이러한 새싹이 얼마만 한 결실을 이 사회에 선물하였던가?[8]

위 인용문에 구사된 용어들에 먼저 눈길이 끌린다. '실학파'가 조선학운동을 통해 학술용어로 정착되었음을 확인할 수 있겠거니와 '북학'이란 개념도 채용되었다. 실학파를 역사변혁의 추진세력으로 인식, 이들의 주의주장에 비상한 관심을 둔 것이다. 그런데 실학의 성격을 '온건한 사회개량론'으로 규정짓고 있다. 실학파의 주의주장을 '사회의 새로운 싹'으로 주목하면서도 결코 싹수가 있는 싹으로 보지는 않았다. 실학은 사회개량론에 지나지 못하다는 관점이다. '개량론'이란 말도 사

---

8 김석형(1941).

회과학적 개념인데 '사회의 새로운 싹'이란 비유적 표현이 '근대 맹아론'을 연상케 한다. 하지만 1940년대의 김석형은 실학에서 자생적 발전의 싹이 자라는 것을 전망할 수 없었다.

그의 도학에 대한 독설과 단출한 지전설에서 우리는 기성관념에 대치되려 하는 야망과 박력을 보지는 못하는 것이다. 『열하일기』는 이러한 그들 실학파 자신의 희망 없는 움직임과 또 그들이 지적하는 저러한 현실― 아울러 18세기 말엽 조선의 전모를 보여주고 있다.[9]

실학은 개혁적 동력을 갖지 못한 사상이라는 결론에 도달한 것이다. 실학을 산생한 그 시대―'18세기 말엽의 조선의 전모'와 직결되는 문제점으로 판단하고 있다. 그 자체로 개혁 발전을 추진할 동력이 부재한 사회라는 생각이다. 왜 이렇게 절망적일까? 거기에는 두 가지 요인이 있었다고 본다. 하나는 그 당장의 현실, 1940년대 암흑기로 일컬어지는 내일을 전망할 수 없는 암담한 시대에 처해 있었던 까닭이요, 다른 하나는 이론적 제약인데, 당시 학계에 풍미한 정체성 논리에서 그 역시 벗어나지 못했던 까닭일 터이다.

어쨌건 『열하일기』, 나아가서 실학의 역사적 성격에 대해 김석형은 문제 제기를 한 셈이다. 『열하일기』의 분석을 통해서 제기한 문제의 핵심은 특히 「허생전(許生傳)」에 있다. 먼저 거론했던 홍기문의 「박연암의 예술과 사상」에서도 연암사상에 대해 의문을 제기한 바 역시 「허생전」에 집약되어 있다. 「허생전」은 '북벌(北伐) 계획의 소루함을 탄핵한 것

---

9 앞의 글.

일 뿐' 존명의리(尊明義理)에는 변함이 없다고 본다. "여기(존명의리) 이르러는 일보의 전진이 허락되지 못하였음을 볼 때 사상의 시대적 제한을 다시 한 번 깨닫게 한다."라는 논지였다. 결국 「허생전」을 어떻게 해석할 것인가 하는 문제로 귀결된다. 실학의 초창기 인식과정에서 제기된 중대한 문제점이고 해명해야 할 과제이다. 이에 관련해서는 뒤에 다시 거론해 볼까 한다.

20세기 한국실학의 인식과정에서 1900년대 근대계몽기가 제1단계이고 1930년대 조선학운동기가 제2단계라면 1960~1970년대를 제3단계로 잡아 볼 수 있다. 이 제3단계로 와서 실학은 풍부한 내용으로 규명되어 학술사·사상사에서의 위상이 뚜렷하게 되었다. 이때 잡힌 주요한 성과 중 하나는 사회변혁의 사상적 동력으로 실학을 인식한 점, 다른 하나는 실학의 전모를 체계적으로 파악한 점, 이 두 가지를 들 수 있다. 실학의 계보에서 경세치용(經世致用)을 위주로 한 성호학파(星湖學派)에 대해 이용후생(利用厚生)을 중시한 연암학파(燕巖學派)가 위치하게 된 것이다.[10]

2. 사(士)와 실학

후세에 농·공·상의 일이 제대로 되지 못하는 것은 사(士)가 실학을 하지 못한 과오에 있다.[11]

---

10 이우성(1970).

11 『課農小抄』, 「諸家總論」, "後世農工賈之失業, 卽士無實學之過也."

농업과 공업과 상업이 제대로 발전하지 못하는 이유를 연암은 다른 어디가 아니고 사(士)의 학문자세에서 찾고 있다. 사가 실학을 하지 않기 때문이라는 것이다. 이는 연암의 확론이다. 연암에 있어서 과연 '사'란 어떤 존재이며, 실학이란 어떤 의미를 담고 있는 것인가?

1) 사(士)로서의 자각과 문명의식

오늘의 한국어에서 '사(士)'는 독립된 단어로는 잘 쓰이지 않고 '선비'에 대응되는 개념이며, 양반(兩班)과도 인연이 깊은 말이다. 사가 들어간 단어가 많은데, 예컨대 문사(文士)의 사는 선비에 해당하지만, 무사(武士)의 사는 선비와는 다른 부류이다. 사와 선비를 등치시킬 수 없는 것이다. 그리고 사녀(士女)라고 하면 남녀와 같은 뜻이 되므로 이때 사는 남자에 대한 통칭이 된다.

요컨대 사는 동아시아 보편의 역사적 개념이며, 우리의 고유어인 양반이나 선비는 그에 상응하는 말이라고 하겠다. 중국계 학자로 미국에서 활동한 위잉스(余英時)는 『사(士)와 중국문화(中國文化)』[12]라는 제목의 책을 내놓은바, '사'라는 한 글자로써 중국의 거대한 사상사·문화사를 통관한 내용이다. 한국의 경우 역시 사를 하나의 열쇠말로 삼은 사상사·문화사가 가능하며, 그것은 매우 바람직한 작업으로 여겨진다.

연암은 사에 대해 시종일관 관심을 가졌는데, 그의 고심처가 곧 사의 존재에 있었던 것으로 보인다. 연암의 청년기 문제작으로 손꼽히는 「양반전(兩班傳)」과 장년기 문제작으로 손꼽히는 「옥갑야화(玉匣夜話)」[13]

---

12 余英時(1987).
13 일반적으로 「허생전」이라 일컬어지는 이 작품은 원래 『열하일기』, 「옥갑야화」라는 제목

는 사라는 존재를 주제로 잡아서 다룬 것이고, 노경의 작으로 보이는 「원사(原士)」는 연암사상의 핵심이 담긴 것이다.

「양반전」에서 연암은 "양반에 대한 호칭이 여러 가지인데 독서를 하면 사, 벼슬하면 대부(大夫)요, 덕이 있으면 군자(君子)라 이른다."라고 규정짓는다. 독서, 벼슬, 도덕, 이 삼자는 상이한 것임은 말할 나위 없지만, 양반에 있어서는 하나로 엮어져 있다. 독서를 하여 벼슬길에 오르는데 이들에게 군자의 인품이 필수로 요망되는 때문이다. 이것이 양반의 전형이다. 문제는 독서를 하고도 벼슬길에 오르지 못하는 양반이 양산되는가 하면, 명색이 양반이면서 문학적 교양을 결여했거나 품위를 갖추지 못한 양반이 산재하게 된 것이다. 우리 속담에 '양반이 글도 못한다'거나 '수염이 다섯 자라도 먹어야 양반이다'는 말이 있다. 양반이란 존재는 문학적 교양이 필수 요건으로 전제되어 있는바, 어느덧 사회적 기롱의 대상으로 전락한 것이다. 이런 현실을 눈앞에 보면서 쓴 작품이 「양반전」이다.

그리고 사에 대해서 발본적으로 성찰한 글이 여기서 주목하는 「원사」이다. 물론 조선조 지배층이라는 양반─사의 사회적 성격을 배제하고 생각한 것은 아닐 터요, 벼슬길에서 밀려난 많은 몰락양반들, 사의 현실에 눈을 감은 것도 아닐 터이다. 연암은 이런 점들을 고려하고 고민하면서 사의 기본으로 돌아가서 사고하였다. 당시의 형편은 제반 모순이 중첩된 가운데 고식과 미봉에서 헤어나지 못하는 것으로 그는 진단했다.

의 편 중에 일부분으로 들어 있는 것이다. 후세에 분리해 내서 「허생전」이라고 이름 붙여 통행되고 있다. 「옥갑야화」는 전체로서 하나의 작품임이 물론이다. 이것이 작자의 창작 의도였을 뿐 아니라, 그렇게 보아야 내용도 훨씬 풍부하다. 그래서 필자는 『이조한문단편집』에서 「옥갑야화」를 작품 제목으로 뽑고 그 전체를 하나의 작품으로 다루었다. 본고에서도 뒤에 다시 「옥갑야화」를 거론할 예정이다.

사라는 존재를 그는 이 당면한 국가사회의 문제에 대처하는 주체로 본 것이다.

「원사」에서 말하기를 "대부를 '사대부(士大夫)'라 하는 것은 높임이요, 군자를 '사군자(士君子)'라 하는 것은 어질게 여김이다."라고 주장했다. 사대부는 사와 대부의 합성어요, 사군자는 사와 군자의 합성어일 텐데, 이와 같은 주장은 어디까지나 사를 기본으로 생각하는 연암적 논법이다. 나아가서 천자까지도 '원사'라는 개념을 써서 사로 규정짓는다. '작위는 천자이지만 본원은 사'라는 것이다. "관직의 고하는 있으되 신원이 바뀌는 것은 아니요, 지위는 귀천이 있으되 사가 옮겨지는 것은 아니다."라는 논리를 펴고 있다.

> 무릇 사는 아래로 농공(農工)과 같은 대열에 서고 위로는 왕공(王公)과 벗이 된다. 지위로 말하면 등급이 없지만, 덕으로 말하면 아사(雅事)이다.[14]

지식인을 가리켜 '무관의 제왕'이란 말도 있지만, 연암은 사를 그야말로 무관의 제왕으로 간주한 것이다. 초계급적인 매우 특별한 존재로 여긴 것 같다. 그럼에도 '사람마다 사〔人人而士〕'라고 말한다. 사람이라면 누구나 사가 될 자격이 있다고 하여, 결코 특별한 존재가 아닌, 인간의 보편적 지향(志向)임을 분명히 하고 있다.

연암의 논법에서 사의 최고 이상형이라면 당연히 요순(堯舜) 그리고

---

14 『燕巖集』 卷10, 罨畫溪蒐逸, 「原士」. 번역문은 신호열·김명호 옮김, 『국역 연암집』을 참고하여 작성하였다(이하 같음).
이 문맥에서 '雅事'는 士란 존재에 대해서는 왕공도 원래 존경해야 한다는 뜻으로 풀이되는 말이다("以位則君子也, 我臣也, 何敢與君友也; 以德則子事我者也, 奚可以與我友."(『孟子』, 「萬章 下」)).

공맹(孔孟)을 들어야 할 것이다. 「원사」에서 요순을 두고는 '효제(孝悌)의 아사(雅士)'로 규정했고, 공맹에 대해서는 '옛날 훌륭한 독서자〔古之善讀書者〕'라는 표현을 쓰고 있다. 특히 독서에 비상한 의미를 부여한다. "아무리 효제충신(孝悌忠信)하는 사람이라도 독서를 하지 않으면 온통 사사로운 생각에 집착할 것이요, 아무리 권략경륜(權略經綸)의 법술을 지닌 사람이라도 독서를 하지 않으면 권수(拳數) 가운데 빠질 것이다."라는 경종을 발한다. 연암은 다른 글에서 문자 지식이란 게 별것이 아님을 일깨운 바도 있지만,[15] 사가 사답게 되는 데 독서는 기본 필수의 요건이었다. 그래서 「원사」는 사론의 성격을 가지면서 동시에 독서론의 의미를 강하게 띠었던 것이다. 요순을 두고 '효제의 아사'라고 규정하고, 공맹을 두고는 '독서는 잘한 분'으로 인정하였다. 결국 독서를 어떻게 하느냐가 중요하지만 어쨌건 독서를 하지 않으면 아사가 될 수 없다고 생각하였다.[16]

내 이른바 아사란 '뜻은 갓난애 같고〔志若嬰兒〕', '처신은 처자 같아〔貌若處子〕' 일 년 내내 '문을 닫고 독서〔閉戶讀書〕'하는 사람이다. 갓난애는

---

15 연암은 인간이 지식을 가지고 있다 하여 오만한 태도를 취하는 것을 비꼬아서 나무 위의 매미나 땅속의 지렁이도 나름으로 글 읽는 소리를 내지 않는다고 어떻게 단정할 것이냐고 말한 바 있다(『燕巖集』 卷5, 映帶亭賸墨, 「與楚幘」, "吾輩臭皮俗中裹, 得幾個字, 不過稍多於人耳. 彼蟬噪於樹, 蚓鳴於竅, 亦安知非誦詩讀書之聲耶.").

16 『燕巖集』 卷10, 罨畫溪蒐逸, 「原士」, "堯舜, 其孝悌之雅士也, 孔孟, 其古之善讀書者乎. 何莫非士也, 鮮有能雅者也; 孰不讀書也, 鮮有能善者也." 이 문맥에서 '雅'는 『中庸』의 "君子素其位而行, 不願乎其外."의 '素'와 통하는 의미이다. 연암의 아사는 '본바탕의 선비'라는 뜻으로 풀이할 수 있으니 사의 본원적 의미를 강조한 것으로 생각된다. 「原士」란 제목의 '原' 또한 내포 의미가 한문학의 문체에 해당하지만 아사의 아와 통하는 뜻이다. 연암에 있어서 아사=원사는 성인으로 상징되는 인간의 이상형이지만 특별한 존재라기보다 자아를 지키는 인간의 본모습으로 생각한 것이다. 요컨대 인간의 주체성을 잃지 않고 지키는 자세가 연암이 상정한 사의 원형이다.

몸이 연약해도 사모하는 바가 전일하며, 처자는 수줍어해도 자신을 지킴이 확고하다. 우러러 봐도 하늘에 부끄럽지 않고, 굽어봐도 세상에 부끄럽지 않은 것은 오직 '문을 닫고 독서'하는 일이다.[17]

순수한 독서인을 진정한 사의 전형으로 그려 보인다. 위에 쓴 비유가 지금 세상에서는 실감이 상당히 떨어질지 모르겠으나 엄마의 젖꼭지를 향한 어린 아기의 전일성, 자기 몸을 지키는 처자의 견고성, 그것이 독서의 자세라는 것이다. 이렇듯 세상과 단절한 '폐호독서'를 강조하는 뜻은 어디에 있을까? 종래 독서는 관인으로의 진출을 목적으로 한 것이며, 결국 출세주의에 빠질 수밖에 없었다. 이에 반해서 순수학문의 경지를 착안한 것인데, 지식인의 자각에 다름 아니다.

그런데 연암이 착안한 순수학문의 경지란 학문을 위한 학문으로 가는 데 있는 것은 결코 아니었다. 오히려 그 반대로 인간현실에 있었다. "효제충신은 강학(講學)의 실(實)이요, 예악형정(禮樂刑政)은 강학의 용(用)이다."라고 역설한 다음 "강학의 귀중한 바는 실용이다."라고 천명한 것이다. 이때 실용은 도구적 실용과는 의미가 크게 다르다. 곧 효제충신의 실과 예악형정의 용을 아우른 개념이다. 우리가 학문하는 것은 모름지기 주체를 효제충신으로 가다듬고 예악형정으로 사회적 실천을 해야 한다는 의미이다. 이런 주장에 이어 연암은 '성리다, 천명이다'를 소리 높여 논하고 '이(理)다, 기(氣)다'를 극도로 따지는 따위는 강학에 있어서 유해한 것이라는 비판을 가하고 있다. 이는 물론 당시 주류 학문인 성리학을 겨냥한 발언이다. 번쇄한 이론 추구로 공담에 빠져든

---

17 『燕巖集』 卷10, 罨畫溪蒐逸, 「原士」.

성리학의 말폐로부터 벗어나자는 데 참뜻이 있으니 '사의 각성'이 그 것이다.[18]

「옥갑야화」의 주인공 허생은 각성한 사의 전형으로 간주해도 좋을 것이다. 「원사」에서 연암은 '독서지사(讀書之士)'의 궁극적 임무는 문명 세계의 실현에 있는 것으로 전망했다. 연암의 이 문명의식을 필자는 다른 글에서 거론한 바 있으므로 여기에 인용해 둔다.

한편 돌이켜 생각해 보면, 문명개념 자체가 영원한 이상이고 현실화되기 요원한 것도 같다. 그렇지만 참다운 지식인—사라면 진정한 의미의 문명을 회복하려는 의지를 포기해서는 결코 안 되는 노릇이다. 문명을 실현하기 어려운 인간현실에서, 문명의 위기가 차츰 다가오는 상황에서 참다운 문명을 수립하기 위해 노심초사하며 방책을 강구한 일단의 학자들이 출현했다. 특히 18, 19세기의 실학을 들어볼 수 있다. 대표적인 실학자의 한 분으로 손꼽히는 연암은 "한 사(士)가 독서함에 은택이 사해에 미치고 공적이 만세에 드리운다. 『주역』에서 이른바 '현룡재전(見龍在田) 천하문명'이라 함은 곧 '독서지사'의 존재를 가리키는 것이다."(「원사」)라고 천명했다. 문명을 천하에 펼치는 주체의 상징물—용은 본디 제왕을 가리켰던바, 그것을 연암은 지식인의 고유한 사명으로 역설하고 있다. 실학은 일종의 문명기획이었던 셈이다.[19]

---

18 앞의 글, "講學論道, 讀書之事也; 孝悌忠信, 講學之實也; 禮樂刑政, 講學之用也. 讀書而 不知實用者, 非講學也, 所貴乎講學者, 爲其實用也. 若復高談性命, 極辨理氣, 各主己見, 務欲歸一, 談辨之際, 血氣爲用, 理氣纏辨, 性情先乖, 此講學害之也."
19 임형택(2009), 40면.

2) 연암의 실학 개념

연암이 포착한 실학의 개념은 '사의 실학'이다. '사의 실학'으로 그 자신이 하나의 대작을 완성했는데, 바로 『과농소초(課農小抄)』이다. 국왕 정조의 농서를 구하는 윤음(綸音)에 부응해서 1799년, 나이 63세 때 올렸던 것이니 저자의 학문이 원숙해진 단계의 결실이라고 말할 수 있겠다. 정조는 『과농소초』를 '경륜문자(經綸文字)'라고 높이 평가하여 애독했던 것으로 전한다.[20] 이 『과농소초』는 바로 연암 자신의 실학 개념이 구체화된 내용으로 자신의 문명의식에서 발단된 것이기도 했다. 역대의 농학이론을 총정리한 「제가총론(諸家總論)」에서 이렇게 말하고 있다.

> 혹은 옛것을 추적해서 윤색(潤色)을 하고 혹은 지혜를 창출해서 편익을 취했으니 유민익국(裕民益國)의 실효를 거두지 못한 것이 없었습니다. 이 모두 농학의 보전(寶典)이요, 옛 성인의 개물성무(開物成務)의 유산입니다.[21]

농학을 중시한 것은 농본주의 사회에 있어서 당연한 논리로 여겨진다. '유민익국'과 '개물성무'라는 두 개념을 도입한 것이 흥미로운데 유민익국에 관해서는 뒤에 가서 거론하고 여기서는 개물성무에 대해 언급한다. 개물성무는 만물의 이치를 개발, 활용해서 인간세상에 업적을 이룬다는 뜻이니 곧 문명론적 개념이다.

연암은 자신이 속한 조선왕조의 개국을 문명론적으로 인식하여 "인

---

20 朴宗采, 『過庭錄』卷3, '奉旨撰農書'條, "上嘗於筵中曰: '近得好經綸文字, 以消永日.' 又敎曰: '農書一部大典, 當屬朴某撰出焉.' 後接諸閣臣稱善者屢焉."

21 『課農小抄』, 「諸家總論」, "或跡古而潤色, 或刱智而趨便, 莫不有裕民益國之效. 此皆農之故實, 而古聖人開物成務之遺業也."

문이 아름답게 열렸다〔人文淑開〕."라는 표현을 쓰고 '개물성무의 공'과 '이용후생의 법'이 갖춰진 것으로 보았다. 조선왕조를 우리 역사상에서 문명국가의 기틀이 잡힌 것으로 인정한 것이다. 상투적 예찬관은 아니라고 생각된다. 유교적 문명론의 관점에 서면 당연히 그렇게 보일 것이다. 그런데 자기 시대인 17, 18세기의 현실을 그렇게 바라보는 것은 결코 아니었다.

> 국초 이래 사대부들은 누구나 근검으로 가문을 일으키고 경원(經遠)한 제도로 국가를 세우니 조야를 막론하고 풍속이 돈후하고 산업이 안정되었습니다. 그러더니 안일과 자족에 빠진 세월이 오래되고부터 점차로 '허식이 실질을 소멸시키고〔文滅其質〕', '본말이 전도되는〔末傾其本〕' 사태에 이르렀습니다. 사는 성리나 천명만을 고상하게 되뇌이며, '경제의 학'은 소홀히 하며, 사화(詞華)만 숭상하고 정사에 대해서는 어디다 손을 쓸 줄 모릅니다.[22]

현재를 왕조의 기틀이 완전히 이완된 상태로 판단하고 있다. 이 상태에 책임을 느끼고 솔선해 나서야 할 사는 공허한 성리설이나 부화한 문학에 빠져 있다는 것이다. 이런 상황을 "지금 부화(浮華)하여 학문이 없는 사들이 타성에 젖은 무지한 농민들을 통솔하는 꼴이니 만취한 사람이 소경을 인도하는 것과 무엇이 다르리오!"라고 연암은 통탄해 마지 않았다. 이는 사의 각성을 촉구하는 역설적 표현이며, 결국 이 모든 현실은 다른 누가 아

---

22 앞의 글, "而國初以來, 士大夫莫不立家勤儉, 體國經遠, 朝野之間, 風流敎樸而産業有常. 逮至豫泰盈盛之日久, 而駸駸然文滅其質, 末傾其本, 士或高談性命而遺於經濟, 或空尙詞華而罔施有政."

니고 사가 주체적으로 감당해야 할 과제라고 생각한 것이다.

예전의 민은 사농공상을 일컫는 것이었습니다. 사는 말할 것도 없거니와, 농공상의 일 또한 당초에는 성인의 이목과 사려에서 나와, 세대를 이어 학습해서 각기 모두 학술로 성립이 되었습니다. …… 그런데 사의 학문은 실로 농공상의 이치를 포괄하여 농업·공업·상업 또한 필히 사를 기다려서야 이루어질 수 있었습니다. 대저 이른바 농업을 밝힌다[明農], 물화를 유통시키고[通商], 공업이 세상을 이롭게 한다[惠工]는 데서, 밝히고 유통시키고 이롭게 하는 등등의 이치는 사가 아니고 누가 할 것입니까? 그런 까닭에 신(臣)은 후세에 농공상의 일이 제대로 되지 못한 것은 사가 실학을 하지 못한 과오에 있다고 생각하는 것입니다.[23]

연암은 사농공상을 신분적 등급이 아니며 직능적 구분이라는 뜻으로 말한 바 있다. 그러나 실제 농공상에 종사하는 사람들은 대개 상민 아니면 천민이므로 직업적 불평등의 사회구조가 완고하게 형성된 상태였다. 『우서(迂書)』의 저자 유수원(柳壽垣, 1694~1755)은 일찍이 "문벌을 숭상하는 까닭에 사민의 업이 구분되지 못하며, 사민의 업이 구분되지 못하는 까닭에 '사고파는 일'이 성행하지 못하고 있다."[24]라는 지적을 하고 있다.

---

23 앞의 글, "古之爲民者四, 曰士農工賈. 士之爲業尙矣, 農工商賈之事其始亦出於聖人之耳目心思, 繼世傳習, 莫不各有其學. …… 然而士之學, 實兼包農工賈之理, 而三者之業, 必皆待士而後成. 夫所謂明農也通商而惠工也, 其所以明之通之惠之者, 非士而誰也? 故臣窃以爲後世農工賈之失業, 卽士無實學之過也."

24 柳壽垣, 『迂書』卷7, 「論宣惠大同」, "崇尙門閥, 故四民之業不分, 四民之業不分, 故賣買不盛."

연암은 사회구조상의 문제점을 직접 거론하지 않았으나, 농업·공업·상업의 학술 또한 '성인의 이목과 사려'에서 나온 것이라고 하여, 이들 농업·공업·상업을 천시하거나 소홀히 하는 관념을 원천적으로 부인한 것이다. 연암이 주장하는 '사의 실학'은 농업·공업·상업의 발전을 강구하는 '실업의 학' 그것이었다. 물론 '실업의 학'만 실학이라는 것은 아니겠으나, '실업의 학'이 실학의 긴요한 부분이었음은 분명하다. '실업의 학'을 깊이 연구하고 활발하게 진작시켜서 유민익국의 실효를 거두고 개물성무의 문명적 이상을 실현시키고자 한 것이 연암의 포부였다고 말할 수 있다.

3. 시장경제에 대한 인식과 회폐론

물화를 흔한 데서 옮겨 귀한 데로 가게 하는 일은 상인의 권한인데, 인민과 나라가 그에 힘입게 된다.[25]

물화가 값이 싼 곳에서 비싼 곳으로 이동하는 것은 물이 위에서 아래로 흐르듯 자연스런 형세지만, 기실 상인의 역할에 의해서 실현되는 일이다. 이 점은 쉽게 이해가 되는데 상인의 이 권능에 의해서 '인민과 나라[民國]'가 아울러 힘입게 된다는 것은 연암의 선견지명으로 여겨진다. 시장경제의 중요성을 인식한 발언이다.

연암의 시대는 농본주의 사회였다. 그 역시 농업에 관심을 기울여 『과

---

25 朴宗采, 『過庭錄』, "以徙賤就貴, 商賈之權, 而民國賴之也."

농소초』와 같은 저술을 하였거니와 시장경제의 중요성에 일찍이 착안하였으며, 그에 따라 화폐론에도 일가견을 갖게 되었다.

1) 물화 유통과 시장에 대한 인식

바로 앞의 인용문이 나오게 된 배경이 있다. 시점은 1791년(정조 15)이다. 연암의 연보를 보면 계속 재야 지식인으로 있다가 노경(老境)에 생계를 위해 벼슬을 시작하는데, 벼슬길에 나선 초기로 한성부 판관으로 있을 때다. 그해에 흉년이 들어서 곡식이 귀해지자 사방의 양곡상이 서울로 몰려들어 많은 이익을 남겼고, 부민들은 이때를 틈타 양곡을 축적해서 곡가가 등귀하는 현상이 일어났다. 이에 해당 장관이 곡가를 억제하고 알적(遏糴, 양곡을 마구 매입하지 못하도록 막음)을 건의하려고 하면서 관계 부서 관료들에게 논의를 붙였다. 연암은 시장에 인위적으로 접근하는 방식에 반대하는 의견을 제출했다. 이때 작성한 논설이 문집에는 빠져 있는데, 그의 생애를 아들이 정리한 『과정록(過庭錄)』에 초록되어 있다. 편의상 글의 내용을 취해서 제목을 「통상의(通商議)」로 붙인다.[26]

---

26 『過庭錄』卷2에 실려 있는 「通商議」(가제)의 전문은 이러하다. "古人所以戒無搖市者何哉? 以徙賤就貴, 商賈之權, 而民國賴之也. 苟無利於其業, 則勢將不顧而去. 豈肯低下其價而賣之乎. 今行此令, 京商轉輪而之他. 又復阻遏之, 則四方之穀商來者, 聞而必不復入於京江矣. 如是則京師將益困矣. …… 率土莫非王民, 假令四方之穀, 都聚都下, 遏而不散, 則四方之民, 其將棄而不恤乎. …… 商賈不可自官操縱. 操縱則停格, 停格則失利, 失利則貿遷之政廢, 而農工具困, 生民無資. 是故商賈之徙賤就貴, 實有衷多益寡之理. 譬如水底輕沙, 蕩漾均鋪, 無有阜陷, 自然之勢也. …… 民雖私藏, 亦有積貯之效, 貴賤隨勢, 積散有時, 假令今歲抑價傾出, 安知明年又遭荐歉, 其當奈何? 此令決不可行也."
이 글이 나오게 된 경위에 대해 『過庭錄』은 "其在京兆也, 時值辛亥凶荒, 四方穀商齊集五江, 欲乘京底穀貴以獲倍利. 富民輩亦各乘時貿積而穀價稍騰. 時相有抑減市價, 及遏糴

고인(古人)들이 시장을 흔들지 말라고 경계한 까닭은 무엇 때문인가? 물화를 흔한 데서 옮겨 귀한 데로 가게 하는 일은 상인의 권한인데 인민과 나라가 그에 힘입게 된다. 진실로 상인들은 자기 사업에 이롭지 못하면 그 형세가 장차 돌아보지도 않고 떠날 것이다. 누가 제값을 잃고서 팔려고 하겠는가? 지금 이 조처를 취하면 서울에 모인 상인들은 곧 물화를 도로 싣고 다른 곳으로 가 버릴 것이요, 또한 '알적'을 하게 되면 서울로 오려던 사방의 양곡상들은 필시 경강(京江)으로 들어오지 않을 것이다. 이 같은즉 서울은 장차 더욱 곤란하게 될 것임이 물론이다.[27]

실무정책적인 성격을 갖는 발언이지만, 시장에 대한 연암의 경제사상을 엿볼 수 있는 대목이다. 상인의 특성은 물화를 '천한 데서 옮겨 귀한 데로 가게 하는 것〔徒賤就貴〕'으로, 이를 '상인의 권한〔商賈之權〕'이라고 규정지은 다음, 상인의 고유한 이 권한은 인민을 유익하게 하고 국가에도 공헌하는 것이라〔民國賴之〕는 논지를 펴고 있다. 시장기구 자체의 자율적 조절기능을 연암은 분명히 보았다. 이 이론에 의거, 관권을 행사해서 물가를 억제하고 물화를 단속하는 방식에 반대 의견을 낸 것이다.

상인은 관에서 조종하려 들어선 안 된다. 조종을 하려 들면 정격(停格,

之論, 將建白行之. 於是, 收議於貢市堂上及平市·京兆諸提擧堂上郎官. 先君議略曰, 云云."이라고 서술한 다음, 위의 글을 제시하고 이어 "마침내 선군의 주장을 받아들여서 과연 계속된 흉년에도 해를 입지 않았다.〔竟從先君議, 果荐饑而不害.〕"라는 말을 덧붙이고 있다. 필자는 일찍이 이 자료에 근거해서 연암의 경제사상의 특성을 논한 바 있다 (임형택(1992)).

27 朴宗采, 『過庭錄』 卷2, '其在京兆也'條. 『過庭錄』은 김윤조(1997)와 박희병(1998)의 역주가 있다.

정지되고 막힘)이 올 것이요, 정격이 오면 실리(失利)를 하게 될 것이요, 실리를 하면 무천(貿遷)의 정사가 황폐하게 되어 농공(農工)이 모두 곤궁하게 되며 생민이 자뢰할 수 없게 될 것이다. 이 때문에 상인의 천한 데서 옮겨 귀한 데로 가게 하는 일은 실로 부다익과(裒多益寡, 많은 쪽을 삭감해서 적은 쪽을 보충함)의 이치다. 비유컨대 물 밑에 있는 모래가 물살에 흔들려서 가지런히 펴지고 움푹짐푹 되지 않는 현상이 자연스런 형세인 것과 마찬가지다.[28]

'조종'이나 '정격'은 당국이 시장 통제책으로 흔히 쓰던 방식이었던 모양이다. 연암은 관의 무리한 시장 개입은 상인의 손실을 가져오는 데 그치지 않고 '무천의 정사'를 황폐하게 만들어, 직접 생산자인 농민이나 수공업자도 곤궁하게 되는 결과를 초래한다고 주장한다. 상인의 입장을 중시하고 옹호하는 논리에서 출발했지만, 농공을 연관 지어 사고하고 국민 일반에까지 그 사고가 미친 것이다. 특히 시장의 자율적 조절기능을 설명하기 위해 끌어온 물속의 모래 비유는 그야말로 '보이지 않는 손'의 조화를 연상케 한다.

선군(先君)께서 일찍이 말씀하셨다. "상인의 업무는 사민 중에서 천업이긴 하지만 상인이 아니면 백물이 유통·운용될 수 없다. 한쪽에 치우쳐 폐기되면 안 되기 때문이다. 또한 재부가 민에 수장된 연후에라야 국용(國用)이 풍족해진다."[29]

---

28 앞의 글.

29 앞의 글, "先君嘗言: 商賈在四民中, 雖爲賤業, 非商賈百物莫可以流通運用, 所以不可偏廢也. 且藏富於民, 然後國用豊足."

위의 첫머리에 선군이라 한 것은『과정록』의 기록자인 박종채의 입장에서 부친을 지칭한 말이다. 연암은 청초의 학자 황종희(黃宗羲)처럼 '농상개본(農商皆本)'이란 표현을 쓰지 못하고 상업이 천업(賤業)임을 일단 인정했다. '농본상말'의 전래적 관점을 고수한 듯 보인다. 하지만 상업의 유통·운용의 역할은 대단히 중요시했다. 내용상으로는 상업의 사회적 기능을 농업에 못지않게 인정했다고 말할 수 있다. 이것이 연암의 지론이었음을 박종채의 기록은 증언하고 있는 것이다. 널리 알려진 인문지리서『택리지(擇里志)』에서도 "무천(貿遷)·교역의 도는 신농씨(神農氏) 같은 성현이 마련한 법이다. 이것이 없으면 재부를 산생할 방도가 없다."라고 천명했던 터였다. 그리고 무천·교역을 위해서는 "말보다 수레가 더 효율적이며, 수레보다는 선박이 더 효율적이다."라는 견해를 제기하고 있다.[30] 당시로는 대단한 탁견으로 연암보다 앞서 착안한 것이다. 연암과『택리지』의 저자 이중환(李重煥) 사이에는 경제사상에서 상통하는 면이 선명하다. 그럼에도 상호 변별점이 있는 것으로 보인다. 연암이 제출한 상업유통의 논리는 다음과 같은 도식으로 그려 볼 수 있다.

사천취귀(徙賤就貴) → 상고지권(商賈之權) → 민국뢰지(民國賴之)

이중환의 경우, 첫째 도식상의 목적처인 '민국'을 아울러서 사고했

---

30 李重煥,『擇里志』,「卜居總論·貿遷」, "貿遷交易之道, 乃神農聖人之法也. 無此則無以生財. 然馬不如車, 車不如船. 我國山多野少, 車行不便, 一國商賈皆以馬載貨, 道遠盤纏之費, 贏得少. 是故, 莫如船運載貨以爲貿遷交易之利."『擇里志』의 신문관본은 이 대목이 '生理篇'에 포함되어 있는데 규장각본은 '貿遷篇'을 구분 지어 놓았다. 여기서는 규장각본을 인용했다.

느냐, 둘째 도식상의 중간 과정에서 시장의 자율적 기능을 유의했느냐고 물어볼 수 있겠다. 아마도 이중환은 사고가 그런 방향으로 나아가지는 못했던 것 같다. 연암의 경제사상이 착안한 매우 귀중한 대목이 아닌가 한다.

그런데 인간 생활에 필요한 온갖 문화의 유통을 시장의 자율적 기능에 맡겨 두느냐, 아니면 가격과 거래를 통제하느냐 하는 문제는 오늘날의 경제정책에서도 항시 현안이 되고 있다. 연암이 제기한 방식의 자유방임적 대응책은 당시 경제현실에서 받아들여지지 않았던 것으로 보인다. 다시 또 박종채의 증언을 들어 보자.

> 그 후로 불초(不肖, 박종채)가 본바 알적할 때도 있었고 늑가(勒價, 가격을 억지로 통제하는 것)할 때도 있었고 조종할 때도 있었다. 서울에서만 그런 것이 아니고 여러 도의 감사와 지방의 수령들도 이런 방식을 채택한 사례가 있었다. 매양 살펴보면 백성의 폐해가 되지 않는 경우가 없었다. 근래 공사(公私) 모두 재용이 고갈 상태에 이른 것은 이 유폐가 아니라고 어떻게 단언할 것이랴![31]

박종채가 기록한 시점은 순조 연간으로 1820년대 말경이다. '그 후로'라 한 것은 1791년 이후를 가리킨다. 그리고 '공사 모두 재용이 고갈된 상태'라 한 것은 공공영역도 민간영역도 돈이 바닥났다는 뜻이니, 곧 '민국구곤(民國具困)'의 상태에 이르렀다는 말이 된다. 이는 연암이

---

31 朴宗采,『過庭錄』卷2, "其後, 不肖見有遏糴時·勒價時·操縱時, 非特在京師, 道伯守宰亦或有用此政者, 每審覘之, 未嘗不爲害於民. 而近日公私匱用, 安知不流弊所致耶. 先君右論之明驗, 如執左契, 故幷錄如此"(앞의 주26)에 이어서 붙여진 박종채의 말)

「통상의」에서 제언한 바와 반대로 시장정책을 폈으며, 그 때문에 19세기 전반기의 경제 상황이 극히 나빠진 것으로 박종채는 진단하고 있다. 당시 상업유통이 제법 활발하게 일어나던 상황에서 고식적이고 방편적인 간섭·통제 위주의 대응책을 썼기 때문에 경제를 어렵게 만든 것이라 유추할 수 있겠다.

여기에서 앞서 비유로 쓴 '보이지 않는 손'과 관련해 덧붙여 두고 싶은 말이 있다. 이 말은 필자가 끌어들인 수사적 표현에 불과하다. 자유주의 경제학의 열쇠말인 '보이지 않는 손(invisible hand)'이 갖는 의미와 그대로 동일시할 수 없는 것임은 물론이다. 그렇지만 시장의 자율적 조절기능을 들여다본 연암의 논리와 상통하는 바가 전혀 없다고 단정할 수도 없을 것 같다.

애덤 스미스(Adam Smith, 1723~1790)에 의해 창도된 고전적 자유주의는 20세기에서 21세기로 넘어가던 과도기에 맹위를 떨친 신자유주의와는 역사적 의미가 다른 것이다. 고전적 자유주의는 주지하다시피 산업자본주의를 창출한 사상적 모태였으며, 이로부터 근대 경제학이 성립하게 되었다. 인간을 중세적 속박에서 자유롭게 만들고 사회와 국가의 부를 가져다준 것이다.

애덤 스미스의 '보이지 않는 손'의 논리에는 두 가지 전제가 있는데, 하나는 사상적으로 인간의 이기심·자리심(自利心)을 긍정한 점이요, 다른 하나는 방법상으로 경쟁의 논리를 도입한 점이다. 연암의 '보이지 않는 손'에는 이 두 가지 점이 그렇게 선명하지 못하다. 연암의 사상 또한 인간성에 바탕을 두고 '손이 안으로 굽기 마련'인 형세를 간과하지 않았으므로 이기심의 긍정이 전제된 것이며, 자연스럽게 이루어지는 균형에는 경쟁의 논리가 내포된 것으로 여겨지기도 한다. 문제는 연암의 경우 아직 경제학의 이론을 갖출 수 있는 사회 배경이 조성되지 않았으며, 따라서 정책적 제언에 그치고 있었다. 요컨대 '보이지 않는 손'이란 비유적 표현을 같이 쓸 수 있다 해도 양자는 역사적 문맥이 동일하지 않다. 그렇지만 시장의 자율적 기능을 옹호한 연암의 경제사상에도 흥미롭게 국부(國富)라는 개념이 들어와 있었다.

2) 화폐론

한국실학의 비조로 일컬어지는 유형원(柳馨遠, 1622~1673)은 화폐에 관해서도 일가견을 표명한 바 있다. 그는 화폐의 본질을 '무용'으로 '유용'의 물화를 유통시키는 것이라고 규정짓는다. 이에 비추어 당시 조선은 유용의 면포를 화폐로 대용하고 있기 때문에 여러 가지 문제점을 야기하고 있다는 것이다. 그는 금속화폐를 통용시킴으로써 훼손이나 부패로 인한 손실을 막고 운반의 노고를 줄일 수 있다고 말한다. 무용의 화폐가 발휘하는 매개적 기능은 무궁한 가치를 발휘할 수 있다는 논법이다. "화폐는 국용(國用)을 풍족하게 하고 민생을 부유하게 하는 수단이 되므로 국가를 경영하려면 필히 통행시켜야 할 것이다."라고 주장한 것이다.[32] 이처럼 유형원은 화폐시대를 여는 사상적 준비를 한 셈이다.

17세기 말엽, 숙종 4년(1678) 금속화폐인 상평통보(常平通寶)가 통용되기 시작한 이후로 조선은 화폐경제의 발전을 보았다. 그에 따른 부작용이 여러 가지로 발생했으며, 특히 전황(錢荒)이라고 일컬어지는 문제점은 화폐경제의 진로상에 두고두고 해결하지 못한 만성적 장애였다. 실학자라면 화폐 문제에 관심을 두지 않을 수 없었다. 그래서 화폐에

---

32 柳馨遠, 『磻溪隨錄』, 「本國錢貨說附」 卷8, 장19~23.

대한 논의가 여러 가지로 제기된바, 크게 보아서 화폐긍정론과 화폐부
정론으로 구분해 볼 수 있다.[33] 전자의 입장을 대표하는 학자로는 유수
원, 후자의 입장을 대표하는 학자로는 성호(星湖) 이익(李瀷)이 손꼽힌
다. 먼저 양측의 화폐에 대한 서로 다른 견해를 간략히 청취해 본 다음,
연암의 경우로 들어갈까 한다.

화폐긍정론은 상업을 중시하는 관점과 일맥상통하고 있다. 유수원
은 상업을 천시하는 전통적 관념을 화폐경제의 정상적 발전을 가로막
는 주요인으로 본다.

> 우리나라 사람들은 실속 없이 명분을 좋아해서 한갓 선비만 존귀한 줄
> 알고 상공인을 천시한다. 그런 까닭에 아무리 모리배라도 겉으로는 장사
> 치의 일을 부끄럽게 여기니 전화(錢貨)를 비축해 두고 암암리에 이익을
> 노리는 것이다.[34]

명분론(名分論)에 사로잡힌 조선조 사회의 고질적 병폐를 정확히 짚
은 것으로 생각된다. 상공인을 천시하기 때문에 음성화되며, 사회 전반
의 풍조가 '전화(錢貨)를 비축해 두고 암암리에 이익을 노리는' 행태가
자행된다는 것이다. 화폐가 화폐의 기능을 발휘하지 못하고 퇴장되어
기껏 횡재를 노리거나 아니면 농토에 투여되고 만다. 그리하여 양반이
란 부류들은 겉으로는 장사치란 말을 듣길 무척 싫어하지만, 기실은

---

33 필자는 「화폐에 대한 실학의 두 시각과 소설」이란 논문을 발표한 바 있는데, 실학자들의
   화폐에 대한 시각을 긍정론과 부정론으로 파악했다.
34 柳壽垣, 『迂書』卷8, 「論錢幣」, "我國之人, 好名無實, 徒知士人之可貴, 賤汚工商, 故雖牟
   利之輩, 外恥商賈之事, 不得不貯蓄錢貨, 暗中射利."

"행상(行商)·좌고(坐賈)의 광명하고 통쾌함만 못하다."라고 양반의 위선을 매도한다. 이에 비해 상인들의 돈을 벌기 위한 상행위는 오히려 당당한 행위로 말하였다.[35]

화폐긍정론자인 유수원의 과제는 화폐유통상의 장애요인을 제거하고 그 소통을 정상화·활성화시키는 데 있었다. 유수원은 여기에 두 가지 원칙을 제시하는데 '출납유방(出納有方)', 돈이 나가고 들어오는 데 질서정연해야 한다는 것이요, 그리하여 '전법자통(錢法自通)', 그 자체의 이치에 따라 스스로 소통되도록 해야 한다는 것이다. 즉 돈의 흐름, 그 자체의 속성에서 해법을 찾았다. 또한 주목할 점은 화폐를 다루는 전문기구로 전관(錢官)의 설치를 제안한 점이다. 유수원은 국가가 화폐를 통일적·합리적으로 관리 운영하면 상공업의 문이 활짝 열리고 시장기능이 활성화될 것으로 내다본다. 그리하여 "사민이 모두 각기 직업을 얻어서 부강(富强)의 실효를 빠른 시일에 기대할 수 있다."라는 낙관적 전망을 내놓고 있다.[36]

화폐부정론자들은 화폐란 것이 인간의 삶에 왜 필요하냐고 하는 원천적인 질문을 던진다. 성호의 발언이다.

지금 이 돈이 통행되기 시작한 것은 기껏 40년 전부터인데 쓰이기 전에는 그 손실이 어떠했으며, 쓰인 이후로는 그 이익이 어떠하였던가? 민산(民産)으로 말할 것 같으면 날로 줄어들고, 민풍(民風)으로 말할 것 같으

---

35 앞의 글, "…… 終不肯販賣飜轉, 深藏伺便, 以爲求田買僕之計. 此雖外似厭避商賈之名, 而其所以暗地營利, 自壞心術, 則反不如行商坐賈之光明痛快也."

36 앞의 글, "今之救此, 莫如設置錢官, 督理錢法, 歲鑄額錢, 以救錢荒, 仍以設法, 禁行惡錢, 使之納官而代給新錢. 要使一國之利, 出於一孔, 然後大開工商之門, 興行商販, 則私鑄之姦, 無自而售, 四民各得其職, 而富强之效, 指日可俟矣."

면 날로 야박해지고, 국고로 말할 것 같으면 날로 텅 비는 지경이다. 그
손익을 따져 보면 대략 알 수 있다. 오직 징렴(徵斂)의 편이함 때문에 많
이들 돈이 유익하다고 말한다. 그러나 민이 이미 손실을 입고 있거늘 나
라가 어떻게 홀로 이득을 얻으랴![37]

위 글을 쓴 시점은 18세기 초반으로 추정된다. 화폐시대로 진입한
이후의 손익계산서를 뽑아 본 셈이다. 그 결과 성적이 지극히 불량할
뿐 아니라 부작용도 많은 것으로 되어 있다. 성호는 돈의 유익함을 모
르지 않았다. "돈을 폐지하면 곡식이 썩어 나고 옷감이 거칠어지는 병
폐가 발생한다."라고 말했다. 요는 농민적 입장에서 화폐경제를 결산한
것이다. 이 점이 성호가 가졌던 화폐론의 특성이다.
　성호는 화폐가 통용되는 세상에 대해서 비관적 인식을 하고 있었다.
그는 '무전(無錢)의 사회'를 동경했는데 이미 돈 없는 세상으로 돌아가
는 일이 불가능한 줄도 모르지 않았다. 그래서 궁여지책으로 돈 한 개
의 무게가 1천 푼(分)이 나가는 대전(大錢)을 만들자는 생각을 해 보기
도 했다.
　성호의 이러한 화폐부정론 또한 화폐긍정론과 나란히 화폐시대의
사상이라는 사실에 유의해야 할 것이다. 화폐에 대한 긍정론과 부정론
은 입장 차가 너무 커서 같이 실학의 범주에 속할 수 있을까 하는 의문
이 들기도 한다. 실학의 사상적 진폭으로 해석해야 할 것이다.
　양자의 차이는 궁극적으로 구상하는 국가사회의 상을 각기 다르게
그리게 된다. '무전의 사회'를 동경한 성호는 "(한 사람이) 힘을 들이는

것은 1경(頃)을 넘지 못하고 지혜를 쓰는 것은 1백 리를 나가지 못한다. 그 땅에서 안주하고 그 식량으로 살아가며 자기 생업을 즐기니 국가는 여기에 기초한다.”라고 말한다. 이는 마치 톨스토이의 동화적 세계 – ‘이반의 나라’를 연상케 하는데 동양사상에서 원류를 찾자면 노자(老子)의 소국과민(小國寡民)의 국가상에 닿는 것 같다. 반면에 유수원의 중상(重商)에 기초한 국가사회의 지향점은 다름 아닌 ‘부강’에 있었다.

시장경제에 대한 이해가 남달랐던 연암이 화폐긍정론의 입장에 섰던 것은 당연하다. 연암의 생각은 유수원의 논리와 전반적으로 통하고 있다. 유수원은 당파상에서 이른바 준소(峻少, 과격파 소론)에 속하며 1755년에 당화를 입어 처형당한 인물이다. 이에 대해서 연암의 가계는 그 반대파에 속했다. 당파적 입장과 학술이론은 일단 구별해서 보아야겠지만, 양자의 경제논리가 어떻게 통할 수 있었던가는 따로 따져 보아야 할 점이다.

연암이 화폐 문제를 본격적으로 다룬 「천폐의(泉幣議)」를 쓴 시점은 1792년이다. 그가 1년 전에 쓴 「통상의」와 경제이론이 연계되어 읽혀진다.

「천폐의」의 주제는 전황을 어떻게 해결하느냐이다. 유수원이 화폐를 논한 시점으로부터 40년 정도 지나서였다. 그사이에 긴 세월이 지났음에도 전황은 여전히 해결을 보지 못한 난제 중의 난제였다. 당시에 전황의 대책으로 돈을 중국에서 수입해 오자는 논의가 진행되고 있었다. 이 사실을 듣고 연암이 「천폐의」를 작성해 당시 신임 우의정을 통해 올린 것이다. 당시 현안이었던 중국화폐 – 당전(唐錢)을 들여오려는 데 대해서 연암은 이렇게 비판하고 있다.

들건대 국내에 당전(唐錢)을 통용시켜 전황을 구제하기로 하고 바로 이번 동지사(冬至使) 편에 들여오도록 허용했다 한다. 이는 결코 옳은 정책이 아니다. 동전은 한발이나 홍수로 재해를 입는 물건도 아닌데, 어찌 곡식이 흉년을 만난 것처럼 '황(荒)'이라 일컫겠는가. '황'이라 일컫는 까닭은 돈길[錢道]이 너무도 난잡해져서 마치 논밭에 우거진 잡초를 제거하지 않은 것과 같다는 의미이다.[38]

전황이란 논밭에 잡초가 무성하듯 돈의 통로가 혼잡해진 상태를 가리키는 말이라 한다. 따라서 해결책은 돈의 통로―돈길을 맑게 하는 데 있다. 전황을 해결한다고 당전을 들여오려는 것은 '화살 따라 과녁 세우기' 아니면 '언 발에 오줌 누기' 같은 임시방편에 지나지 않으며, 그 수입업자인 역관들의 주머니만 채워 주는 짓이라는 판단이다. 그뿐만 아니고, 당전을 수입하자면 은을 밖으로 유출할 수밖에 없으며 자국의 돈길을 스스로 혼란하게 만드는 결과를 가져올 것이라 한다. 앞서 유수원은 화폐 퇴장 현상이 일어나는 근본 원인을 상업을 천시하는 사회적 통념에서 찾았거니와, 연암은 화폐 퇴장으로 인한 전황 문제를 접근함에 있어서도 원칙에 입각할 것을 첫째로 강조했다.

그러므로 재부를 잘 다스리는 방도는 다른 데 있는 것이 아니다. 화폐 가치의 경중을 잘 헤아리고 물화의 귀천을 적절히 조절하는 것이 긴요하다. 그래서 막힌 것은 소통을 시키고 넘쳐 나는 것은 막아서, 화폐의 가치가 지나치게 오르거나 지나치게 떨어지지 않도록 하며, 물화가 너무 귀해지거나 너무 천해지는 때가 없도록 해야 할 것이다.[39]

---

38 『燕巖集』 卷2, 煙湘閣選本, 「賀金右相履素書」.
39 앞의 글.

인간들이 생산하고 인간들이 필요로 하는 각종 물자들이 화폐의 매개·조절기능으로 상호 균형을 취하도록 하는 것이 요령이다. '막힌 것을 소통시키고 넘쳐 나는 것을 막는' 일은 화폐가치의 적정선에 달려 있다. 앞서 주목해 거론했던 「통상의」에서 연암이 자율적 조절기능을 착안했던 그 논법이다. 돈을 우리나라에서 '상평통보(常平通寶)'라고 칭한 것 또한 화폐와 물화의 균형을 상시 유지하려는 뜻이었음을 연암은 일깨우기도 한다.

연암은 전황 문제에 임시변통으로 대응하거나 좁은 소견으로 덤벼들어서는 안 된다는 점을 거듭거듭 역설했지만, 그렇다고 원론만 펴고 그만둔 것이 아니었음은 물론이다. 당면의 현안에 대해서 구체적이고도 실무적인 방안을 여러 가지로 제시하고 있다. 현행의 법화인 동전에 대해 전반적인 관리 운용 차원에서의 획기적인 제안, 당시 국제적인 결제의 수단인 은을 화폐의 중심으로 살리자는 주장 등이 그것이다. 이들 방안은 화폐경제를 정상적으로 발전시키려는 데 취지가 있었다. 그리고 거기에는 국부의 문제가 따르고 있었다.

3) 국부(國富)의 문제

다음은 「천폐의」의 첫 단락이다. 글 전체의 강령에 해당하는 내용이다.

오늘날 '백성의 근심과 국가의 계책〔民憂國計〕'은 전적으로 재부(財賦)에 달려 있다. 우리나라는 배가 외국으로 통하지 않고 수레가 국내에 다니지 않기 때문에 생산된 재부는 항상 일정한 양이 그대로, 관에 아니면 민간에 있을 수밖에 없다. 그런데 공사간(公私間)에 다 고갈이 되고 상하가 모두 곤

란을 겪고 있는 것은 무엇 때문인가? 이재(理財)의 법술이 제 길을 얻지 못한 까닭이다.[40]

"오늘날 '백성의 근심과 국가의 계책'은 전적으로 재부에 달려 있다."라는 제일성은 화폐경제시대의 실정을 간단명료하게 드러낸 말이다. 오늘날 우리가 살아가는 현실에 있어서도 대다수 사람들의 이해도 애환도 오직 돈에 있고 국가정책도 경제가 우선 아닌가. 기본적으로 화폐경제시대의 연장선에 놓여 있기 때문이지 싶다. 이어서 "우리나라는 배가 외국으로 통하지 않고 수레가 국내에 다니지 않는다."라고 지적한 데는, 그렇기에 무역·유통이 부진할 수밖에 없고 따라서 경제가 발전하기 어렵다는 안타까운 뜻이 담겨 있다. 개개의 인간도 국정의 차원에서도 오로지 재부에 매여 있기 때문에 '이재의 방법'이 제 길을 찾는 것, 오로지 여기에 달려 있다는 것이다. '이재의 법술'이란 곧 재부를 운용하고 관리하는 방도를 가리킨다.

위 논리는 항상 민(民)과 국(國) 양자를 연계해서 사고한 점이 특색이라 하겠다. 국부의 문제 또한 민부와 분리해서 생각하는 것이 아니다. 유민익국(裕民益國)이 바로 그것이다. 그런데 국가적으로 마땅히 챙겨야 할 '이재의 법술'이 있다. 이와 관련해서 연암이 가장 역점을 두어 논한 것은 은이다. "은은 재부로서 최상의 화폐이며, 천하가 공히 보물로 여기는 것이다." 그럼에도 당시는 동전만을 법화로 인정하고 은은 돈으로 취급조차 하지 않는 실정이었다. 밖으로 눈을 돌려 보면 국제간의 교역에서는 오직 은이 결제의 수단이었다. 연시(燕市)에서 물화를 사들이느

---

40 앞의 글.

라고 지출하는 은이 1년만 해도 10만 냥이니 10년을 치면 100만 냥이
나 된다고 연암은 통탄한다.

천년이 가도 부서지지 않을 보물을 들고 가서 한 해 겨울이면 해져 못
쓰는 것을 바꿔 오고, 산에서 채굴하는 유한한 재물을 실어다가 한번 가
면 다시 못 돌아올 땅으로 보내 버리니 천하의 졸렬한 계책이 이보다 더
한 것이 있으랴.[41]

은이 해외로 빠져나가는 사태를 두고 연암은 고도로 심각한 표현을
써서 반성을 촉구한 것이다. 이에 은을 법화로 공인하는 방법과 함께
은의 해외 유출 방지책을 여러 가지로 고안하고 있었다.

연암은 국제적 안목을 가졌기에 은을 최상의 화폐로 보았고, 그래
서 보존하지 않으면 안 되는 국부로 인식한 것이다. 토머스 먼(Thomas
Mun, 1571~1641)의 "가능한 한 수출을 늘리고 수입을 억제해서, 그 차
액을 귀금속의 형태로 나라에 유입하게끔 하는 것이 국가를 풍요롭게
하는 길이다."라는 중상주의적 주장과 유사한 논지로 여겨진다. 중상주
의적 보호무역 정책에 대해서 비판적이었던 애덤 스미스의 견해와는
다름이 있다. 그렇다 해서 애덤 스미스가 자유무역으로 마구 개방하고
귀금속이 해외 소비재의 구입으로 유출되는 사태를 방관했던 것은 또
아니었다.[42] 애덤 스미스의 국부 개념과 연암의 국부 개념을 등치시켜
볼 것은 아닐 터다. 애덤 스미스와 연암은 비록 동시대를 살았지만 애
덤 스미스가 국부를 사고한 근대국가, 국제무역이 성행한 서유럽을 연

---

41 앞의 글.
42 애덤 스미스 저, 유인호 옮김(2010), 1108~1110면.

암이 경험했던 것은 아니지 않는가. 그렇지만 연암에게도 국부의 문제를 중요하게 떠올린 경제현실이 있었고, 거기에는 또한 사상적 연원이 있었다.

연암이 제기한 국부의 논리는 '유민익국'이란 네 글자에 요약되어 있다. 이 유민익국이란 말은 우리나라의 문집 총간이나 왕조실록 같은 문헌에서 용례가 잡히지 않는다. 중국고전에서도 출전을 확인할 수 없었다. 연암이 처음 쓴 용어가 아닌가 한다. 이와 비슷한 말로『순자(荀子)』부국편에 '유민족국(裕民足國)'이란 말이 보인다.『순자』부국편에는 '국부'란 표현도 나온다. 연암은 아마도『순자』의 부국편을 읽고 영향을 받았을 것이며, 유민족국이란 순자적 표현을 유민익국으로 바꾸었을 듯싶다.

그런데 순자적 유민족국과 연암적 유민익국은 표면상으로는 의미가 다르지 않으나 성격을 따져 보면 차이점이 적지 않다. 순자는 부국의 방도에 대해서 결론적으로 "농토의 세(稅)를 가볍게 하고 관시(關市)의 세를 공평하게 하며, 상인의 숫자를 줄이고, 백성을 역역(力役)으로 동원하기를 드물게 하여 농번기의 시간을 빼앗지 않고 이렇게 하면 '나라가 부유〔國富〕'해진다. 이것이 정치로써 '유민'을 이루는 방도라고 할 수 있다."라고 말했다. 맹자가 늘 강조했던 인정(仁政) 애민(愛民)과도 다르지 않다. 다만 부국에 힘쓰는 정책은 맹자에게 있어서는 고려 밖에 있는, 긍정하지 않는 방향이었다. 또한 유의할 점은 순자의 경우 억상적(抑商的) 방향에서 부국의 길을 찾고 있다는 점이다. 순자는 "공상인이 늘어나면 나라가 가난해진다."라는 발언도 하고 있다. 순자적 '유민족국'은 농본주의에 기반한 것으로 읽힌다. 반면에 연암적 '유민익국'은 상업유통의 조절, 균형의 기능을 활성화해서 농업도 발전하고 공업이 육성되는 방향으로 나가자는 취지였다.

요컨대 연암은 국부의 문제를, 농업을 소홀히 본 것은 결코 아니지만 상업을 중심에 놓고서 사고하였다. 그것은 화폐경제시대의 사상이다. ① 안으로 화폐경제가 마침 발흥하고 ② 중국과의 교역 및 중국과 일본을 연계하는 중개무역이 행해졌으며 ③ 서양의 진출이 가시적으로 확장되는 당시의 제반 상황이 연암에게 국부 문제를 인식하도록 만든 배경이 되었다고 말할 수 있다.

연암이 제기한 국부의 논리는 민부와 짝을 이루고 있는 점이 중요하다. 민부의 실현에서 국부의 증진을 사고한 것이었다. 연암의 국부 개념은 경제이론으로 체계화되는 수준으로 나가지 못했던 사실도 아울러 유의해야 할 점이다.

4. 『열하일기(熱河日記)』와 이용후생론(利用厚生論)

'이용'이 된 연후에 '후생'이 가능하며 '후생'이 된 연후에 덕을 바로 잡을 수 있다.[43]

'이용'은 도구를 예리하게 개발해서 생산력을 증대하는 것을, '후생'은 삶을 풍요롭게 만드는 것을 뜻하는 말이다. 즉 기술발전을 도모해서 인간의 삶을 풍요롭게 가꿔 가자는 취지이다. 이러한 이용후생은 어디까지나 목적지를 '정덕(正德)'에 두고 있음에 유의할 필요가 있다.[44]

---

43 『熱河日記』, 「渡江錄」, "利用然後, 可以厚生, 厚生然後, 正其德矣."
　『열하일기』의 번역문은 이가원(1968); 리상호(2004); 김혈조(2009)의 책을 참고해서 작성한 것이다(이하 같음).

　『열하일기』에서 그 저자가 압록강을 건너 중국대륙으로 들어가면서 했던 발언이다. 이용후생의 목적지로 잡은 정덕은 어디일까? 정덕은 글자 풀이 그대로 좁은 의미의 도덕질서를 바로잡자는 의도로 그치는 것이 아님은 물론이다. 이용후생과 연계해서 해석해야 할 물음인데, 『열하일기』를 어떻게 읽을 것인가라는 문제와 직결되어 있다.

1) 『열하일기』의 독법

　『열하일기』의 주지는 북학(北學)에 있다는 것이 종래의 통설이다, 본고의 제1장에서 거론했지만, 『열하일기』를 역사학적으로 접근한 시발점인 김석형의 논문에서부터 이미 북학이란 용어가 열쇠말로 들어와 있었다. 이후 오늘에 이르도록 『열하일기』 하면 으레 '북학의 책'으로 생각되고 있는 형편이다. 북학이 가리키는 의미를 김석형 자신이 "배도 만들어 보고 길도 내어 보고 다리도 놓아 보고 차도 만들어 보자."라는 것이라고 명쾌하게 규정한 바 있다. 여기서 북학은 이용후생에 다름 아니다. 그 당시에는 배울 곳이 오직 중국이었기 때문에 북학이라고 지칭했을 뿐이다. 나아가서 연암을 중심으로 하는 학술유파를 북학파로 일컫게까지 되었다. 그러나 『열하일기』에 대한 '북학적' 독법은 문제점이 있다는 것이 필자의 지론이다.[45] 이에 관한 견해를 누차 표명했던 터요,

---

[44] 원래 『書經』, 「大禹謨」에는 "正德・利用・厚生, 惟和."로 나와 있다. 正德은 "스스로 덕을 바로 한다."라는 뜻으로, 윗자리에 있는 사람이 자신의 덕을 바로 해서 남을 다스린다는 의미다(孔穎達疏). 즉 통치자의 입장에서 자기 수양을 의미하는 것이 전통적인 해석이었다. 연암은 정덕을 이용후생의 뒤에 배치하여 세상을 바로 한다는 의미로 새롭게 해석한 것으로 보인다.

[45] 임형택(1985/2000). 『열하일기』에 대한 종합적인 연구로는 김명호(1990) 등의 저서를 들 수 있다.

지금 이 지면은 그런 논의를 펼칠 자리도 아니다. 다만 연암의 이용후생 사상을 제대로 이해하자면 필요하다고 여기기 때문에 먼저 짚고 가려는 것이다.

『열하일기』는 북학적으로 읽을 소지가 다분히 있다. 그 작가는 중국의 발전상을 곳곳에서 직접 눈으로 확인하고 자국의 낙후한 실상을 돌아보며 동포들의 미개한 생활상을 생각하여 깊은 한숨을 내쉬곤 한다. 조선이 낙후하게 된 이유는 다른 무엇보다도 숭명반청(崇明反淸)이란 이데올로기적 질곡 때문임을 뼈저리게 느낀다. 숭명반청이 불러온 북벌(北伐)이란 허위의 정치논리를 북학이란 현실적 실천논리로 전도시키려 한 셈이다.

여기에 한 가지 주의할 점이 있다. 당시 동아시아의 청 황제체제를 작가가 긍정하고 지속되어야 할 것으로 인정하였느냐 하면 그건 아니었다. 연암은 만청(滿淸)이 중국의 주인으로 군림하고 있다는 사실을 명분론적으로 부인한 것은 아니지만, 궁극적으로는 청산되어야 할 역사적 과제로 사고하고 있었다. 따라서 청 황제체제의 붕궤 징후는 어디서 발생할까, 천하대세는 장차 어떻게 될까를 예의주시한 것이다. 특히 「심세편(審勢篇)」을 비롯해서 「곡정필담(鵠汀筆談)」・「망양록(忘羊錄)」 등은 '천하의 대세를 속상풍요(俗尙風謠)에서 살핀 것'이라는 『과정록』의 지적처럼 대국(大局)의 정세를 파악하려는 작가의식이 구현된 내용이다.

『열하일기』는 '이용후생 과제'와 '천하대세의 전망'이란 두 축으로 구성된 작품이다. 작가의 주제의식으로 볼 때, 양자는 분리할 성질이 아니고 작가 특유의 글쓰기 형식을 통해서 하나의 전체를 이루고 있다.

그런데 『열하일기』는 애초부터 오늘에 이르도록 북학적 측면으로 부각된 반면에 천하대세의 전망이란 측면으로는 조명을 받지 못했다. 그 두 측면은 경중과 우열을 따질 성질은 아니라고 보지만, 주제의 귀결처는 오히려 후자에 가 있는 것으로 생각된다. 작가는 북학을 대국적인 세계 개편을 위한 물적 기반 조성으로까지 의식했던 것으로 보인다. 그럼에도 정작 중시되어야 할 측면을 왜 간과해 왔을까? 이는 요컨대 우리 근대의 정신 상황이 『열하일기』의 해석상에 투영된 결과로 보인다. 다름 아닌, 주체적 세계인식을 결여한 근대주의 말이다. 필자는 전에 "오늘날 미국과 긴밀한 관계를 맺어 왔고 학계 및 일반의 관심이 온통 그쪽에 경도되어 있음에도 아직 『열하일기』에 비견되는 주제의식을 담은 '미국기행(美國紀行)'이 한 권도 나오지 않은 현재의 한국적 풍토와 무관하지 않을 것이다."[46]라는 반성적인 발언을 한 바 있다.

이제 『열하일기』라는 텍스트 읽기의 한 사례로 「옥갑야화」를 들어 본다. 한국문학사의 정전으로 위치가 확고한 「허생전」은 기실 『열하일기』 중 「옥갑야화」의 일부분이다. 「옥갑야화」는 북경을 다녀오는 도중에 옥갑(玉匣)이란 처소에서 하룻밤 묵으며 사행의 여러 인원들과 침상에 둘러앉아서 나눈 이야기들을 엮어 놓은 형식이다. 『천일야화(千一夜話)』가 시간적 제목이라면, 「옥갑야화」는 공간적 제목이다. 「옥갑야화」의 이런저런 이야기에서 '허생의 일'이 가장 압권이어서 분리 독립을 하게 된 것이다. 전체에서 달걀의 노른자위처럼 또렷하기 때문에 이렇게 되었다고 이해할 수 있다. 하지만 그것을 앞뒤로 둘러싼 부분까지 포괄해서 원상태를 복원해 읽는 편이 작가의 본뜻이기도 하고, 작품의 내용이 훨씬 풍부하게 다가오는 이점이 있다. '허생의 일'이 전개되기 전에 나온 한 편의 삽화를 들어 보자.

---

46 임형택(1985/2000), 154면.

변승업(卞承業)이 병으로 드러눕자 돈놀이로 나가 있는 돈이 얼마나 되는지 알아보려고 회계 장부를 전부 모아서 계산해 보니 도합 은(銀) 50만여 냥이 되었다. 그의 아들이

"이 많은 돈을 출납하는 것이 번거롭고 오래가면 축날 우려도 있으니 차제에 거둬들이는 것이 좋겠습니다."

라고 말하자, 변승업은 벌컥 화를 내 꾸짖었다.

"이것은 서울 성중 만호(萬戶)의 목숨 줄이다. 어떻게 하루아침에 끊는단 말이냐! 빨리 돌려주도록 하여라."

변승업은 이미 늙어서 자손들에게 경계하기를

"내가 섬긴 조정의 대감 중에 한 손에 국정을 장악한 이들이 많은데, 자기 살림처럼 장악한 어른은 삼대를 내려가는 경우가 드물더라. 국중에 돈놀이하는 사람들이 우리 집에서 돈이 나가고 들어오는 것을 보아 이율의 고하를 삼고 있으니〔視吾家出入爲高下〕이 또한 국정을 장악하고 있는 셈이다. 흩어 버리지 않으면 장차 화가 미칠 것이다."

라고 말했다. 그의 자손들이 번창하면서도 대부분 가난한데 이는 변승업이 노경에 많이 흩어 버렸기 때문이라 한다.[47]

위 이야기의 주인공 변승업은 17세기 중엽에 활동한 실재 인물이다. 역관가계에 속했는데 "국중에 돈놀이하는 사람들이 우리 집에서 돈이 나가고 들어오는 것을 보아 이율의 고하를 삼고 있다."라고 했으므로, 독점적인 금융자산가라고 볼 수 있겠다. 오늘날 우리가 경험하는 후기 자본주의 단계의 금융 형태와는 성격이나 존재 방식이 물론 크게 다르

---

47 『熱河日記』, 「玉匣夜話」.

다. 그럼에도 당시 벌열이 국정을 장악하듯, 변씨 일가는 금융으로 잡고 있으니, 이 또한 국정을 장악한 셈이라고 스스로 자부한 것이다. 실로 경제사에서 주목할 내용이다.

변승업은 허생 이야기에 등장하는 변 부자 그 사람으로 대개 알고 있으나 그렇지 않다. 작중에서 생면부지의 허생에게 사업자금을 빌려주었다가 큰돈을 벌게 된 변 부자는 이름이 밝혀 있지 않으나 시기를 맞춰보면 변승업의 윗대에 해당한다. 허생 이야기는 변씨가의 치부 유래담인 셈이다. 한편으로 「옥갑야화」의 전체 구성상으로 보면, 위의 변승업 일화는 본론의 도입부로 일종의 복선으로 읽혀진다.

주인공 허생은 사(士)의 전형으로 설정된 인물로 해석할 수 있는바, 작가의 분신이기도 하다. 작가는 허생을 통해서 자신이 실현하지 못한 경륜을 펼쳐 보인 것이다. 그는 '남산골 딸깍발이'로 독서를 하던 끝에 집을 나와서 변씨에게 융자하여 사업가로 변신했다. 그리하여 국내에서 상행위로 크게 이익을 남긴 다음에 해외로 진출하여 무인도를 개척, 국제무역을 해서 마침내 엄청난 부를 이루게 된다. 그리고 다시 '글 읽는 선비'로 원위치한다. 오늘의 눈으로 보면 허생은 실로 굉장히 치부를 하여 자본을 축적하고서도 그 자본을 자본으로 운동시키는 방향으로 가지 않고 어이없게 물러서 버린 것이 아닌가. 이때 허생은 변씨를 향해서 "재화로 인해서 얼굴빛이 달라지는 것은 그대들의 일이오. 만금이 어찌 도를 살찌게 하겠소!"라고 자신을 변씨와 뚜렷이 경계 짓는다. 일시 사업가로 나섰지만 그것은 탈바꿈에 지나지 않으며 사의 정체는 바뀔 수 없다는 논법이다. 다름 아닌 연암이 희구해 마지않던 원사(原士)의 전형이다. 그가 말하는 도는 사로서의 가치지향일 텐데 내포 의미는 무엇일까?

허생은 사업가로 대성공을 거둔 다음 혼자 말하기를 "이제 나의 조그만 시험이 끝났다."라고 한다. '조그만 시험'이란 무엇을 가리킬까?

국내교역과 국제무역 등의 사업이 '조그만 시험'에 포함된 것임은 물론
이다. 하지만 그것이 다는 아니다. 허생이 개척한 섬에 남녀 2천 명을
남겨 놓고 떠날 때 한 말이 있다.

> 내가 처음에 너희와 이 섬에 들어올 적엔 먼저 부(富)를 이룬 연후에
> '문자를 따로 창제하고 의관을 새로 제정하려〔別造文字 刱制衣冠〕' 하였더
> 니라. 그런데 이곳은 '땅이 좁고 덕이 박하니〔地小德薄〕' 여길 떠나련다.[48]

허생이 천명한 '별조문자(別造文字) 창제의관(刱製衣冠)'이란 여덟 자
는 극히 추상적이긴 하지만, 나름으로 이상국가 건설을 계획한 것으로
여겨진다. 『홍길동전』의 율도국에 비견된다. 율도국의 사회 모습이 "강
구(康衢)의 동요와 노인의 격양가(擊壤歌)는 요순에 비길러라."라고 상찬
하였듯, 기껏 고대적 이상국가의 재현에 그친 데 반해서 허생의 기획은
기존의 한자유교권과 다른 문명세계의 건설을 상정한 것임이 분명해
보인다.

한편으로 「옥갑야화」는 『홍길동전』의 율도국과 그 서사적 문맥이
같지 않다. 율도국으로 간 홍길동은 영영 본국으로 돌아오지 않았지만
「옥갑야화」에서는 허생을 조선으로 데려오는 것이 서사의 문맥이었다.

사의 본분으로 원위치한 허생이 보여 준 가장 현저한 행적은 북벌(北
伐)의 총참모격인 이완 대장을 대면해서 포문을 연 '시사 3언(時事三言)'
이다. 당시 조선의 국시인 북벌 계획에 대한 발언이다. 『옥갑야화』의
작가가 말하고자 했던 핵심으로 여겨지는 대목이다. 그런데 이 대목의

---

48 앞의 글.

해석이 엇갈린다. 요는 조선의 국시인 북벌책이 허위임을 폭로, 비판하는 의미를 담고 있다고 보는 것이 대체적인 견해지만 반론 또한 만만치 않다. 앞서 실학연구사에서 중요하게 거론했던 홍기문의 논문은 허생의 입을 빌어서 '북벌계획이 소루한 그것을 탄핵하였을 뿐'이며 '대명의리(對明義理)란 …… 여기 이르러는 일보의 전진이 허락되지 못하였'던 것으로 지탄하고 있다. 이 문제를 어떻게 봐야 할 것인가?

홍기문의 이러한 견해는 꼭 틀렸다고는 말하기 어렵다. 그렇게 간주한 구절들이 『열하일기』 및 『연암집』의 본문에 들어 있기 때문이다. 「옥갑야화」에서 허생이 '시사 3언'을 발언할 때 딱히 북벌 자체를 반대한 것은 아니었다. 여기에 두 가지 측면을 들어 둔다. 하나는 『열하일기』의 표현 수법에 관련한 사항이다. 작가는 필요에 따라 '논설적'인 방식으로 전개하기도 하지만, 많은 경우 '보여 주기'의 방식을 구사하고 있다. '제시적 수법'을 써서 판단은 독자에게 맡기는 것이다. 문제의 이 대목 또한 '제시적 수법'으로, 북벌을 어떻게 생각하느냐는 판단은 독자들의 몫이다. 다른 하나는 보다 중요한데, 청 황제체제에 대한 작가의 시각이다. 비록 작가는 우리의 필요에 따라 청국과 교류하여 선진 문물을 받아들여야 한다는 주장을 펴지만, 그렇다 해서 청 황제체제를 긍정한 것은 아니었다. 허생이란 인물현상으로 표현한 주제는 북학의 긍정이냐 부정이냐는 식의 단순 논리로 재단할 성질이 아니라는 것이다.

작가의 궁극적인 문제의식은 중국대륙에서의 청 황제체제 청산이었다. 이 거대한 사업을 과연 어떻게 성취할 수 있단 말인가? 조선 단독으로 압록강을 건너 쳐들어가서 성사할 수 있는 일이 아님을 연암은 확실히 인지하고 있었다. '시사 3언' 가운데 제3언에 아주 중요한 책략이 들어 있다. "천하의 대의를 외치려면 먼저 천하의 호걸들과 접촉하여 결탁하지 않으면 안 된다."라고 전제한 다음, 당나라나 원나라 때처럼 중국과의 교류, 개방정책을 적극적으로 펴 나가야 한다는 것이다. "국중의 자제들을 가려 뽑아 머리를 깎고 되놈의 옷을 입혀서, 그중의 선비는 가서 빈공과(賓貢科)에 응시하고 서민은 멀리 강남지방으로 건너가 장사하면서 그 나라의 실정을 정탐하는 한편, 그 땅의 호걸들과 결탁한다면 한번 천하를 뒤집고 국치를 씻을 수 있을 것이다." 호랑이를 잡기 위해 호랑이 굴속에 들어가는 전략이다.

북학과 북벌은 논리적으로 통합되어 있다. 청 황제체제의 청산이라는 역사적 과제에 우리 조선이 주체적·적극적으로 참여하자는 동아시아적 차원의 경륜으로 해석할 수 있는 것이다. 그러고 보면 「옥갑야화」는 『열하일기』 전체의 주제, 이용후생의 사상과 천하대세의 전망을 한데 집약해 놓은 작품이다.

2) 이용후생의 논리

변 부자는 어느 날 허생을 대해 "5년 사이에 어떻게 백만 냥이나 되는 거금을 벌어들일 수 있었습니까?" 하고 묻는다. 변씨로서는 가장 궁금한 일이었을 것이다. 허생은 "그야 알기 쉬운 일이지요. 조선이란 나라는 배가 외국으로 통하질 못하고 수레가 국내에 다니질 못하기 때문에 온갖 물화가 제자리에 나서 제자리서 사라지지요."라고 하면서 유통이 발달하지 못한 상태이기 때문에 도리어 돈을 벌기에 용이했던 것으로 설명한다. 그의 치부술이란 기실 매점매석의 행위인데, 허생 스스로 나라의 경제를 위태롭게 하는 술책이란 말을 덧붙이길 잊지 않는다. 이 대목에 있어서도 배와 수레의 효용가치, 이용(利用)의 필요성을 역설하지만, 『열하일기』에는 수레에 관해 본격적으로 길게 논한 글이 따로 또 한 편 들어 있다.

우리나라는 그래도 사방 수천 리 땅인데 백성들의 살림살이가 이처럼 가난한 것은 한마디로 말해서 수레가 국내에 다니지 않기 때문이다. 묻건대 수레는 왜 다니지 않는가? 한마디로 말해서 사대부들의 과오이다. 그들은 평생 글을 읽는데『주례(周禮)』는 성인이 지은 글이요, 윤인(輪人)이다, 여인(輿人)이다, 거인(車人)이다, 주인(輈人)이다를 들먹이면서도 이런 것들을 제작하는 법이 어떤지, 이런 것들을 통용하는 법이 어떤지 필경 강구하지 않고 있다. 이런 태도는 그야말로 책을 공연스레 겉껍데기로 읽는 것이니 학술에 무슨 도움됨이 있으랴! 아아, 참으로 안타깝다.[49]

연암은 당시 우리나라가 당면한 최대의 문제는 빈곤에 있으며, 그렇게 된 요인은 수레가 통행하지 못하는 데 있는 것으로 진단하고 있다. 그렇게 된 결정적인 원인을 다른 어디가 아니라 사대부들의 독서 태도에서 찾은 것이다.『주례』를 성인의 글이라고 받들면서도 실행하려는 노력을 기울이지 않고 겉껍데기로 들먹이고 만다고 통렬히 비판하고 있다. 본고의 제2장에서 주목한 "후세에 농·공·상의 일이 제대로 되지 못하는 것은 사(士)가 실학을 하지 못한 과오에 있다."라는 주장이 바로 그것이다. 연암의 비상한 관심은 바퀴의 원리를 응용한 이기(利器)에 집중되어 있다. 그래서「차제(車制)」란 제목으로 긴 보고문을 작성했던바 위 인용문은 논의를 이렇게 이어 나간다.

황제(黃帝)가 수레를 처음 제작하여 헌원씨(軒轅氏)로 일컬어진 이래 천백 년을 경과하면서 여러 성인들이 마음으로 궁리하고 눈으로 관찰하고

---

49 『熱河日記』,「馹汛隨筆·車制」.

손으로 재주를 발휘함에 정력을 다 바쳤다. 또한 공수(工倕)와 같은 명공들을 몇이나 거치고, 또 상앙(商鞅)·이사(李斯)를 거쳐서 제도의 통일을 기하지 않았던가. 국가가 신뢰하여 채용한 학술이 수백 종이 넘을 것이다. 모두 익숙히 강구하고 요령 있게 실행한 결과이다. 어찌 속절없이 되었겠는가. 참으로 민생의 일용에 유익한바 수레는 나라를 맡아 다스리는 대기(大器)이다. 지금 나는 (중국에 들어와서) 날마다 놀랍고 기뻐해야 할 것들을 눈앞에 대하니 이 수레의 제도만 미뤄 보아도 만사를 징험할 수 있다. 또한 천년 역사에서 여러 성인들의 고심을 조금이나마 터득할 수 있겠다.[50]

작가가 중국을 여행하는 도중에 편리한 각종의 도구들이 길 위에 굴러다니고 실생활에 쓰이는 실상을 경험하고 자신의 소감을 논술한 내용이다. 결국 기술학(테크놀로지)에 대한 견해인데, 그 사고의 논리에는 두 가지 특성이 드러난다. 하나는 기술의 발전을 '성인들의 고심'으로 인식하는 것이다. 물론 전문 장인들의 기여를 무시하지 않았으며 '제도를 통일'시킨 것으로 규격화의 과정까지 언급하고 있으나, 기술학은 기원적으로 역대 성인들의 '마음으로 궁리하고 눈으로 관찰하고 손으로 재주를 발휘'한 결과물로 여기고 있다. 다른 하나는 기술학을 국가 경영의 차원에서 중시한 것이다. 각종 도구는 인간의 일상에 유익한 물건이기에 곧 '나라를 맡아 다스리는 대기〔有國之大器〕'라고 말한다. 조선왕조가 기술 자체를 천시했다고 볼 수 없다 해도 기술로 살아가는 인간

---

50 앞의 글, "自黃帝造車而稱軒轅氏, 經千百載, 幾聖人, 竭其心思目力手技, 而又經幾工倕, 又經商鞅·李斯一制度, 信縣官之學術, 將幾百輩也. 其講之熟而行之要, 豈徒然哉! 誠以利生民之日用, 而有國之大器也. 今吾日見而可驚可喜者, 推此車制而萬事可徵也. 亦可以小識千載群聖人之苦心也夫." 이 대목은 번역상 의견이 다를 수 있기 때문에 원문을 제시한다.

들을 천하게 취급했기에, 따라서 기술 또한 천시되었던 것이 사실이었다. 기술학을 '성인들의 고심'이라고 재삼 강조한 것은 기술 천시의 관념을 바꿔놓기 위한 의도로 읽혀진다. 거기에는 기술학을 국가적 차원에서 중시하는 뜻이 담겨 있다.

지금 거론하는 「차제」는 『열하일기』의 「일신수필(馹迅隨筆)」에 들어 있다. 「일신수필」은 심양(瀋陽)을 지나 산해관(山海關)으로 가는 도정의 기록이다. 『열하일기』 전체의 체제가 그렇듯, 「일신수필」 또한 일기 형식으로 써 나가는 가운데 「차제」와 같이 별도의 제목을 붙인 글이 섞여 있다. 그런데 7월 15일자의 일기를 보면 그날 하루의 여정을 서술하는 중간에 제목을 붙이지 않았지만 시작과 끝이 분명한 한 편의 글이 삽입되어 있다. 내용으로 미루어 '장관론(壯觀論)'이란 제목이 적절해 보인다. 읽기에 따라서는 중국 관광의 포인트가 무엇이냐를 논한 것으로 생각되기도 하고, 청나라 지배하의 중국을 어떻게 볼 것이냐를 주제로 삼은 일종의 중국론으로 생각되기도 한다. 무척 홍미롭고 문제적인 작품이다. 이런 한 편의 작품을 일기 중간에 슬쩍 끼워 넣은 작가의 의도는 어디에 있을까? 중국을 어떻게 볼 것이냐는 것은 연암이 평소에 가지고 있던 문제의식이었다. 그는 중국의 변방지역을 거쳐서 바야흐로 중심부로 진입하는 입구인 산해관에 다다르기 직전의 지점에서 그동안 자신의 실제 견문을 기초로 문제의 답을 일차 정리해 본 것이 아니었을까. 어디까지나 추정이지만 『열하일기』의 작가가 독자에게 허용한 권리이기도 하다.

'장관론'은 북경을 다녀온 인사를 만나면 사람들이 으레 중국의 장관이 무엇이더냐고 묻는다는 말로 시작한다. 대답이 구구하다. 요동 천리의 평원과 같은 자연경을 들기도 하고, 노구교(盧構橋)나 산해관과 같은 인공의 구조물을 들기도 하고, 시가의 점포나 유리창(琉璃廠)을 들어 상업의 흥성을 말하기도 하는데, 상사(上士)와 중사(中士)는 논점이 전혀 다르다는 것이다. 상사의 경우 오랑캐의 천지로 변질된 중국은 아무 볼 것이 없다고 단정하며, 중사의 경우 춘추의 대의를 들어서 "중원을 깨 끗하게 회복한 연후에라야 장관을 운운할 수 있다."라고 서슬이 퍼렇 다. 이에 반해서 자신은 하사(下士)에 속하기 때문에 "중국의 장관은 기 와 조각에 있고 똥에 있다고 말한다." 왜냐하면 기와 조각은 버리는 물 건이지만 그것을 잘 활용하여 담장을 아름답게 꾸며 놓을 수 있으며, 똥은 더러운 물건이지만 거름으로 만들어 농업생산을 증대하고 있기 때문이다. 그의 관심은 기술공학적인 면만 아니고, 인간 일상의 삶을 아름답고 풍요롭게 가꾸는 일에 자상하게 다가서 있음을 짐작케 한다. 이런 하사의 입장에서 조선의 국시인 북벌문제에 대한 자신의 입장을 토로한 것이다. "이적(夷狄)이 중화를 짓밟는 것을 분개하여 중화의 존 중해야 할 실상까지 싸잡아서 배척한다는 말은 들어 보지 못했다."라고 하면서 이렇게 변파한다.

그러므로 지금 참으로 이적을 물리치고자 한다면 중화의 좋은 법을 배워서 우 리의 미개한 문물을 개선해야 할 것이다. 농경과 양잠, 요업·제철에 이르기 까지 공업의 발전, 상업의 유통 등 배우지 말 것이 없다. 남이 열 번 하면 나는 백 번 하는 정도의 노력을 기울여 먼저 우리 백성을 이롭게 해서, 우리 백성들로 하여금 몽둥이를 들고 저들의 견고한 갑옷과 날카로운 병 기를 족히 제압할 수 있게 된 연후에라야 중국은 볼 것이 없다고 말해도 좋다.[51]

---

51 『熱河日記』, 「馹迅隨筆」 7월 15일조.

위 인용문에서 '우리 백성들로 하여금 몽둥이를 들고 저들의 견고한 갑옷과 날카로운 병기를 족히 제압할 수 있게 된 연후에라야[使吾民制 梃 而足以撻彼之堅甲利兵 然後]'의 구절은 선뜻 납득이 가지 않는다. 맹자(孟子)가 양혜왕(梁惠王)에게 진정으로 인정(仁政)을 구현하면 아무리 강대국의 침략을 받더라도 백성들이 자발적으로 몽둥이를 만들어 가지고 외적을 물리칠 수 있게 되리라고 말한 곳이 있는데[52] 이를 원용한 것이다. 『열하일기』에서 인정의 구체적 내용은 이용후생이다. 이용후생의 방향에서 중국의 선진기술을 제대로 수용하여 실효를 거둘 때라야 "중국은 볼 것이 없다."라고 말해도 좋다는 그런 발언이다. 이 문맥에서 중국은 청조 지배하의 중국임이 물론이다. 『열하일기』의 작가는 북학과 북벌을 통합하는 논법을 구사하고 있음을 확인하게 된다. 이 논법은 19세기 중국이 서양제국의 침략으로 곤경에 처했을 당시 각성한 중국지식인이 제기한 "이적의 선진기술을 배워 이적을 제압하자[師夷之長技以制夷]."와 그대로 통하는 것으로 여겨지기도 한다. 이제 본장의 첫머리에 올렸던 말이 들어 있는 대목으로 돌아가 보자.

아무리 소 외양간 돼지우리 따위라도 바람이 통하고 반듯하여 법도가 있다. 나무 더미나 두엄 더미까지 모두 다 정치하고 아름다우니 그림 같았다. 아하, 이처럼 된 연후에라야 이용이라 할 수 있겠구나! 이용이 된 연후에 후생이 가능하며, 후생이 된 연후에 덕을 바로잡을 수 있다. 이용을 하지 못하고서 능히 후생을 할 수 있는 경우는 드물다. 생존 자체가 어려운 지경에서 정덕이 어떻게 이뤄질 수 있겠는가.[53]

---

52 『孟子』, 「梁惠王 上」.
53 『熱河日記』, 「渡江錄」 6월 27일조.

"중국의 장관은 기와 조각에 있고 똥에 있다."라는 연암의 실학정신이 십분 드러나는 대목이다. "이용이 된 연후에 후생이 가능하며, 후생이 된 연후에 덕을 바로잡을 수 있다."라는 주장이 어떤 문맥에서 발설되었는지 알 수 있는, 이용→후생→정덕으로 정식화된 논리구조이다. 요는 후생의 전제 조건으로 이용을, 정덕의 전제 조건으로 후생을 설정한 것이다. 따라서 생산력과 기술발전을 뜻하는 이용, 인간의 풍족하고 편리한 삶을 뜻하는 후생을 국가와 사회를 바로 세우는 전제 조건으로 중시하는 논리이다. 그런 만큼 연암은 이용후생을 우선시·중요시하고 있는 것이다.

연암의 이용후생은 최근에 한국사회에서 쟁점 사안으로 떠오른 복지와도 통하는 개념이다. 특히 후생과 복지는 의미상 일치한다고 보아도 좋겠다. 그런데 연암의 후생은 이용을 전제 조건으로 삼고 있으며, 또한 후생이 다가 아니고 정덕을 목적 지점으로 삼고 있다. 오늘에 있어서도 복지는 필히 이용과 연계해서 사고해야 할 일임을 일깨운 것 같다. 그렇다면 정덕은 과연 어떤 내용일까? 유교적 논리로 표현하자면 '치국평천하'를 연암은 염두에 두었음에 틀림없다. 허생이 무인도를 개척해서 건설하려 했던 사회상은 그가 꿈꾼 이상세계였다. 하지만 그는 그쪽을 추구하지 않고 조선의 현실로 돌아와 눈앞을 가로막고 있는 청황제체제의 동아시아를 어떻게 개조할 것인가라는 문제로 고민하고 그 방향을 모색한 것이다.

3) 이용후생의 실천적 노력

이상에서 연암이 이용후생론을 제기한 사고의 논리와 함께 그 이론적 측면을 살펴보았다. 특히 이용후생의 일이라면 실천에 의미가 있다. 그의 이용후생에 대한 관심 또한 실생활에 응용하려는 데 목표를 두고 있었다. 그는 실제로 어떤 실천적 노력을 하였으며, 그래서 과연 얼마나 성과를 거두었던가? 이 궁금한 사안을 지금 확인할 방도는 결코 쉽지 않겠는데, 다행히도 『과정록』에 관련한 일화 몇 편이 보인다. 비록 단편적이지만 구체적인 정황을 그려 볼 수 있는 자료이다.

연암의 문제의식은 각기 인간의 기초 생활의 안정에 있었음을 앞서 지적했다. 그의 이용후생론은 먼저 자기 가까이에 있는 사람들로부터 출발한 것이다. 연암이 자기 가문의 일자리를 잃은 겸인배(傔人輩)들에게 그 사람의 재능이 미치는 바에 따라 각자 후생의 방도 하나씩을 가르쳤다고 한다. 그때 일깨운 말이 있었다.

사대부는 벼슬을 하고 살다가 관직에서 물러나면 오직 폐호독서(閉戶讀書)하는 것이 본분이다. 너희를 보면 일 없이 놀고 있으면 춥고 배고픔을 이기지 못해서 항심(恒心)을 지키는 사람이 드물다.[54]

허생이 변 부자를 향해 "재화로 인해서 얼굴빛이 달라지는 것은 그대들의 일이오."라고 말한 논법 그대로다. 겸인배란 서울의 명문 세가의 가신(家臣) 그룹으로 신분상으로는 대개 경아전(京衙前)에 속했다. 다같이 여항인이라는 점에 있어서는 시정의 부호나 겸인배를 동일 신분 계층으로 간주해도 좋을 것이다.

여항인은 사대부와 입장이 다르므로 행동의 양식도 다를 수밖에 없다는 것이 연암의 관점이다. 겸인들은 자신이 주인으로 삼고 있는 가문의 흥망성쇠에 따라서 달라지기 마련인데, 실업자가 되는 경우 필히 생

---

54 朴宗采, 『過庭錄』 卷4, ‘先君於傔從輩’條.

계의 대책으로 직업을 찾아 나서야 한다는 생각이다.

연암가는 그의 조부 때까지는 벼슬을 높이 하다가 당대에는 낙척한 처지였다. 그의 주변에 일자리를 잃고 생계가 어려운 겸인들이 필시 있었을 터이다. 『과정록』은 어떤 한 겸인에게 나염의 기술을 가르친 사실을 특기하고 있다. 기름 먹인 두꺼운 종이에다 문양을 새겨서 그것을 면포에 찍어 곱게 염색하는 방식이다. 혹은 목각을 해서 찍어 내기도 했다. 화포법(花布法)이라고 일컫기도 하는 방법이다. 그렇게 염색한 천으로 옷감이나 이불·요·휘장 등속을 만드는 데 쓰면 비단처럼 색감이 좋고 경비는 절감이 되었다. 금위영(禁衛營) 군대의 복장에도 이용이 되었다 한다. 그래서 그 사람은 많은 이득을 보아 부유하게 되었음은 물론이다.[55]

연암은 일반 사람들에게 그야말로 일인일기(一人一技)의 기술 교육을 착안한 셈이다. 『과정록』에는 이 이야기를 전하면서 덧붙인 말이 있는데 "무릇 수공업자들이 단 한 번이라도 선인(先人, 우리 아버지)의 지도를 받고 나면 기술이 곱절이나 신장하여 다른 장인에 비해 월등했다." 라는 것이다.

연암이 연행 도중에 유심히 관찰했던 것 중 하나가 전벽(磚甓)이었다. 건물이나 성곽을 전이나 벽돌로 축조해서 견고하고도 아름답다는 감탄을 금치 못한 것이다. 당시 조선은 벽돌을 이용할 줄 몰랐기 때문

---

55 앞의 글, "先君, 於傔從輩遊手, 每隨其人才藝所近, 拈示厚生一事, 曰: 士大夫, 有官則食, 去位則惟閉戶讀書, 本分也. 爾輩遊手不耐饑寒, 保其恒心者鮮矣. 其在嶺邑也, 使傔人某, 刻油硬厚紙, 作卍字草篆紋綺團窠樣, 展壓綿布上, 用礬灰諸物, 印搨染色如市上花布法. 或又木刻搨之. 以爲衾褥帷帳之屬, 以資其生. 其後, 京營禁旅甲衣盡弊, 改造, 須用錦緞而經費甚夥, 一並以此縫裁. 雖是吉貝, 而紋彩無異綺繡, 堅靭又勝之, 可謂完且不費矣. 其他婚嫁服飾, 亦多用此. 其人果蒙厚利. 凡工匠輩一經先君指使者, 便覺手藝倍長, 逈異他匠."

이다. 『열하일기』 곳곳에서 이 제도를 받아들여야 한다고 주장하며, 그것의 제조법과 축조법까지 상세히 기술해 놓았다.

『과정록』에서는 1788년(정조 2)의 기록에서 국왕의 밀지를 받고 창경궁에 축대를 조성하려 했던 일화를 소개하고 있다. 창경궁 내에 있는 춘당대(春塘臺)는 과거 시험을 보던 장소인데, 매번 보계(補階)를 설치하여 그때마다 많은 비용이 소모되었다. 호조판서 서유린(徐有隣)이 정조의 뜻을 받고서 연암을 데리고 현장 답사를 한 다음 무슨 좋은 방도가 있을지 물었다. "전을 구워 축조하면 제도가 견고하고 오래 갈 것이기 때문에 매번 보계를 설치하고 철거하는 비용이 영구히 들지 않을 것입니다." 이 건의가 받아들여져서 와서(瓦署)에서 가마를 만들어 번조(燔造)했는데 연암이 제자인 이희경(李喜經)과 함께 기술 지도를 했다. 벽돌 수십만 개를 『열하일기』에 기술한 방식대로 구워 냈다. 그런데 당시 나라에 무슨 일이 생겨서 춘당대의 축대를 쌓는 데 쓰지 못하고 달리 이용했다 한다. 후일 수원성을 수축할 적에 성첩을 모두 벽돌로 만들었던 바, 이 제조법을 쓴 것으로 언급하고 있다.[56] 이 기록에 의하면, 연암이 시행한 전벽 제조법은 기술 전수가 되었다고 하겠다.

연암은 1791년 안의현감으로 부임했다가 1796년에 한양으로 돌아온다. 안의는 지금 경상남도 함양군에 속한 땅인데 산수가 아름답기로 유명한 고을이었다. 안의 고을 5년이 연암의 생애에서 그런대로 가장 득

---

56 朴宗采, 『過庭錄』 卷1, ‘一日戶判徐公’條, “一日戶判徐公有隣, 忽割掌紫門監, 且微報曰, 有旨, 入見春塘臺形止矣. 於是, 先君隨戶判入闕, 周覽石渠閣·暎花堂諸處, 戶判問曰: 每當殿座, 猝設補階, 動費財力. 如今築臺, 經費幾何? 制度亦當如何? 先君曰: 燒甎築之, 可用十次補階之費, 制度堅固, 可經久遠, 而設輟之費, 可永除矣. 徐公以是入奏. 遂命設窯於瓦署, 以便宜燔造. 先君與李喜經, 用中國立窯法甓之, 尺度亦準其制. 燔得幾十萬顆, 費甚省約, 果如燕行所錄者. 尋公家有事, 臺竟未築, 而甓則他用. 後修華城城堞, 專用甎築, 盖用此法. 今家中所存瓴甓數十顆, 卽其時模範也.”

의 시절이 아니었던가 싶다. 그는 안의에 있으면서 동헌 정원에 연못을 파고 연못 가까이 대숲과 나무가 어우러진 사이로 특이한 정각 넷을 세웠다. 하풍죽로당(荷風竹露堂), 연상각(蓮湘閣), 공작관(孔雀館), 백척오동 각(百尺梧桐閣)이라는 멋진 이름을 붙였는데, 모두 벽돌로 지은 건물들 이었다. 각각에 기문을 지어 『연암집』에 그 글이 전하는데 하나같이 명 작이다.

연암은 안의에서 돌아온 이후 서울 북촌의 계동(桂洞)에 자신이 노경 에 거처할 집을 조그맣게 세운다. 계산초당(桂山草堂)이라는 이름으로 아들 박종채, 손자 박규수까지 이 집에서 살았다. 계산초당의 집은 흙 벽돌을 찍어서 지은 것으로, 이 역시 중국 토실의 제도를 본뜬 것이었 다. 박종채는 계산초당에서 자신이 겪은 일화 한 토막을 적고 있다.

(부친이 안의에서 돌아오신 지) 30년 후인 갑신년(1824) 여름에 웬 노파 가 계산초당을 기웃거리며 말하는 것이었다.

"이상도 하구나! 이 집 모양이 우리 고을 관정(官亭)과 어찌 이리 흡사 할까?"

불초가 마침 마루에 앉았다가 그 노파를 불러 물어보니 안의 고을에서 서울로 구경 온 여인이었다.

"당신 고을의 관정은 누가 지은 것이요?"

"박 등내(等內, 백성이 자기 고을 원님을 지칭하는 말―인용자) 재임 시에 지은 것이랍니다. 제도가 이 집과 똑같아요."[57]

---

57 朴宗采, 『過庭錄』 卷2, '丙辰春遞付'條.

방금 연암의 생애에서 안의 5년은 가장 득의 시절이라고 말했다. 물론 그의 문벌이나 명망에 비춰 보면 다 늙어 백발로 먼 시골 조그만 고을에 처박힌 모습이었다.[58] 하지만 연암은 평생의 포부를 시험해 볼 수 있는 좋은 기회라고 스스로 생각했다. 벽돌을 써서 정각을 지은 것도 그 일환으로 일종의 풍류이고 문화적 욕구의 표현이라 하겠다. 그리고 거기서 그치지 않고 다방면으로 이용후생을 실천에 옮겼던 것이다.

선군이 연행을 하실 때 눈여겨보았던 각종 농기구나 방직 도구로 민생에 이로운 것들을 본떠 제작해서 국중에 보급시키고자 했으나 사정이 닿질 않아서 시험해 보지 못했다. 안의현감으로 부임했을 적에 눈썰미와 손재주가 뛰어난 장인들을 뽑아 직접 지도하여 양선(颺扇, 풍구―인용자, 이하 같음), 직기(織機, 베틀), 용골차(龍骨車, 수차), 용미차(龍尾車, 물을 끌어올리는 기구), 수전(水轉, 물방아), 윤연(輪碾, 연자방아) 등속을 제작하도록 했다. 이들 기기들을 실험해 보았더니 한 사람이 열 사람 몫의 일을 해낼 수 있었다. 그 후에는 따라서 시행한 사람이 나오지 않아 국중에 통행이 되지 못했다. 한스럽기 그지없는 일이다.[59]

이렇듯 연암은 안의 시절에 비로소 자신이 평소에 설계했던 각종 기기들을 제작해서 사용해 보았다. 실험은 성공적이었다. "한 사람이 열

---

58 정승 尹蓍東이 안의현감으로 내려가 있는 연암을 두고서 "此友如今老白首, 潦倒下縣, 可謂東陵后種瓜靑門也."라고 말했다는 기록이 『過庭錄』(卷4, '韓生在濂'條)에 보인다.
59 朴宗采, 『過庭錄』 卷2, '先君入燕時'條, "先君入燕時, 畧觀其農織諸器之利於民用者, 欲倣而製之, 以行國中, 而貧無以試之. 及在邑, 選工匠之有目巧手藝者, 使遵指敎, 造颺扇·織機·龍骨·龍尾·水轉·輪碾諸器, 以試之, 皆勞省事捷, 有一人可兼數十人之力作者. 其後無倣而爲之者, 不能畧行國中, 可勝恨哉!"

사람 몫의 일을 해낼 수 있었다.”『과정록』의 기록자는 그토록 민생에
유용한 기기들을 국중에 보급시키고자 한 연암의 포부를 실현할 길이
열리지 못한 것을 통한으로 여겼다. 그렇긴 해도 연암이 한평생 추구한
이용후생의 이론이 국리민복에 효과적일 수 있음을 확인한 것이다. 그
의의는 충분히 평가할 수 있으리라고 본다.

5. 결론을 대신해서
─ 연암학파의 성립, 그 이후의 이용후생학

연암이 18세기 말에 제출했던 경제사상 및 이용후생론은 19세기로
와서는 어떻게 되었던가? 우리 개항 이전의 역사 상황과 관련이 깊은
물음이다.

본고는 주어진 주제 때문에 논의가 연암에 모아질 수밖에 없었지만,
연암이 고민했던 부분은 딱히 그 혼자 외톨이로 파고든 일이 아니었다.
학문방향을 공유하여 함께 탐구한 지식인 집단이 연암 주변에 일찍이
형성되어 있었다. 연암학파라고 일컫는 그것이다. 그 학문경향을 표출
해서 이용후생파로 일컫기도 하는바, 이용후생의 방법론으로 북학을
강조했기 때문에 북학파라는 명칭이 부여되기도 했다.[60]

---

60 북학, 북학파란 말이 일찍이 김석형에 의해 도입된 이래 널리 통행하고 있으나, 필자는
  학술용어로서 적절치 못하다는 견해를 가지고 있다. 북학이란 본디『맹자』(滕文公 上)에
  서 유래한바 用夏變夷라는 중화주의적 의미를 담고 있다. 우리의 실학파 학자들이 중국
  을 배우자, 만청체제하의 중국이라도 배우자고 주장했던 것은 중화주의와는 성격이 다
  른 것이다. 그리고『열하일기』에서 살펴보았듯 중국의 선진문물을 배우자고 역설하였지
  만, 그에 못지않게 중국의 정세파악, 즉 천하대세의 전망을 중시하였다. 북학이란 개념
  을 가지고는 이 측면이 가려질 우려가 있는 것이다. 종래『열하일기』에 대한 북학적

이제 연암학파가 형성되는 경위를 잠깐 돌아보고 이용후생학의 역사적 행방을 거론하는 것으로 본고의 결론을 대신하려 한다.

연암학파의 성립 시기는 언제인가? 이 문제는 특별히 거론된 것 같지 않은데, 필자는 대개 1770년을 전후한 시점으로 보고 있다. 그전은 이른바 '백탑청연(白塔淸緣) 시절'이며, 그 후는 연암이 전의감동(典醫監洞)에서 혼자 우거하고 있던 때이다. '백탑청연 시절'은 연암을 중심으로 일군의 진보적 성향의 지식인들이 모여 백탑 근방에서 문학과 예술로 놀았던 것을 가리킨다. 일종의 동인적 성격으로 새로운 문예운동의 의미를 띤 것이었다. 백탑청연에 대해서는 박제가가 재미나게 묘사한 글[61]이 있어서 기왕에 주목을 받았거니와, 전의감동 시절의 소식은『과정록』이 전하고 있다. 당시 연암의 나이 36, 37세였고 기록자 박종채는 세상에 태어나기도 전이다. "집안의 늙은 겸인들이 종종 그때의 일들을 이야기하는데 들을만한 말이 많다."고 했으니, 이 기록은 겸인들로부터 들은 말을 기초로 작성한 것이지 싶다.

임진·계사년간(1772~1773년)에 선친은 식구들을 유안공(遺安公, 연암의 장인)의 석마향(石馬鄕, 지금 성남시에 속해진 지명)으로 보내 놓고 전의감동(典醫監洞, 지금 서울의 조계사 옆 우정국 자리 근처)에 늘 혼자 우거해 계셨다. 그리하여 담헌(湛軒) 홍대용(洪大容), 석치(石癡) 정철조(鄭喆祚), 강산(薑山) 이서구(李書九)와 오고 가고 했는데 이무관(李懋官, 이덕무), 박재선(朴在先, 박제가), 유혜풍(柳惠風, 유득공) 등도 항시 와서 놀았다.[62]

인식은 대체로 천하대세의 전망이란 측면을 사상해왔음이 실제 사실이었다.

61 朴齊家,『貞蕤集』文集 卷1,「白塔淸緣集序」, 233~234면.

62 朴宗采,『過庭錄』卷1, '壬辰癸巳間'條.

위에 기재된 인물들은 담헌과 연암, 석치를 빼놓고는 당시 20대 청년이었지만 후일 모두 일류 문인지식인이 되었다. 이들이 어울려 놀며 학문을 탐구·토론하였던 그룹의 좌장은 담헌과 연암이다.

선군께서 항시 우리나라 사대부들이 대체로 이용후생과 경제명물(經濟名物)의 학술에 소홀해서 많은 오류를 그대로 답습하여 거칠고 견실하지 못한 것이 심한 상태임을 늘 큰 병통으로 여겼다. 담헌의 지론도 이와 합치했다. 그래서 두 분은 매양 머리를 맞대고 툭하면 여러 날 머물면서 위로 고금의 치란흥망(治亂興亡)의 원인, 고인들의 출처(出處) 의리, 제도의 연혁, 농공의 이병(利病), 화식(貨殖) 조적(糶糴) 및 산천 관방(關防), 역상(曆象)·악률(樂律)에서 초목·조수(鳥獸)와 육서(六書)·산수에 이르기까지 관통하여 포괄하지 않은 것이 없으니 모두 다 추억해서 칭송할 내용이었다.[63]

연암의 고심처가 무엇이었으며, 담헌과 연암이 지기상합하여 머리를 맞대고 함께 추구한 지식의 영역이 어떠어떠한 것들이었는지 나열되어 있다. 두 학자가 공동의 관심사로 추구한 학술은 실로 박학적인데, 지금 우리가 실학으로 호명한 그것이다. 인문학의 종합적 성격을 보여 준 것이라고도 할 수 있겠다. 그런 가운데 이용후생의 문제를 긴급히 요망되는 학지로서 공감하고 있는 것이다. 이어서 석치 정철조에 대해 서술한 대목을 보자.

석치는 문화교양이 빼어나 무릇 무거운 것을 들어 올리거나 방아 찧고

---

63 앞의 글.

물을 끌어대는 등의 각종 기기들을 능히 머리로 궁리하고 손으로 제작해 냈다. 모두 옛 제도를 본떠서 오늘에 시험하니 세상에 유용하게 쓰일 도구로 제공하자는 뜻이었다.[64]

정철조란 인물은 대개 고결한 선비라고 알려져 있긴 하지만, 기술학의 면모로는 이름이 전혀 드러나지 않았다. 유감스럽게도 그의 기술학 저술은 전하는 것이 없다. 반면에 박제가의 경우 『과정록』에는 박식으로 고증에 비상한 능력을 발휘한 점이 언급되었을 뿐인데 『북학의(北學議)』가 전해서 『열하일기』와 나란히 이용후생학의 대표적 성과로 인정되고 있다. 박제가는 해외무역을 적극적으로 주장하고 소비가 생산을 향상시킨다는 점을 착안하였던 터이니, 연암의 경제이론을 진전시켰다는 평가가 가능하리라고 본다.[65]

그리고 위에 나열된 중에는 이름이 빠져 있으나 필히 호명해야 할 인물이 있다. 연암이 춘당대에 축대를 쌓기 위해 벽돌을 제조할 당시 데리고 함께 작업했던 이희경이다. 그는 '백탑청연 시절'부터 동참해서 『백탑청연집(白塔淸緣集)』이란 이름으로 시문학의 성과를 묶어 낸 바 있

---

64 앞의 글.

65 연암과 박제가의 경제사상이 상업론에서 격차가 커진 것으로 보는 견해가 있다. 연암은 『과농소초』에서 농업을 중시한 나머지, 『열하일기』의 단계로부터 사상적 후퇴를 했다는 것이다. 필자는 이런 견해에 비판적인 입장이다. 연암의 『열하일기』 이후에 나온 저작으로는 「통상의」나 「천폐의」에서도 본고에서 분석해 보았듯, 상업의 사회적 역할을 중요시하는 이론을 오히려 발전시키고 있었음을 확인할 수 있었다. 『과농소초』는 어디까지 농서로 저작된 것임을 유의할 필요가 있다. 그리고 또 당시 현실이 농업중심사회였으며, 국가경제의 발전을 위해서는 농업을 중시하는 것이 당연했다는 사실도 아울러 유의해야 할 것이다. 중상학파라든지 중농학파라든지 하는 구분은 당시 조선에 적용될 수 없다고 본다. 이헌창 교수는 「燕巖 朴趾源의 경제사상에 관한 연구」에서 '박제가 경제사상과의 대비를 통한 평가'라는 항목을 설정하여 이 문제를 논한 바 있다.

다. 그가 지은 「농기도서(農器圖序)」와 「용미차설(龍尾車說)」 두 편이 『북학의』에 전재되어 있으니 기술학의 전문가로서 이희경이란 이름이 학계에 진작 등록되었던 셈이다. 근래 또 『설수외사(雪岫外史)』란 저술이 발굴되었다. 이 책은 '북학 또 하나의 보고서'란 표제로 번역되었듯 『북학의』에 견주어지는 내용이다.[66]

백탑청연 시절의 연암그룹은 문예운동으로 부각되었는데, 전의감동 시절의 연암그룹은 학술운동으로 두드러져 보인다. 전하는 자료상으로 그렇다. 하지만 실상은 그렇게 구분 지을 수 있는 것이 아니며, 시기적으로 연속되었고 성격적으로 상통했던 것으로 여겨진다. 요컨대 도시를 배경으로 활동했던 진보적인 문인집단인 연암그룹은 참신한 문예를 추구하는 한편 국리민복에 절실히 요망되는 학술을 추구하였다. 백탑청연 시절을 거쳐 전의감동 시절인 1772~1723년에 이르러 연암그룹은 하나의 학파로서 자기 성격을 뚜렷이 갖추게 되었다. 그리하여 한국 실학사상에 성호학파 다음으로 연암학파가 등장한 것이다.

성호학파와 연암학파는 '사(士)의 실학'이라는 공통성을 가지고 있음에도 배경 및 성격이 서로 같지 않다. 성호학파의 경우 근기지방의 농촌을 배경으로 성립되었는데 당파적으로 남인계를 성원으로 하고 있다. 연암학파의 경우 서울의 도시적 분위기에서 성립하였고 북인계와 소론계의 인물도 참여하긴 했지만 노론계가 주축이었다. 학지(學知)의 성격 또한 전자가 경세치용학을 위주로 한 반면에 후자는 이용후생학을 위주로 하고 있다. 여기서 주목할 사실은, 한국실학사의 제3기에 다

---

66 『설수외사』는 이우성 선생의 '栖碧外史 海外蒐逸本'의 하나로 1986년에 영인으로 간행되어 학계에 알려진 것이다. 해제는 오수경 교수가 담당했다. 이 책이 진재교 외 옮김 (2011)으로 출간된 것이다.

산(茶山) 정약용(丁若鏞)이 등장하는 바, 그에 의해 두 유파의 서로 다른 학지의 성격이 통합되고 있다는 점이다.

다산은 성호학통에 속하면서 한국실학의 집대성자로 공인되고 있다. 일찍이 한국실학의 전개 과정을 체계적으로 인식하는 논리를 세웠던 이우성 선생은 다산에 대해서는 '학문이 경세치용학과 이용후생학에 겸장(兼長)해서 제1기와 제2기의 실학 사조가 다산에 이르러 취합점을 이루게 되었음'[67]을 천명했던 것이다. 다산의 다음 세대에서 이용후생학으로 두각을 나타낸 인물로는 다산학단의 이강회(李綱會, 1789~?)를 들 수 있다. 이강회는 우리나라가 '삼면이 바다인 해양국'임을 주의하고 학지의 주방향을 해양으로 돌렸다. 그래서 선박 제조와 항해술에 비상한 관심을 표명하고 자유무역의 특구까지 구상해 보았다. 선배학자의 저술로 『열하일기』와 『북학의』를 평가하여 많이 참고한 터였다.[68] 다산학단에서 이강회의 위상은 연암그룹에서 초정에 견주어 볼 수 있다. 한국실학의 집대성자 다산의 이용후생학을 발전적으로 계승한 존재가 곧 이강회이다.

19세기 중엽으로 와서 한국실학은 그 전대 실학의 여러 경향을 종합하는 방향을 취하면서 중점을 이용후생학에 두었던 것으로 보인다. 이 시기를 대표하는 실학자는 최한기(崔漢綺, 1803~1877)이며, 박규수(朴珪壽, 1807~1877)와 남병철(南秉哲, 1817~1863)도 중요하게 손꼽힌다. 이들은 중국의 학술뿐 아니라 서양의 과학기술을 수용하는 문제를 적극적으로 고려했다. 남병철은 서양의 천문 역학을 두고 "하늘에 측험(測驗)이 되는가 여부만 따질 일이요, 인간의 화이(華夷)는 논하지 않

---

67 이우성(1970/1982), 22면.
68 임형택(2009), 「19세기 바다, 실학에서 해양으로 열린 學知—李綱會의 경우」.

는 것이 옳다."라는 주장을 폈다. 서양을 이적(夷狄)으로 보아 저들의 학술까지 배척하는 태도를 바꿔야 한다는 취지다. 연암학파의 '북학'의 논리가 '서학(西學)'의 논리로 전환된 셈이다. 박규수와 남병철이 추구한 학지는 '격치(格致)의 실학'이라는 특성을 보였다. 수학과 기술응용을 중시하는 실학이었다. '격치의 실학'은 '개화의 실학'으로 이어진 것이다.[69]

최한기는 기학으로 일컬어지는 하나의 학문세계를 구축했다. 기학은 19세기 동서가 만난 시대에서, 서양이 주도한 근대세계에 적극적·주체적으로 대응하기 위한 학문전략이었다. 그의 학문세계에 국공(國工)과 국상(國商)이란 개념이 들어와 있다. 상공인을 국가적 차원에서 중용해야 한다는 이론이다. 상공업이 국리민복에 필요할 뿐 아니라 개방의 시대에 대응하기 위해서도 장려해야 할 것으로 생각했다.[70]

이용후생의 문제는 연암학파가 중요하게 제기한 이래 이론적인 면에서 발전해 왔음을 확인할 수 있다. 하지만 실천적인 면에서 병행이 되지 못했던 것으로 보인다. 이용후생의 이론이 왜 실천과 결합되지 못했을까? 이용후생의 실천적 동력이 결여되었던 것은 아니었을까. 이용후생의 이론을 실천할 정책당국의 의지도 문제였지만, 그것을 추진할 에너지가 공급되지 못했던 때문이 아니었을까 한다. 그렇지만 실학의 경제사상과 이용후생론은 한국근대의 정신적 자산으로 의미를 갖는 것이었다. 그뿐만 아니라, 오늘의 복지가 사회적 의제로 떠오른 단계에 당면해서도 '이용'과 '후생'을 항시 연계해서 강구하고 아울러 '정덕'을 사고했던 실학의 사상을 다시 새겨 볼 필요가 있다.

---

69 임형택(1998/2000).
70 임형택(2009), 「최한기의 실학—근대대응의 논리」.

參 考 文 獻

金允植(1902), 『雲養集』 권10, 「燕巖集序」.

金澤榮 刊(1916), 『重編燕巖集』, 南通 : 翰墨林印書局.

朴齊家(1974刊), 『貞㽔集』 文集 권1; 『韓國史料叢書』 12.

朴宗采, 『過庭錄』, 『韓國漢文學研究』 제5·6집 및 연민본 상하 2책.

＿＿＿＿ 저, 김윤조 역주(1997), 『역주 과정록』, 태학사.

＿＿＿＿ 저, 박희병 역주(1998), 『나의 아버지 박지원』, 돌베개.

朴趾源(1932刊), 『燕巖集』.

＿＿＿＿ 저, 崔南善 編修(1911刊), 『熱河日記』, 조선광문회.

＿＿＿＿ 저, 이가원 역(1968), 『국역 열하일기』, 민족문화추진회.

＿＿＿＿ 저, 리상호 옮김(2004), 『열하일기』, 보리.

＿＿＿＿ 저, 신호열·김명호 옮김(2005), 『국역 연암집』, 민족문화추
진회.

＿＿＿＿ 저, 김혈조 옮김(2009), 『열하일기』, 돌베개.

柳壽垣, 『迂書』, 필사본.

柳馨遠(1974刊), 『磻溪隨錄』, 경인문화사 영인본.

李瀷, 『藿憂錄』.

李重煥, 『擇里志』, 규장각 소장 필사본.

이희경 저, 진재교 외 옮김(2011), 『북학 또 하나의 보고서, 설수외사』,
성균관대 출판부.

김명호(1990), 『熱河日記研究』, 창작과비평사.

애덤 스미스 저, 유인호 옮김(2010), 『국부론』, 동서문화사.

임형택(2009), 『문명의식과 실학』, 돌베개.

余英時(1987), 『士與中國文化』, 上海: 人民出版社.

김석형(1941), 「朴燕巖과 熱河日記」, 『春秋』 제2권 제4호.
이우성(1970/1982), 「實學硏究序說」, 『文化批評』 7·8, 한길사 ; 『한
　　국의 역사상』, 창작과비평사.
이헌창(2005), 「燕巖 朴趾源의 경제사상에 관한 연구」, 『咸陽文化』 5,
　　함양문화원.
임형택(1985/2000), 「박지원의 주체의식과 세계인식-『열하일기』의
　　분석」, 『제3회 국제학술회의논문집 : 동아시아 삼국 고전문학
　　의 특징과 교류』, 성균관대 대동문화연구원 ; 『실사구시의 한
　　국학』, 창작과비평사.
＿＿＿(1992), 「박지원의 실학사상과 문학」, 『계간사상』 92-겨울, 사회
　　과학원.
＿＿＿(1998/2000), 「실사구시의 학적 전통과 개화사상」, 『한중실학사
　　연구』, 한중실학연구회 ; 『실사구시의 한국학』, 창작과비평사.
＿＿＿(2001), 「화폐에 대한 실학의 두 시각과 소설」, 『민족문학사연
　　구』 18, 민족문학사연구소.
＿＿＿(2011), 「전통적인 인문개념과 문심혜두-정약용의 공부법」,
　　『창작과비평』 151, 창비.
洪起文(1937.7.~8.1/1997), 「朴燕巖의 藝術과 思想」, 『朝鮮日報』; 金
　　榮福·丁海廉 편역, 『洪起文 朝鮮文化論選集』, 현대실학사.

燕巖의 實學思想에 미친 西學의 영향

김명호 | 서울대학교 국어국문학과 교수

1. 머리말

2. 우정 담론의 발전과 『교우론(交友論)』

   1) 연암의 우정론과 『교우론』

   2) 『교우론』의 영향을 넘어서

3. 염세주의 및 천주만물창조설 비판과 『천주실의(天主實義)』

   1) '호곡장론(好哭場論)'과 염세주의 비판

   2) 「상기(象記)」와 천주만물창조설 비판

4. '경계(境界)'의 철학과 『기하원본(幾何原本)』

   1) '도강논도(渡江論道)'와 『기하원본』

   2) '경계'의 철학의 확대 발전

5. 맺음말

1. 머리말

조선 후기의 실학(實學)에 서학(西學)이 어떤 영향을 미쳤는가 하는 문제는 지금까지 중요한 쟁점의 하나가 되어 왔다. 실학을 자주적 근대화를 지향한 사상으로 파악하고자 한 학자들은 대체로 서학의 영향을 경시하였다. 반면 그러한 학자들의 민족주의적 성향에 비판적이거나 천주교에 우호적인 학자들은 서학의 영향을 지나치게 중시하는 경향이 있었다. 그뿐만 아니라 최근에 들어서는 '실학'이란 명칭의 적합성에 대한 시비를 넘어 실학의 역사적 실체까지 부정하는가 하면, 민족주의나 근대사상의 기원을 실학에서 찾으려는 노력을 시대착오적인 것으로 비판하는 풍조가 나타나기도 했다.

이 문제와 관련해서 필자는, 조선 후기의 실학이란 서학을 사상적 촉매로 하여 유학을 경신하려 했던 학술운동으로, 서세동점(西勢東漸)의 세계사적 추세에 직면하여 유학을 근대사상으로 개혁하고자 한 시도로 보고자 한다. 서구 열강이 주도한 세계 자본주의 체제와 최초로 접촉한 시대라는 점에서 '실학시대'는 전 지구적 차원에서 세계 자본주의 체제가 완성된 현대와 연속되어 있다. 그러므로 서학의 주체적 수용을 추구했던 실학은 세계화와 주체성의 갈등을 겪고 있는 오늘날 우리의 소중한 지적 유산으로 현대적 의의를 잃지 않을 것이라고 본다.

명말 청초에 예수회 선교사들이 중국에 소개한 서학은 '서도(西道, 서양의 종교 및 사상)'와 '서기(西器, 서양의 과학 및 기술)'의 혼합이라 할 수 있다.[1] 이러한 서학에 대한 조선 후기 지식인들의 대응은 ① '서도'를 배격하고 '서기'만 수용하고자 한 제한적 수용론('서기' 수용론자) ②

전면적 수용론(천주교도) ③ 전면적 배격론(척사파)으로 크게 나누어 볼 수 있다. 종래의 연구에서 연암(燕巖) 박지원(朴趾源)은 대체로 제한적 수용론자, 즉 '서기' 수용론자로 간주되었다. 이는 연암이 그의 생애에서 노년에 해당하는 1790년대 후반에 천주교가 극성했던 충청도의 면천군수로 재직하면서 쓴 글들에서 표명한 반서학관(反西學觀)을 주요 근거로 한 것이었다.[2]

필자 역시 『열하일기 연구』에서 '자신의 사상적 주체를 견지하면서도 새로운 사조에 대해 개방적인 자세를 잃지 않는' 연암의 태도를 서학의 수용에서도 확인할 수 있다고 하여, 그와 대동소이한 견해를 피력한 바 있다. 『열하일기(熱河日記)』에서 연암은 서학에 대해 대단한 관심을 표명했다. 중국인 왕민호(王民皡)에게 황제를 수행하여 열하에 와 있을 서양인들을 소개시켜 달라고 부탁하는가 하면, 북경에 돌아오는 즉시 천주당을 방문했으며, 마테오 리치(Matteo Ricci)의 묘를 찾아가기도 했다. 그는 특히 천주당 벽화의 사실주의 회화 기법에 깊은 감명을 받았다. 그러나 연암은 천주교의 교리에 대해서는 매우 비판적인 태도를 취하였다. 왕민호 등의 부정적 견해를 소개하고, 천주교는 "하늘과 사람을 모두 속이고, 도의와 윤리를 손상시킨다."라며 단호히 비판했다.[3] 이처럼 연암은 '서기'에 대해서는 강한 지적 호기심을 드러낸 반면, '서도'에 대해서는 유학의 견지에서 배격하는 태도를 분명히 했다고 본 것이다.

---

1 李之藻가 편찬한 『天學初函』은 한문 서학서들을 『交友論』·『天主實義』 등 '理編'과 『幾何原本』 등 '器編'으로 분류했다. 이러한 '理/器' 구분은 유학의 전통적인 '道/器' 구분을 답습한 것이다.
2 이가원(1965), 78~91면; 이원순(1986), 199~201면.
3 김명호(1990), 117~119면.

그런데 최근 필자는 단국대 연민문고(淵民文庫)에 소장된 『열하일기』
의 초기 필사본들을 검토한 결과, 서학과 관련된 내용이 후에 적잖이
삭제 또는 수정된 사실을 발견했다. 예컨대 「망양록(忘羊錄)」에서 마테
오 리치에 의해 중국에 전래된 양금(洋琴)과 그것이 다시 조선에 전래된
경위 등을 소개한 내용, 「곡정필담(鵠汀筆談)」에서 연암이 천주교의 교
리 및 중국에 전래된 경위 등에 관해 토론한 내용 등이 초기 필사본들
에는 삭제되지 않은 채 보존되어 있었다. 또한 「황도기략(黃圖紀略)」의
'풍금(風琴)'조와 '양화(洋畵)'조의 제목이 초기 필사본들에는 각각 '천
주당'과 '천주당화(天主堂畵)'로 되어 있었다.4 이와 같은 사실은 연암에
게 서학이 지금까지 알려진 것보다 훨씬 더 깊은 영향을 미쳤음을 시사
하는 것이다.

그뿐만 아니라 우정론을 피력한 명문인 「여인(與人, 어떤 이에게 보
냄)」이란 편지는 연암이 그의 문인인 이희영(李喜英)에게 보낸 것인데,
이희영이 '신유사옥'(1801) 때 천주교도로 처형된 탓에 수신인을 익명
으로 처리한 것이었다.5 이는 신유사옥 이후 극도로 경직된 정국에서
연암이 조신하기 위해 자신의 글들을 개작하지 않을 수 없었던 사정을
암시한다고 하겠다.

연암의 글에서 서학의 영향은 문면에 잘 드러나 있지 않다. 이것은
연암이 관련 내용을 삭제 또는 수정함으로써 그 영향을 은폐한 결과이
지만, 한편으로는 서학을 주체적으로 수용하여 자기 사상의 일부로 용
해한 결과이기도 하다. 연암은 불교나 도가의 경우와 마찬가지로 서학

---

4 김명호(2010), 6~10 · 15면.
5 『燕巖集』 卷10, 「與人」(이 글에서 『연암집』은 朴榮喆 編(1932)본을 뜻한다); 신호열 · 김
  명호 옮김(2007), 하, 346면, 주 1) 참조.

에 대해서도 이를 수용하되 자기 사상의 일부로 완전히 용해했으므로, 그의 글에서 서학의 영향을 찾아내기란 쉽지 않은 일이다. 당대의 진취적인 지식인들이 대개 그러했듯이, 연암도 한때는 서학서들을 구해 읽고 지적인 자극을 크게 받았으리라 짐작된다. 다만 노년으로 갈수록 서학에 대해 배타적이 되고 신유사옥 이후 근신하지 않을 수 없었던 사정 때문에, 그가 남긴 글에서 서학의 영향을 찾기가 힘들어진 것이다. 따라서 연암의 글에서 서학의 영향을 읽어 내려면 치밀한 이본(異本) 연구와 아울러 매우 세심한 독해가 요구된다.

본고에서는 연암을 서학의 '제한적 수용론자'로 보았던 종전의 견해를 수정하여 '서기'뿐 아니라 '서도'에 대해서도 개방적 자세를 취하고 '서도'와의 적극적인 소통을 통해 사상적 혁신을 추구했던 연암의 새로운 면모를 부각해 보고자 한다. 연암은 특히 마테오 리치의 『교우론(交友論)』과 『천주실의(天主實義)』·『기하원본(幾何原本)』 등을 읽고 상당한 영향을 받았던 것으로 판단된다. 따라서 이러한 저작들을 중심으로, 연암의 실학사상에 미친 서학의 영향을 면밀하게 고찰해 보고자 한다.

2. 우정 담론의 발전과 『교우론(交友論)』

1) 연암의 우정론과 『교우론』

『교우론』은 중국에 파견된 예수회 선교사 마테오 리치가 1595년에 쓴 최초의 한문 저술로, 우정에 관한 서양의 격언과 일화를 소개한 것이다. 이 책은 16세기 포르투갈의 학자 안드레아스 에보렌시스(Andreas Eborensis)가 편찬한 명구집인 『명언과 예화(Sententiae et exempla)』를 크게 참고한 것으로 알려져 있다. 처음에는 76장으로 구성되었으나, 나중에 증보하여 모두 100장으로 된 텍스트가 널리 보급되었다. 마테오 리치의『교우론』은 세상에 나온 즉시 호평을 받아 명말까지 여러 차례 판각되었으며, 이지조(李之藻)의『천학초함(天學初函)』, 진계유(陳繼儒)의『보안당비급(寶顔堂秘笈)』, 오종선(吳從先)의『소창별기(小窓別紀)』등 총서류에 포함되어 더욱 널리 전파되었다. 조선에서도 이수광(李睟光)의『지봉유설(芝峯類說)』에 이미 그에 관한 언급이 나타나 있을 정도로 일찌감치 소개·유입되었다.

최근 들어 북학파의 우정론에 관한 논의가 이어지면서, 연암이 마테오 리치의『교우론』에 영향받은 사실이 여러 연구자들에 의해 지적되었다. 즉 그가 청나라 문인 곽집환(郭執桓, 繪聲園)의 시집 발문으로 지은「회성원집발(繪聲園集跋)」의 첫머리를 보면『교우론』의 영향이 뚜렷이 드러나 있다는 것이다.[6]

옛날에 붕우를 말하는 사람들은 붕우를 '제2의 나'라 일컫기도 했고 '주선인'이라 일컫기도 했다. 이 때문에 한자를 만든 자가 날개 '우(羽)' 자를 빌려 벗 '붕(朋)' 자를 만들었고, 손 '수(手)' 자를 겹쳐서 벗 '우(友)' 자를 만들었으니, 붕우란 마치 새에게 두 날개가 있고 사람에게 두 손이 있는 것과 같음을 말한 것이다.[7]

---

6 이홍식(2010), 268·280면.
7 『燕巖集』卷3,「繪聲園集跋」, "古之言朋友者, 或稱第二吾, 或稱周旋人. 是故造字者, 羽借爲朋, 手又爲友. 言若鳥之兩羽而人之有兩手也."
  『說文解字』에 의하면 '又'는 '手'를 뜻하는 象形字이고 '友'는 두 개의 '又'자로 이루어진 會意字라고 한다. 단, 인용문의 원문에서 '手又爲友'는 '羽借爲朋'과 對句를 이루고 있으므로, 이때의 '又'는 '重複하다'는 뜻의 동사로 쓰인 것으로 보아야 한다. 그래서 '又'를 '겹쳐서'라고 번역하였다.

위의 인용문에서 "붕우를 '제2의 나'라 일컫기도 했다."라는 것은 "나의 벗은 타인이 아니라 곧 나의 반쪽이요, 바로 '제2의 나'이다. 그러므로 벗을 자기처럼 여겨야 마땅하다."라는 『교우론』제1장의 내용을 가리킨다.[8] 그리고 벗을 뜻하는 '붕(朋)'과 '우(友)'라는 글자가 각각 '우(羽)' 자와 '수(手)' 자에서 유래했다는 어원설도 『교우론』의 제56장에 덧붙인 마테오 리치 자신의 주에 의거한 것이다. 여기에서 마테오 리치는 "'우(友)' 자는 전서(篆書)로는 'ㅈ'로 쓰니, 이는 곧 두 손으로, 사람은 두 손이 있어야지 없어서는 안 된다. '붕(朋)' 자는 전서로는 '羽'로 쓰니, 이는 곧 양 날개로, 새는 이를 갖추어야 바야흐로 날 수 있다. 옛날의 현자들은 벗을 어찌 이와 같이 여기지 않았으랴?"[9]라고 하였다.

『교우론』의 제1장에서 소개한 바 '벗은 나의 (영혼의) 반쪽이다'라는 주장은 아우구스티누스의 『고백록』에, 그리고 '벗은 제2의 나이다(그러므로 벗을 자기처럼 여겨야 한다)'라는 주장은 아리스토텔레스의 『니코마코스 윤리학』에 나온다. 후자는 키케로의 『우정론』에도 나온다. 토마스 아퀴나스는 『신학대전』에서 우정을 논하며 아리스토텔레스와 아우구스티누스의 주장을 나란히 소개했다.[10] 『교우론』 중 특히 '벗은 제2의

---

8 李之藻 編, 吳相湘 主編(1965), 『天學初函(一)』, 300면, "吾友非他, 即我之半, 乃第二我也. 故當視友如己焉." 『교우론』의 제1장은 A. 에보렌시스의 『명언과 예화』에서 인용한 것이다.

9 앞의 책, 309~310면, "友字, 古篆作ㅈ, 即兩手也, 可有而不可無. 朋字, 古篆作羽, 即兩羽也. 鳥備之, 方能飛. 古賢者視朋友, 豈不如是耶?"
   '友' 자에 대한 마테오 리치의 설명은 『설문해자』의 설을 수용한 것이다. 그러나 '朋' 자에 대한 설명은 무엇에 의거했는지 알 수 없다. 『설문해자』에서는 '朋'은 '鳳'의 假借字라고 했을 뿐이다.

10 『교우론』의 원문 출처에 관해서는 方豪(1969), 1857~1870면; Billings, Timothy trans.(2009), pp.157~165 등 참조.

나'란 명제가 연암을 포함한 동아시아 지식인들의 주목을 받게 된 것은 『논어(論語)』를 비롯한 유가 경전에서는 찾아볼 수 없던 '벗에 대한 명쾌한 정의'를 제시한 때문이라고 생각된다. 오륜이라는 인간관계의 그물망의 일부가 아니라 '나'와 '자기애(自己愛)'에서 출발하여 그 연장(延長)으로 '벗'과 '우정'을 정의하는 사고방식이 그들에게 매우 참신한 충격을 주었던 듯하다.[11]

그런데 연암의 초기 필사본의 하나인 『열하피서록(熱河避暑錄)』[12]을 보면, 그중의 '담원팔영(澹園八詠)'조에 「회성원집발」의 초고로 짐작되는 글이 소개되어 있다. 그 글의 첫머리는 다음과 같다.

> 『한서(漢書)』에 붕우를 '주선인'이라 했으며, 서양인은 붕우를 '제2의 나'라고 불렀다. 그러므로 한자를 만든 자가 '수(手)' 자를 겹쳐서 '우(爻)' 자를 만들었고, '우(羽)' 자를 겹쳐서 '붕(朋)' 자를 만들었으니, 벗은 사람에게 두 손이 있고 새에게 양 날개가 있는 것과 같다는 뜻이다(고딕체-인용자, 이하 동일).[13]

이처럼 『열하피서록』에 실린 「회성원집발」의 초고는 "서양인은 붕우를 '제2의 나'라고 불렀다."라고 하여 마테오 리치의 『교우론』을 전거로 삼았음을 좀 더 분명하게 드러내고 있다. 또 「회성원집발」 중 "이

---

11 여명모(2011), 38~39면 참조.

12 이 필사본에 대해서는 김명호(2010), 11~12면 참조.

13 『熱河避署錄』, "漢書以朋友爲周旋人, 泰西人呼友朋曰第二吾. 故造字者, 手又爲爻, 羽兩爲朋, 如人之有左右手, 而鳥之有兩翼也." 여기에 거론된 『漢書』는 『晉書』나 『宋書』의 오기가 아닌가 한다. '周旋人'이 붕우의 뜻으로 쓰인 용례는 『진서』 권94 「陶潛傳」이나 『송서』 권89 「袁粲傳」에 보인다(신호열·김명호 옮김(2007), 중, 109면 주 2) 참조).

로 말미암아 본다면, 벗이란 반드시 지금 이 세상에서 구해야 할 것이 분명하도다!"라는 구절도 『열하피서록』에는 "이로 말미암아 본다면, 벗이 '제2의 나'가 되고 내가 그와 함께 주선한다는 것이 분명하도다!"로 되어 있다.[14] 전자와는 달리, 벗이란 '제2의 나'라고 한 『교우론』의 명제를 글의 주지(主旨)로 거듭 강조하고 있는 것이다.

연암을 비롯한 북학파 문인들은 한때나마 서학에 상당히 경도되었으며, 그 일환으로 마테오 리치의 『교우론』을 읽고 깊은 공감을 했던 듯하다. 홍대용(洪大容)은 중국 여행에서 돌아온 직후 북경에서 교분을 맺은 청나라 문인 반정균(潘庭筠)에게 편지를 보내어 『교우론』을 포함한 한문 서학서 19종을 모은 총서인 『천학초함』을 구해 주도록 부탁했다.[15] 이덕무(李德懋)는 「적언찬(適言讚)」에서 벗이란 '함께 살지 않는 아내요, 핏줄을 같이하지 않은 형제'라면서 우정을 예찬했다. 벗은 당세를 함께 살아가며 참된 정을 나누니 아내나 형제 못지않게 소중하다는 것이다.[16] 이는 벗은 형제와 마찬가지라거나 육친보다 오히려 낫다는 『교우론』의 주장과 상통한다.[17] 박제가(朴齊家)도 이서구(李書九)와의 절친한 우정을

---

14 『燕巖集』 卷3, "由是觀之, 友之必求於現在之當世也, 明矣!"; 『熱河避署錄』, "由是觀之, 友朋之爲第二吾, 而吾與之周旋, 明矣!"

15 『燕杭詩牘』 중 홍대용에게 보낸 반정균의 세 번째 편지(1767)에 "天學初函, 目未曾見, 或得之, 一幷送去也."라고 했다. 그런데 다섯 번째 편지인 「湛軒大兄先生書」(1777)에서는 『天學初函』의 半部를 드디어 구득했다고 알리면서, 그중 『同文算指』・『泰西水法』・『天問畧』 등('器編'에 속하는 과학기술서들) 몇 종은 보존할 가치가 조금 있지만, 인간의 본성을 초월한 천주의 '超性'과 예수의 사적을 논한 책들('理編'에 속하는 천주교 신학서들)은 불합리하고 황당하므로 배격해야 한다고 주장했다. 아마도 홍대용은 이러한 반정균의 조언을 무겁게 받아들였을 것이다.

16 尹光心, 『幷世集』, 文 卷2, 李德懋, 「適言讚」, '讚之七 簡遊', "不室而妻, 匪氣之弟."

17 『교우론』의 제36장에서 "벗은 형제간의 인륜에 가깝다. 그래서 벗들은 서로 '형'이라 부르며, 형제간에도 사이가 좋으면 벗이 된다.〔友於昆倫邇. 故友相呼謂兄, 而善於兄弟爲友.〕"라고 했다. 이는 A. 에보렌시스의 『명언과 예화』에서 인용한 것으로, 아우구스티

노래한 연작시 「야숙강산(夜宿薑山)」의 제3수에서 "형제지만 핏줄을 같이하지 않고, 부부지만 함께 살지 않네. 사람에게 하루라도 벗이 없으면, 좌우 두 손을 잃은 것 같네."[18]라고 했다. 이 시구 역시 이덕무의 「적언찬」과 아울러 『교우론』에서 전거를 취한 것이다.[19] 첨언할 것은, 연암과 한때 교분이 두터웠던 저명 문인 유한준(兪漢雋)의 아들로 연암의 문하를 출입하기도 한 유만주(兪晩柱)도 『교우론』을 읽고 감탄하여 그의 일기 『흠영(欽英)』에 내용을 일부 초록해 두었다는 사실이다.[20]

연암이 초기에 지은 전들을 모은 『방경각외전(放瓊閣外傳)』 중 「예덕선생전(穢德先生傳)」을 보면, '자목(子牧)'이 '선귤자(蟬橘子)'에게 "예전에 제가 선생님께 벗에 관해 들었는데 '벗이란 함께 살지 않는 아내요, 핏줄을 같이하지 않은 형제다.'라고 하셨습니다. 벗이란 이처럼 소중한

누스의 말이라고 한다. 그런데 『書經』에 대한 孔穎達의 疏에도 '友' 자의 뜻을 풀이하기를 "형제간에 사이가 좋은 것을 '友'(우애)라고 한다〔善兄弟曰友〕."라고 했다(이는 『說文解字注』에도 인용되어 있다). 마테오 리치는 이러한 공영달의 소를 알고 있었을 가능성이 있다.
또 『교우론』의 제50장에서는 "벗은 육친에 대해 오직 이 점에서 낫다. 즉 육친은 서로 사랑하지 않을 수 있어도, 벗은 그렇지 않다는 점이다. 대체로 육친은 서로 사랑하지 않아도 육친 간의 인륜은 그대로 있지만, 벗에게서 사랑을 제거한다면 그 우정의 도리는 어디에 있겠는가?〔友於親, 惟此長焉: 親能無相愛親, 友者否. 蓋親無愛親, 親倫猶在, 除愛乎友, 其友理焉存乎?〕"라고 했다. 이 역시 A. 에보렌시스의 『명언과 예화』에서 인용한 것으로, 키케로의 『우정론』에 나오는 말이다.

18 朴齊家, 『貞蕤閣初集』, 「夜宿薑山」, "兄弟也非氣, 夫婦而不室. 人無一日友, 如手左右失."

19 박제가의 시에서 "사람에게 하루라도 벗이 없으면, 좌우 두 손을 잃은 것 같네."라고 한 구절은, 벗이란 사람의 두 손처럼 없어서는 안 된다는 『교우론』 제56장의 주나, "세상에 벗이 없는 것은, 하늘에 해가 없고 몸에 눈이 없는 것과 같다.〔世無友, 如天無日, 如身無目矣.〕"라고 한 『교우론』 제79장에 출처를 둔 표현으로 볼 수 있다.

20 兪晩柱, 『欽英』 卷2, 446~447면, 己亥(1779) 6월 28일조. 유만주는 '太西利氏友論'이라 했는데, '友論'은 『교우론』의 처음 제목이다. 그는 『교우론』에서 제1·2·3·4·5·7·9·13·16·18·20·23·24·26·35·40·43·44·52·56·61·64·79·76·95장 등 모두 25개조나 초록했다.

것입니다."[21]라고 말하는 대목이 있다. 여기에 등장하는 '선귤자'는 곧 이덕무이며, '자목'은 이서구의 사촌동생이자 이덕무의 제자인 이정구(李鼎九)이다. 이덕무의 일호가 선귤당(蟬橘堂)이고, 이정구의 자가 중목(仲牧)이었다. 이처럼 이덕무의 「적언찬」중 우정에 관한 격언을 작중에 인용한 점으로 미루어, 연암 역시 일찍부터 『교우론』을 접하고 그 영향을 받았던 것 같다.

1766년 홍대용은 중국 여행 중 북경에서 사귄 청나라 문인 엄성(嚴誠)·반정균·육비(陸飛)와의 필담 및 왕복 편지를 모은 『간정동회우록(乾淨衕會友錄)』을 편찬했다. 그 책에 붙인 서문인 「회우록서(會友錄序)」에서 연암은 홍대용의 요청으로 이 글을 짓게 된 사연을 밝힌 뒤, 『간정동회우록』을 읽고 난 감동을 피력하는 것으로 글을 맺고 있다.

> 통달했구나, 홍군의 벗함이여! 내 지금에야 벗 사귀는 도리를 알았도다. 그가 누구를 벗하는지 살펴보고, 누구의 벗이 되는지 살펴보며, 또한 누구와 벗하지 않는지를 살펴보는 것이 바로 내가 벗을 사귀는 방법이다.[22]

이와 같은 「회우록서」의 결론은 얼핏 보면 납득하기 힘든 궤변처럼 느껴진다. 왜 연암은 스스로 판단해서 벗을 사귀지 않고, 홍대용이 누구와 벗하고 벗하지 않는지를 먼저 살펴본다는 것인가. 이러한 의문은 『교우론』에서 제시한 벗 사귀는 방법을 알면 해소될 수 있다. 『교우론』의 제7장에서는 "벗하기 전에는 살펴보아야 하고, 벗한 뒤에는 믿어야

---

21 『燕巖集』卷8, 「穢德先生傳」, "昔者, 吾聞友於夫子曰: '不室而妻, 匪氣之弟.' 友如此其重也."

22 『燕巖集』卷1, 「會友錄序」, "達矣哉, 洪君之爲友也! 吾乃今得友之道矣. 觀其所友, 觀其所爲友, 亦觀其所不友, 吾之所以友也."

한다."[23]라고 했다. 또 제52장에서는 "벗의 벗과 벗이 되고, 벗의 원수와 원수가 되면, 두터운 벗이 된다."라고 했으며, 그에 대한 주에서도 "나의 벗은 반드시 어질므로 사람을 사랑할 줄 알고 사람을 미워할 줄 안다. 그러므로 나는 그에게 의지한다."라고 했다.[24] 「회우록서」의 결론은 이 같은 『교우론』의 주장과 상통하는 것이라 할 수 있다.

이덕무도 『간정동회우록』을 읽고 감동하여 그 내용을 발췌하고 자신의 논평을 덧붙여 『천애지기서(天涯知己書)』를 편찬했다. 그중 엄성과 함께 조선 사행의 숙소인 옥하관(玉河館)으로 홍대용을 방문한 반정균이 장차 헤어지려 할 때 마구 눈물을 뿌리는 대목에 관한 논평에서, 이덕무는 "박미중(朴美仲, 미중은 연암의 자-인용자) 선생은 '영웅과 미인은 눈물이 많다.'라고 했다. 나는 영웅도 미인도 아니지만 『회우록』을 일독하니 눈물이 그렁그렁 고인다. 정말로 이런 사람(반정균)을 만난다면, 마주하고 흐느낄 따름이요, 필담할 겨를이 없으리라. 이 대목을 읽다가 책을 덮어 버리고 가슴 아파하지 않는 자는 몰인정하며, 그런 자와 벗이 되어서는 안 된다."라고 했다.[25] 여기에서 연암이 말했다는 '영

---

23 李之藻 編, 吳相湘 主編(1965), 『天學初函(一)』, 301면, "交友之先宜察; 交友之後宜信." 이는 A. 에보렌시스의 『명언과 예화』에서 인용한 것으로, 세네카의 말이다. 이와 비슷하게 키케로도 『우정론』에서 먼저 평가하고 나서 친구를 사랑해야 하며, 사랑하고 나서는 평가해선 안 된다고 말했다(제22장 제85절; 마르쿠스 툴리우스 키케로 저, 천병희 역 (2005), 164면).

24 앞의 책, 309면, "友友之友, 仇友之仇, 爲厚友也. 〔吾友必仁, 則知愛人, 知惡人. 故我據之.〕" 본문은 『플루타르코스 영웅전』의 저자로 유명한 플루타르코스의 『모랄리아(Moralia)』에 나오는 말이라 한다. 마테오 리치의 주는 『논어』에서 "어진 사람만이 사람을 좋아할 수 있고, 사람을 미워할 수 있다.〔惟仁者, 能好仁, 能惡人.〕"라고 한 공자의 말에 전거를 둔 것이 아닌가 한다(마테오 리치 저, 송영배 역주(2000), 20면, 주 16) 참조).

25 李德懋, 『靑莊館全書』 卷63, 『天涯知己書』, "朴美仲先生曰: '英雄與美人多淚.' 余非英雄, 非美人. 但一讀會友錄, 則閣淚汪汪. 若眞逢此人, 只相對嗚咽, 不暇爲筆談也. 讀此而不掩卷傷心者, 匪人情也, 不可與友也."

웅과 미인은 눈물이 많다'는 말은 『방경각외전』에 나온다. 『방경각외전』의 「마장전(馬駔傳)」에서 연암은 당시 양반들의 타락한 교제술을 풍자하며, 벗 사귀는 수법 중 하나로 상대를 눈물로 감동시키는 수법을 들었다. 즉 "열사는 슬픔이 많고 미인은 눈물이 많다. 때문에 영웅이 잘 우는 것은 남을 감동시키자는 것이다."라고 했다.[26]

이처럼 「회우록서」나 『천애지기서』를 보면, 연암과 홍대용·이덕무 등 북학파 문인들 사이에서 서로 영향을 주고받으며 우정에 관한 담론이 무르익어 가는 정황을 엿볼 수 있다. 그 배후에는 마테오 리치의 『교우론』에 대한 공감이 작용하고 있었던 것으로 보인다.

앞에서 언급한 「회성원집발」은 홍대용이 중국 여행 중 교분을 맺은 산서성(山西省) 출신 상인 등사민(鄧師閔)이, 동향 친구 곽집환의 부탁을 받고 그의 시집인 『회성원집』에 대해 조선 명사들의 글을 요청해 와서 짓게 된 것이었다. 이에 1773년 홍대용 자신은 물론 연암도 발문을 짓고, 이덕무과 이서구는 서문을 지었다. 이덕무는 홍대용의 요청으로 그를 대신해서 『회성원집』에 평비(評批)를 가하기도 했다. 또한 당시 곽집환이 등사민을 통해 자기 부친의 거처인 담원(澹園)을 노래한 시도 함께 지어 줄 것을 요청했으므로, 그에 호응하여 연암과 이덕무·유득공(柳得恭)·박제가·이서구 등은 곽집환의 시에 차운한 「담원팔영(澹園八詠)」을 지어 주었다.[27] 그리하여 홍대용은 등사민의 주선으로 그의 벗

---

26 『燕巖集』卷8, 「馬駔傳」, "夫烈士多悲, 美人多淚. 故英雄善泣者, 所以動人."

27 洪大容, 『湛軒書』, 內集 卷3, 「繪聲園詩跋」; 李德懋, 『靑莊館全書』卷10, 「澹園八咏」; 『靑莊館全書』卷35, 『淸脾錄』4, 「郭封圭」; 『靑莊館全書』卷80, 李光揆 讚, 癸巳(1773) 6월 26일조, 「先考積城縣監府君年譜」; 柳得恭, 『泠齋集』卷1, 「澹園八詠」; 朴齊家, 『貞蕤閣文集』卷4, 「與郭澹園〔執桓〕」; 李書九, 『薑山全書』, 12~13면, 「臨汾郭廷觀〔執桓〕澹園詩 爲湛軒〔大容〕作」, 102면, 「繪聲園集序」. 또 『熱河避暑錄』 '澹園八詠' 조에도 저간의 사정이 상세하게 소개되어 있다.

92

곽집환과도 벗이 되는 동시에, 곽집환은 홍대용의 주선으로 그의 벗인 연암 등과도 벗이 된 것이다. 이는 「회우록서」의 결론처럼 '벗의 벗과 벗이 되라'는 『교우론』의 격언을 적극 실천한 셈이다.

안의(安義)현감 시절인 1793년 연암은 박제가가 상처한 데 이어 절친한 벗 이덕무와 사별하게 된 것을 애통해하며 쓴 편지에서, 벗을 잃은 슬픔은 아내를 잃은 슬픔보다 심하다는 극단적인 우정 예찬론을 폈다.

아아, 슬프도다! 지기를 잃은 슬픔이 아내 잃은 슬픔보다 심하다고 논한 적이 있었지. 아내를 잃은 자는 그래도 두 번 세 번 장가라도 들 수 있고, 서너 차례 첩을 들여도 안 될 것이 없네. 마치 의복이 터지고 찢어지면 꿰매고 때우는 것과 같고, 집기가 깨지고 이지러지면 새것으로 다시 바꾸는 것과 같네. 때에 따라서는 후처가 전처보다 나을 수 있고, 때에 따라서는 나는 비록 늙었지만 상대는 새파랗게 젊어서 신혼의 즐거움이 초혼과 재혼 사이에 차이가 없을 수도 있네. 하지만 지기를 잃은 쓰라림에 이르러서는 그렇지가 않지. 내가 다행히 눈을 지녔지만 뉘와 더불어 내 보는 것을 같이하며, 내가 다행히 귀를 지녔지만 뉘와 더불어 내 듣는 것을 같이하며, 내가 다행히 입을 지녔지만 뉘와 더불어 나의 맛을 함께 하며, 내가 다행히 코를 지녔지만 뉘와 더불어 내 맡는 것을 같이하며, 내가 다행히 마음을 지녔지만 장차 뉘와 더불어 나의 지혜와 영각(靈覺)을 함께한단 말인가?[28]

---

[28] 『燕巖集』 卷10, 「與人」, "嗚呼痛哉! 吾嘗論絶絃之悲甚於叩盆. 叩盆者, 猶得再娶三娶, 卜姓數四, 無所不可. 如衣裳之綻裂而補綴, 如器什之破缺而更換. 或後妻勝於前配, 或吾雖皤而彼則艾. 其宴爾之樂, 無閒於新舊. 至若絶絃之痛, 我幸而有目焉, 誰與同吾視也; 我幸而有耳焉, 誰與同吾聽也; 我幸而有口焉, 誰與同吾味也; 我幸而有鼻焉, 誰與同吾嗅也; 我幸而有心焉, 將誰與同吾智慧靈覺哉?" '靈覺'은 불교 용어로 눈과 귀, 코, 혀, 몸, 의식의

이와 같은 연암의 우정 예찬론에서 『교우론』의 여향(餘響)을 느낄 수 있다. 이는 벗은 '제2의 나'라는 『교우론』의 명제를 변주(變奏)한 것이라 볼 수 있기 때문이다. 『교우론』은 제2장에서도 "벗과 나는 비록 몸은 둘이지만, 두 사람의 몸 안에 있는 그 마음은 하나일 따름이다."라고 했다. 그리고 제57장에서는 "천하에 벗이 없으면 아무 즐거움이 없다."라고 했으며, 제66장에서는 "훌륭한 벗과 사귀는 재미는 그를 잃은 뒤에 더욱 느낄 수 있다."라고 했다. 또 제79장에서는 "세상에 벗이 없는 것은 하늘에 해가 없고 몸에 눈이 없는 것과 같다."라고 했다.[29] 이렇게 볼 때, 자신과 함께 아름다운 대상을 바라보고, 아름다운 소리를 듣고, 음식을 맛보고, 향기를 맡으며, 진리를 깨우치는 등 일체의 감각과 취향과 사색을 공유하므로 '제2의 나'라고 할 수 있는 벗과 사별한 슬픔

'六根' 중 '의식'을 통한 知覺을 가리킨다.

29　마테오 리치, 『교우론』, "友之與[於]我, 雖有二身, 二身之內, 其心一而已."(제2장); "天下無友, 則無樂焉."(제57장); "良友相交之味, 失之後, 愈可知覺矣."(제66장); "世無友, 如天無日, 如身無目矣."(제79장)
　　『교우론』의 제2장은 A. 에보렌시스의 『명언과 예화』에서 인용한 것으로, 디오게네스 라에르티오스의 『유명한 철학자들의 생애와 사상』에 나오는 아리스토텔레스의 말이다. 키케로의 『우정론』에도 비슷한 말이 있다(제21장 제81절). 제57장도 『명언과 예화』에서 인용한 것으로, 아리스토텔레스의 『니코마코스 윤리학』에 나오는 말이다. 참고로 키케로의 『우정론』에서도 "행운의 덧없는 선물들이 보존된다 하더라도 친구들에 의해서 가꾸어지지 않고 친구들과 함께하지 않는 인생은 즐거울 수가 없는 법이라네."라고 했으며 (제15장 제55절; 마르쿠스 툴리우스 키케로 저, 천병희 역(2005), 144면), "만약 누군가 하늘에 올라 우주의 본성과 별자리들의 아름다움을 볼 수 있다고 한다면, 들어 줄 사람만 있다면 더없이 즐거울 그 굉장한 광경도 혼자 있다면 즐겁지가 않을 거라네. 인간의 본성은 혼자 있는 것을 싫어하여 언제나 버팀목에 기댄다네. 그리고 절친한 친구야말로 최상의 버팀목이네."라고 했다(제23장 제88절; 앞의 책, 166면). 제66장도 『명언과 예화』에 출처를 둔 것으로, 키케로의 말을 줄여서 인용한 것이다. 제79장도 『명언과 예화』에서 인용한 것으로, 키케로의 『우정론』에 나오는 말이다. "인생에서 우정을 앗아 가는 자들은, 말하자면 세상에서 태양을 앗아 가는 것이나 다름없네."라고 했다(제13장 제47절; 앞의 책, 138면).

은 상처한 슬픔조차 비교가 되지 않을 만큼 고통스럽다는 논리가 성립
되는 것이다.

2) 『교우론』의 영향을 넘어서

이상에서 살핀 대로, 연암의 우정론은 『교우론』과 상통하는 면이 다
분하며, 이는 서학의 영향을 받은 결과로 볼 수 있다. 하지만 원래 우정
이란 인류사회가 보편적으로 추구해 온 도덕적 가치이므로, 동양과 서
양의 우정론에는 자연히 공통점이 많다. 게다가 마테오 리치의 『교우
론』은 중국의 문화를 존중하는, 이른바 '적응주의' 선교 전략과 천주교
로써 유교를 보완한다는 '보유론(補儒論)'에 따라 가급적 종교적인 색채
를 감추고 유학자들에게 호소력이 큰 세속적 윤리를 설파하는 방식을
취했다.[30] 이 점이 주효하여 『교우론』은 동·서양 우정론의 소통을 시
도한 유례없는 저작으로 받아들여지면서 널리 읽히게 된 것이다.[31]

한편 명대 후기에 양명학파를 중심으로 우정에 관한 담론이 성행했
듯이, 조선 후기의 일부 실학자들 사이에서도 우정에 대한 관심이 고조
되었다.[32] 연암도 당시 양반 사대부들의 윤리적 타락에 대한 타개책의

---

30 『교우론』에는 '하느님(Deus)'을 뜻하는 '上帝'가 두 군데(제16장, 제56장)밖에 등장하지
않는다.

31 「刻交友論序」에서 馮應京은 『교우론』을 음미해 보고 나서 "동해에서나 서해에서나 이
마음과 이 이치는 똑같다.〔東海西海, 此心此理, 同也.〕"라는 말을 더욱 믿게 되었다고
했다(李之藻 編, 吳相湘 主編(1965), 『天學初函(一)』, 292면). 즉 『교우론』을 통해 동양과
마찬가지로 서양도 우정을 매우 중시함을 알게 되었다는 뜻이다. 여기서 풍응경이 인용
한 말은 『宋名臣言行錄』 중 陸九淵이 한 말에 전거를 둔 것으로, 천하에는 공통의 心과
理가 있음을 강조한 것이다.

32 呂妙芬(2003), 第7章 「講學同志的聯屬」; Huang, Martin W. edit.(2007), Martin W.
Huang, *Male Friendship and Jiangxue(philosophical Debates) in Sixteenth−Century China*; 이

하나로 우정의 가치를 중시하고 이를 한껏 고양하고자 했다. 이와 같은
문제의식은 『방경각외전』, 「자서(自序)」의 첫머리에 잘 드러나 있다.

우도(友道)가 오륜의 끝에 놓인 건,	友居倫季
박대해서 그런 게 아니라네.	匪厥疎卑
마치 오행 중에서 토(土)가,	如土於行
사계절에 다 왕성한 것과 같다네.	寄王四時
부자유친, 군신유의, 부부유별, 장유유서도,	親義別敍
신(信)이 아니면 어찌하리오.	非信奚爲
오상(五常)이 정상에서 벗어나면,	常若不常
벗이 즉시 바로잡네.	友迺正之
우도가 뒤에 놓인 까닭은,	所以居後
최후방에서 통솔하기 위함이네.	迺殿統斯[33]

위의 「자서」에서 오륜 중 '신'의 지위가 오행 중의 '토'와 같다고 한
것은 주자(朱子)의 설을 따른 것이다.[34] 주자는 『맹자집주(孟子集註)』에
서 맹자가 '사단(四端)'만 논하고 '신'에 대해서는 언급하지 않은 의문
과 관련하여 "성심으로 사단을 행하면, 신은 그중에 있다."[35]라는 정자

홍식(2010) 등 참조.

33 『燕巖集』卷8, 『放瓊閣外傳』, 「自序」. 五行說에서는 五行을 사계절에 안배할 때 土에만
지정된 계절이 없는 모순을 해결하기 위해 각 계절(90일)에서 18일씩을 덜어서 土에
배당하고는 木은 봄, 火는 여름, 金은 가을, 水는 겨울에 기운이 왕성하지만, 土는 나머지
四行에 寄託하여 사계절에 모두 왕성한 것으로 간주했다.

34 임형택(1976), 97~98면에서는 이러한 「자서」의 논법은 程子의 학설에서 따온 것이며,
이 학설은 주자에게 계승되었다고 했으나, 이것은 조금 부정확한 진술이라 생각된다.

35 『孟子集註』, 「公孫丑」上, 제6장, "旣有誠心爲四端, 則信在其中矣." 이는 원래 『二程遺

(程子)의 설을 인용한 뒤 덧붙여서 "사단과 신의 관계는, 오행의 토가 지정된 자리도 없고 정해진 이름도 없으며 전담하는 기(氣)도 없으나 수·화·금·목이 모두 토에 힘입어 생기는 것과 같다. 그러므로 토는 나머지 사행에 있지 않음이 없고, 사계절에 모두 왕성하다. 신의 이치도 이와 같다."라고 주장했다.[36]

또한 「자서」에서 연암은 '신'이 오륜의 최하위에 있지만 나머지 사륜(四倫)이 모두 그에 의존하고 있다고 주장했다. 퇴각하는 군대를 최후방에서 통솔하듯이, 오륜에서 어긋나면 벗이 바로잡아 주기 때문이라는 것이다. 벗을 최후방의 장수에 비유한 기발한 표현을 제외하면, 이 역시 주자의 설에서 취한 것이다. 주자는 「발황중본붕우설(跋黃仲本朋友說)」에서 이렇게 말했다.

군신과 부자와 형제와 부부 사이에 반드시 사귐이 그 도리를 다해서 어그러짐이 없고자 한다면, 붕우가 책선함으로써 보인(輔仁)하지 않으면 대체 누가 그렇게 만들 수 있겠는가? 그러므로 붕우는 인륜 중에서 세력은 가벼운 듯하나 연계된 바가 몹시 무거운 것이 되고, 분야는 먼 듯하나 소관은 지극히 가까운 것이 되며, 명분은 작은 듯하나 맡은 바가 몹시 큰 것이 된다. 이것이 옛 성인들이 수도하고 교육할 때 반드시 이를 중시하고 감히 소홀히 하지 않은 까닭이다. ……

인륜에는 다섯 가지가 있으되 그 이치는 하나이다. 붕우란 또한 그것에 힘입어 이 이치를 유지하고 인륜이 어그러짐에 이르지 않게 하는 수단

書』(卷24)에 수록된 발언이다.

36 앞의 글, "四端之信, 猶五行之土, 無定位, 無成名, 無專氣, 而水火金木, 無不待是以生者. 故土於四行無不在, 於四時則寄王焉. 其理亦猶是也."

이다. 나머지 사륜이 그 도리를 다하기를 추구하지 않기 때문에 붕우가 쓸모없는 것으로 폐기되는 것이다. 그런즉, 붕우의 도리가 전폐되어 버리고 책선하고 보인하는 직분이 거행되지 않으면, 저 사륜은 또 어떻게 혼자의 힘만으로 오래 존속할 수 있겠는가?[37]

이와 같이 주자는 그 이전의 유학자들과 달리 우정의 윤리가 나머지 사륜의 기강을 잡아 준다고 봄으로써, 오륜의 틀 안에서나마 우정의 중요성을 강조하고 그 지위를 격상시키고자 했다. 명대 후기 양명학자들의 우정 담론은 이러한 주자의 주장을 계승하여 극대화한 것으로 볼 수 있다.[38]

『방경각외전』의 「자서」에서 보듯이, 연암의 우정론은 『교우론』의 일방적인 영향을 받아 형성된 것이 아니라, 주자학과 같은 전통적 사상을 기반으로 해서 서양의 우정론을 받아들인 것이다. 그뿐만 아니라 이처럼 동·서양 우정론의 소통을 추구한 결과, 일정한 사상적 발전이 이루어졌다고 본다. 마테오 리치의 『교우론』이나 명대 후기 양명학파의 주장과 비교할 때, 연암의 우정론은 다음과 같은 몇 가지 특징을 보여 준다.

우선 '벗이란 함께 살지 않는 아내요, 핏줄을 같이하지 않은 형제'라거나 '벗의 죽음이 아내의 죽음보다 더 애통하다'고 한 연암의 발언은

37　朱熹,『晦庵集』卷81,「跋黃仲本朋友說」, "必欲君臣夫子兄弟夫婦之間, 交盡其道而無悖焉, 非有朋友以責其善, 輔其仁, 其孰能使之然哉? 故朋友之於人倫, 其勢若輕而所繫爲甚重; 其分若疏而所關爲至親; 其名若小而所職爲甚大. 此古之聖人, 修道立敎, 所以必重於此而不敢忽也. …… 夫人倫有五而其理則一. 朋友者又其所藉以維持是理, 而不使至於悖焉者也. 由夫四者之不求盡道, 而朋友以無用廢. 然則朋友之道盡廢, 而責善輔仁之職不擧, 彼夫四者, 又安得獨力而久存哉?"

38　呂妙芬(2003), 318~324면 참조.

가족 윤리보다 우정을 우선시한 점에서 전통적인 우정론의 한계를 상당히 넘어선 것이라 볼 수 있다. 여기에는 벗을 '제2의 나'로까지 강조한 『교우론』의 영향이 작용했을 것이다. 다만 연암은 하심은(何心隱)과 같은 명대 후기의 양명학자처럼 오륜 중에서 우정의 윤리가 가장 중요하다는 극단적인 우정중시론[39]을 펴지는 않았다.

또한 연암은 이 세상을 함께 살아가는 '당세의 벗'을 구해야 한다고 역설했다. 전통적인 우정론에서는 당세에 벗 삼을 만한 사람이 없어 '천고의 옛사람을 벗 삼는다〔尚友千古〕'거나 '후세에 자기를 알아줄 사람을 기다린다' 또는 '제 자신과 사귄다〔我與我周旋〕'는 식의 논의가 면면히 이어져 왔다. 연암은 이와 같은 고답적인 우정론을 비판하고, 바로 '지금 이 세상에서' 벗을 적극적으로 구하라고 한 것이다[40] 이 역시 벗 없이는 결코 살 수 없으며 아무런 즐거움도 없다는 『교우론』의 주장을 전제로 할 때 성립되는 논리라 할 수 있다.

하지만 『교우론』에서는 연암처럼 반드시 당세에서 벗을 사귀라고는 하지 않았다. 옛 친구를 버리거나 잊지 말라(제48장, 제75장), 빈천해진 친구를 더욱 공경하라(제59장), 새로운 벗을 사귀려고 힘쓰라(제81장), 제 자신을 먼저 벗 삼으라(제86장)고만 했을 뿐이다. 그러므로 고답적인 우정론을 비판하고 당세의 벗을 구하라고 한 것은 어디까지나 연암의 독자적인 주장으로서, 복고주의 문풍을 비판하고 '지금 조선의 시를 쓰

39　何心隱, 「論友」, 容肇祖 編, 『何心隱集』; 呂妙芬(2003), 321∼322면 참조. 하심은의 극단적인 우정중시론에 대해서는 李贄조차도 五倫 중에서 四倫을 버린 '偏枯'한 주장이라고 비판했다(李贄, 『焚書』, 「何心隱論」).

40　『燕巖集』 卷3, 「繪聲園集跋」. 이덕무도 앞서 언급한 「適言讚」의 제7수에서 "先民莫覿, 後賢難逮. 邈然無群, 我衷誰啓? 大有因緣, 幷生斯世. 藹接鬚眉, 洞暎心肺."라며 당세의 벗을 사귀어야 한다고 했다.

라'고 한 자신의 문학론[41]과도 상통하는 것이다.

그뿐만 아니라 연암은 조선의 양반 사대부 간의 우정에 국한하지 않고, 신분과 화이(華夷)의 차별을 넘어선 우정을 추구했다. 『방경각외전』의 「민옹전(閔翁傳)」・「우상전(虞裳傳)」 등에서 그는 무반 출신의 재담꾼 민 영감이나 역관 출신의 시인 이언진(李彦瑱)처럼 자신과 신분이 현격히 다른 인물들과의 우정을 감동적으로 그렸다. 또 「회우록서」에서는 당파가 다르고 신분이 다르면 서로 벗이 될 수 없는 조선의 현실을 개탄하면서, 홍대용이 청국인 엄성 등과 화이의 구별을 초월하여 결교한 사실을 예찬했다. 그리고 「회성원집발」에서는 청국인 곽집환과 비록 글을 통해서나마 당세의 벗이 되기를 열망했다. 실제로도 연암은 이덕무・유득공・박제가・서상수(徐常修)・이희경(李喜經) 등 서얼 출신 문사들과 절친하게 지낸 탓에 "사람을 가리지 않고 사귄다〔交不擇人〕."라는 비난을 받았다고 한다.[42] 1780년 중국 여행 중에는 열하와 북경에서 청국인 왕민호・유세기(兪世琦) 등과 깊은 우정을 맺기도 했다.[43]

그런데 마테오 리치의 『교우론』에서는 화이 차별은 물론 신분 차별을 넘어선 우정을 논하지 않았다. 문명의 중심과 변방에 사는 사람 간에도, 귀족과 평민이나 노예 간에도 우정을 추구해야 한다는 말은 찾아볼 수 없다. 『교우론』에는 '벗'과 '원수'의 구별이 있을 따름이다.[44] 예

---

41 『燕巖集』 卷7, 「嬰處稿序」.

42 朴宗采, 『過庭錄』 卷1; 김윤조 역주(1997), 76~79면; 박희병 옮김(1998), 57면.

43 연암의 초기 필사본인 『燕巖散稿』(二) 중의 「天涯結鄰集」에는 북경 체류 중의 연암에게 청국인 馮秉健・單可玉・兪世琦 등이 보낸 편지가 수록되어 있어, 연암과 그들 간의 우정을 엿볼 수 있다.

44 『교우론』에서 '友'라고 번역한 말은 고대 그리스어의 'philos'에 해당하는 것으로서, 원래 이는 좁은 의미의 벗뿐만 아니라 가족이나 동료 시민도 포함하여 자기와 절친한 사람을 두루 지칭하는 말이다. 따라서 그것과 짝이 되는 말은 'ekhthros(원수)'이다. 그런

컨대 벗과 원수는 음악과 소란(騷亂)의 관계와 같으니 하모니를 이루도
록 노력하라(제10장), 벗이 원수가 되고 원수가 벗이 되기도 하니 우정
도 믿기 어렵다(제13장), 책선하지 않는 벗은 해악을 끼치는 원수와 마
찬가지다(제23장), 원수에게 복수하기보다는 은혜를 베풀어 그를 친구
로 만드는 편이 낫다(제99장)[45]고 했을 뿐이다.

한편 명대 후기의 양명학자들은 강학과 강회를 통해 '천하의 훌륭한
선비들을 벗 삼는다〔友天下之善士〕'는 『맹자』 이래의 유가적 이상을 실
천하고자 했다. 즉 향당(鄕黨)의 지역적 한계에서 벗어나 천하 사방을
두루 여행하며 적극적으로 학문적 동지를 구하고자 한 것이다.[46] 그러
나 그들에게서도 신분 차별이나 화이 차별을 문제시한 우정 담론을 찾
아보기는 힘들다. 이는 양명학자들의 강학 활동이 주로 사대부 권내에
국한되었으며, 그들 역시 중국이 곧 '천하'라고 보는 중국중심주의에서
벗어나지 못한 때문일 것이다.

이렇게 볼 때 연암의 우정론은 『교우론』이나 양명학파의 한계를 넘
어선 사상적 발전을 보여 준다고 하겠다. 연암이 신분 차별을 초월한
우정을 추구한 것은, 신분제 사회가 점차 해체되면서 장차 근대적인 시
민윤리가 태동할 것을 예감케 하는 선구적인 노력으로 평가할 수 있을
것이다. 『방경각외전』의 「예덕선생전」에서 보듯이, 그는 '엄행수'처럼
건실하게 살아가는 하층 민중과의 참된 우정을 염원했으며, 나아가 노
비의 처지를 개선하도록 건의하고, 서얼 차별에 반대하는 상소문을 짓

연유로 『교우론』에서도 '벗/원수'의 대립 항이 설정된 것이다(Konstan, David(1997), p.12
참조).

45 이는 리디아의 왕 크레수스에게 그리스의 현자가 한 말인데, 원문 중 " …… 不如惠友而
用恩‚ 俾仇爲友."에서 '惠友'는 '惠仇'의 오류로 판단된다(方豪(1969), 1870면).

46 呂妙芬(2003), 304~311면; Huang, Martin W. edit.(2007), pp.149~154 참조.

기도 했다.[47] 또한 연암이 화이 차별을 초월한 우정을 추구한 것은, 임병(壬丙)양란과 명·청 교체 이후 새로운 국제질서가 모색되는 가운데 동아시아의 평화와 연대를 지향한 것으로 그 역사적 의미를 부여할 수 있으리라 본다. 연암을 비롯한 북학파는 청국인에 대한 종래의 배타적 자세에서 벗어나 그들과 동아시아 문명을 공유한 지식인으로서 참된 우정을 맺고 양국 간의 문화 교류를 활발히 추진하고자 했다. 이 같은 노력은 동아시아의 평화에 나름으로 기여했을 뿐만 아니라, 후일 서양 열강의 진출에 맞서 국제적 연대를 추구할 때에도 아름다운 전통으로 호출되었다.[48]

3. 염세주의 및 천주만물창조설 비판과 『천주실의(天主實義)』

1) ‘호곡장론(好哭場論)’과 염세주의 비판

『열하일기』, 「도강록(渡江錄)」 7월 8일자 기사의 전반부에서 연암은 동행인 정 진사를 상대로 요동벌판이야말로 통곡하기에 좋은 장소라는 ‘호곡장론(好哭場論)’을 폈다. 여기에서 정 진사가 도대체 요동벌판을 보고 어떤 감정이 격앙되었길래 통곡하려 하느냐고 묻자, 연암은 갓난아기가 태어나자마자 우는 까닭과 마찬가지라고 답한다.

갓난아이한테 물어보시오! 갓난아이가 처음 태어날 적에 어떤 감정을

---

47 『燕巖集』 卷2, 「賀三從姪宗岳拜相因論寺奴書」; 卷3, 「擬請疏通庶孼疏」.
48 김명호(2008), 361∼452면 참조.

느꼈겠소? 처음으로 해와 달을 보고, 다음으로 아빠 엄마를 보며, 친척들은 눈앞에 가득 모여 모두들 기뻐하고 즐거워하지요. 이와 같은 기쁨과 즐거움은 늙을 때까지 둘도 없으니, 슬픔이나 노여움이 있을 리 없고, 인정상 즐겁고 웃음이 나와야 할 텐데, 도리어 한없이 울부짖으며 분노와 원망이 속에 가득하오. 이는 아마도, 사람이란 신성한 제왕이든 어리석은 백성이든 예외 없이 죽기 마련이고, 살아 있는 동안에는 실수나 죄를 저지르고 온갖 근심 걱정을 겪게 되니, 아이가 제가 태어난 것을 후회하고는 미리 스스로 통곡하며 애통해하는 것이라고 생각할 수도 있소.[49]

여기에 제시된바 '갓난아기가 태어날 적에 우는 까닭은 인생을 미리 비관한 때문'이라는 염세적인 주장은 마테오 리치의 『천주실의』에서 기원한 것이다.

『천주실의』는 예수회 선교사 마테오 리치가 중국의 식자층을 천주교로 끌어들이기 위해 한문으로 저술한 천주교 입문서로, 1603년 북경에서 처음 간행되었다. 이후 중국 각지에서 여러 차례 간행되었으며, 한문 서학서 19종을 모은 총서인 『천학초함』(1628)에도 수록되었다. 조선에서도 『지봉유설』에 이미 거론되어 있을 정도로 일찌감치 소개되고 널리 읽혀, 성호(星湖) 이익(李瀷)은 그 책에 대해 논평한 「발천주실의(跋天主實義)」를 남기기도 했다. 하지만 정조 치세 후기에 천주교 문제가 불거지면서 『천주실의』는 집중적인 지탄을 받았고, 순암(順菴) 안정복(安鼎福)의 『천학문답(天學問答)』 등 천주교를 배척하는 벽사서류(辟邪書類)에

---

[49] 『燕巖集』 卷11, 『熱河日記』, 「渡江錄」, 7월 8일, "問之赤子! 赤子初生, 所感何情? 初見日月, 次見父母, 親戚滿前, 莫不歡悅. 如此喜樂, 至老無雙. 理無哀怒, 情應樂笑. 乃反無限啼叫, 忿恨彌中. 將謂人生神聖愚凡, 一例崩殂, 中間尤咎, 患憂百端. 兒悔其生, 先自哭弔."

서 비판의 주 대상이 되었다.[50]

『천주실의』는 '중국 선비〔中士〕'와 '서양 선비〔西士〕'의 가상적인 문답으로 이루어져 있다. 그중 제3편 「사람의 영혼은 불멸하며 짐승과 크게 다름을 논함〔論人魂不滅 大異禽獸〕」에서 마테오 리치는 스콜라철학의 영혼론을 집중적으로 소개하면서, 그에 앞서 현세의 고통에 대해 길게 논했다. 즉 제3편의 첫 부분에서 그는 중국 선비의 입을 빌려, 만물의 영장이라는 인간의 삶이 실은 짐승의 삶보다 더 고달프다고 주장했다. 짐승은 태어나면서 바로 자립할 수 있고 본능에 따라 욕구를 충족하며 여유 있게 사는 데 비해, 인간은 그렇지 못하다는 것이다.

사람이 태어날 때 어미는 고통을 맛보고, 모태에서 벗어난 갓난아기는 입을 열자 먼저 울어 대니, 세상살이가 힘들다는 것을 이미 스스로 아는 것처럼 보입니다. 처음 태어나면 약해서 걸음도 떼지 못하다가, 3년이 지나야 겨우 어미 품을 면하지요. 장년이 되면 저마다 사역을 당하니 고생스럽지 않은 일이 없습니다. 농부들은 사철 내내 농토에서 흙을 갈아엎고, 행상들은 여러 해 동안 산과 바다를 두루 건너며, 각종 장인들은 팔다리를 부지런히 움직이고, 선비들은 밤낮으로 정신을 쥐어짜지요. 이른바 "군자는 정신노동을 하고, 소인은 육체노동을 한다."라는 것이 그 말입니다. 50년의 수명을 누리면 50년 동안 고통을 겪는 셈이지요……[51]

---

50 이원순(1986), 99~107면 참조.

51 李之藻 編, 吳相湘 主編(1965), 『天學初函(一)』, 422면. "人之生也, 母嘗痛苦, <u>出胎赤身, 開口先哭, 似已自知生世之難.</u> 初生而弱, 步不能移, 三春之後, 方免懷抱. 壯則各有所役, 無不苦勞. 農夫四時, 反土于畎畝; 客旅經年, 徧度于山海; 百工勤動手足; 士人晝夜劇神殫思焉. 所謂: '君子勞心, 小人勞力'者也. 五旬之壽, 五旬之苦……" 인용문 중 "군자는 정신노동을 하고, 소인은 육체노동을 한다.〔君子勞心, 小人勞力.〕"라는 것은 『좌전』 襄公 9년 10월조에서 知武子(荀罃)가 한 말이다. 이와 유사하게 『孟子』, 「滕文公」 상에서도

　　마테오 리치는 또한 서양 선비의 입을 빌려서, 근고(近古)의 어떤 나라에서는 "자식을 낳은 집이 있으면 친척과 벗들이 찾아와서 통곡하고 조문하는데, 그 사람이 괴로운 세상에 태어났다고 해서 그런답니다."라고 했다. 반대로 초상이 났을 때에는 풍악을 울려 괴로운 세상을 떠난 것을 축하한다고 하면서, 이러한 그 나라의 예법은 '현세의 실정'에 통달한 것이라고 평했다.[52]

　　이와 같이 현세를 지극히 비관하는 『천주실의』의 염세주의는 연암과 교분이 있던 시인 이언진(1740~1766, 자 虞裳)에게도 다분히 영향을 끼쳤던 듯하다. 연암은 이언진의 요절을 애도하며 지은 「우상전」에서 그가 남긴 명시를 여러 편 소개했는데, 그중 「해람편(海覽篇)」을 보면 마테오 리치가 제작한 세계지도인 「곤여만국전도(坤輿萬國全圖)」를 거론하고 있음을 볼 수 있다. 즉 그 시에서 이언진은 "곤여(坤輿, 大地-인용자) 안에 만국이, 바둑알처럼 별처럼 벌여 있네."라고 하고, "지구에 대한 시비곡직과, 해도(海島)에 대한 갑론을박에 관해선, 서태(西泰, 마테오 리치의 字) 이마두(利瑪竇)가, 치밀하고 명쾌하게 밝혀 놓았네."라고 하여, 마테오 리치와 서학에 대한 지식을 드러냈다.[53]

"정신노동을 하는 자는 남을 다스리고, 육체노동을 하는 자는 남에게 다스림을 받는다.〔勞心者治人, 勞力者治於人.〕"라고 했다.

52　앞의 책, 426~427면. "凡有産子者, 親友共至其門, 哭而吊之, 爲其人之生于苦勞世也."

53　『燕巖集』卷8,「虞裳傳」, "坤輿內萬國, 碁置而星列." "地毬之同異, 海島之甲乙, 西泰利瑪竇, 線織而刃割." 이언진의 遺稿集『松穆舘燼餘稿』에는 '地毬之同異'가 '地毬之非是'로 되어 있다. '지구에 대한 시비곡직'은 서양의 地圓說과 중국의 天圓地方說의 대립을 가리킨다. '海島에 관한 갑론을박'은 대해에 떠 있는 대륙을 일종의 '海島'로 본다면, 서양의 五大洲說과 불교의 四大部洲說의 대립을 가리키는 것이 아닐까 한다. 「곤여만국전도」 중의 해설에서 마테오 리치는 지원설과 오대주설을 소개하고 천원지방설과 사대부주설을 비판했다(이 해설은 마테오 리치의 『乾坤體義』 상권에 「天地渾義說」로 수록되어 있다. 혹은 줄리오 알레니〔艾儒略〕의 『職方外紀』에서 전 세계의 해도에 관해 소개한 내용을 가리키는 것일 가능성도 있다. 「해람편」에서 이언진은 '思及'의 '圖說', 즉 세계

그뿐만 아니라 이언진은 그의 시 「호동거실(衚衕居室)」에서 "아이가 태어나자마자 울어 대니, 아빠도 엄마도 걱정일세. 병아리는 태어나자 쪼아 먹어 젖 줄 필요 없고, 송아지는 태어나자 걸으니 안아 줄 필요 없는데."[54]라고 노래했다. 이는 바로 위에서 언급한 『천주실의』 제3편의 첫 부분에서 시상을 취한 것이 분명하다. 또한 이언진은 "조물주가 우리를 총애하사 사람으로 만드셨으니, 재배하며 하늘과 땅에 감사드리네. 오만 가지 형상으로 우리 눈을 즐겁게 하고, 오만 가지 소리로 우리 귀를 즐겁게 하시네."[55]라고 노래했다. 이 역시 『천주실의』에서 시상을 취한 것이다. 『천주실의』의 제5편에서 마테오 리치는 불교의 살생 금지 계율을 비판하면서, 천주가 만물을 창조하신 것은 우리 인류가 이를 사용하도록 하기 위해서라고 주장했다. 그리고 "오색은 우리 눈을 즐겁게 하고, 오음(五音)은 우리 귀를 즐겁게 한다……."라고 하면서 "따라서 우리는 항상 천주의 높으신 은혜에 감사하며, 항상 공손히 만물을 사용해야 한다."라고 했다.[56]

지도를 갖춘 『직방외기』도 언급했다. '사급'은 줄리오 알레니의 字이다(신호열·김명호 옮김(2007), 하, 206면 참조).

54 "兒墮地便啼哭, 阿爸悶阿婆惱. 雞生啄不待乳, 犢生走不待抱." 여기에서 닭 '雞' 자는 송아지 '犢' 자와 대구를 이루고 있으므로, 병아리 '雛' 자의 오자가 아닌가 한다. 이 시는 『松穆舘燼餘稿』에 「衚衕居室」의 총 157수 중 제63수로 실려 있고, 박희병 평설(2009)에 「호동거실」의 총 170수 중 제42수로 소개되었다. 그런데 박희병 평설(2009), 319면에서는 이 시를 "땅에 넘어진 아이가 앙앙 우니까……."라고 번역하고 "育兒 경험을 노래한 시다. …… 병에 시달리던 젊은 시인은 애 키우기가 참 힘들었던 모양이다."라고 해설했다.

55 "造物寵我爲人, 再拜謝天謝地. 出萬象媚吾目, 有萬聲樂吾耳." 여기에서 '我'는 '나'가 아니라 '우리(인류)'로 번역되어야 온당할 것이다. 이 시는 『松穆舘燼餘稿』에 「衚衕居室」의 제84수로 실려 있고, 박희병 평설(2009)에 「호동거실」의 제74수로 소개되었다. 박희병 평설(2009), 201면에서는 이 시가 '인간중심주의'를 드러낸 것으로, 이는 "이언진의 존재론과 관련이 있음이 분명하다.", "양명좌파적 사고의 귀결일 수도 있다."라고 보았다.

56 李之藻 編, 吳相湘 主編(1965), 『天學初函(一)』, 505면, "五色悅我目, 五音娛我耳. ……

　　이언진과 마찬가지로, 연암도『천주실의』로부터 상당한 영향을 받았다. 그 영향은 앞서 인용한 '호곡장론'의 한 대목뿐만 아니라『열하일기』중의 명문인「호질(虎叱)」에서도 느낄 수 있다.「호질」은 연암의 창작이기는 하지만,[57]『맹자』·『주역(周易)』·『서경(書經)』·『시경(詩經)』·『예기(禮記)』·『사기(史記)』·『장자(莊子)』등 고전들에 전거를 둔 표현으로 점철되어 있을 뿐 아니라, 작품의 첫머리처럼 왕사정(王士禎)의『향조필기(香祖筆記)』와 같은 근세의 저술을 인용한 부분도 있다.[58] 그런데「호질」중 범이 타락한 선비인 '북곽 선생'을 상대로 인간의 부도덕성을 성토하는 대목 역시『천주실의』를 전거의 하나로 삼은 것으로 보인다. 여기에서 범은, 도끼나 톱에 코가 베이고 발이 잘리거나 자자(刺字)를 한 죄인들로 넘쳐나는 세상과, 천재지변을 당해 서로 잡아먹고 수많은 전쟁을 벌여 서로 살상한 사례를 들어 인간을 규탄하는가 하면, 갖가지 칼과 창과 대포를 만들고 붓대를 놀려 서로 공격하니 "잔혹하게 서로

故我當常感天主尊恩, 而時謹用之." 여기에서 '時' 자는 앞 구절의 '常' 자와 호응하므로 '時常(항상)'의 뜻으로 새겨야 온당할 것이다. 藍克實·胡國楨 譯註(1985), 259면에서도 'constantly'라고 英譯했다.
『천주실의』의 제2편에서도 "우주 안에는 우리 인간을 양육하기 위한 수단이 아닌 사물은 하나도 없다. 우리는 천지 만물의 은혜로운 주님께 감사해야 하며, 정성을 다해 존경해야 옳다.〔宇宙之間, 無一物非所以育吾人者. 吾宜感其天地萬物之恩主, 加誠奉敬之, 可耳.〕"라고 했다. 이언진이 접했던『직방외기』의「自序」에서 알레니도 "조물주가 우리 인류를 세상에 살게 한 것은, 그들을 넓은 뜰로 나가게 하여 풍성한 잔치를 누리게 하고, 또한 노래하고 춤추는 쾌락을 즐기게 한 것과 같다.〔造物主之生我人類於世也, 如進之大庭中, 令饗豐醮, 又娛歌舞之樂也.〕"라고 했다(謝方 校釋(1996), 1면).

57　연구자 사이에「虎叱」의 原作者에 관한 논란이 계속되어 왔지만, 兪晚柱의『欽英』을 보면 당대의 독자들은 이 작품을 연암의 전적인 창작으로 간주했음을 엿볼 수 있다(兪晚柱,『欽英』卷6, 303·407·408·416면, 丙午(1786) 윤7월 26일·11월 1일·2일·14일조).

58　「虎叱」의 첫부분이『香祖筆記』卷5 '虎爲西方猛獸 …… '조를 인용한 사실은 李學堂(2000), 27면; 정학성(2007), 220～224면 참조.

잡아먹기로는 누가 너희들보다 심하겠느냐?"[59]라고 질타했다.

이와 흡사하게『천주실의』제3편의 첫 부분에서 '중국 선비'도 인간의 삶이 짐승의 삶보다 더 고달프다고 주장한 데 이어, 다음과 같이 동족 살상을 일삼는 인류를 성토했다.

> 우주 안에는 크고 작은 벌레나 짐승을 막론하고 모두 서로 동맹을 맺기나 한 듯이 마구 독한 도구를 써서 사람에게 능히 해를 끼치니, 한 치에 불과한 벌레도 9척의 거구를 충분히 해칩니다. 인류 중에도 또 서로 해치는 일이 있지요. 흉기를 만들어 사람의 손과 발을 자르고, 사람의 팔다리와 몸을 자르니, 제 명에 죽지 못한 경우는 대개 사람들이 살육한 겁니다. 그런데도 지금 사람들은 옛날 무기가 예리하지 않다고 싫어해서, 더욱 흉악한 새 것을 다시 만들려고 하지요. 그러므로 심지어 시체가 들판과 성을 가득 채우도록 살해를 멈추지 않습니다.[60]

이처럼 중국 선비가 현세에서 살아가는 고통을 호소하자, 마테오 리치는 서양 선비의 입을 빌려, 현세는 짐승들의 본거지라서 사람은 평생 고통스러울 수밖에 없으며, 또한 현세는 잠시 머무는 곳일 뿐이므로 사람은 그의 본집인 '후세(내세)'에 가야 영생을 누리게 된다고 역설했다.[61] 갓난아기가 태어날 적에 우는 까닭은 인생의 고달픔을 비관한 때

---

59 『燕巖集』卷12, 『熱河日記』, 「虎叱」, "其相食之酷, 孰甚於汝乎?"

60 李之藻 編, 吳相湘 主編(1965), 『天學初函(一)』, 422~423면, "卽宇宙之間, 不拘大小虫畜, 肆其毒具, 能爲人害, 如相盟詛, 不過一寸之虫, 足殘九尺之軀. 人類之中, 又有相害. 作爲凶器, 斷人手足, 截人肢體, 非命之死, 多是人戕. 今人猶嫌古之武器不利, 則更謀新者益凶. 故甚至盈野盈城, 殺伐不已." 본문 중 '盈野盈城, 殺伐不已'는『맹자』, 「離婁」上의 "…… 爭地以戰, 殺人盈野; 爭城以戰, 殺人盈城."에서 유래한 표현이다(마테오 리치 저, 송영배 외 5인 옮김(1999), 114면, 주 5)).

108

문이라는 주장과 마찬가지로, 인류사를 잔인한 살상의 역사로만 보는 염세주의적 역사관 역시 현세를 부정하고 내세를 지향하는 천주교 교리에 기인한 것이다.

그러나 이언진이 「호동거실」 중의 시에서 『천주실의』의 염세주의적 인생관에 대해 전폭적인 공감을 드러냈다면, 연암은 『열하일기』 중의 '호곡장론'에서 이를 하나의 기발한 견해로 간주하면서도 비판하고 거부하는 논의로 결론을 삼았다.

> 하지만 이것은 결코 갓난아이의 본심이 아니오. 아이가 막에 싸여 태 속에 있을 적에는 어둠 속에 갇혀서 얽매이고 짓눌리다가, 하루아침에 텅 비고 드넓은 데로 솟구쳐 나와, 손을 펴고 다리를 뻗게 되며 정신이 시원스레 트이니, 어찌 참된 목소리를 내질러서 감정을 남김없이 한바탕 쏟아내지 않으리오![62]

즉 갓난아기가 태어날 적에 우는 진정한 이유는 슬픔 대문이 아니라 기쁨 때문이라는 것이다. 『천주실의』에서 주장하듯이 인생을 미리 비관해서가 결코 아니요, 오랫동안 태 속에 갇혀 지내다가 드넓은 세상으로 나오게 된 해방의 기쁨이 극에 달해 마침내 통곡으로 터져 나온 것이 갓난아기의 울음이라는 것이다. 이처럼 연암은 『천주실의』의 염세주의적 인생관을 비판하고, 요동벌판처럼 드넓은 이 세상에서 자유롭게 살아가는 낙천주의적 인생관을 제시했다. 이는 천지자연이 만물을

---

61 李之藻 編, 吳相湘 主編(1965), 『天學初函(一)』, 427~428면.

62 『燕巖集』卷11, 『熱河日記』, 「渡江錄」, 7월 8일, "此大非赤子本情. 兒胞居胎處, 蒙冥沌塞, 纏糾逼窄, 一朝迸出寥廓, 展手伸脚, 心意空闊, 如何不發出眞聲, 盡情一洩哉!"

"부단히 생육한다〔生生不息〕."라고 보는 주자학의 '생생적(生生的)' 세계
관에 바탕을 둔 것이라 할 수 있다. 그에 의하면 이 세상에는 '천리'가
구현되어 '솔개가 높이 날고 물고기가 뛰어오르듯이〔鳶飛魚躍〕' 만물은
각자의 본성을 실현하며 생기발랄하게 살아간다고 본다. 연암은 이와
같은 주자학의 '생생적' 세계관에 근거하여 문학 창작에서 복고주의 문
풍에 따른 고전의 모방과 상투적인 표현을 비판하고, 현실세계의 부단
한 변화·발전과 풍부한 다양성을 표현할 수 있는 '창신(創新)'을 강조
했던 것이다.[63]

　「호질」에서 연암이 범의 입을 빌려 인류를 성토한 것도『천주실의』
의 염세주의에 동조해서가 아니라, 조선 후기 주자학의 한 분파로 인성
(人性)과 물성(物性)의 동일성을 강조한 낙론(洛論)의 주장에 기반한 것
이었다.[64] 그러므로 「호질」에서 연암은 "무릇 천하의 이(理)란 하나이
다. 범이 실로 악하다면 인성도 악할 것이요, 인성이 선하다면 범의 본
성도 선할 것이다.", "하늘이 부여한 본성으로 보자면, 범이나 사람이나
만물의 하나일 뿐이다."라고 역설했다.[65]

---

[63]　김명호(2001), 160～162면 참조.

[64]　낙론은 金昌協에서 비롯된 학설을 李柬(權尙夏의 제자)이 계승한 것이며, 李柬의 주장을
李緯(김창협의 제자)와 朴弼周가 지지함으로써 '湖論'과 대립하는 독자적 학파를 이루었
다. 연암의 학문을 지도한 장인 李輔天은 魚有鳳(김창협의 제자)의 사위로 김창협의 학
통을 계승한 학자였다. 박필주는 연암의 조부 朴弼均과 사촌 간으로 연암의 季父 朴師近
을 양자로 들였다. 연암은 儒學으로 가문을 빛낸 선조로 박필주를 추앙했다(『燕巖集』
卷10, 「與族弟準源書」).

[65]　『燕巖集』卷12, 『熱河日記』, 「虎叱」, "夫天下之理, 一也. 虎誠惡也, 人性亦惡也; 人性善,
則虎之性亦善也.", "自天所命而視之, 則虎與人乃物之一也."

2) 「상기(象記)」와 천주만물창조설 비판

마테오 리치의 『교우론』의 영향을 논하며 살펴보았듯이, 연암은 어디까지나 주자학과 같은 전통적 사상 위에서 서학을 주체적으로 수용하고자 했다. 이와 마찬가지로 연암은 『천주실의』가 현세의 고통을 강조함으로써 인생의 어두운 일면에 대한 진실을 전하고 있음을 인정하면서도, 현세를 철저히 부정하는 염세주의적 인생관을 받아들이는 것은 거부했다. 서학에 대해 개방적 자세를 취하면서도, 이를 무비판적으로 수용하지는 않았던 것이다.

그러므로 연암의 사상에 서학이 미친 영향을 간과해서는 안 되겠지만, 그와 동시에 주자학이 강고한 사상적 기반을 이루고 있는 점도 결코 간과해서는 안 될 것이다. 이는 『열하일기』 중 또 하나의 명문인 「상기(象記)」에서도 확인할 수 있다. 여기에서 연암은 '하늘〔天〕'이 만물을 창조했다는 설을 풍자·비판했다.

아! 이 세상의 사물 중에 겨우 털끝만 한 미미한 것들조차 모두 하늘의 뜻에 따라 생겨난 것이라 일컫는다. 그러나 하늘이 어찌 일일이 그렇게 명령한 적이 있으랴?

'하늘'이란 그 형체로써 말한 것이요, 성정(性情, 본성—인용자)으로 말하자면 '건(乾, 剛健함)'이요, 만물을 주재하는 점으로 말하자면 '상제(上帝)'요, 오묘하게 작용하는 점으로 말하자면 '신(神)'이라 한다. 명칭이 구구하고 너무 잡스럽다. 그래서 마침내 '이(理)'와 '기(氣)'를 용광로의 풀무〔爐鞴〕처럼 여기고, 명령을 선포하는 것이 조물주라 여겼다. 이는 하늘을 솜씨 좋은 장인으로 간주하는 셈이니, 하늘은 망치질하고 끌로 파고 도끼로 다듬느라 조금도 쉴 새가 없었을 터이다.

그러므로 『주역』에 이르기를 "하늘이 만물을 태초의 혼돈 속에서 만드셨다〔天造草昧〕."라고 하였다. 여기에서 말하는 '태초의 혼돈〔草昧〕'이란 그 색깔이 시커멓고 그 형태가 흙비와 같다. 마치 장차 날이 샐락 말락할 때 사람인지 아닌지를 구별하지 못하는 상태나 마찬가지다. 하지만 나는 하늘이 시커먼 흙비 속에서 만들어 냈다는 것이 과연 무엇인지 모르겠다. 밀가루 음식을 만들어 파는 집에서 밀을 빻을 때 크고 작고 곱고 거친 밀가루들이 뒤섞여 땅에 흩어지니, 맷돌이 하는 일이란 회전하는 것뿐이다. 애당초 어찌 곱거나 거칠게 빻으려는 의도를 품은 적이 있으랴?[66]

여기에서, 하늘이 만물의 창조자로서 '솜씨 좋은 장인'과 같다고 한 설은 바로 『천주실의』 중의 천주에 관한 논의를 거론한 것이다. 앞서 언급한바 『교우론』을 인용한 「회성원집발」 등의 글에서 그러했듯이, 「상기」에서도 연암은 논의의 대상이 된 서학서의 존재를 문면에 드러내지 않았을 뿐이다.

『천주실의』의 수편(首篇)에서 마테오 리치는 토마스 아퀴나스의 논증에 의거해서 천주가 우주 만물의 주재자일 뿐 아니라 창조자라고 주장했다.[67] 첫째, 누대나 가옥도 '공장의 손〔工匠之手〕'에 의해 완성되는

---

66 『燕巖集』 卷14, 『熱河日記』, 「象記」, "噫! 世間事物之微, 僅若毫末, 莫非稱天, 天何嘗一一命之哉? 以形體謂之天, 以性情謂之乾, 以主宰謂之帝, 以妙用謂之神, 號名多方, 稱謂太虛, 而乃以理氣爲爐鞴, 播賦爲造物. 是視天爲巧工而椎鑿斧斤, 不少間歇也. 故易曰: '天造草昧.' 草昧者, 其色皁而其形也霾, 譬如將曉未曉之時, 人物莫辨. 吾未知天於旱霾之中所造者, 果何物耶. 麵家磨麥, 細大精粗雜然撒地. 夫磨之功轉而已, 初何嘗有意於精粗哉?" 본문 중의 '爐鞴(용광로의 풀무)'가 『연암집』 중의 『열하일기』를 제외한 대다수의 『열하일기』 이본들에는 '造化'로 되어 있다.

67 토마스 아퀴나스는 『신학대전』에서 「神 존재 증명의 다섯 가지 길」을 제시했다. 그런데 『천주실의』에서 마테오 리치는 그중 두 번째, 만물은 그 자신의 原因이 될 수 없으므로 신은 원인들의 연쇄를 낳은 최초의 원인이라는 '인과론적 논증'과 다섯 번째, 만물은

데, 하물며 거대한 우주가 스스로 완성될 수는 없으니 그 제작자로서 천주가 반드시 있어야 한다. 둘째, 훌륭한 저택은 반드시 '솜씨 좋은 장인〔巧匠〕'이 지어야 하듯이, 우주 만물이 질서 있게 배치되어 순서와 법도가 있음은 천주가 그렇게 만들었기 때문이다. 셋째, 만물은 천주와 무관하게 자생하는 듯이 보이지만, 각기 그 종의 시조에서 파생된 것으로 만물의 종의 시조들을 만든 분이 곧 천주이니, 이는 나무 그릇을 만든 것이 톱과 끌이 아니라 '장인'인 것과 같다. 여기에 덧붙여, 마테오 리치는 아리스토텔레스의 4원인설[68]을 끌어와, 천주는 만물의 '작자(作者, 運動因)'이자 '위자(爲者, 目的因)'라고 주장하면서, 사람을 태우려는 목적을 가지고 수레를 제작한 장인에다 천주를 비유했다.[69]

이와 같이 마테오 리치는 천주가 만물의 창조자임을 논증하면서 거듭 '장인'의 비유를 들었다. 물론 「상기」에서 연암은 '천주'라 하지 않고 '하늘'이라고만 했으나, 이는 '천주'와 같은 뜻으로 쓴 것이다. 마테오 리치는 『천주실의』에서 '천주'는 서양어 'Deus〔陡斯〕'의 번역어로, 유가 경전에서 말하는 '상제'와 동의어이며, 만약 '천'을 물리적인 자연이 아니라 '상제'로 이해한다면 '천'을 공경해도 좋다고 했다. 그리고 '천'은 '일(一)'과 '대(大)'의 뜻을 합친 회의자(會意字)라고 하여,[70] 천주

고유한 목적에 따라 질서를 이루고 있으므로, 신은 궁극적 목적을 가지고 단물을 창조한 우주의 설계자라는 '목적론적 논증'을 활용해서 천주가 우주의 창조자라고 주장했다(김선희(2007), 98~106면 참조).

68 아리스토텔레스에 의하면, 만물에는 質料因, 形相因, 運動因, 目的因의 네 가지 원인이 있다. 『천주실의』에서는 이를 각각 '質者', '模者', '作者', '爲者'로 표현했다.

69 李之藻 編, 吳相湘 主編(1965), 『天學初函(一)』, 384~392면; 마테오 리치 저, 송영배 외 5인 옮김(1999), 49~61면.

70 李之藻 編, 吳相湘 主編(1965), 『天學初函(一)』, 381·415·417면; 마테오 리치 저, 송영배 외 5인 옮김(1999), 45·99·104면. '천' 자에 대한 마테오 리치의 풀이는 『說文解字』에 의거한 것이다.

가 지고무상한 존재임을 표현한 말이라고 암시했다. 요컨대 '천주' 대신 '상제'나 '천'이라는 명칭을 쓸 수도 있다고 했다.[71]

「상기」에서 연암은 이러한 '천'의 만물창조설을 논박하고자 정자와 주자의 설을 끌어왔다. 우선 「상기」에서 "하늘이란 그 형체로써 말한 것이요, 성정으로 말하자면 '건'이요, 만물을 주재하는 점으로 말하자면 '상제'요, 오묘하게 작용하는 점으로 말하자면 '신'이라 한다."라는 구절은 바로 정자가 한 말로,[72] 『천주실의』에도 인용되어 있다. 즉 『천주실의』의 제2편에서 중국 선비가 말하기를, 유가 경전에 대한 주자의 주석에서는 '제(帝)'는 '천'이고 '천'은 '이(理)'라고 풀이했으며, 정자는 "형체로써 말하자면 '하늘'이요, 만물을 주재하는 점으로 말하자면 '상제'요, 성정으로 말하자면 '건'이다."라고 더욱 자상하게 해설했다고 하였다.[73]

그런데 연암은 이처럼 종래 유가에서 '하늘'을 '건', '상제', '신' 등으로 잡다하게 지칭한 까닭에 이(理)와 기를 도구 삼아 만물을 만든 조물주로서의 '하늘'설이 나오게 된 것이라고 보았다.[74] 하지만 이는 '하

71　그러나 1704년 교황 클레멘트 11세는 칙령을 내려 천주를 '천'이나 '상제'로 부르지 못하게 했다. 따라서 그 이후에 간행된 『천주실의』에는 '천'과 '상제' 등의 글자가 제거되었다(徐宗澤 編(1989), 144면).

72　程頤, 『伊川易傳』 卷1, 「周易上經」, "夫天, 專言之則道也. 天且弗違, 是也. 分而言之, 則以形體謂之天, 以主宰謂之帝, 以功用謂之鬼神, 以妙用謂之神, 以性情謂之乾."; 楊時 撰, 『二程粹言』 卷下, "或問天帝之異. 子曰: '以形體謂之天, 以主宰謂之帝, 以至妙謂之神, 以功用謂之鬼神, 以性情謂之乾. 其實一而已. 所自而名之者, 異也. 夫天, 專言之則道也.'"

73　李之藻 編, 吳相湘 主編(1965), 『天學初函(一)』, 416~417면. "程子更加詳曰: '以形體謂天, 以主宰謂帝, 以性情謂乾."(마테오 리치 저, 송영배 외 5인 옮김(1999), 103~104면 참조).

74　주자학에서 '天'의 개념이 물리적 측면과 도덕적 측면의 다양한 의미를 지니고 있는 점에 대해서는 김영식(2005), 183~193면 참조. 한편 『천주실의』의 제2편에서는 '太極' 또는 '理'를 만물의 근원으로 보는 주자학설을 논박했고, 제4편에서는 만물이 '氣'로써

늘’을 ‘솜씨 좋은 장인’으로 간주하는 셈으로, 그렇다면 ‘하늘’은 만물을 일일이 만들어 내느라고 무척이나 바빴을 것이라고 풍자했다.

또한 연암은 “하늘이 만물을 태초의 혼돈 속에서 만들었다”라는 『주역』 준괘(屯卦)의 구절을 들어, 하늘이 일정한 목적 아래 만물을 질서 있게 창조했다는 설을 반박했다. 그리고 이를 뒷받침하기 위해 ‘맷돌’의 비유를 들었다. 맷돌로 간 밀가루들이 고르지 않듯이, 만물은 스스로 운동하여 무작위적으로 생성되었을 뿐, 하늘의 의도에 따라 질서 있게 창조되지는 않았다는 것이다.

여기서 연암이 든 맷돌의 비유 역시 정자와 주자의 설을 따른 것이다. 주자는 말하기를 “조화의 운행은 맷돌의 위짝이 항상 회전하며 중지하지 않는 것과 같고, 만물의 생성은 맷돌에서 흩어져 나오는 곡식에 거친 것도 있고 고운 것도 있어서 당연히 고르지 않는 것과 유사하다.”라고 했다.[75] 그보다 앞서 정자도 다음과 같이 말한 적이 있다.

천지 중의 음양의 변화는 곧 두 짝(위짝과 아래짝-인용자)의 맷돌과 같

만들어진다는 설을 논박했다. 아리스토텔레스의 4원인설에 의거한다면 ‘理’와 ‘氣’는 각각 形相因과 質料因에 해당하며, 따라서 만물에 내재한 원인에 불과하다. 그러나 천주는 만물의 運動因이자 目的因으로서, 만물을 초월한 최초의 원인(제1원인: 원인 없는 원인)이다. 이런 논리에서 보자면 천주는 理와 氣를 도구 삼아 만물을 창조한다고 볼 수 있다.

[75] 朱熹, 『朱子語類』 1, 8면, “造化之運如磨, 上面常轉而不止. 萬物之生, 似磨中撒出, 有粗有細, 自是不齊.”
또 주자는 ‘游氣(만물을 생성하는 氣)’에 대해서 “흡사 밀가루를 만드는 맷돌과 닮았다. 맷돌의 네 변이 마음대로 층층이 가루를 뿌려 대는 것은 마치 천지의 氣가 끊임없이 運轉해서 마음대로 층층이 사람과 사물을 만들어 내는 것과 같다. 그중에는 거친 것도 있고 고운 것도 있다. 그러므로 사람과 사물에는 편벽된 것도 있고 올바른 것도 있으며, 정밀한 것도 있고 거친 것도 있다.〔正如麨磨相似. 其四邊只管層層撒出, 正如天地之氣, 運轉無已, 只管層層生出人物. 其中有麤有細. 故人物有偏有正, 有精有粗.〕”라고 했다(『朱子語類』 7, 2507면).

다. 상승하다가 하강하고, 가득 차다가 텅 비고, 강하다가 부드러워지기를 애시당초 그친 적이 없다. 양은 가득 차고, 음은 항상 이지러진다. 그러므로 곧 고르지 않다. 예를 들면 맷돌이 움직이는데 톱니 부분이 모두 고르지 않고, 그 부분이 고르지 않다 보니 오만 가지 변화를 산출하는 것과 같다. 그러므로 만물이 고르지 않는 것이 만물의 실정이다. 그런데도 장주(莊周)는 만물을 고르게 보도록 강요했다. 그러나 만물은 끝내 고르지 않다.[76]

이상에서 알 수 있듯이, 연암은 『천주실의』의 천주론을 비판하기 위해 주자학설에 의거했다. 『천주실의』에서 만물을 창조한 천주를 '솜씨 좋은 장인'으로 비유한 데 맞서, 연암은 만물을 생육하는 천지자연을 '맷돌'에 비유하며, 만물이 특정한 목적에 따라 제작된 것이 아니라 무질서하게 자연적으로 발생했다고 주장한 것이다. 위에서 인용한 정자의 말에 드러나 있듯이, 주자학파에서 맷돌의 비유를 들어 만물이 불균등하게 생성되었다고 주장한 것은 『장자』의 「제물론(齊物論)」에서 주장한바 만물을 동등하게 보는 도가의 상대주의적 세계관을 비판하기 위해서였다.[77] 「상기」에서 연암은 도가의 '만물제일(萬物齊一)'론에 맞서

---

[76] 程顥・程頤, 『二程遺書』 卷2(上); 『二程集』 1, 32~33면, "天地陰陽之變, 便如二扇之磨. 升降盈虛剛柔, 初未嘗停息. 陽常盈, 陰常虧. 故便不齊. 譬如磨既行, 齒都不齊; 既不齊, 便生出萬變. 故物之不齊, 物之情也, 而莊周强要齊物. 然而物終不齊也." '升降', '盈虛', '剛柔'는 모두 『주역』의 괘 풀이에서 만물의 변화를 설명할 때 즐겨 구사하는 표현이다.

[77] 또한 『二程遺書』 卷2(上)에서 程子는 "만사에는 善도 있고 惡도 있으니 모두 天理이다. 천리 중의 만물에는 반드시 美와 惡이 있다. 대개 만물이 고르지 않은 것이 만물의 실정이기 때문이다. 다만 그것을 성찰해야 하며, 악에 빠져들고 一物에 쏠려서는 안 된다.〔事有善有惡, 皆天理也. 天理中物, 須有美惡. 蓋物之不齊, 物之情也. 但當察之, 不可入於惡, 流於一物.〕"라고 했다(程顥・程頤, 『二程集』 1, 17면). 이 역시 선과 악은 어디까지나 상대적・주관적이라고 보는 도가를 비판한 발언으로 해석될 수 있다.

'만물부제(萬物不齊)'론을 주장한 주자학설을 서학에 대한 비판의 논리로 활용했던 것이다.[78]

　연암은 서학뿐만 아니라 도가나 불교에 대해서도 개방적인 자세를 취했지만, 어느 경우든 자신의 사상적 기반으로 주자학을 떠난 적은 없다. 이 점은 『열하일기』 중 「산장잡기(山莊雜記)」에 「상기」와 함께 수록되어 있는 「일야구도하기(一夜九渡河記)」를 통해서도 확인할 수 있다. 여기에서 연암은 한밤중에 위험한 강물을 아홉 번이나 건너야 했던 경험을 통해 얻은 정신적 깨달음을 이렇게 설파했다.

　나는 마침내 이제 도를 깨달았도다! 마음을 차분히 다스린 사람에게는 귀와 눈이 누를 끼치지 못하지만, 제 귀와 눈만 믿는 사람에게는 보고 듣는 것이 자세하면 할수록 병폐가 되는 법이다. 방금 내 마부가 말에게 발을 밟혔으므로, 뒤따라오는 수레에 그를 태웠다. 그러고 나서 말의 굴레를 풀어 주고 말을 강물에 둥둥 뜨게 한 채로, 두 무릎을 바짝 오그리고 발을 모두어 말안장 위에 앉았다. 한번 추락했다 하면 바로 강이다. 나는 강을 대지처럼 여기고, 강을 내 옷처럼 여기고, 강을 내 몸처럼 여기고, 강을 내 성정(본성─인용자)처럼 여기었다. 그리하여 마음속으로 한번 추락할 것을 각오하자, 나의 귓속에서 마침내 강물 소리가 없어지고 말았다. 그리고 무려 아홉 번이나 강을 건너는 데도 아무런 걱정이 없어,

---

[78] 토마스 아퀴나스의 논증에 의거한 '천주만물창조설'의 문제점은 일단 논의로 하더라도, 그에 대한 연암의 비판에도 문제점이 없는 것은 아니다. 『천주실의』에서는 천주가 만물의 각각의 種들의 시조를 창조했을 뿐이고, 그 이후로 만물들은 자생한다고 보았으므로, 천주가 만물을 일일이 창조하느라고 바빴을 것이라는 연암의 풍자는 마테오 리치의 주장을 부정확하게 파악한 셈이다. 또 '맷돌'의 비유도 '집 짓는 장인'의 비유 못지않게 반격받을 수 있는 허점이 있다. 맷돌은 자동으로 회전하지 않으므로, 그것을 만들고 움직이는 더욱 궁극적인 주체(천주)를 상정할 수 있기 때문이다.

마치 안석 위에 앉거나 누워서 지내는 듯하였다.

옛적에 우(禹)임금이 강을 건너는데, 황룡이 배를 등에 업는 바람에 몹시 위험하였다. 그러나 죽고 사는 문제에 대한 판단이 먼저 마음속에서 분명해지자, 용이든 도마뱀붙이든 그의 앞에서는 대소를 논할 것이 못 되었다.[79] 이천(伊川, 程頤) 선생이 부강(涪江)을 배로 건널 때에도 이와 같았을 따름이다. 그리고 순(舜)은 광대한 산림에 들어갔을 때 폭풍과 뇌우에도 미혹되지 않았으니, 이는 다름이 아니라 그것에 몸을 맡긴 때문이었다.[80]

여기에서 연암은 '마음을 차분히 다스린 사람', 즉 '명심자(冥心者)'만이 도를 깨달을 수 있다고 주장하고 있다. 하지만 이 '명심(冥心)'이라는 핵심어가 구체적으로 무엇을 뜻하는지에 관해서는 지금까지 해석이 구구하다.[81] 이 문제를 해결하기 위한 단서는 위의 인용문 중 마지막

---

79 이는 『淮南子』, 「精神訓」에 나오는 고사이다. 우임금은 남쪽지방을 순시하던 중 그 같은 위험에 직면했는데도 태연히 웃으며 "삶이란 잠시 더부살이하는 것이요, 죽음이란 본래 상태로 돌아가는 것이다."라고 말하면서 용을 도마뱀붙이처럼 여기자, 그 기세에 눌려 용이 달아났다고 한다.

80 『燕巖集』 卷14, 『熱河日記』, 「一夜九渡河記」, "吾乃今知夫道矣! 冥心者, 耳目不爲之累, 信耳目者, 視聽彌審而彌爲之病焉. 今吾控夫, 足爲馬所踐, 則載之後車. 遂縱鞚浮河, 攣膝聚足於鞍上, 一隊則河也. 以河爲地, 以河爲衣, 以河爲身, 以河爲性情. 於是心判一隊, 吾耳中遂無河聲. 凡九渡無虞, 如坐臥起居於几席之上. 昔禹渡河, 黃龍負舟, 至危也. 然而死生之辨, 先明於心, 則龍與蝘蜓, 不足大小於前也. 伊川先生之渡涪, 若是而已矣. 舜入于大麓, 烈風雷雨不迷, 此無他, 任之也."
부강은 四川省의 珉山에서 발원하여 重慶에서 嘉陵江과 합류하는 강이다. 순의 고사는 『서경』, 「舜典」과 『사기』, 「五帝本紀」 그리고 『회남자』, 「泰族訓」 등에 나온다. 원문 중의 '大麓'에 대해 경학가들은 대체로 '大錄(萬機之政)'으로 해석했으나, 司馬遷이나 『회남자』를 주석한 高誘는 이를 '山麓'으로 해석하고 요임금이 순을 시험하기 위해 그러한 험지로 몰아넣었다고 보았다.

81 '감성인식'의 한계를 넘어선 '이성인식'이라는 설(임형택(1988), 18~23면), '선입견과 감각적 인식에 좌우되지 않는 주체적인 사고'라는 설(김명호(1990), 135면), 『장자』에서 연원한 主客合一, 物我一體의 심경이라는 설(박희병(1996), 662~663면), 「華山記」에 나

118

두 문장에서 찾을 수 있다. 이는 연암이 '명심'의 경지를 설명하기 위해 중국 고사를 끌어온 단락의 뒷부분인데, 우임금의 고사에 이어서 정자와 순의 고사를 인용하고 있다. 단 이 대목은 필자가 검토한 바에 의하면, 최근에 공개된 단국대 연민문고 소장 연암 관련 문헌들 중에서 일재본(一齋本), 수당본(綏堂本), 다백운루본(多白雲樓本) 등 『열하일기』의 초기 필사본 몇 종에만 보존되어 있다.[82]

여기에서 주목할 것은 연암이 정자의 고사를 인용한 점이다. 그 고사에 의하면, 정자가 부주(涪州, 四川省)로 좌천되어 강을 건널 때 배가 전복될 듯하여 배에 탄 사람들이 모두 소리치며 통곡했다. 그러나 그만은 평소처럼 옷깃을 반듯이 여미고 단정하게 앉아 있었으므로, 누군가가 어떻게 그럴 수 있었는가 하고 묻자, 정자는 "마음에 성(誠)과 경(敬)을 보존했을 뿐이요[心存誠敬耳]."라고 답했다고 한다.[83] 즉 정자는 '폐사존성(閉邪存誠)'하고 '거경집의(居敬集義)'하는 평소의 수양법으로 마음을 차분히 다스렸을 뿐이라는 것이다.

「일야구도하기」의 초고에서 연암은 '명심'의 경지를 설명하기 위해 우임금과 정자와 순의 고사를 인용했다. 하지만 정자의 고사는 배가 전복될 뻔한 위기를 태연하게 극복했다는 점에서 우임금의 고사와 아주 흡사하다. 또 순은 요(堯)-순(舜)-우(禹)로 계통이 이어지는 인물이므로 그의 고사는 우임금 고사와 유사한 내용을 반복하는 느낌을 줄 뿐더

______

타난 袁宏道의 사유방식에 공감한 결과로서 '마음의 영활성을 회복시키는' 것이라는 설(심경호(2004), 141~143면) 등이 있다.

82 『雜錄』(下)에는 먹으로 지워져 있다.

83 이 고사는 邵伯溫, 『聞見錄』 卷19; 朱熹 編, 『二程外書』 卷12, 「傳聞雜記」; 胡廣等 撰, 『性理大全書』 卷39, 諸儒 1, 「程子」; 祝穆 撰, 『古今事文類聚』 前集 卷17, 「心存誠敬」; 彭大翼 撰, 『山堂肆考』 卷20, 「舟中危坐」; 楊愼 撰, 『丹鉛總錄』, 卷10, 「蜀之隱逸」 등 여러 문헌에 기록되어 있다.

러 강을 건널 때 겪은 위기와도 무관하다. 아마도 이런 이유로 연암은 글을 더욱 간결하게 다듬고자 정자와 순의 고사를 인용한 대목을 삭제했으리라 짐작되지만, 그 결과 이 글에서 연암이 말한 '명심'의 사상적 연원이 실은 주자학에 있음을 알아차리기 힘들게 된 것이다.

4. '경계(境界)'의 철학과 『기하원본(幾何原本)』

1) '도강논도(渡江論道)'와 『기하원본』

연암은 마테오 리치의 『교우론』과 『천주실의』뿐 아니라 『기하원본』도 읽고 그로부터 영향을 받았던 듯하다. 『열하일기』, 「도강록」의 첫머리인 6월 24일자 기사를 보면, 연암이 압록강을 건너며 수역 홍명복(洪命福)을 상대로 '도'를 논하는 대목이 있다. 깊은 철리를 함축하고 있어 이해하기 쉽지 않은 대목이다. 바로 이 '도강논도(渡江論道)' 대목에서 그는 '태서인(泰西人, 서양인)'의 주장이라고만 하고 책 이름을 밝히지는 않은 채 『기하원본』의 일부 내용을 거론하고 있다.

내가 홍명복 군(수역-원주)에게 말했다.
"그대는 도를 아는가?"
그러자 홍이 공수(拱手, 공경을 표하기 위해 두 손을 맞잡음-인용자)하며 말했다.
"오호라, 이 무슨 말씀이신지요?"
"도는 알기 어렵지 않네. 단지 저쪽 강 언덕에 있지."
"이른바 '앞장서 강 언덕에 오르라[誕先登岸]'는 뜻입니까?"
"그걸 말한 게 아닐세. 이 강은 바로 저들(청나라)과 우리가 경계를 접하고 있는 곳〔交界處〕으로 언덕이 아니면 강물이지. 이 세상의 모든 윤리와 물리는 강물이 언덕과 경계를 접하고 있는 것과 같네. 도는 딴 데에서 구할 게 아니라, 바로 그 경계에 있네.”

  “무슨 말씀인지 감히 여쭙습니다.”

  “① 인심(人心)은 위태롭고, 도심(道心)은 은미(隱微)하네. ② 서양인은 기하도형의 한 획을 분별하여 하나의 선으로 비유했으나, 그것의 은미함을 충분히 표현할 수 없자 ‘빛이 비친 부분과 비치지 않은 부분의 경계’라고 설명했지. ③ 또한 부처는 그에 대하여 “하나인 것도 아니고 분리된 것도 아니다〔不卽不離〕.”라고 했네. ④ 그러므로 그 경계에 잘 대처하는 것은 도를 아는 사람만이 할 수 있나니, 정(鄭)나라의 자산(子産)이 바로 그런 사람이지.”(숫자와 고딕체－인용자)[84]

---

84 『燕巖集』卷11, 『熱河日記』, 「渡江錄」, “余謂洪君命福(首譯)曰: ‘君知道乎?’ 洪拱曰: ‘惡! 是何言也?’ 余曰: ‘道不難知. 惟在彼岸.’ 洪曰: ‘所謂誕先登岸耶?’ 余曰: ‘非此之謂也. 此江乃彼我交界處也, 非岸則水. 凡天下民彝物則, 如水之際岸. 道不他求, 卽在其際.’ 洪曰: ‘敢問何謂也.’ 余曰: ‘人心惟危, 道心惟微. 泰西人辨幾何一畫, 以一線諭之, 不足以盡其微.’ 則曰: ‘有光無光之際’. 乃佛氏臨之曰: ‘不卽不離.’ 故善處其際, 惟知道者能之, 鄭之子產.”
인용문 말미의 ‘鄭之子產’을 敍述部가 없는 불완전한 문장으로 간주하고, 연암이 미처 말을 마치기도 전에 배가 건너편 강 언덕에 도착한 까닭에 그와 같이 표현한 것으로 해석하기도 한다(김혈조 역(2009), 제1권, 40면에 “鄭나라 子産이란 사람이 …… .”라고 번역되어 있다). 또 연암은 당시의 실제 상황이 그러했을 뿐더러 독자들의 상상력을 불러일으키고자 의도적으로 그처럼 표현했을 것이라 추측하기도 한다(김혈조(2004), 271~272면, 주 20)). 하지만 과연 ‘鄭之子產’이 중도에 그친 말이라면, 그다음에 ‘言未訖(말을 미처 마치기도 전에)’과 같은 문장이 첨가되어야 온당할 것이다. 그뿐만 아니라 『열하일기』 이본들을 살펴보면, 이 구절에는 아무런 수정이 가해지지 않았다. 다만 『杏溪雜錄』 제3책에서 ‘洪君命福〔首譯〕’이 ‘洪僉樞曰〔名命福. 行中一堂上〕’로 되어 있고, 『杏溪雜錄』 제1책과 『杏溪雜錄』 제3책, 충남대 소장 필사본 『열하일기』 등에서 ‘洪拱曰’이 ‘洪曰’로 되어 있을 따름이다. 즉 『행계잡록』 이외의 대다수 이본들에는 홍명복의 위상을 조금 격하하는 쪽으로 미세한 수정이 가해져 있을 뿐이다. 그러므로 본고에서는 가급적 원문을 존중하여 해석하고자 한다.

위의 인용문에서 서체를 달리한 부분은 『기하원본』의 내용을 거론한 것이다. 즉 『기하원본』 제1권의 권수(卷首)에서 평면기하학의 기본 단위인 '점'과 '선'과 '면'을 차례로 정의하는 가운데 "선은 길이만 있고 폭은 없는 것이다〔線有長無廣〕."라는 '선'에 대한 유클리드의 정의에 덧붙인 주해에서 "시험 삼아 한 평면에 빛을 비추면, 빛이 비친 부분과 비치지 않은 부분의 경계에는 어느 것 하나도 허용되지 않는다. 이것이 선이다〔試如一平面 光照之 有光無光之間 不容一物 是線也〕."라고 한 구절의 일부를 인용한 것이다.[85]

그런데 이처럼 연암이 '도'를 논하면서 굳이 서학서인 『기하원본』을 거론한 까닭은 무엇인가. 우선 대화의 상대인 홍명복은 '저쪽 강 언덕에 도가 있다'는 연암의 뜬금없는 주장에 대해 "이른바 '앞장서 강 언덕에 오르라〔誕先登岸〕'는 뜻입니까?"라고 응수했다. 여기에서 홍명복이 인용한 구절은 『시경』 대아(大雅) 「황의(皇矣)」에 나온다. 「황의」는 주(周)나라의 건국 시조들을 예찬한 노래로서, "앞장서 강 언덕에 오르라〔誕先登岸〕."는 천제(天帝)가 문왕(文王)에게 밀수국(密須國)에 대한 정벌을 명하면서 한 말이라 한다. 종래 이 구절에 대한 해석은 매우 구구한데, 주자는 '인욕(人欲)에 휩쓸리지 말고, 도의 지극한 경지에 가장 먼저 도달하라'고 훈계한 뜻으로 해석했다. 이는 도의 실천을 강 건너는 일에 비유한 말로 보고 '강 언덕'을 '도의 지극한 경지'로 풀이한 것이다.[86]

---

85 구만옥(2010), 309~310면 참조. 연암은 '有光無光之間'을 '有光無光之際'로 바꾸어 인용했으나 뜻은 똑같다.

86 胡廣等 撰, 『詩傳大全』 卷16, 大雅, 「皇矣」, "岸, 道之極至處也. …… 人心有所畔援, 有所歆羨, 則溺於人欲之流而不能自濟. 文王無是二者. 故獨能先知先覺, 以造道之極至. 盖天實命之, 而非人力之所及也." "慶源輔氏曰: '…… 誕先登于岸, 以涉水爲譬也.'"

홍명복은 비록 신분이 낮은 역관이었지만 『시경』과 그에 대한 주자의 해석에 의거해서 즉각 응수할 수 있을 정도로 학문적 소양을 갖춘 인물이었다.[87] 또 그의 말투는 "오호라, 이 무슨 말씀이신지요?〔惡 是何言也?〕", "무슨 말씀인지 감히 여쭙습니다〔敢問何謂也〕."라고 하여 『맹자』에서 보듯이, 맹자와 그 제자 간의 문답체를 취하고 있다.[88] 이와 같이 진지한 철학적 대화에서 연암은 홍명복의 전형적인 주자학적 발상을 뛰어넘어, 청과 조선의 국경인 압록강을 건너면서 느낀 자신의 심오한 생각을 설명하고자 애쓴다. 모든 도덕 법칙과 물리 법칙을 포괄하는 '도'[89]는 대립물의 어느 한쪽이 아니라 양자의 경계에서 찾아야 함을 양국의 경계인 압록강을 건너며 깨달았다는 것이다.

이어서 연암은 홍명복의 요청에 따라 자신의 생각을 더욱 자세히 설명하기 위한 방편으로, 사상적 원천을 달리하는 명제들을 잇달아 제시했다. 첫 번째 명제인 ①은 『서경』, 「대우모(大禹謨)」 중의 유명한 '인심도심(人心道心)'장에서 인용한 것이다. 그런데 연암은 처음 두 구절만 인용하고, 압록강을 건너며 얻은 자신의 깨달음과 이 구절이 어떻게 연결되는지에 대해서는 아무런 설명을 가하지 않았다.

주지하다시피 "인심은 위태롭고 도심은 은미하니, 정밀하고 전일(專一)해야 진실로 그 중(中)을 잡으리라〔人心惟危 道心惟微 惟精惟一 允執厥

---

87 홍명복은 1733년생으로 연암보다 4년 연상이다. 1753년 漢學(중국어)으로 譯科에 급제한 뒤 燕行에 오랫동안 종사하고 堂上官에 오른 유능한 역관이었다. 연암의 연행에 앞서 홍대용의 연행(1765)이나 이덕무의 연행(1778)에도 동행한 바 있다. 홍대용은 그가 몹시 총명하다고 했다(洪大容, 『燕記』, 「劉鮑問答」). 저서로 중국어·만주어·몽골어·일본어를 한글로 표기한 『方言集釋』이 있고, 만주어사전인 『漢淸文鑑』 편찬에도 관여했다.
88 『孟子』, 「公孫丑」 上, "敢問何謂浩然之氣.", "惡! 是何言也?"
89 이는 주자학에서 말하는 '도'의 개념이다. 주자학에서는 인간 사회의 도덕 법칙을 자연계까지 확대 적용함으로써 윤리와 물리를 하나로 통합하고 있다.

中〕."라는 말은 순임금이 요임금에게서 받아 자신의 후계자인 우(禹)에게 전했다는 교훈이다. 청대(淸代)에 이르러 이는 『서경』에 원래 있던 내용이 아니라 후세의 위작의 일부로 판명되었지만, 주자학파에서는 천하를 다스리는 '성인(聖人)의 심법(心法)'을 전한 것으로 여기고, 이를 대단히 중시하였다. 주자의 해석에 의하면 '인심'은 우리의 육체적 욕구를, '도심'은 도의적 지향(志向)을 가리킨다. 인심은 사리사욕으로 치닫기 쉬워 위태로우나, 이를 통제해야 할 도심은 잘 드러나지 않아 파악하기 어렵다. 따라서 인심의 발로인지 도심의 발로인지를 정밀하게 살핀 뒤, 오로지 도심을 지켜 나가야만 모든 언동에서 '과불급(過不及)'이 없는 중도를 견지할 수 있다는 것이다.[90]

또 주자는 정자처럼 인심은 곧 '인욕'이요, 도심은 곧 '천리'라고 본다면, 사람에게 마치 두 개의 마음이 있는 것처럼 오해할 소지가 있다고 비판했다. 인심과 도심은 "한 사람의 마음일 뿐으로 도리와 합치하는 것이 '천리'이고 정욕을 따르는 것이 '인욕'이니, 그 경계가 나뉘는 곳〔分界處〕을 이해해야 한다."라고 했다. 마음은 "천리와 인욕이 경계를 접하고 있는 곳〔交界處〕이지 둘이 아니다.", "인심과 도심은 단지 경계를 접하고 있는 것〔交界〕이지 두 개의 사물이 아니다."라고 거듭 말했다.[91] 아마도 연암은 바로 이러한 주자의 견해를 염두에 두고 『서경』을 인용했던 것이 아닌가 한다. 청과 조선이 경계를 접하고 있는 압록강을 건너며, 연암은 인심과 도심의 경계를 연상했던 것으로 짐작된다.

90　『書傳集註』, 「大禹謨」의 朱註를 요약했다. 인심과 도심의 개념에 대해서는 大濱晧(1983), 156～164면 참조.

91　朱熹, 『朱子語類』 5, 2010·2015면, "若說道心天理, 人心人欲, 却是有兩箇心. 人只有一箇心.", "…… 只是一人之心, 合道理底是天理, 徇情欲底是人欲, 正當於其分界處理解." "天理人欲是交界處, 不是兩箇." "大抵人心道心, 只是交界, 不是兩箇物."

이렇게 볼 때 '도는 딴 데에서 구할 게 아니라 바로 그 경계에 있다'
는 연암의 주장은 인심과 도심, 인욕과 천리의 '분계처(分界處)'이자 '교
계처(交界處)'를 정밀하게 살펴야 한다는 주자의 해석과 상통하는 것이
다. 그런데 인심과 도심의 경계를 판별하는 것은 대단히 어렵다. 이는
인심과 도심이 본래 하나의 마음인 데다가 도심이 은미한 까닭이다.
"위태로움과 은미함의 경계에는 터럭 하나도 허용되지 않는다." 따라
서 정밀하게 가리지 않으면 천리와 인욕이 뒤섞여 버리고 중도(中道) 역
시 상실하게 된다.[92] 연암은 이와 같은 도심의 '은미함'을 연결고리로
삼아 두 번째 명제인 ②로 나아간다.『서경』에서 말한 도심과 마찬가지
로, 서학서인『기하원본』에서 정의한 '선'도 은미하다는 것이다.

마테오 리치가 구두로 번역하고 서광계(徐光啓)가 한문으로 기술한『기
하원본』은 유클리드(B.C. 330~B.C. 275)의 원저를 클라비우스(C. Clavius,
1538~1612)가 라틴어로 번역하고 주해한『유클리드의 원론(原論) 15권
(Euclidis Elementorum Libri XV)』의 초판본(1574)을 저본으로 한 것이다.[93]

---

92 『書傳集註』,「大禹謨」, '人心道心章, 備旨', "危微之介, 間不容髮. 苟擇之不精, 將理欲混
淆."『日講書經解義』권2에서도 "危微二者, 間不容髮. 擇之不情, 則理欲混淆, 中道亦淪
于晦."라고 하였다. 이처럼 천리와 인욕, 도심과 인심은 "그 사이에 터럭 하나도 허용되
지 않는다〔間不容髮〕."라거나 인심과 도심의 경계를 뜻하는 '危微之間'이나 '危微之際'
등의 표현은 주자학자들의 글에 흔히 보인다.

93 Engelfret, Peter M.(1998), pp.111~114・132; 安大玉(2007), 57~60면 참조. 마테오 리치
가 수학했던 로마학원(Collegio Romano)의 스승인 수학자 클라비우스는 그레고리오역법
제정에 공헌하고 갈릴레이에게도 영향을 준 저명한 천문학자이기도 하다. 그가 역주한
『기하원본』은 1574년에 처음 간행된 이후 수차 판을 거듭하며 수정・증보되었다. 클라
비우스는 이 역주본으로 인해 '16세기의 유클리드'라는 명성을 얻었다고 한다. 마테오
리치는『기하원본』의 서문에서 클라비우스를 '丁先生'으로 소개했다(「譯幾何原本引」).
그의 독일어 이름이 '못'을 뜻하는 'Klau'이므로 못 '釘' 자에서 쇠금 변을 없앤 '丁'
자로 意譯한 듯하다. '못'을 뜻하는 라틴어 'Clavus'와 이름이 비슷해서 그와 같이 의역했
으리라는 설도 있다(히라카와 스케히로(2002), 375면; 조너선 D. 스펜스(1999), 191~192
면). 徐光啓의「刻幾何原本序」나『四庫全書總目』의 '幾何原本'조에서도 클라비우스를

클라비우스의 역주본은 유클리드의 원저 13권에다 2권을 추가해 모두 15권인데, 마테오 리치는 그중 평면기하학을 다룬 전반부 6권만 번역했다. 또 그는 클라비우스가 유클리드의 원저에 추가한 방대한 양의 주해를 대부분 축약하여 소개했다. 『기하원본』은 1607년에 초판본이 간행되었으며, 마테오 리치 사후인 1611년에 재교본(再校本)이 간행되었다. 『천학초함』에 수록된 것은 재교본이다.

『기하원본』이 출간되자 중국에서는 그에 자극받아 『기하용법(幾何用法)』(孫元化), 『환서(圜書)』(王錫闡), 『기하통해(幾何通解)』·『기하보편(幾何補編)』(梅文鼎) 등 수많은 기하학 관련 서적들이 명말 청초에 잇달아 출간되었다. 『기하원본』은 1720년대 이전에 나가사키〔長崎〕를 통해 일본에도 유입되었다고 한다.[94] 조선에서는 남구만(南九萬)·홍계희(洪啓禧)·이익 등이 『기하원본』을 최초로 접한 인물들로 전해진다. 18세기 후반에 이르면 진취적인 지식인들 사이에서 『기하원본』이 널리 읽히기 시작했던 듯하다.[95]

연암의 주변에는 『기하원본』에 조예가 깊은 유금(柳琴, 1741~1788)이 있었다. 그는 자신의 당호조차 '기하실(幾何室)'이라고 지었다. 유득공의 숙부인 유금은 연암을 종유한 서유본(徐有本)·서유구(徐有榘) 형

마테오 리치의 스승 '丁氏'로 소개하고 있다.

94 安大玉,(2007), 110면; 안대옥(2010), 367면.

95 李用休, 李家煥, 李承薰, 李蘗, 丁若銓, 丁若鏞 등 南人계 학자들뿐만 아니라, 노론계인 洪量海, 소론계인 徐浩修, 중인 출신인 觀象監 관원 文光道, 金泳 등도 『기하원본』을 연구했다고 한다. 그중 특히 홍양해는 '東國之利瑪竇'라는 평을 얻기도 했으며 『幾何補編』을 저술했다고 한다(李圭景 著, 古典刊行會 編(1959), 「幾何原本辨證說」; 구만옥(2010), 341~342면). 참고로 兪晩柱의 『欽英』에도 마테오 리치가 쓴 『기하원본』 서문인 「譯幾何原本引」을 보았다는 기록이 있다(兪晩柱, 『欽英』 卷1, 278면, 丙申(1776) 12월 27일조).

제의 숙사(塾師)였으며, 그들의 부친인 서호수(徐浩修)에게 기하학을 배웠다. 서유본은 부친에게서 물려받은 희귀한 『기하원본』을 소장하고 있었으며, 그 역시 『기하원본』에 통달했다고 한다. 연암의 벗인 정철조(鄭喆祚)도 그의 매부인 이가환(李家煥)과 함께 『기하원본』을 탐구한 바 있다. 홍대용 역시 천문 수학에 관한 마테오 리치의 업적을 잘 알고 있었고, 중국 여행 중 교분을 맺은 반정균을 통해 『천학초함』을 입수했던 점으로 미루어 『기하원본』을 읽었으리라 짐작된다.[96]

『열하일기』, 「망양록(忘羊錄)」에서 연암은 필담의 상대인 청국인 윤가전(尹嘉銓)의 말을 빌려, 서양인들은 모두 역법에 정통하며 그들의 '기하지술(幾何之術)'은 매우 정밀해서 모든 물건을 제작하는 데 그 법을 쓴다고 소개하고 있다. 또 「곡정필담」에서는 연암을 기하학에 정통한 줄로 믿고 있는 청국인 왕민호에게 자신은 "기하의 반 글자도 본 적이 없다."라고 잡아떼고 있으나,[97] 앞서 인용한 「도강록」 6월 24일자 기사에서 이미 연암은 『기하원본』에 관한 지식을 은근히 드러냈다.

유클리드의 『기하원본』은 명시적인 정의를 만들어 용어들을 분명히 함으로써 사람들이 모든 단어와 기호를 서로 동일하게 이해할 수 있도록 했다. 이는 『기하원본』이 이룬 중요한 학문적 혁신의 하나로 평가된다.[98] 클라비우스의 라틴어 역주본을 저본으로 한 마테오 리치의 한문 역주본은 『기하원본』 제1권의 권수에서 '계설(界說) 36칙(三十六則)'이

96　徐瀅修, 『明皐全集』 卷8, 「幾何室記」; 徐有本, 『左蘇山人文集』 卷8, 「金引儀泳家傳」; 徐有榘, 『楓石鼓篋集』 卷2, 「幾何室記」; 李圭景 著, 古典刊行會 編(1959), 「幾何原本辨證說」; 洪大容, 『燕記』, 「劉鮑問答」; 『燕杭詩牘』, 潘庭筠, 「湛軒大兄先生書」; 오수경(2003), 221～243·247～271면; 구만옥(2010), 331면 참조.

97　『燕巖集』 卷13, 『熱河日記』, 「忘羊錄」, 장49앞뒤; 卷14, 『熱河日記』, 「鵠汀筆談」, 장4뒤～5앞, "未曾窺幾何半個字."

98　레오나르드 믈로디노프(2002), 39면.

라 하여 모두 36개의 정의를 제시하고 있다.[99] 그중 '제2계(第二界)' 즉 두 번째 정의인 '선'의 정의에 대해 마테오 리치 역주본에서는 다음과 같이 유클리드의 원저에는 없는 주해를 덧붙였다.

ⓐ 시험 삼아 한 평면에 빛을 비추면, 빛이 비친 부분과 비치지 않은 부분의 경계에는 어느 것 하나도 허용되지 않는다. 이것이 선이다.

ⓑ 완전한 평면과 완전한 원구(圓球)가 접촉하면, 접촉하는 그곳에는 단지 하나의 점이 있게 된다. 점이 움직이면 단지 하나의 선이 있게 된다. 〔그림 갑-을〕

ⓒ 선에는 직선과 곡선이 있다(알파벳-인용자).[100]

이는 대체로 클라비우스 역주본의 해당 주해를 축약한 것이지만,[101] 후자에 없는 내용도 일부 포함하고 있다. 주해 ⓑ에서 '점이 움직이면

---

[99] 『기하원본』의 결정판이라 할 수 있는 Thomas L. Heath의 『*The Thirteen Books of Euclid's Elements*』에서는 이를 모두 23개의 정의로 통합하였다. 즉 클라비우스=마테오 리치 역주본의 제19~22칙을 제19칙으로, 제23~25칙을 제20칙으로, 제26~28칙을 제21칙으로, 제29~33칙을 제22칙으로 통합했다. 제35·36칙은 유클리드의 원저에 없는 정의를 클라비우스가 첨가한 것이다(Engelfret, Peter M.(1998), pp.168~169 참조).

[100] 李之藻 編, 吳相湘 主編(1965), 『天學初函(四)』, 1950면, "試如一平面, 光照之, 有光無光之間, 不容一物. 是線也. 眞平眞圓相遇, 其遇處止有一點, 行則止有一線.〔그림 甲-乙〕線有直有曲." 송영배(2009), 31면에서는 "예를 들면, 평면에 빛이 비치면 빛은 있지만 빛에 공간이 없어서 어느 것도 수용하지 못한다. 이 선은 정말 평평하거나 둥글다. 선이 서로 만나는 곳은 다만 하나의 점일 뿐이고 뻗어 나가면 하나의 선이다. 선은 곧기도 하고 굽기도 하다."라고 부정확하게 번역하였다. 김혈조(2004), 269면에서는 '有光'을 '존재하는 것 혹은 보이는 것', '無光'을 '존재하지 않는 것 혹은 보이지 않는 것'이라고 해석했다.

[101] 클라비우스 역주본에는 마테오 리치 역주본보다 긴 주해가 있으며, 직선의 그림(A-B)뿐 아니라 곡선의 그림(A⌒B)도 함께 제시되어 있다(http://mathematics.library.nd.edu/clavius/에서 'First Volume: Commentary on Euclid' 참조. Google eBook에서도 클라비우스 역주본의 초판 전문을 볼 수 있다).

선이 된다'고 하여 '선'을 '점'의 '유동(流動, fluxus)'으로 정의한 것은 유클리드의 원저 제1권에 대한 방대한 주해를 남긴 프로클루스(Proclus, 415~485)의 견해에서 기원한 것이다. 클라비우스는 『기하원본』에 대해 주해하면서 프로클루스의 견해를 크게 참조했다. 하지만 수학적으로 완전한 평면과 구체가 단 하나의 '점'에서 접촉한다는 주장은 아리스토텔레스의 견해를 계승한 중세의 학설에서 파생한 것으로, 클라비우스의 주해에는 없는 내용이다. 이는 마테오 리치가 클라비우스 역주본 외의 문헌도 참고하여 주해했음을 시사한다.[102]

그런데 '선'의 정의에 대한 주해 중에서 연암이 주목한 것은 바로 ⓐ이다. "선은 길이만 있고 폭은 없는 것이다."라는 정의는, 기하학에서 다루는 '선'은 실재하는 구체적인 선을 가리키는 것이 아님을 뜻한다. 실제의 선은 폭이 없을 수 없지만 그 점을 무시하고 순전히 길이만 있는 추상 개념으로 '선'을 논하겠다는 뜻이다.[103] 상식에 반(反)하는 이 같은 정의를 설명하기 위해 마테오 리치는 주해 ⓐ를 추가했다.

ⓐ는 물체에 광선을 투사하여 평면 위에 나타난 그림자로 그 물체의 모양을 나타내는 투영도법(投影圖法)을 예로 들어 '선'을 설명한 것이다. 투영도법은 「곤여만국전도」와 같은 서양식 세계지도나 혼개통헌의(渾蓋通憲儀)와 같은 서양식 천문 관측기구의 제작에 두루 응용되었다. 투영도법에 따라 물체에 광선을 투사했을 때 평면 위에 나타난 그

---

102 Engelfret, Peter M.(1998), p.156; Heath, Thomas L.(1956), vol.1, p.159; Proclus(1970), pp.79~80.
103 이러한 '선'의 정의는 유클리드가 창안한 것이 아니고, 그 이전의 플라톤학파에서 만들었을 것이라고 한다(Heath, Thomas L.(1956), vol.1, p.158; Proclus(1970), p.79, 주 13)). 참고로 유클리드도 플라톤주의자였음은 물론이고, 프로클루스 역시 유명한 新플라톤주의자였고, 클라비우스도 플라톤주의적 성향이 강한 학자였다.

림자와 그 나머지 빛이 비친 부분의 경계가 바로 '선'이라는 것이다. 이러한 설명 역시 클라비우스의 주해에 의거한 것이나, 이는 원래 프로클루스의 견해를 수용한 것이었다. 일찍이 프로클루스는 빛이 비친 구역과 그늘진 구역의 경계를 보면 '선'에 대한 구체적인 개념을 얻을 수 있다고 했다.[104] 그런데 마테오 리치의 역주본은 빛이 비친 부분과 그림자의 경계에는 "어느 것 하나도 허용되지 않는다〔不容一物〕."라는 구절을 첨가했다. 이는 아마도 주자학에서 인심과 도심의 경계에는 "터럭 하나도 허용되지 않는다〔不容一髮〕."라고 한 표현을 염두에 둔 것이 아닌가 한다. 다시 말해 주자학적 소양을 갖춘 중국 사대부들의 이해를 돕기 위해 첨가한 구절로 짐작된다.

연암은 앞서 인용한 『열하일기』 중의 기사에서 "서양인은 기하도형의 한 획을 분별하여 하나의 선으로 비유했다."라고 말했다. 그가 말한 '기하도형의 한 획'이란 곧 기하학적으로 정의한 '선'을 가리킨다. 이것을 실재하는 구체적인 '선'에 비유한다면, 전자의 '은미함' 즉 폭은 없고 길이만 있는 추상개념으로의 '선'의 특성을 제대로 표현할 수 없다. 따라서 서양인은 '빛이 비친 부분과 비치지 않은 부분의 경계〔有光無光之際〕'를 예로 들어 기하학적인 '선'의 개념을 설명하려 했다고 본 것이다.

그리하여 연암은 마테오 리치가 역주한 『기하원본』의 '선'에 대한 정의에서 서학과 주자학이 소통하는 지점을 찾아냈다. 도심이 은미하

---

104 "…… 그리고 우리가 달에서든 지구에서든 빛이 비친 구역과 그늘진 구역이 나뉘는 중간 차원을 바라본다면 '선'에 대한 시각적 지각을 얻을 수 있다. 왜냐하면 양자의 경계에 있는 그 부분은 폭은 확장되어 있지 않으나, 빛과 그늘을 따라서 쭉 곧게 있으므로 길이는 가지고 있기 때문이다."(Proclus(1970), p.82에서 필자가 번역한 것임. Heath, Thomas L.(1956), vol.1, p.159에도 간략히 언급되어 있다).

듯이 기하학의 '선'도 은미하고, 인심과 도심의 경계에 우리의 마음이 놓여 있듯이 '유광(有光)'과 '무광(無光)'의 경계에 '선'이 있다는 것이다. 그런데 『기하원본』에서 연암이 인용한 것은 오직 '선'의 정의에 대한 주해 ⓐ 중의 '빛이 비친 부분과 비치지 않은 부분의 경계〔有光無光之間〕'라는 구절이다.

마테오 리치 역주본 『기하원본』에는 '경계'를 뜻하는 '계(界)' 자가 정의에서 빈번히 쓰이고 있다. 우선 '정의'를 '계설(界說)'이라고 번역하고, '제1계(第一界)', '제2계(第二界)' 등으로 차례로 소개했다. 이때의 '계'는 '정의'를 뜻함이 분명하다. 하지만 제3계(정의 3)에서 "線之界是點(선의 경계가 점이다).", 제6계(정의 6)에서 "面之界是線(면의 경계가 선이다).", 제7계(정의 7)에서 "平面, 一面平在界之內(평면은 경계 안에 평평하게 있는 면이다)."라고 했다. 또 제13계(정의 13)에서 "界者一物之始終(경계란 어떤 것의 둘레이다).", 제14계(정의 14)에서 "或在一界, 或在多界之間, 爲形(하나의 경계 또는 여러 경계에 둘러싸인 것이 도형이다)."이라고 했다.[105] 이처럼 『기하원본』에서 '계'는 '계설(정의)'의 약자일 뿐 아니라 도형의 둘레나 선분(線分)의 종점(終點) 등을 뜻하는 '경계'의 개념으로 사용되었다.[106] 그러므로 연암이 '유광(有光)'과 '무광(無光)'의 '경계'로 '선'을 설명한 주해에 각별히 주목한 것은 『기하원본』에서 '경계'의 개념이 매우 중요한 역할을 하고 있음을 간취한 때문이 아닐까 한다.

---

[105] 이 밖에도 圓, 半圓, 삼각형, 사각형, 다각형 등과 관련된 정의에서 '界' 자를 사용했다 (第15界, 第17~22界). 또 圓周를 '圜界'라고 표현했다.

[106] Engelfret, Peter M.(1998), p.147 · 162 참조. '界' 자가 英譯本들에는 'extremity', 'boundary', 'limit' 등으로 번역되어 있다.

2) ‘경계’의 철학의 확대 발전

앞서 인용한 『열하일기』, 「도강록」의 ‘도강논도’ 대목 중 세 번째 명제인 ③에서 연암은 “하나인 것도 아니고 분리된 것도 아니다〔不卽不離〕.”라는 불경의 한 구절을 인용하고 있다. 이 구절은 『원각경(圓覺經)』의 ‘보안보살(普眼菩薩)’장에 보인다.[107] 여기에서 석가는 몸과 마음이 환영(幻影)임을 깨닫게 되면 “법(法, 현상계의 사물들)에 속박되지도 않고 법에서 해탈하려고 하지도 않는다〔不與法縛 不求法脫〕.”라고 하면서, 이러한 깨달음의 경지에서는 모든 부처님의 세계도 허공의 꽃과 마찬가지이니 “하나인 것도 아니고 분리된 것도 아니며, 속박된 것도 아니요 해탈한 것도 아니다〔不卽不離 無縛無脫〕.”라고 했다. 그래서 중생과 부처가 본래는 하나이고, 생사(生死)와 열반이 모두 환몽(幻夢)임을 알게 된다고 했다.[108]

『원각경』에서 말한 ‘부즉불리(不卽不離)’는 나가르주나〔龍樹〕가 『중론(中論)』에서 제시한 8종의 부정(否定)[109] 중 ‘불일불이(不一不異, 하나인 것도 아니고 다른 것도 아니다)’와 같은 뜻이다. 『중론』에서는 제법(諸法)의 실상은 실체가 없는 ‘공(空)’이므로 ‘불생불멸(不生不滅), 부단불상(不斷不常), 불일불이(不一不異), 불래불출(不來不出)’ 한다고 주장했다. 이와

---

107 물론 이 구절은 『攝大乘論釋』, 『成唯識論』, 『宗鏡錄』 등 후대의 불경에도 자주 보인다. 연암은 「觀齋記」에서도 사람이 죽으면 육신의 ‘움직임은 바람으로 돌아간다〔動轉歸風〕’는 『원각경』 ‘보안보살’장의 한 구절을 인용하고 있다. 「관재기」는 1765년 금강산 여행 때 摩訶衍에서 보고 들은 俊大師와 童子僧의 禪問答을 기록한 글로, 연암이 20대 후반 무렵에 이미 불교에 대해 상당한 관심과 식견을 가졌음을 보여 준다.

108 『원각경』 ‘보안보살’장의 ‘不卽不離’에 대해 唐 고승 宗密은 ‘이 세계가 圓覺과 하나인 것도 아니고 원각과 분리된 것도 아님을 밝힌 것〔明此世界不卽圓覺亦不離圓覺〕’이라고 풀이했다(宗密 疏(1991), 100면).

109 ‘八不中道’, ‘八不中觀’, 줄여서 ‘八不’이라고도 한다.

같이 불교에서는 'A도 아니고 비(非)A도 아니다'라는 독특한 부정의 논리로 제법이 '공(空)'이라는 '중도(中道)'를 논증하고자 한다. '중도'는 서로 대립하면서도 의존하는 관계에 있는 A와 비A 양자를 모두 부정하고 초월한 차원에서만 파악될 수 있다고 보는 것이다.[110]

연암은 이미 「낭환집서(蜋丸集序)」에서 이러한 불교의 논리를 패러디하여 '부즉불리'와 유사하게 '불리불친(不離不襯)'이란 표현을 썼다. 옛날에 황희(黃喜) 정승은 이[蝨]가 '옷에서 생긴다'는 딸의 주장과 '피부에서 생긴다'는 며느리의 주장에 대해 '떨어져 있지도 않고 붙어 있지도 않은[不離不襯]' 옷과 피부의 경계에서 이가 생긴다고 단안을 내렸다는 것이다.[111] 이로 미루어 볼 때 『열하일기』에서 연암이 『기하원본』에 이어 불경을 인용한 것은, 기하학에서 말하는 '선'이란 '유광(有光)'도 아니고 '무광(無光)'도 아닌 그 경계에 있듯이, 불교에서 말하는 '중도' 역시 '부즉'과 '불리'의 경계에 있음을 설파하기 위함이었을 것이다.[112] 이는 "그러므로 그 경계에 잘 대처하는 것은 도를 아는 사람만이 할 수 있다."라는 문장이 바로 이어지고 있는 점으로도 짐작할 수 있다.

앞서의 '도강논도' 대목 중 마지막 명제인 ④에서 연암은 정나라의 자산을 거론하는 것으로 발언을 마무리하고 있다. 즉 춘추시대 정나라의 명재상인 자산이야말로 '도'를 알아서 '경계'에 잘 대처한 대표적인

---

110 吳汝鈞(1992), 156~158면; 中村元(1994), 71~108면; 中村元(2000), 上, 457~471면 참조.

111 『燕巖集』 卷7, 「蜋丸集序」. 이 글은 원래 柳琴의 詩稿인 『蛙蜻轉』의 서문으로 지어진 것이다. 유금의 『幾何室稿略』에는 「蛙蜻轉序」로 수록되어 있으며, 1771년경에 지은 것으로 추정된다(김윤조(2005), 262~263면 참조).

112 참고로 『중론』에 대한 주석에서 찬드라키르티[月稱]는 諸法이 서로 대립하면서도 의존하는 관계에 있음을 '등불'과 '어둠'의 관계에 비유하고 있다(中村元(1994), 131~132면).

인물이라는 것이다. 그러나 어째서 자산을 그러한 인물로 볼 수 있는지에 대해서 연암은 아무런 설명을 남겨 놓지 않았다.

주지하다시피, 자산은 춘추시대 제(齊)나라의 재상인 관중(管仲)과 더불어 법가(法家)의 선구자로 평가되는 인물이다. 그는 '봉혁(封洫)'과 같은 토지제도 정비, '구부(丘賦)'와 같은 조세제도 신설 등 내정 개혁을 과감하게 추진했을 뿐 아니라 '형서(刑書)'를 주조(鑄造)하여 최초로 형법을 제정·공포함으로써 법치(法治)를 확립하고자 했다.[113] 그러나 자산은 후대의 법가들처럼 가혹한 법치주의를 추구하지는 않았다. 법치와 예치(禮治), 형정(刑政)과 덕정(德政)을 절충하고자 했으므로, 공자도 그를 백성에게 자혜를 베푼 정치가라고 칭송했다.[114] 이 점은 자산의 최후를 서술한 『좌전(左傳)』 소공(昭公) 20년조의 기사에 특히 잘 드러나 있다.

『좌전』에 의하면, 자산은 병사하기 전에 태숙(大叔)에게 "덕이 있는 사람만이 관정(寬政, 관대한 정치)으로 백성을 복종시킬 수 있으니, 차선

---

113 張國華 編(2003), 58∼61면 참조. 관련 사실은 『左傳』, 襄公 30년, 昭公 4년·6년조 기사에 기록되어 있다. '封洫'은 토지의 경계를 바로잡아 사유권을 확립하는 것이고, '丘賦'는 행정단위인 '丘'마다 토지 소유자들에게 일정한 군비 부담을 지우는 稅法이라고 한다. 연암은 법가에 속하는 관중과 商鞅이 제도와 법령을 통해 '富國裕民'을 추구한 점을 높이 평가했다. 李在誠은 연암의 「洪範羽翼序」가 관중과 상앙의 학설을 따른 글로 보았다(박종채 저, 김윤조 역주(1997), 229∼230면; 『燕巖集』 卷1, 「洪範羽翼序」).
114 자산은 禮야말로 하늘과 땅의 常道로서 백성이 이를 본받아 살아가는 것이라고 강조했으며(『左傳』, 昭公 25년), 晉나라 韓宣子에게 "반드시 덕으로써 정치를 하라〔爲政必以德〕."라고 충고했고, 정나라 定公이 화재를 물리치기 위해 하늘에 제사를 지내려 하자 "덕을 닦는 편이 낫다〔不如修德〕."라고 諫言했다(『史記』 卷42, 「鄭世家」). 공자는 자산이 鄕校를 철폐하지 않고 여론을 존중한 데 대해 '仁人'이라고 극찬했으며(『左傳』 襄公 31년), '君子之道'를 갖추어 "백성을 자혜롭게 돌보고, 정당하게 부렸다.〔其養民也惠, 其使民也義.〕"라고 칭찬하고(『論語』, 「公冶長」), '자혜로운 사람〔惠人〕'이라고 높이 평가했다(『論語』, 「憲問」).

책으로는 맹정(猛政, 가혹한 정치)이 낫다.”라고 했다. 그런데도 후임 재상이 된 태숙은 자산의 유언을 따르지 않고 관정을 베풀다가 도적 떼가 날뛰자 이를 후회하고 도적들을 대대적으로 소탕했다. 이에 대해 공자는 “잘했도다! 정치가 관대하면 백성이 방자해지니, 방자해지면 가혹하게 규제해야 한다. 정치가 가혹하면 백성이 쇠잔해지니, 쇠잔해지면 관대함을 베풀어야 한다. 관정으로써 맹정을 보완하고 맹정으로써 관정을 보완해야 정치가 조화를 이룬다.”라고 논했다. 그리고 이러한 주장을 뒷받침하는 근거의 하나로, 『시경』상송(商頌) 「장발(張發)」에서 “조이지도 않고 느슨하지도 않으며, 억세지도 않고 부드럽지도 않아 정사를 조화롭게 펴시니 온갖 복이 모이도다〔不競不絿 不剛不柔 布政優優 百祿是遒〕.”라고 하여 탕(湯)임금의 통치를 예찬한 구절을 인용했다.[115]

이처럼 공자는 자산의 정치사상의 핵심을 ‘관정으로써 맹정을 보완하고, 맹정으로써 관정을 보완한다’는 ‘관맹상제(寬猛相濟)’로 요약했다. 상(商)나라 탕임금의 통치가 조이지도 않고 느슨하지도 않으며〔不競不絿〕, 억세지도 않고 부드럽지도 않았듯이〔不剛不柔〕, 정나라 자산의 정책 역시 ‘관대하지도 않고 가혹하지도 않았다〔不寬不猛〕’는 것이다. 그런데 자산은 이와 같은 중도노선을 내정뿐만 아니라 외교에서도 일관되게 추구했다고 볼 수 있다. 천하의 패권을 다투는 진(晉)나라와 초(楚)나라 사이에 낀 약소국 정나라의 안보를 지키기 위해, 자산은 양국에 대해 사대(事大)의 예의를 준수하면서도 그들의 무리한 요구에는 무력으로 맞섰기 때문이다. 강대국들에 대해 무례하지도 않고 비굴하지도

---

115 『左傳』, 昭公 20년, “唯有德者能以寬服民, 其次莫如猛.”, “仲尼曰: ‘善哉! 政寬則民慢, 慢則糾之以猛. 猛則民殘, 殘則施之以寬. 寬以濟猛, 猛以濟寬, 政是以和.’”

않은 '불항불비(不亢不卑)'의 외교 자세를 견지했던 것이다.[116] 요컨대 '관맹상제', '불관불맹(不寬不猛)'의 중도노선은 자산의 정치외교의 대원칙이었다고 할 수 있다.

이렇게 볼 때 불경의 한 구절을 인용한 명제 ③과 정나라의 자산을 거론한 마지막 명제 ④가 상통하는 면을 발견할 수 있다. 석가가 '부즉불리'의 중도를 제시했듯이, 자산은 '불관불맹'의 중도노선을 견지했다. 그러므로 '관정'과 '맹정'의 양 극단을 모두 피하고 양자의 경계에 잘 대처한 자산은 '도'를 아는 사람인 것이다.[117]

이상에서 살펴보았듯이 『열하일기』에서 연암은 동행한 수역 홍명복을 상대로 '도'를 논하며 유교 경전과 서학서와 불경을 잇달아 인용한 뒤 자산을 거론하기까지 했다. 이는 주자학적 통념에 머물러 있는 홍명복에게 자신이 압록강을 건너면서 느낀 심오한 생각을 설명하기 위한 고심에서 나온 발언이었다. 그런데 이는 유교와 불교와 법가뿐 아니라 심지어 서학까지도 포함한 상호 이질적인 사상들이 근본적으로 동일한 진리를 말하고 있다는 매우 대담한 발언이기도 하였다.

연암은 청과 조선 양국의 경계인 압록강을 건너면서 '도'는 서로 대립하는 사물의 어느 한쪽이 아니라 양자의 경계에 있다는 '경계'의 철학을 주장했다고 할 수 있다. 그리고 이를 설명하기 위해 먼저 『서경』에서 '인심도심'장의 첫 구절을 인용했다. 도심은 은미하므로 인심과 도심의 경계를 정밀하게 살펴야 한다는 주자의 설을 철학적 근거로 제

---

116 김혈조(2004), 272면에서는 연암이 정 자산의 이야기를 끌어들인 까닭은, 진나라와 초나라 사이에서 '외교적 줄타기'를 하여 '어느 한쪽에 붙지도 떨어지지도 않은, 그야말로 국제관계에서 중을 취하는 지혜와 자세가 필요함을 말하고 싶었던' 때문이라고 보았다.

117 方克(1985), 225~226면에서는 중국 역사상 최초로 관정과 맹정의 결합을 제기한 점에서 자산의 변증법 사상을 발견할 수 있다고 했다.

시하고자 한 것이 연암의 의도였으리라 짐작된다. 이어서 그는 『기하원본』에서 '선'에 대한 정의의 주해를 인용했다. 기하학의 '선'은 도심처럼 은미하므로 '유광(有光)'과 '무광(無光)'의 경계라고밖에 설명할 수 없다는 것이다. 다음으로 연암은 『원각경』의 한 구절을 인용했다. 기하학의 '선'이 '유광'도 아니고 '무광'도 아닌 그 경계에 있듯이, 불교의 '중도' 역시 '부즉'과 '불리'의 경계에 있다는 뜻으로 인용했으리라 짐작된다. 끝으로 연암은 '도'를 파악하여 경계에 잘 대처한 대표적 인물로 자산을 들었다. 이는 '부즉불리'의 중도를 제시한 석가처럼, 정나라의 내정과 외교에서 자산이 '불관불맹'의 중도노선을 견지한 사실을 높이 평가한 때문이라 짐작된다.

그렇다면 연암은 주자학의 '인심도심'설을 '경계'의 철학으로 새롭게 재해석한 것이라 볼 수 있다. 그리고 이 같은 해석을 뒷받침하고자 서학서와 불경을 인용하고 자산을 거론함으로써 '인심도심'설에 근거한 '경계'의 철학이 서학이나 불교와 같은 이질적인 사상에서도 보편타당하게 성립된다고 주장한 셈이다. 또한 그렇게 함으로써 연암은 '경계'의 철학을 '인심도심'설과 같은 심성수양론에서 자산의 정치사상과 같은 '경국제민(經國濟民)'의 정치론으로까지 확대했다고 볼 수 있을 것이다.

사실 연암이 『열하일기』에서 피력한 '경계'의 철학은 그의 문학과 사상에서 두루 발견된다. 예컨대 「초정집서(楚亭集序)」에서 그는 '고문(古文)을 본받으면서도 변통할 줄 알고, 새롭게 지어 내면서도 법도에 맞을 수 있다면, 지금의 글이 바로 고문인 것'이라고 주장했다.[118] 이러한 연암의 '법고창신(法古創新)'론은 고문의 모방에 그치기 쉬운 '법고'

---

118 『燕巖集』 卷1, 「楚亭集序」, "苟能法古而知變, 刱新而能典, 今之文猶古之文也."

와 경박하게 신기한 것만 좇는 '창신'의 양 극단을 지양하고 양자의 장점을 종합하고자 한 문학론이다. 따라서 이는 오늘날의 바람직한 문학은 '법고'와 '창신'의 경계에 있다고 주장한 것이라 하겠다.

그뿐만 아니라 연암은 대청관(對淸觀)에 있어서도 '경계'의 철학을 견지하였다. 당시 조선에서는 세계적인 대제국으로 발전한 만주족 치하의 청나라를 어떻게 대할 것인가 하는 문제가 큰 논쟁거리였다. 『열하일기』, 「도강록」 6월 27일자 기사를 보면, 중국 국경의 작은 고을조차 문물이 몹시 발달한 것을 보고 기가 꺾이고 울분을 느낀 연암이 하인 장복(張福)을 돌아보며 '중국땅에 태어나고 싶지 않느냐'고 묻자, 장복이 대뜸 '중국은 오랑캐라서 싫다'고 답하는 대목이 있다. 여기에서 연암은 청나라의 문물에 경탄하여 선망과 질투에 빠지는 태도와 '오랑캐'라고 배척한 나머지 그들의 선진 문물조차 무시하는 태도를 모두 비판했다. 그리고 청나라에 대한 지나친 숭모나 배타적 태도에서 벗어나, 석가여래가 시방세계(十方世界)를 바라보듯이 만사를 평등하게 보는 '평등안(平等眼)'을 가져야 한다고 역설했다.[119] 이는 '경계'의 철학에 입각해서 바람직한 대청관을 제시하고자 한 것이다.

5. 맺음말

이상과 같이 필자는 조선 후기의 실학이 서학을 주체적으로 수용함으로써 유학을 혁신하고자 한 학술운동이었다는 견지에서, 연암의 실

---

119 『燕巖集』 卷11, 『열하일기』, 「도강록」, 장10앞; 김명호(1990), 136면.

학사상에 미친 서학의 영향을 고찰하였다. 서학은 '서도'와 '서기'의 혼합이라 할 수 있는데, 종래 연암은 '서도'를 배격하고 '서기'만 수용하고자 한 '제한적 수용론자'로 인식되어 왔다. 그러나 『열하일기』 초기 필사본들에 삭제되지 않은 채 남아 있는 서학 관련 내용들을 통해 엿볼 수 있듯이, 연암에게 서학은 지금까지 알려진 것보다 훨씬 더 깊은 영향을 미쳤던 것으로 보인다.

연암의 글에서 서학의 영향을 찾아내려면 치밀한 이본 연구과 아울러 매우 세심한 독해가 요구된다. 이것은 연암이 서학 관련 내용들을 개작함으로써 그 영향을 은폐했을 뿐 아니라, 서학을 받아들이되 자기 사상의 일부로 완전히 용해한 때문이다. 이에 필자는 마테오 리치의 『교우론』과 『천주실의』·『기하원본』이 미친 영향을 중심으로 연암의 글을 면밀하게 분석함으로써 '서기'뿐 아니라 '서도'에 대해서도 개방적 자세를 취하고 동·서양 사상의 적극적 소통을 통해 사상적 혁신을 추구했던 연암의 새로운 면모를 부각해 보고자 했다.

우정을 논한 연암의 몇몇 글들에서 마테오 리치의 『교우론』의 영향을 엿볼 수 있다는 주장이 최근 제기된 바 있다. 필자는 이에 동의하면서 「회성원집발」이 『교우론』을 전거로 삼은 사실을 초기 필사본인 『열하피서록』에 의거하여 더욱 확실하게 입증했다. 또한 「예덕선생전」이나 「여인(與人)」뿐 아니라 「회우록서」 등에도 『교우론』의 영향이 드러나 있음을 구체적으로 논하였다.

그러나 연암의 우정론이 『교우론』의 일방적인 영향으로 형성된 것은 결코 아니다. 『방경각외전』, 「자서」에서 연암은, 오륜의 틀 안에서나마 우정의 중요성을 강조하고 그 지위를 격상시키고자 한 주자의 설을 자신의 우정론의 근거로 삼았다. 이처럼 연암은 유학의 전통에 기반해서 서양의 우정론을 주체적으로 수용하고자 했다. 『교우톤』과 비교할 때 '당세의 벗'을 적극적으로 구하고 신분과 화이(華夷)의 차별을 넘어선 우정을 추구한 것은 연암의 우정론에서만 볼 수 있는 특징이다. 이는 연암이 동·서양의 우정론을 소통시킴으로써『교우론』의 한계를 넘어 사상적 발전을 이룬 결과라고 볼 수 있다.

　『열하일기』,「도강록」 중 '호곡장론'에 제시된바 '갓난아기가 태어날 때 우는 까닭은 인생을 미리 비관한 때문'이라는 염세적인 주장은『천주실의』에서 유래한 것이다. 그러나 연암은 이를 하나의 기발한 견해로 간주하면서도, 갓난아기가 우는 진정한 이유는 드넓은 세상에 태어난 해방의 기쁨 때문이라고 주장했다. 이는『천주실의』의 염세주의적 인생관을 비판하고, 주자학에 기반을 둔 낙천주의적 인생관을 제시한 것이라 할 수 있다.

　또한『열하일기』 중의「상기」에서 연암은 하늘이 솜씨 좋은 '장인'처럼 만물을 질서 있게 창조했다는 설을 풍자하고, '맷돌'의 비유를 들어 만물은 무질서하게 자연적으로 발생할 뿐이라고 주장했다. 이는 천주가 만물의 창조자임을 논증하면서, 그를 '장인'에다 비유한『천주실의』의 천주만물창조설을 비판한 것이다. 이를 위해 연암은 만물을 생육하는 천지자연을 '맷돌'에 비유한 주자학설을 끌어와 서학에 대한 비판의 논리로 활용했다.

　『열하일기』,「도강록」 중 연암이 수역 홍명복을 상대로 '도'를 논한 대목에는『기하원본』의 영향이 드러나 있다. 여기에서 연암이 유교 경전과 서학서와 불경을 인용하고 자산(子産)을 거론한 것은, 주자학적 통념에 머물러 있던 홍명복에게 청나라와 조선의 경계인 압록강을 건너면서 느낀 자신의 심오한 생각을 설명하기 위해서였다. 이를 통해 연암은 '도'는 서로 대립하는 사물들의 경계에 있다는 '경계'의 철학을 주장했다고 할 수 있다.

연암이 『서경』의 ‘인심도심(人心道心)’장을 인용한 것은, 인심과 도심의 경계를 정밀하게 살펴야 한다는 주자의 설을 철학적 근거로 제시하고자 한 것이다. 이어서 연암은 『기하원본』에서 ‘선’에 대한 정의의 주해를 인용하여, 기하학의 ‘선’은 ‘유광(有光)’과 ‘무광(無光)’의 경계에 있다고 했다. 또 불경을 인용하여, 불교의 ‘중도’ 역시 ‘부즉(不卽)’과 ‘불리(不離)’의 경계에 있다고 했다. 자산을 거론한 것은 그가 정나라의 내정과 외교에서 ‘불관불맹(不寬不猛)’의 중도노선을 견지했기 때문이다. 이렇게 볼 때 연암은 주자학의 ‘인심도심’설을 ‘경계’의 철학으로 새롭게 재해석하고, 이를 심성수양론에서 정치론의 영역으로까지 확대 발전시켰다고 할 수 있다.

朴齊家, 『貞蕤閣初集』, 『韓國文集叢刊』 261, 민족문화추진회.

朴宗采(1995刊), 『過庭錄』, 『洌上古典研究』 8, 洌上古典研究會.

______ 저, 김윤조 역주(1997), 『역주 과정록』, 태학사.

______ 저, 박희병 옮김(1998), 『나의 아버지 박지원』, 돌베개.

朴趾源, 『燕巖散稿』(二), 단국대 淵民文庫 소장.

______ 著, 朴榮喆 編(1932), 『燕巖集』.

______, 『熱河日記』, 단국대 淵民文庫 소장 一齋本, 綏堂本, 多白雲樓本 ; 충남대 소장본.

______, 『熱河避暑錄』, 단국대 淵民文庫 소장.

______, 『雜錄』, 단국대 淵民文庫 소장.

______, 『杏溪雜錄』, 단국대 淵民文庫 소장.

______ 저, 신호열·김명호 옮김(2007), 『연암집』 중·하, 돌베개.

______ 저, 김혈조 역(2009), 『열하일기』 1, 돌베개.

俞晩柱(1997刊), 『欽英』, 서울대 규장각 영인.

徐有榘, 『楓石鼓篋集』, 서울대 중앙도서관 소장.

徐有本(1992刊), 『左蘇山人文集』, 아세아문화사 영인.

徐瀅修, 『明皐全集』, 『韓國文集叢刊』 261, 민족문화추진회.

尹光心, 『幷世集』, 국립중앙도서관 소장.

李圭景 著, 古典刊行會 編(1959), 『五洲衍文長箋散稿』, 東國文化社.

李德懋, 『靑莊館全書』, 『韓國文集叢刊』 257~259, 민족문화추진회.

李書九(2005刊), 『薑山全書』, 성균관대 대동문화연구원.

李彦瑱, 『松穆舘燼餘稿』, 『韓國文集叢刊』 252, 민족문화추진회.

李瀷, 『星湖全集』, 『韓國文集叢刊』 198~200, 민족문화추진회.

洪大容, 『湛軒書』, 『韓國文集叢刊』 248, 민족문화추진회.

『燕杭詩牘』, 서울대 규장각 소장.

마르쿠스 툴리우스 키케로 저, 천병희 역(2005), 『노년에 관하여/ 우정에 관하여』, 숲.

마테오 리치 저, 송영배 외 5인 옮김(1999), 『천주실의』, 서울대 출판부.

__________ 저, 송영배 역주(2000), 『교우론 외 2편』, 서울대 출판부.

謝方 校釋(1996), 『職方外紀校釋』, 北京 : 中華書局.

邵伯溫, 『聞見錄』, 四庫全書 文淵閣本.

楊時 撰, 『二程粹言』, 四庫全書 文淵閣本.

楊愼 撰, 『丹鉛總錄』, 四庫全書 文淵閣本.

利瑪竇, 『乾坤體義』, 四庫全書 文淵閣本.

______ 著, 藍克實·胡國楨 譯註(1985), 英譯 『天主實義』, 臺北 : 利氏學社.

李之藻 編, 吳相湘 主編(1965), 『天學初函』, 臺北 : 臺灣學生書局.

程頤, 『伊川易傳』, 四庫全書 文淵閣本.

程顥·程頤(1983刊), 『二程集』, 北京 : 中華書局.

宗密 疏(1991), 『大方廣圓覺修多羅了義經略疏』, 上海古籍出版社.

朱維錚 主編(2001), 『利瑪竇中文著譯集』, 上海 : 復旦大學出版社.

朱熹, 『晦庵集』, 四庫全書 文淵閣本.

____(1983刊), 『朱子語類』, 北京: 中華書局.

____ 編, 『二程外書』, 四庫全書 文淵閣本.

祝穆 撰, 『古今事文類聚』, 四庫全書 文淵閣本.

彭大翼 撰, 『山堂肆考』, 四庫全書 文淵閣本.

胡廣等 撰, 『性理大全書』, 四庫全書 文淵閣本.

______ 撰, 『詩傳大全』, 四庫全書 文淵閣本.

Billings, Timothy trans.(2009), *On Friendship*, New York : Columbia University Press.

Heath, Thomas L.(1956), *The Thirteen Books of Euclid's Elements*, New York: Dover Publications, Inc., vol.1.

Proclus(1970), *A Commentary on The First Book of Euclid's Elements*, Princeton University Press.

김명호(1990), 『열하일기 연구』, 창작과비평사.

______(2008), 『환재 박규수 연구』, 창비.

김영식(2005), 『주희의 자연철학』, 서울대 출판부.

박희병 평설(2009), 『저항과 아만』, 돌베개.

오수경(2003), 『연암그룹 연구』, 한빛.

이가원(1965), 『연암소설연구』, 을유문화사.

이원순(1986), 『朝鮮西學史研究』, 일지사.

張國華 編, 임대희 외 옮김(2003), 『중국법률사상사』, 아카넷.

레오나르드 믈로디노프, 전대호 옮김(2002), 『유클리드의 창-기하학 이야기』, 까치.

조너선 D. 스펜스, 주원준 옮김(1999), 『마테오 리치, 기억의 궁전』, 이산.

히라카와 스케히로, 노영희 옮김(2002), 『마테오 리치』, 동아시아.

方克(1985), 『中國辨証法思想史(先秦)』, 北京 : 人民出版社.

徐宗澤 編(1989), 『明淸間耶蘇會士譯著提要』, 中華書局.

呂妙芬(2003), 『陽明學士人社群-歷史, 思想與實踐』, 臺北 : 中央研究院近代史研究所 專刊(87).

安大玉(2007), 『明末西洋科學東傳史-『天學初函』器編の研究』, 東京: 知泉書館.

大濱晧(1983),『朱子の哲學』, 東京大學出版會.

中村元(1994),『空の論理』, 東京: 春秋社.

______(2000),『論理の構造』上, 東京: 靑土社.

Engelfret, Peter M.(1998), *Euclid in China*, Leiden·Boston·Köln; Brill.

Huang, Martin W. edit.(2007), *Male Friendship in Ming China*, Leiden; Boston; Brill.

Konstan, David(1997), *Friendship in the Classical World*, Cambridge University Press.

구만옥(2010),「마테오 리치 이후 서양 수학에 대한 조선 지식인의반응」,『한국실학연구』20, 한국실학학회.

김명호(2001),「연암 문학사상의 성격−주자 사상과 관련하여」,『박지원 문학 연구』, 성균관대 대동문화연구원.

______(2010),「『열하일기』이본의 재검토−초고본 계열 필사본을 중심으로」,『동양학』48, 단국대 동양학연구소.

김선희(2007),「중세 기독교적 세계관의 유교적 변용에 관한 연구」, 이화여대 박사학위논문.

김윤조(2005),「유득공 관계자료」,『한문학연구』19, 계명한문학회.

김혈조(2004),「연암 散文에서 문자 운용의 몇 가지 특징」,『대동한문학』20, 대동한문학회.

박희병(1996),「연암사상에 있어서 언어와 冥心」, 논문집간행위원회 편,『한국의 경학과 한문학』, 태학사.

송영배(2009),「마테오 리치가 소개한 서양학문관의 의미」,『한국실학연구』17, 한국실학학회.

심경호(2004),「조선 후기 한문학과 袁宏道」,『한국한문학연구』34, 한국한문학회.

안대옥(2010), 「滿文『算學原本』과 유클리드 初等整數論의 東傳」, 『중
　　국사연구』 69, 중국사학회.

여명모(2011), 「마테오 리치의 『교우론』에 관한 연구―동서 우정론의
　　만남이라는 관점에서」, 서강대 신학대학원 석사학위논문.

李學堂(2000), 「『열하일기』 중의 필담에 관한 연구」, 성균관대 석사학
　　위논문.

이홍식(2010), 「조선 후기 우정론과 마테오 리치의 『교우론』」, 『한국
　　실학연구』 20, 한국실학학회.

임형택(1976), 「朴燕巖의 우정론과 윤리의식의 방향―「마장전」과 「예
　　덕선생전」의 분석」, 『한국한문학연구』 1, 한국한문학연구회.

＿＿＿(1988), 「朴燕巖의 인식론과 미의식」, 『한국한문학연구』 11, 한
　　국한문학연구회.

정학성(2007), 「「호질」에 대한 재성찰」, 『한국한문학연구』 40, 한국한
　　문학연구회.

方豪(1969), 「利瑪竇交友論新研」, 『方豪六十自定稿』, 臺北: 臺灣學生
　　書局.

吳汝鈞(1992), 「印度中觀學的四句邏輯」, 『中華佛學學報』 第5期, 臺北:
　　佛學研究所.

燕巖의 『課農小抄』에 대한 綜合的 檢討

염정섭 | 한림대학교 사학과 교수

1. 머리말

2. 『과농소초(課農小抄)』의 편찬 과정

   1) 초본(草本)과 정본(定本) 검토의 필요성

   2) 『면양잡록(沔陽雜錄)』 3책의 『과농소초』 초본과 정본

   3) 『면양잡록』 4책의 『과농소초』 초본

3. 『과농소초』의 내용 구성과 의의

   1) 권수(卷首) – 『과농소초』 편찬 배경

   2) 제가총론(諸家總論) – 사(士)의 실학론

   3) 전제(田制) – 법전(法田) 설치론

   4) 농기(農器) – 중국 농기구 수입론

   5) 경간(耕墾) – 견종법(畎種法) 보급론

   6) 분양(糞壤) – 시비(施肥) 개선론

   7) 수리(水利) – 수리기술 개선론

   8) 한민명전의(限民名田議) – 토지소유 개혁론

4. 맺음말

1. 머리말

연암(燕巖) 박지원(朴趾源)이 지은 『과농소초(課農小抄)』는 정연한 체제를 갖춘 농서(農書)로 평가받고 있다.[1] 연암은 조선 사회의 기본적인 생산부문인 농업에 관한 자신의 개혁론을 이 책에 담아 놓았다. 그는 18세기 후반 조선 사회의 농업 실정에 대한 구체적인 인식을 바탕으로 삼아, 농업기술의 혁신과 토지소유의 변혁이라는 자신의 농업개혁론을 『과농소초』에 제시하였다. 연암의 농업개혁론은 농업기술의 측면과 토지소유의 측면을 모두 포괄한 종합적인 방안이라는 점에서 많은 연구자들이 주목하였다. 또한 그의 농업개혁론은 현실적이면서 구체적이라는 점에서도 많은 연구와 분석이 이루어졌다고 할 수 있다.

최근까지 연암의 농업개혁론은 실학(實學) 연구의 일환으로 다루어져 왔다. 1950년대 천관우의 연구에서 실학을 '「실정(實正)」을 찾아 「실증(實證)」하고 「실용(實用)」에 공(供)하려는 학통(學統)'[2]으로 규정하면서 반계(磻溪) 유형원(柳馨遠)을 실학의 선구자로 규정하였다. 천관우의 연구가 나온 이후 학계에서는 본격적인 실학 연구가 진행되었다. 한편 한우근은 실학의 개념에 대해 문제 제기를 하면서 고증학(考證學)의 선구를 이룬 과도적인 학풍으로 실학을 규정하면서 '경세치용(經世致用)의 학(學)'이라 이름하는 것이 좋다고 주장하였다.[3] 한우근은 연암이 실학

---

1 金容燮(1988), 301면.
2 千寬宇(1953), 436면.
3 韓㳓劤(1958), 44면.

에 대해 설명한 것을 찾아서 소개하였다. 연암은 서민의 생업은 사(士)의 실학이 있음으로써 가능한 것이고, 유민익국(裕民益國)의 실효를 거둘 수 있는 수기치인(修己治人)의 학을 실학이라 하였다.[4]

1970년대에 이우성이 실학의 개념에 대하여 새로운 주장을 제시하였다. 이우성은 실학을 성호(星湖) 이익(李瀷)을 대종(大宗)으로 하는 경세치용파, 연암 박지원을 중심으로 하는 이용후생파, 완당(阮堂) 김정희(金正喜)에 이르러 일가(一家)를 이룩하게 된 실사구시파로 나누어 검토하였다.[5] 그는 이용후생파를 상공업의 유통 및 생산기구 일반 기술 면의 혁신을 지표로 하는 학파라고 규정하였다. 1980년대에는 지두환이 북학(北學)을 근대지향적이라 정리하면서 북학을 실학으로 규정하는 주장을 제시하였다.

1950년대 이후 실학에 대한 연구가 꾸준히 이어지면서 이제 엄청나게 많은 연구논저가 쌓여 있는 상황이다. 그리고 실학의 근대지향적인 성격, 민족적인 성격 등에 의문을 제시하면서 실학을 근대사상의 맹아로 보는 설명에 동의하지 않는 연구도 진행되고 있다. 실학의 개념에 대한 정리조차 쉽지 않은 상황인 것이다.[6] 실학자로 포함시켜 할 인물, 학자의 범위부터 실학의 시간적 간격까지, 어느 하나의 문제도 쉽게 처리하기 어려운 상황이다.

필자는 실학 연구의 새로운 디딤돌을 실학자의 논저에 대한 철저한 고증과 해석에서 찾아보아야 할 것이라는 생각에 이르렀다. 천관우가 실학을 근대정신으로 부르는 것에 주저하면서, 실학이 제기한 비판의

---

4 앞의 책, 39면.

5 李佑成(1973), 6면.

6 실학에 대한 연구사 정리로 아래 논문을 참고할 수 있다. 박찬승(1987); 이헌창(2003); 한영우(2007).

기조가 당우삼대(唐虞三代)에 속하는 것이었음을 분명히 하고, 봉건사회의 제 현상에 대한 회의와 반항이었지만 유교를 근저로 하는 집권 봉건사회의 규범 안에서 분비된 산물이라고 토로하였던 것[7]은 그가 유형원의 『반계수록(磻溪隨錄)』을 꼼꼼히 읽어 나가면서 체득한 성과라고 생각된다. 그러나 돌이켜 보면 애초의 실학 연구는 실학자 개개인에 대한 실증적 연구를 주로 다루고 있었다. 그렇기 때문에 실학의 개념을 규정하는 것이 너무나 고심에 찬 과제였다. 따라서 여기에서 필자는 실학자 개인을 심층적·실증적으로 다루는 연구를 좀 더 진전시켜, 실학자 개인의 저술 가운데 중요한 것을 종합적으로 검토하는 연구를 해 보려고 한다.

필자는 연암이 『과농소초』에서 '후세에 농민·장인·상인이 실업(失業)하게 된 것은 사(士)의 실학(實學)이 없었기 때문'이라고 지적한 것에서 커다란 교시(敎示)를 받았음을 고백하고자 한다. 연암의 실학이 과연 어떠한 것인가 밝히는 문제는 오랫동안 숙제로 남아 있었다. 이런 연유로 종합적으로 검토할 실학자의 저술로 『과농소초』를 선택하는 데에는 주저함이 없었다.

또한 연암의 경우 그의 농업개혁론을 주목할 때 주요한 검토 자료가 바로 『과농소초』라고 할 수 있다. 『과농소초』의 편찬 경위, 내용 구성 등을 중심으로 훌륭한 연구성과를 찾을 수 있다. 『과농소초』의 번역본도 나와 있어 많은 도움을 주고 있다.[8] 그런데 연암의 농업에 관련된 논의를 분석 정리한 그동안의 연구성과들이 그의 생각과 지향을 분명하게 제시해 주어 많은 도움이 된다는 점을 인정하면서도, 『과농소

---

7 千寬宇(1953), 436면.
8 최홍규(1987).

초』를 전면적으로 검토하지 않고 부분적으로 필요한 부분만 인용하고 있다는 점을 지적하지 않을 수 없다. 따라서 필자는 그동안의 연구성과들을 바탕으로 『과농소초』의 편찬 과정과 내용 구성을 꼼꼼히 살펴볼 필요가 있다고 생각하였다.

김용섭은 『과농소초』가 정조(正祖)의 윤음(綸音)에 응지(應旨)하여 진소(進疏)한 여러 사람의 농서(農書) 가운데 서술체계가 가장 완벽하게 세워졌다고 평가하였다. 그리고 초정(楚亭) 박제가(朴齊家)가 지은 『북학의(北學議)』와 달리 문헌 중심의 연구성과로 파악하였다. 그런데 김용섭은 연암의 농학연구에서 참고한 농서(農書)로 북위(北魏)의 가사협(賈思勰)이 지은 『제민요술(齊民要術)』, 서광계(徐光啓)의 『농정전서(農政全書)』 등과 조선의 농서로 『농가집성(農家集成)』·『증보산림경제(增補山林經濟)』 등을 지목하는 것에 그치고 있다.[9]

앞선 연구에서 중국와 조선의 몇몇 농서가 주요하게 활용되고 있는 것으로 정리되었지만, 실제 『과농소초』의 문장과 구절을 하나하나 검토해 나간 결과 많은 인용서의 목록을 정리할 수 있었다. 『과농소초』에서 인용된 여러 책들은 결국 연암이 자신의 문제 제기, 비판적인 검토, 새로운 대안 등을 제시하기 위한 방편으로 활용한 것이었다. 이러한 문제의식을 가지고 필자는 『과농소초』의 전체 구성내용을 하나하나 전거를 따져 가면서 살펴보았다.

『과농소초』의 전체 구성내용을 파헤치는 문제의식과 관련해서는 최근의 연구성과 두 편을 눈여겨볼 수 있다. 이헌창은 연암의 경제사상을 살펴보면서 『과농소초』, 「제가총론(諸家總論)」에 보이는 『관자(管子)』·

---

9 金容燮(1988), 302~304면.

『상자(商子)』(『商君書』) 등에 주목, 연암이 공리(功利)를 중시하였다고 보았다.[10] 그런데 연암이 『관자』·『상자』의 구절을 『과농소초』에 포함시킨 것은 바로 명(明)의 서광계가 지은 『농정전서』를 주요한 참고 인용서로 활용하였기 때문이었다. 따라서 보다 중요한 점은 연암이 『과농소초』를 편찬하면서 『농정전서』의 내용 가운데 어떤 것을 선택하여 인용하였는지를 살피는 것이라고 할 수 있다. 또한 『농정전서』 이외의 여러 다른 인용서도 마찬가지 방식으로 『과농소초』에 녹아들어 있는지 살피는 것이 필요할 것이다. 이때 인용서가 본래 지니고 있는 성격 자체에 주의함과 동시에, 연암이 인용 구절의 구성과 재해석을 통해 『과농소초』 속에 만들어 낸 의미를 눈여겨보아야 할 것이다. 본 논문은 이러한 『과농소초』의 항목 구성, 문장 배열, 인용문 재해석 등 연암이 자신의 생각을 『과농소초』에 어떻게 투영시키고 있는지를 주목하였다.

다음으로 연암이 면천군수(沔川郡守)로 재직할 당시의 기록인 『면양잡록(沔陽雜錄)』을 살펴본 김문식의 연구성과[11]를 주요하게 참고할 필요가 있다. 김문식에 따르면 『면양잡록』은 연암이 면천군수로 재직하던 시기에 기록한[12] 것으로 수록류(隨錄類)에 해당하는 자료이다. 연암이 면천군수로 있을 때 『과농소초』를 정조에게 진정(進呈)한 사실에서 미루어 짐작되듯이 『면양잡록』 내용 속에 『과농소초』와 관련된 기록이 적지 않게 들어 있다. 따라서 『면양잡록』에 들어 있는 『과농소초』 관련 기록과 다른 자료의 비교 검토를 통해 연암의 『과농소초』 편찬 수행 과정, 『과

---

10 이헌창(2005), 116면.
11 김문식(2010) 참조.
12 『沔陽雜錄』에 수록되어 있는 연암의 글 가운데 지방 수령의 목민 지침서에 해당되는 『七事考』에 대한 자세한 분석이 필요하다고 생각된다. 김문식(2010) 참조.

농소초』 편찬 의도 등을 검토할 수 있다. 이러한 분석 작업을 통해 본 논문은 『과농소초』의 편찬 과정에 대해서 자세히 정리할 것이다.

이상 『과농소초』를 다룬 여러 참고할 만한 연구성과를 정리하면서 본 논문이 주목하는 부분에 대해 소개하였다. 지금까지의 연구성과들이 『과농소초』의 성격을 규정하거나 『과농소초』에 드러난 연암의 농업관 등을 다루고 있지만, 그 내용 분석을 일부분의 내용만으로 진행하고 있는 것이 아닌가 하는 의구심을 해소할 필요가 있다. 이를 위해 『과농소초』의 내용 자체에 대한 종합적이고 본격적인 분석 정리 작업을 수행하는 것이 절실하게 필요한 상황이다. 이에 본 논문은 연암이 편찬한 『과농소초』의 내용을 면밀하게 살피는 데 중점을 두면서, 그가 제시한 농업에 관련된 여러 가지 논의를 검토할 것이다.

연암은 『과농소초』를 편찬하면서 중국과 조선의 많은 농서(農書)를 초록(抄錄)하여 바탕으로 삼았다. 그리고 다른 농서를 인용하고 배열하는 데 그치지 않고 군데군데 자신의 의견이나 주장을 주석(註釋) 또는 안설(按說)로 덧붙여 놓았다. 따라서 내용 구성이나 실제 수록된 조문, 구절 등을 명쾌하게 해석하고 분명한 의미를 부여하기 위해서는 각종 농서와 비교 검토하는 작업이 필수적이다.

이러한 문제의식에서 본 논문은 연암의 『과농소초』에 담겨 있는 구절의 출처(出處), 인용(引用) 관계 등을 면밀하게 따져 볼 것이다. 이를 위해 세종 대의 『농사직설(農事直說)』과 그 이후에 편찬된 『농가집성』, 『산림경제(山林經濟)』 등 조선의 농서와 비교 대조할 뿐만 아니라 서광계의 『농정전서』와 전후에 편찬된 중국 농서도 같이 구절을 따라가면서 비교 검토할 계획이다. 또한 연암이 붙인 주석과 안설 등을 중심으로 농업기술, 토지소유, 농기구, 수리시설, 토지소유 등에 대한 그의 주장과 의견을 밝히려고 한다.

2. 『과농소초(課農小抄)』의 편찬 과정

1) 초본(草本)과 정본(定本) 검토의 필요성

연암이 편찬한 『과농소초』를 검토하는 연구들은 일차적으로 1932년 박영철이 편집한 활자본 『연암집(燕巖集)』에 실려 있는 『과농소초』를 주된 검토 대상으로 삼았다. 박영철이 편집한 『연암집』은 연암의 직계 6대손인 박영범이 보관해 온 필사본 『연암집』을 저본(底本)으로 삼았다고 하며, 모두 17권 6책으로 되어 있다. 그중 1권부터 10권까지가 일반 시문이고, 11권부터 15권까지는 『열하일기』, 16권과 17권이 바로 『과농소초』이다. 이 17권 가운데 1권에서 10권은 번역본이 나와 있다.[13]

『과농소초』와 관련된 기록은 박영철본 『연암집』에 실려 있는 것 외에 김택영이 1900년에 선집(選集)으로 편집한 『연암집』에서도 찾아볼 수 있다.[14] 그리고 최근 단국대학교 도서관 '연민문고'에서 발굴된 필사본 『면양잡록』 속에 『과농소초』의 편찬 과정을 짐작할 수 있게 해 주는 자료들이 들어 있다.[15]

『과농소초』와 직간접적으로 연관된 다른 판본, 필사본 등이 현존하고 있기 때문에 먼저 이러한 자료를 검토하면서 『과농소초』의 편찬 과정을 정리하는 것이 필요할 것이다. 그런 다음 『과농소초』의 내용 검토를 진행하는 것이 온당한 검토 순서일 것이다. 따라서 『면양잡록』에 들어 있는 『과농소초』 관련 자료들과 김택영이 편집한 『연암집』(1900)에 들어 있는 관련 자료들을 살펴보면서 『과농소초』의 편찬 과정을 정리

---

13 신호열·김명호 옮김(2004) 참조.
14 『燕巖集』의 異本에 대해서는 앞의 책 참조.
15 김문식(2010) 참조.

하는 것을 먼저 수행하고자 한다. 『과농소초』의 편찬 과정을 상세히 밝히는 작업은 곧 당시 연암의 생각의 흐름을 좇아가는 의미도 가진다고 생각한다.

『면양잡록』에 대해서는 앞서 소개한 김문식의 상세한 연구성과를 참고할 수 있다. 김문식의 연구에 따르면 『면양잡록』은 연암의 가장본(家藏本)이며, 본문에 연암의 친필이 많이 보인다고 한다. '면양잡록'이라는 제목은 연암이 면천군수로 재직하던 당시에 작성한 기록이라는 뜻이다. 연암은 1797년(정조 21, 丁巳, 61세) 7월에 면천군수에 임명되었다.[16] 그리고 1800년(정조 24, 庚申, 64세) 6월 정조가 승하한 직후인 그해 8월에 양양부사로 임명되면서 면천을 떠나게 되었다. 연암은 총 3년이 넘는 기간을 면천군수로 지냈던 것이다.

면천군수로 재직하는 동안 연암은 1798년 11월 30일 정조가 내린 「권농정구농서윤음(勸農政求農書綸音)」에 호응하여 『과농소초』를 만들어 올렸다. 뒤에 다시 언급하겠지만, 『과농소초』는 면천군수가 되기 훨씬 전부터 자료 정리와 초고 작성이 이루어진 것이었다.

연암이 면천군수로 지낼 때 지은 『면양잡록』의 내용 가운데 『과농소초』와 관련된 부분을 정리하면 다음과 같다.[17] 김문식의 논문에서 설명한 내용을 바탕으로 필자가 몇 가지를 추가하였다. 『면양잡록』은 총 8책 이상으로 추정되는데, 현존하는 『면양잡록』은 6책뿐이다. 1책과 5책이 결본(缺本)이고, 2~4책·6~8책이 남아 있다. 각 책의 내용을 보면, 2책에는 상소(上疏)·기문(記文)·서간(書簡)·얼사(讞辭) 등이 들어

있는데, 연암의 글 이외에 홍양호(洪良浩)·조진택(趙鎭宅) 등 다른 사람
의 글도 실려 있다. 3책과 4책이『과농소초』와 관련된 부분이다. 6책과
7책은 주로 수령칠사(守令七事)에 관련된 글인데, 「칠사고(七事考)」라는
이름을 붙일 수 있다. 그리고 8책은 묘문(墓文) 등 잡록(雜錄)에 해당되
는 글이 실려 있다. 따라서 아래에서는『면양잡록』3책과 4책의 내용
을『과농소초』의 편찬 과정, 초본(草本)과 정본(定本)의 관계 등을 중심
으로 검토할 것이다.

2)『면양잡록(沔陽雜錄)』3책의『과농소초』초본과 정본

『면양잡록』3책에 수록되어 있는 글들은 전체적으로『과농소초』와
관련된 글이라고 할 수 있다. 먼저 3책 첫 면에 '과농소초'라 기입하고
다음 행에 '군서목(羣書目)'이라는 항목명 아래 책 이름, 사람 이름 등이
기재되어 있다. 이를 옮겨 보면 '관자(筦子),[18] 상자(商子), 여람(呂覽), 항창
자(亢倉子), 범승지서(氾勝之書)〔漢儒〕, 제민요술(齊民要術)〔元魏賈思勰〕, 사
시찬요(四時纂要)〔唐韓鄂〕, 권농문(勸農文)〔朱子〕, 농서(農書)〔宋全眞子陳雩[19]
文獻通考中攷出〕, 농상집요(農桑輯要)〔明苗好謙〕, 농설(農說)〔馬一龍〕, 농상통
결(農桑通訣)[20]〔元王禎〕, 산림경제적(山林經濟籍)〔明屠隆〕, 신은(神隱), 종수
서(種樹書)〔兪貞木〕, 무본신서(務本新書), 사민월령(四民月令)〔崔寔〕, 한정록
(閑情錄), 사시류요(四時類要), 육부정(陸桴亭)〔明 陸世儀〕, 찬문(纂文), 찬요
보(纂要補), 전자(傳子), 종시직설(種蒔直說), 한씨직설(韓氏直說), 직설보(直

---

18 管子의 誤記로 보인다.
19 陳尃의 誤記로 보인다.
20 「農桑通訣」은 王禎이 지은『農書』의 한 篇名이다.

說補), 농상직설(農桑直說), 전원필고(田園必考), 거가필용(居家必用)’ 등이다. 그리고 본조(本朝)라는 항목명 아래 ‘금양잡록(衿陽雜錄)〔姜希孟〕, 색경(穡經)〔朴世堂〕, 농사직설(農事直說)〔申㳔〕, 증보산림경제(增補山林經濟)〔柳重霖〕,[21] 고사신서(攷事新書)〔徐命膺〕, 전가월령(田家月令)’ 등이 기재되어있다.

‘군서목’의 내용을 보면 일단 『과농소초』를 편찬하면서 활용한 인용서를 정리한 것으로 생각해 볼 수 있다. 좀 더 생각해 볼 문제는 누가 언제 ‘군서목’을 작성하였을까라는 점이다. 이제 ‘군서목’의 기재 내용 가운데 몇 개를 살펴보면서 작성 연대가 연암이 생존하던 당대인지 아니면 후대인지를 검토하고자 한다.

먼저 ‘군서목’ 가운데 ‘육부정(陸桴亭)〔明 陸世儀〕’이라는 구절은 서책(書冊)의 제목이 아니라 저자의 이름을 적어 놓은 것에 불과하다는 점을 지적할 수 있다. 육세의는 명말 청초의 인물로 명이 망한 뒤에 관직에 나아가지 않았고, 주자 성리학을 계속 따르고 공부한 인물로 전해지고 있다. 『과농소초』에 육세의를 언급한 곳은 두 군데 있는데, 첫번째 인용한 부분은 전제(田制)에서 사전(沙田)을 설명하는 구절이었다.[22] 연암은 인용서가 무엇인지 표기하지 않고 있는데, 서유구(徐有榘)의 『임원경제지(林園經濟志)』를 참고하면 육세의가 지은 『사변록(思辨錄)』을 인용한 것이 확실하다. 서유구는 『임원경제지』, 「본리지(本利志)」에서 대전(代田)과 연관된 육세의의 언급을 인용하였는데, 출처를 『사변록』이라 밝히고 있다.[23] 연암이 편찬한 『과농소초』에 육세의가 지은 『사변

---

21 柳重臨의 誤記로 보인다.
22 『課農小抄』,「田制」, “沙田, …… 陸桴亭〔世儀〕曰, 趙過代田之法, 其簡易遠過區田. 盖區田之法, 必用鍬钁墾掘, 有牛犁不能用, 其勞一. 必擔水澆灌, 有車戽不能用, 其勞二……”

158

록』이라는 책명이 분명하게 밝혀져 있지 않다는 점에서, 연암 자신이 '군서목'을 정리하였다면 당연히 책명을 조사하여 넣었을 것으로 추론할 수 있다. 적어도 책명을 넣는 대신에 인명을 넣는 방식을 취하지는 않았을 것이다. 이런 점에서 '군서목'의 작성자는 연암이 아닐 가능성이 높다.

다음으로 '군서목'에 잘못된 기재가 여러 군데 들어 있다는 점을 지적하고자 한다. 『관자(管子)』라 해야 할 것을 '관자(筦子)'로 잘못 기재하고 있다. 또한 『증보산림경제』의 필자인 유중림(柳重臨)을 유중림(柳重霖)으로 잘못 쓰고 있다. 그리고 중국 농서 편찬자 가운데 진부(陳尃)를 진방(陳雱)으로 잘못 적어 놓고 있다. 마지막으로 「농상통결(農桑通訣)」은 하나의 독립된 농서가 아니라 왕정(王禎)이 쓴 『농서』에 수록되어 있는 하나의 편명(篇名)이라는 점을 제대로 밝혀 놓지 않고 있다. 이러한 점에서 '군서목'의 작성자는 연암이 아니라고 추정할 수 있다. '군서목'의 작성자는 연암이 『과농소초』를 편찬하면서 실제로 참고한 농서가 무엇인지 정확히 알지 못하는 상태에서 『과농소초』 초본만 보고 '군서목'을 뽑아내어 정리한 것이 아닌가 생각된다.

다음으로 『농사직설』의 편찬자를 신속(申洬)이라 적어 놓은 것에 대해 부연 설명을 하고자 한다. 『농사직설』은 세종 대인 1429년에 편찬되었고, 신속이 『농가집성』을 편찬한 것은 1655년의 일이었다. 신속은 『농가집성』을 편찬하면서 『농사직설』·『금양잡록』 등을 하나로 묶고 『농사직설』의 내용에 상당히 많은 부분을 증보(增補)하였다. 따라서

---

23 徐有榘, 『林園經濟志』, 「本利志」 卷1, 田制, 代田, "陸桴亭世儀曰, 趙過代田之法, 其簡易遠過區田. 盖區田之法, 必用鍬钁墾掘, 有牛犁不能用, 其勞一. 必擔水澆灌, 有車戽不能用, 其勞二. …… 思辨錄."

‘군서목’을 쓴 사람이 『농사직설』의 편찬자를 신속으로 볼 수도 있었을 것이다. 하지만 『농가집성』의 체제와 구성을 제대로 보았다면 15세기 초반 세종 대에 편찬된 『농사직설』의 편찬자를 17세기 중반에 활약한 인물인 신속으로 지목하지는 않았을 것이다. 그런데 어찌된 일인지 ‘군서목’의 작성자는 『금양잡록』의 필자를 강희맹으로 정확하게 파악하여 기재하고 있었다.

‘군서목’의 작성자는 『농가집성』에 합철(合綴)되어 있는 『농사직설』과 『금양잡록』의 필자에 대해 온전히 파악하지 못하고 있었다. 그렇다면 『농사직설』의 필자를 신속으로 적은 ‘군서목’ 작성자는 『농가집성』의 체제와 구성을 제대로 보지 못한 상황에서 ‘군서목’에 들어갈 서명(書名)을 정리한 것이라고 추정할 수 있을 것이다. 이상에서 살펴본 바에 따르면 ‘군서목’은 『과농소초』 편찬 이후에 연암이 아닌 다른 사람의 손에 의해 작성된 것이 아닐까 추정된다.

‘군서목’ 기재 다음 면을 보면, 〈그림 1〉에서 볼 수 있는 것처럼 ‘과농소초’라는 제목 아래에 ‘면천군수(沔川郡守) 신박지원(臣朴趾源) 편집(編輯)’이라 기록되어 있다. 이러한 기재 내용은 뒤에 설명할 다른 초본들과 동일하다. 위의 간략한 기재 내용을 통해 연암이 정조에게 올릴 농서 제목을 ‘과농소초’라 하였다는 점과 면천군수로 있을 때 농서를 편집하는 작업을 수행하였다는 점을 정확히 확인할 수 있다.

『과농소초』라는 책명과 관련해서 ‘과농(課農)’이라는 말은 ‘권과농상(勸課農桑)’에서 나온 것으로 생각된다. 권과농상이란 농사짓기와 뽕나무 키우기를 권장하고 부과하라는 것으로 수령이 해야 할 일이었다. 『과농소초』, ‘주자 권농문(朱子勸農文)’에 붙인 연암의 주석 중에 “군현의 수령으로 지낼 때 백성들의 어리석은 풍속을 가르쳐 바로잡고 농상(農桑)을 권과(勸課)하는 것을 정성스럽게 갖추어 하지 않을 수 없다.”[24]라는

구절이 있다. 이 구절에서 볼 수 있듯이, 연암은 면천군수라는 수령직에
있으면서 농상을 권과하는 일을 맡아서 잘 수행하지 않을 수 없다고 생
각하고 있었다. 따라서 연암이 정조에게 농서를 올리면서 책명을 지을
때 농상의 권과라는 수령의 직임에서 '과농'이라는 이름을 착상하였을
것으로 보아도 무방할 것이다.

또한 『과농소초』, 「전제(田制)」 항목에 들어 있는 연암의 주석을 살

---

24 『課農小抄』, 「諸家總論」, "朱子勸農文曰, …… 臣趾源曰, …… 然其莅縣守郡之日, 所以
訓誨氓俗, 勸課農桑者, 未嘗不諄切詳備."

펴볼 수 있다. 연암은 앞에서 우리나라의 여러 가지 전형(田形)을 소개
하고 이어서 평양에 남아 있는 기전(箕田)을 돌아보고 정리한 기자전기
(箕子田記)를 실어 놓았다. 그런 다음 연암은 흥인문에서 왕십리〔旺尋里〕
까지, 숭례문에서 서강까지 기전(箕田)을 획정할 수 있다고 주장하면서
상번(上番)하는 향군(鄕軍)이 모두 건실한 농부들이므로 삭료(朔料)를 주
어 농량(農粮)으로 삼아 농사짓게 하면 된다고 주장하였다. 계속해서 연
암은 향군을 이끄는 장관(將官)들이 일찍이 수령을 역임하였기 때문에
과농(課農)하는 데 적임이고 따로 훈농(訓農)하는 관리를 구할 것이 없
다고 하였다.[25] 여기에서는 수령의 직임이 과농임을 보다 분명하게 제
시하였다. 따라서 연암이 '과농소초'라는 책명을 붙인 것은 수령이 해
야 할 권과농상, 과농을 착실히 수행하고자 하는 의지를 명확하게 제시
하기 위한 것이었다고 생각된다.

　다시 기재 내용으로 돌아오면 '경(經)'을 항목명으로 내세우고 농(農)
에 관련된 부분으로 유학(儒學) 경전(經傳)에서 뽑아낸 내용을 기록하고
있다. 각 조목의 끝에 작은 글자로 출전을 기록하고 있다. 그리고 용지
의 계선(界線) 상단에 항목별로 일련번호를 붙였는데 '일(一)'에서 '칠십
사(七十四)'에 이른다. '칠십오(七十五)'로 번호가 매겨진 글도 있는데,
이 글은 박영철 편집본『과농소초』의 권수(卷首)에 들어 있는「편제(編
題)」와「진과농소초문(進課農小抄文)」에 해당한다.[26]

　유학 경전에서 인용한 부분과『과농소초』의 권수에 해당하는 부분

25　『課農小抄』,「田制」, "臣又曰, 自興仁門至旺尋里方十里, 適爲十井之地, 自崇禮門至西江
　　方十里, 亦足以畫箕田十六區. 四方力田之子弟, 莫如諸道上番之鄕軍, 皆健實上農夫. 其
　　一夫三朔放料, 爲米二十七斗, 足爲農粮. 訓農之官, 亦不須他求, 自有該營之將官, 此皆曾
　　經守令之人, 亦將爲字牧之任, 自領其軍, 足以課農矣."
26　김문식(2010), 24면.

의 기재 내용 가운데 '일'에서 '칠십사', '칠십오'에 이르는 일련번호는 앞서 '군서목'과 마찬가지로 연암 당대에 연암이 붙인 것으로 보기 어려울 것으로 생각된다. '일'에서 '칠십사'까지의 내용은 중간에 끊기는 부분 없이 이어지고 있다는 점에서 동질적인 성격을 갖고 있다. 그런데 '칠십사'에서 '칠십오'로 넘어가는 부분은 같은 면이 아닌 다른 면으로 나뉘어져 있다. 따라서 이 부분은 포함하여 살펴볼 때 '일'에서 '칠십오'에 이르는 일련번호는 나중에 붙인 것으로 생각된다.

'경(經)'이라는 항목명 아래 정리한 내용의 출전을 살펴보면 다음과 같다.

〈표 1〉　'經'　항목 서술 부분의 출전 내역 (출전:『丙陽雜錄』 3册)

1. 『周易』繫辭傳	28~31. 『詩經』小雅 甫田
2. 『禮記』祭法	32~35. 『詩經』小雅 大田
3. 『書經』堯典	36. 『詩經』齊風 甫田
4~6. 『詩經』大雅	37~38. 『禮記』王制
7. 『書經』大禹謨	39. 『月令』孟春
8~9. 『書經』盤庚	40. 『月令』仲春
10~14. 『書經』洪範	41. 『月令』孟夏
15. 『書經』酒誥	42. 『月令』仲夏
16. 『書經』梓材	43. 『月令』季夏
17~18. 『詩經』豳風 七月	44. 『月令』孟秋信南山
19. 『詩經』周頌 臣工	45. 『月令』孟冬甫田
20. 『詩經』周頌 噫嘻	46. 『月令』仲冬大田
21. 『詩經』周頌 豊年	47. 『月令』季冬
22. 『詩經』周頌 載芟	48. 『禮記』郊特牲王制
23. 『詩經』周頌 良耜	49~62. 『周禮』(상세 조목 생략)
24. 『詩經』小雅 楚茨	63~74. 『孟子』(상세 조목 생략)
25~27. 『詩經』小雅 信南山	

앞의 표에서 알 수 있듯이 『면양잡록』 3책에 들어 있는 『과농소초』
의 ‘경(經)’ 항목 아래의 기사 내용은 『주역(周易)』·『시경(詩經)』·『서
경(書經)』 등 삼경(三經)에서 발췌 인용한 구절과 『예기(禮記)』·『주례(周
禮)』·『맹자(孟子)』에서 따온 구절로 구성되어 있다. 그런데 이렇게 발
췌 인용된 구절들 사이에 특별한 연관성을 찾기 어렵고, 또한 발췌 인
용한 이유나 배경에 대한 설명 구절도 들어 있지 않다. 경전을 들추어
읽어 나가면서 말 그대로 농(農)에 관련된 구절들을 뽑아서 정리한 것
으로 보지 않을 수 없다. 즉 정연한 농서(農書)의 구성 항목을 설정한
다음, 경전에서 필요한 구절을 발췌 인용한 작업의 결과물이라고는 보
기 어려운 것이다.

　『면양잡록』 3책에 들어 있는 ‘경’ 항목 아래의 기사 내용은 박영철
이 편집한 『연암집』의 『과농소초』에서 전혀 찾아볼 수 없다. 박영철 편
집본의 『과농소초』에는 ‘경’이라는 항목명이 보이지 않는다. 다만 뒤에
자세히 살펴볼 터이지만 「제가총론」이라는 항목 아래에 서광계가 지은
『농정전서』 권1 「농본(農本)」에 실려 있는 ‘경사전고(經史典故)’, ‘제가잡
론(諸家雜論) 상하(上下)’의 내용 중 극히 일부만 인용하고 있을 뿐이다.
서광계는 권1~권3에 걸쳐서 「농본」 아래 ‘경사전고’, ‘제가잡론 상하’,
‘국조중농고(國朝重農考)’를 두고 상세하게 내용을 기술하고 있었다. 하
지만 연암은 그 가운데 극히 일부만 인용하고 있을 뿐이었다. 연암이
인용한 구절은 『관자』의 두 구절, 『상자』의 한 구절뿐이었다.

　이상에서 살펴본 것처럼 현재 전해지고 있는 『과농소초』과 『면양잡
록』 3책의 ‘경’ 항목 아래 기사 내용 사이에 연관 관계를 찾기는 어렵다
고 할 수 있다. 따라서 『면양잡록』 3책의 ‘경’ 항목 아래에 기재된 부분
은 실제 정조에게 올린 『과농소초』에 들어가지 못하고 누락된 것이라고
추정할 수 있다. 하지만 ‘과농소초’라는 제목 아래 ‘면천군수(沔川郡守)

신박지원(臣朴趾源) 편집(編輯)'이라 기록한 부분이 있다는 점에서, 처음 '과농소초'라 이름 붙인 농서 편찬 작업을 시작할 때 만든 초본(草本)에 해당한다고 보아야 할 것이다. 즉 연암이 자신이 검토하는 여러 경전에서 관련된 내용을 발췌하는 작업 내용의 결과물인 초본인 셈이다. 약간 비약적으로 추론한다면 면천군수로 재직하던 연암이 『과농소초』라는 농서를 올려야 되는 사정이 아니었다면 '경' 항목에 들어 있는 내용이 담긴 또 다른 농서를 편찬하지 않았을까 생각해 볼 수 있다.

『면양잡록』 3책의 '칠십오'라는 일련번호로 시작되는 부분의 첫머리에서 연암이 '과농소초'를 편찬하면서 새로운 방침을 정했음을 보여주는 흔적을 찾아볼 수 있다. 첫 행을 보면 '왕약왈명년기미(王若曰明年己未)' 다음에 작은 글자로 '지(止)'를 적어 넣고 '기축미정(己丑未正)'이라 적었다. 계속해서 작은 글씨로 '어제권농정구농서윤음(御製勸農政求農書綸音)'이라고 적어 놓았다. 이 행의 기재 내용은 정조가 1798년 11월 30일에 내린 윤음의 첫 구절과 마지막 구절에 해당한다. 즉 첫 구절과 마지막 구절을 적음으로써 정조 윤음 전체 내용의 기재를 대신한 것이었다.

박영철이 편집한 『연암집』의 『과농소초』에는 권수(卷首)의 「편제」 부분에 정조의 윤음이 전문(全文) 그대로 수록되어 있다. 이는 곧 연암이 『과농소초』를 편찬하면서 원문을 옮겨서 그대로 적어야 할 부분을 초본에 적는 대신, 어디에서 어디까지를 옮겨 놓아야 한다는 집필 지시만 적는 방식으로 초본을 만들어 나갔음을 알려 준다고 생각된다.

『면양잡록』 3책에 정조의 윤음 다음에 적어 놓은 부분은 박영철본 『연암집』의 『과농소초』로 보면 「편제」와 「진과농소초문」에 해당한다. 먼저 「편제」는 『과농소초』를 정조에게 올리게 된 배경 설명에 해당하는 부분이다. 연암은 「편제」에서 정조가 직접 지어서 내린 「권농정구농

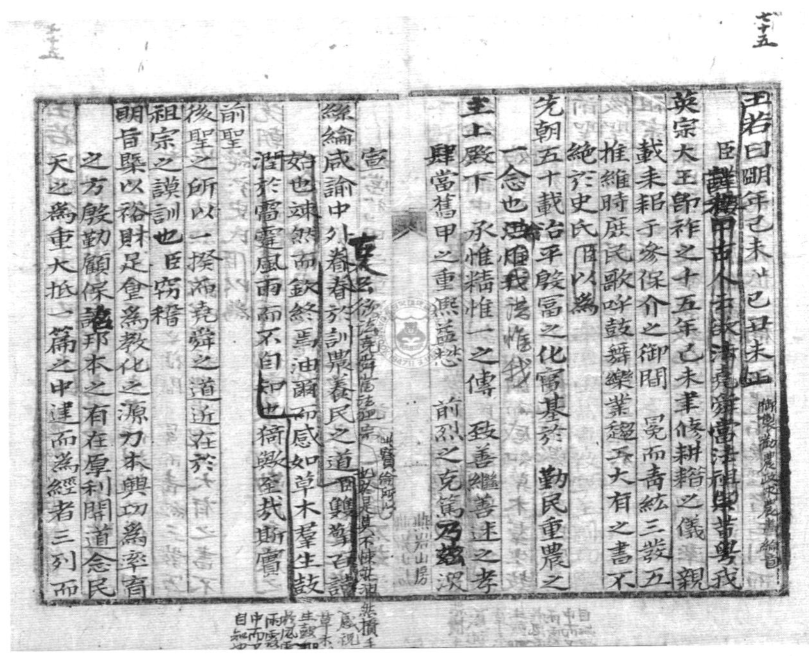

〈그림 2〉 『沔陽雜錄』 3冊, 「編題」, 正祖 「農書綸音」

서윤음」을 그대로 수록하고, 이어서 정조의 윤음에 대한 자신의 의견을 덧붙이고 있었다.

정조가 1798년(정조 22) 11월 30일 내린 「권농정구농서윤음」을 당시 면천군수였던 연암은 12월 9일에 이르러서야 받을 수 있었다.[27] 연암은 정조의 윤음을 인용한 다음 그에 대한 자신의 부연 설명을 붙이고 있다.[28] 연암은 영조 대 50년 동안 나라가 부유하고 잘 다스려진 근간

---

27 『課農小抄』 卷首, 「編題」, "臣趾源於戊午十二月初九日, 在職次, 祇受頒下印本, 御製勸農政求農書綸音."

이 바로 백성들이 근로하게 하고 농사를 중시한 일념(一念)에서 나온 것이라 평가하고 정조가 이를 잘 계술(繼述)하고 있으며, 이 윤음을 바로 훈농(訓農)하고 양민(養民)하는 도(道)에 정성을 다한 것이라고 평가하였다.[29]

『면양잡록』 3책에 실려 있는 「편제」에 해당하는 부분은 앞의 〈그림 2〉에 보이는 바와 같이 수정 가필의 흔적이 역력하다. 수정 가필한 부분은 대부분 박영철본에 반영되어 있지만, 끝 부분 몇 행은 빠져 있다. 이 부분은 『과농소초』를 정서(淨書)하여 올릴 때 삭제한 부분일 것이다.

연암은 「진과농소초문」에서 『과농소초』를 올리게 된 경위를 설명하고 있다. 『면양잡록』 3책의 「진과농소초문」은 깨끗하게 정서된 상태이다. 이에 따르면 정조의 윤음이 내려진 이후에 수령 가운데 응지(應旨)하여 농서(農書)나 농소(農疏)를 올린 사람이 없었다. 이에 1799년 1월 7일 정조가 윤음과 하교를 다시 내려 응지할 것을 독려하였다. 연암은 정조의 재촉에 호응하지 않을 수 없었다.

정조가 1799년 1월에 내린 윤음과 하교는 『정조실록(正祖實錄)』과 『승정원일기(承政院日記)』 등에 보이는데, 연암은 그 내용의 핵심적인 부분을 뽑아서 「진과농소초문」에 수록하였다. 연암의 정리에 따르면 "관찰사

---

28 앞의 글, "以臣愚見由百世而等之, 今日隆昌之運, 其殆漢之文景富庶之際乎, 於休盛矣. 斯實聖代制作之嘉會, 奎璧之章, 信乎發前經之未發. 與豳風七月, 周書無逸相表裏, 而允爲萬世之鴻典云爾."

29 앞의 글, "昔粵我英宗大王, 御極之十五年己未, 聿修耕耤之儀, 親載未耜于參保介之御間. 冕而青紘, 三發五推, 維時庶民, 歌呼鼓舞, 樂業趨工, 大有之書, 不絕於史氏. 先朝五十載治平殷富之化, 實基於勤民重農之一念也. 洪惟我主上殿下, 承惟精惟一之傳, 致善繼善述之敎, 肆當舊甲之重熙, 益懋前烈之克篤, 乃茲渙宣絲綸, 咸諭中外. 古人云欲法堯舜, 當法祖宗, 此寶綸, 所以眷眷於訓農養民之道也. 於是莫不竦然油然攢手感祝, 如草木群生鼓潤於風雷雨露之中, 而不自知也. 猗歟至哉, 斯實前聖後聖之所以一揆, 而堯舜之道近在於祖宗之模訓也."

와 유수, 수령이 먼저 의견을 진술하라.”라는 것과 “문음(文蔭) 수령(守令)
은 한 사람도 빠짐없이 경륜(經綸) 책자를 올리라.”라는 것이었다.[30] 연암
은 이어서 『과농소초』를 지은 과정을 설명하는데, 자신은 본래 한성부에
서 나고 자라 농사짓는 모습을 제대로 본 적이 없고, 게다가 유생(儒生)
생활에 전념하여 야인(野人)이나 전객(佃客)을 마주한 적이 없다고 하였
다. 이런 모습이었던 연암이 『과농소초』의 바탕이 되는 ‘농서 초록(農書
抄錄)’을 쌓아 두기 시작한 것은 그의 표현에 따르면 낙척(落拓)하여 처음
으로 귀농(歸農)에 뜻을 두게 된 때부터였다. 즉 1777년 금천(金川)의 연
암협(燕巖峽)으로 은거하면서부터였다.[31]

그런데 연암의 농서 초록이 빛을 발하게 되는 것은 좀 더 뒤 시기의
일이었다. 그의 설명에 따르면 연암협에 은거하고 있을 때 농서 초록
한 것을 바탕으로 들판에서 농민들에게 설명하였지만 우활(迂闊)하다
는 평가와 더불어 비웃음을 받았다.[32] 이렇게 비웃음을 받으면서도 그
는 계속 농서 초록을 해 나가면서 자신의 의견을 덧붙였다. 특히 수령
으로 나아가 농상(農桑)을 주된 임무로 삼았을 때 더욱 힘써 원야(原野)
에서 농민들에게 자신이 정리한 책 속의 여러 내용을 시험해 보려고
노력하였다.

연암은 자신의 이러한 노력이 실제로 잘 결실을 본 것은 아니라고
겸양하였지만, 이 과정에서 농서 초록의 내용이 보다 충실해졌을 것으
로 생각된다. 그리고 농서 초록은 『과농소초』라는 이름을 얻게 되면서

---

30 『正祖實錄』과 『承政院日記』의 기사 내용에 약간 차이가 있다. 『正祖實錄』 卷51, 정조
　23년 1월 1일 庚申과 『承政院日記』 정조 23년 1월 1일 庚申 참조.
31 『課農小抄』 卷首, 「進課農小抄文」, “及中歲落拓, 始有志歸農, 求所謂農家者流而鈔錄之.”
32 앞의 글, “往往郊野, 見其耕耘之法, 多不與古書合. 或爲之曉說趙過賈勰之遺方, 未嘗不
　爲村傭里老所笑以爲甚迂也.”

더욱 내용이 풍부해졌는데, 그것은 새롭게 연암 자신이 안설(按說)을 붙였기 때문이었다. 연암이 농서 초록 과정에서 정리하였던 주석(註釋)뿐만 아니라, 그의 안설이 조선의 농업현실에 뿌리를 두고 이를 크게 바꾸려는 내용으로 채워진 것 또한 면천군수라는 지방 수령 자리를 지내면서 얻은 것으로 추정할 수 있다.

계속해서 『면양잡록』 3책에는 연암이 평양(平壤)에서 살펴본 기자전(箕子田)에 대한 기록인 「기자전기(箕子田記)」가 수록되어 있다. 이 부분은 박영철본 『연암집』의 『과농소초』, 「전제(田制)」에 들어 있는 부분과 동일한 내용으로 파악된다. 박영철본 『연암집』의 『과농소초』, 「전제」에는 구전(區田)을 비롯한 여러 8가지 유형의 토지를 소개하고 이어서 '신지원왈(臣趾源曰)'을 말머리로 삼은 주석에서 방전(方田), 직전(直田) 등 우리나라 전명(田名)[33]을 소개하고, 여러 가지 유형의 토지에 대해 부연 설명하고 있다. 이어서 구전법(區田法)에 대해서 상세히 설명하는 부분이 나오고, 「기자전기」 등이 실려 있다. 「전제」와 관련된 『면양잡록』 3책의 내용과 박영철본의 그것이 동일하다는 점에서 이 부분은 초본을 정서한 정본(定本)으로 보인다.

이상과 같이 『면양잡록』 3책의 '과농소초' 부분을 상세히 검토해 보았다. 『면양잡록』 3책은 연암이 처음 '과농소초'를 편찬하기 위해 '경(經)'에서 관련 내용을 발췌하면서 기록한 부분, 발췌 인용할 부분을 처음과 끝 구절을 지시하는 방식의 작업 내용을 기재한 부분(정조 윤음), '과농소초'를 편찬하면서 작성한 초본에 해당하는 부분(「편제」에 해당하는 부분), 정조에게 올린 『과농소초』의 정본에 해당하는 부분(「진과농

---

33 조선시대의 量田, 量案에서 일반적으로 사용하는 용어는 田形이다. 五形이라 하는데 方田, 直田, 梯田, 圭田, 句股田 이렇게 다섯 가지이다.

소초문」, 「전제」의 일부분) 등으로 구성되어 있음을 확인하였다. 이와 같이 『면양잡록』 3책의 내용은 『과농소초』를 편찬하는 과정의 작업 내용 지시, 『과농소초』 초본과 정본 등이 뒤섞여 있는 것이었다. 따라서 실제 『과농소초』의 편찬 과정을 보여 주고 있다고 평가할 수 있다.

3) 『면양잡록』 4책의 『과농소초』 초본

『면양잡록』 4책의 내용 구성을 보면 연암의 글 이외에 다른 사람의 글도 포함되어 있다. 4책의 뒷부분에 『과농소초』의 또 다른 초본이 들어 있다. 아래 〈그림 3〉에 보이는 바와 같이 첫 행에 '과농소초권지(課

〈그림 3〉 『沔陽雜錄』 4冊, 『課農小抄』, 「諸家總論」

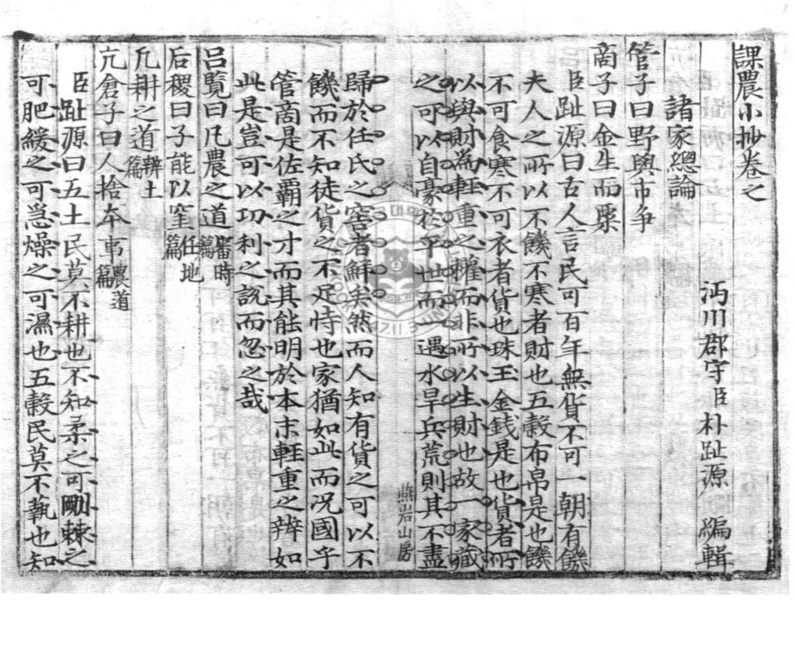

農小抄卷之)'까지만 적어 놓고 그다음 행에 『면양잡록』 3책 초본의 기재 내용과 동일하게 '면천군수(沔川郡守) 신박지원(臣朴趾源) 편집(編輯)'이라 기록하고 있다. '권수(卷數)'의 숫자를 기재하지 않고 있는 것은 '과농소초'의 전체 분량에 대해 가늠하지 못한 상태였기 때문으로 생각된다. 권수를 기재하지 않고 있다는 점에서 이 부분이 초본 상태였음을 알 수 있다. 초본을 모아 정본을 만드는 과정에 들어서야 비로소 권수를 결정하여 확정할 수 있기 때문이다.

초본을 만드는 과정과 관련해서 주목되는 부분이 바로 다음에 나온다. '제가총론(諸家總論)'이라는 항목명 다음에 '관자왈(管子曰) 야여시쟁(野與市爭)', '상자왈(商子曰) 금생이속(金生而粟)'이라는 구절이다. 이 부분은 『면양잡록』 3책에서 연암이 정조 윤음을 『과농소초』에 옮겨 적기 위해 작업 지시를 해 놓은 것과 마찬가지 방식의 기재로 해석할 수 있다. 『과농소초』의 기재 내용의 골격을 이루는 부분이라고 할 수 있다. 그런 다음 '신지원왈(臣趾源曰)'을 말머리로 삼아 자신의 의견을 덧붙이고 있다. 이와 같이 『과농소초』에 옮겨 적을 부분을 지시하고, 이어서 '신지원왈' 다음에 연암 개인의 주장을 덧붙이는 방식이 계속 이어지고 있다. 이러한 서술 내용은 정본을 만들기에 앞서 발췌 인용할 부분을 적시하고 그에 대한 자신의 주장을 적어 놓았다는 점에서 초본에 해당한다 할 것이다.

『관자』와 『상자』를 인용하도록 지시하는 부분은 『과농소초』의 체제 구성과 관련해서 매우 중요한 의미를 갖고 있다. 그것은 뒤에 자세히 검토하지만, 『관자』와 『상자』에서 인용한 부분이 실제로는 서광계의 『농정전서』에 실려 있는 구절이라는 점이다. 연암이 정조의 독촉을 받아 『과농소초』라는 농서를 만들어 올리면서 애초의 경전에서 발췌 인용하고, 여기에 자신의 의견을 붙이는 방대한 작업 대신 『농정전서』를 활용하는 편찬 방침을 새로 세워 이를 실행에 옮겼음을 보여 주는 것으로 생각된다.

『면양잡록』 3책의 '경(經)' 항목에 연암 자신의 주석이나 안설이 붙어 있지는 않지만 해당 구절을 뽑아내는 작업 자체가 연암의 의지를 보여 주는 것이었다. 그런데 이렇게 경전을 섭렵하여 농(農)과 관련된 구절을 찾는 것은 짧은 시간에 마무리하기 어려운 작업이었다. 그러한 사정 때문에 서광계의 『농정전서』 등 중국과 조선의 농서를 활용하고 발췌 인용한 부분에 자신의 의견을 주석이나 안설로 붙이는 편찬 방침을 세웠을 것으로 생각된다.

『면양잡록』 4책의 '과농소초' 초본과 관련시켜 살펴보아야 할 『연암집』 이본(異本)이 김택영이 1900년에 편집한 『연암집』[34]이다. 김택영 편집본에는 '과농소초'라는 이름이 붙은 부분이 보이지 않는다. 그 대신 〈그림 4〉에서 보이는 것처럼 「농설(農說)」이라는 항목명 아래에 앞서 검토한 『면양잡록』 권4의 초본과 유사한 내용을 수록하고 있다. 그리고 『과농소초』의 각 편명에 해당하는 '제가총론' 등의 주석과 안설을 기재하고 있다.

『면양잡록』의 '과농소초' 초본의 기재 방식인 첫 구절 쓰기('管子曰 野與市爭', '商子曰 金生而粟')를 더욱 과감하게 생략하여 '관자운운(管子云云)', '상자운운(商子云云)'으로 기재하고 있다. 이러한 방식은 아마도 김택영 등이 『연암집』을 편집하면서 연암 자신의 글을 정리하는 일에 가장 눈높이를 맞추고 있었기 때문이 아닐까 추정할 수 있다.

『면양잡록』 4책의 '과농소초' 앞에 들어 있는 글이 「진과농소초문」의

---

34 金澤榮 校編, 『燕巖集』.

<그림 4> 金澤榮 편집본 『燕巖集』의 「農說」

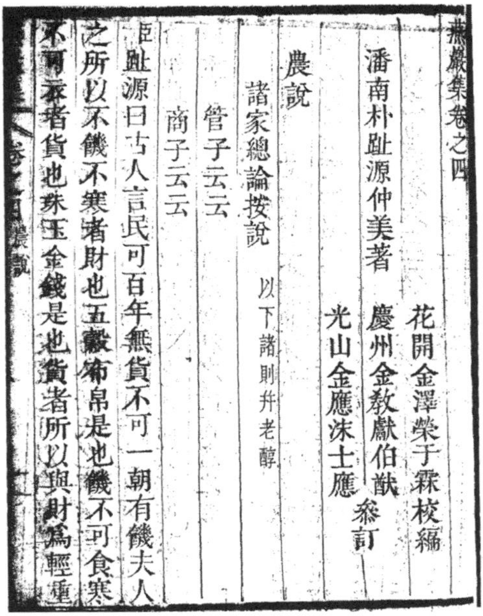

燕巖集卷之四

潘南朴趾源仲美著　　花開金澤榮于霖校編

慶州金敎獻伯猷參訂

光山金應洙士應

農說

諸家總論按說　以下諸則幷老醇

管子云云

商子云云

臣趾源曰古人言民可百年無貨不可一朝有饑夫人
之所以不饑不寒者財也五穀布帛是也饑不可食寒
不可衣者貨也珠玉金錢是也資者所以與財爲輕重

초본에 해당하는 글과 「한민명전의(限民名田議)」의 초본에 해당하는 글 두 편이다. 박영철본 『연암집』의 「진과농소초문」, 「한민명전의」와 비교할 때 대부분의 내용이 동일하지만, 초본의 많은 부분이 삭제되었음을 알 수 있다. 삭제된 부분이 상당 부분에 달한다는 점에서 두 개의 글을 따로따로 정리하는 것이 필요하다 생각된다. 이를 통해 연암이 「한민명전의」라는 한전론(限田論)을 제기하는 글을 작성하면서 고심하였던 '생각의 흐름'을 따져 볼 수 있을 것으로 기대한다.

　이상과 같이 『면양잡록』 3책·4책의 『과농소초』 초본과 정본을 검토한 것을 바탕으로 『과농소초』의 편찬 과정을 정리하면 다음과 같다. 연암은 애초에 농사에 아는 바가 없었지만 연암협에 은거하게 된 뒤에 농서 초록을 쌓아 두었다. 연암이 면천군수로 나아가기 전에 이미 만들어 두었던 농서 초록이 실상 『과농소초』의 실제 초본에 해당하는 것이었다. 면천군수로 부임한 이후 연암은 『면양잡록』 3책의 '경(經)'이라는 항목 아래 내용에 보이는 것처럼 경전(經傳)에서 농(農)과 관련된 부분을 발췌 인용한 초본을 만들어 두었다. 하지만 이 초본은 『과농소초』의 내용 속에 들어가지 못하였다.

1798년 11월과 1799년 1월 정조의 윤음을 받은 연암은 『과농소초』를 만들어 올리기 위한 구체적인 작업을 시작하였고, 이를 위해 『면양잡록』 3책과 4책에 보이는 것처럼 발췌 인용을 위한 작업 지시, 『과농소초』에 주석이나 안설로 들어가는 자신의 주장 등을 담은 초본을 만들었다. 또한 초본을 정리해 나가면서 정본을 작성하였다.

초본을 만드는 과정에서 경전의 농에 관련된 구절을 초록하는 작업을 수행하였고, 또한 서광계의 『농정전서』의 구절을 발췌하는 작업도 수행하였다. 아마도 전자의 작업을 하다가 후자의 작업으로 넘어간 것이 아닌가 생각된다. 정조의 독촉을 받은 연암은 앞서 연암협 은거 이후에 작성한 농서 초록을 바탕으로 서광계의 『농정전서』를 발췌 인용하는 방식으로 초본을 만드는 작업을 진행하였을 것이다. 초본을 만드는 과정에서 정본이 정리되기도 하였는데, 「기자전기」를 적어 넣은 부분은 초본을 정서한 정본에 해당한다. 이상에서 검토한 바와 같이 『면양잡록』 3책과 4책에는 초본과 정본이 뒤섞여 들어가 있는 것은 연암이 『과농소초』를 편찬하는 과정에서 여러 갈래의 작업 결과물, 즉 농서 초록, 경전 초록, 『농정전서』 발췌 등을 활용하여 초본을 만들고 이를 정본으로 정서하였기 때문이라고 생각된다.

3. 『과농소초』의 내용 구성과 의의

여기에서는『과농소초』내용 구성의 특색을 살펴보고, 인용서와 인용방식의 특징을 찾아보려고 한다. 구체적으로『과농소초』의 목차를 따라가면서 각 항목별로 중국 농서와 조선 농서에서 인용된 부분을 하나하나 비교 검토하려고 한다. 또한 연암이 항목별·조목별로 붙여 놓은 주석과 안설을 살펴보면서 그의 농업기술, 토지소유, 수리시설 등에 대한 주장과 입장을 찾으려고 한다. 이런 작업을 통해『과농소초』가 갖고 있는 역사적 의의를 정리할 수 있을 것이다.『과농소초』의 서술 내용에 대한 분명하고 정확한 해석과 그에 대한 의미 부여가 이루어지기 위해서는 이러한 작업이 절실하게 필요하다고 생각된다.

『과농소초』의 전체 목차를 보면 권수(卷首), 제가총론(諸家總論), 수시(授時), 점후(占候), 전제(田制), 농기(農器), 경간(耕墾), 분양(糞蘘), 수리(水利), 택종(擇種), 파곡(播穀), 제곡품명(諸穀品名), 서치(鋤治)〔備蝗雜法〕, 수확(收穫), 양우(養牛)〔附治病諸藥〕 등의 항목으로 구성되어 있다. 아래에서 각 항목별 내용 구성의 특색과 서술 내용, 그리고 역사적 의의를 검토한다. 다만 '수시'와 '점후' 항목은 좀 더 궁구해야 할 부분과 아직 미해결된 부분이 많아 이번에 상세하게 분석하는 작업을 마치지 못하고 빠져 있다. 그리고 '택종부터 파곡, 제곡품명, 서치, 수확, 양우'까지 여러 항목은 매우 구체적인 농법(農法)에 대한 설명이어서 이번 작업에서는 다루지 못하고 후속 연구에서 정리하려고 한다.

1) 권수(卷首)—『과농소초』 편찬 배경

연암이 편찬한『과농소초』의 첫 면을 살펴보면 권수(卷首)가 보인다.

권수는 「편제(編題)」와 「진과농소초문(進課農小抄文)」이라는 2개의 글로 구성되어 있다. 이 가운데 「편제」는 『과농소초』를 정조에게 올리게 된 배경을 설명하는 부분에 해당한다. 그리고 「진과농소초문」은 『과농소초』를 정조에게 올리면서 덧붙인 보고문에 해당하는 글이다. 따라서 두 개의 글을 상세히 분석하면 연암이 『과농소초』를 편찬한 이유와 배경이 무엇인지 살펴볼 수 있다.

연암은 「편제」에서 정조가 직접 지어서 내린 「권농정구농서윤음」을 그대로 수록하고 이어서 정조의 윤음에 대한 자신의 의견을 피력하고 있다. 먼저 정조가 영조를 잘 계술(繼述)하여 이러한 윤음을 내렸다는 것과 이 윤음이 농민을 깨우치고 백성들을 기르는 데 아주 정성을 다한 것이라는 점을 지적하였다.[35] 연암이 보기에 정조가 내린 윤음은 '삼경(三經)'과 '삼위(三緯)'를 골간으로 삼는 것이었다. 그리하여 연암이 최종적으로 내린 결론은 '(정조의 윤음이) 만세(萬世)의 큰 규범〔鴻典〕이 될 것'이라는 것이었다.[36]

연암이 정조의 윤음에 대해 '만세의 큰 규범'이라는 평가를 내리고 있는 것은 곧 정조가 제시한 농서의 큰 틀에 대해서 동의하고 있다는 것으로 볼 수 있다. 정조는 윤음에서 농업기술의 가장 중요한 요소로 수리(水利), 토의(土宜), 농기(農器)를 강조하였다.[37] 그리하여 수리의 진

---

35 『課農小抄』卷首, 「編題」, "洪惟我主上殿下, 承惟精惟一之傳, 致善繼善述之教. 肆當舊甲之重熙, 益懋前烈之克篤, 乃茲渙宣絲綸, 咸諭中外. 古人云欲法堯舜, 當法祖宗, 此寶綸, 所以眷眷於訓農養民之道也."

36 앞의 글, "以臣愚見由百世而等之, 今日隆昌之運, 其殆漢之文景富庶之際乎, 於休盛矣. 斯實聖代制作之嘉會, 奎璧之章, 信乎發前經之未發. 與豳風七月, 周書無逸相表裏, 而允爲萬世之鴻典云爾."

37 정조가 내린 「勸農政求農書綸音」의 내용과 이에 호응하여 올려진 「應旨農書」에 대해서는 김용섭(1968); 염정섭(2001) 참조.

흥, 토의에 알맞은 곡종(穀種)의 선택과 경작법의 정리, 농기의 개량과 개선이라는 세 가지 요소를 가장 중요한 농업기술로 지목하였다. 연암의 『과농소초』에서도 농기와 수리 부분이 다른 농서에 비해 크게 강조되고 있다.

연암은 「진과농소초문」에서 『과농소초』를 올리게 된 경의를 설명하고 있다. 정조가 「권농정구농서윤음」에 경륜(經綸) 책자를 올리도록 독촉하는 왕명을 내려 농서를 편찬하여 올리지 않을 수 없다고 하였다. 그는 자신이 1777년 금천의 연암협에 은거하게 된 이후 농서를 읽고 초록하는 작업을 수행하였다고 언급하였다. 그리고 자신이 제출하는 농서가 더욱 내용이 풍부해졌다고 주장하였는데, 그것은 중국이나 조선의 농서에서 필요한 부분을 인용하는 데 그치지 않고 새롭게 연암 자신이 주석과 안설을 붙였기 때문이라고 볼 수 있을 것이다.

『과농소초』에는 연암 자신의 견해, 의견, 평가 등을 두 가지의 서두와 함께 정리하고 있다. 그러한 사정은 뒤에서 살펴볼 '주자 권농문'에 대한 부분에서 보다 확연하게 찾아볼 수 있다. 연암은 자신의 의견을 어떤 곳에서는 '신지원왈(臣趾源曰)'을 말머리로 삼아 개진하고, 어떤 곳에서는 '신근안(臣謹按)' 아래에 기재하고 있다. 이는 일단 연암의 주석이 달린 시기, 즉 자신의 의견을 정리한 시기의 차이로 설명할 수 있다. 「진과농소초문」에서 연암은 자신이 정리한 것을 숨김없이 올리는데 안설을 대략 정리하여 올린다고 거론하였다.[38] 추정하건대 안설은 『과농소초』를 올릴 당시인 1799년 1월에서 3월 사이에 적은 것으로 보이고, '신지원왈'로 시작되는 주석 부분은 그보다 앞서 농서 초록을 수행

---

38 『課農小抄』卷首, 「進課農小抄文」, "義在無隱, 誠不獲已, 遂敢略綴按說, 繕寫呈進, 臣無任愧恐屛營之至."

하던 과정에서 적어 놓은 것으로 추정된다. 이하 본문에서는 각각 안설, 주석으로 나누어 부르는 것이 좋을 것으로 생각된다.

2) 제가총론(諸家總論)－사(士)의 실학론

연암은 「제가총론」 항목에 서광계의 『농정전서』 권1 「농본」의 '경사전고', '제가잡론 상하'의 내용 일부만 인용하였다. 서광계는 『농정전서』 전 60권 가운데 3권에 걸쳐 '경사전고', '제가잡론 상하', '국조중농고'의 항목을 설정하고 방대한 관련 내용을 수록하였다. 하지만 연암은 그 내용 가운데 극히 일부만 인용하였을 뿐이다. 『관자』의 두 구절, 『상자』의 한 구절이다. 그것도 『농정전서』와 수록 순서를 달리하여 인용하고 있다. 이러한 인용방식을 택한 이유는 연암의 주석에서 분명하게 드러난다. 이 부분은 인용문이 짧기 때문에 원문을 그대로 제시해 보면 다음과 같다.

> 管子曰 野與市爭民 金與粟爭貴
>
> 又曰 民無所遊 食必農 民事農則田墾 田墾則粟多 粟多則國富
>
> 商子曰 金生而粟死 粟生而金死 金一兩生於境內 粟十二石死於境外 粟十二石生於境內 金一兩死於境外 好生金於境內 則金粟兩死 倉府兩虛 國弱 好生粟於境內 則金粟兩生 倉府兩盈 國彊

연암은 『농정전서』에서 인용한 『관자』의 두 구절을 다시 옮겨 놓았다. 그런데 두 구절을 옮겨 놓으면서 서술 순서를 『농정전서』와 다르게 하였다. 즉 위 인용문에 보이는 '우왈(又曰)'로 시작하는 두 번째 인용 구절은 본래 『농정전서』에는 훨씬 앞에 수록된 구절이었다. 이 구절을 뒤로 돌리고 서술한 첫 번째 인용문은 여러 가지로 해석이 가능하지만 다음과 같이 볼 수 있다. "들판과 시장이 백성을 다툰다〔野與市爭民〕." 라는 구절은 바로 시장이 백성을 차지하려고 농지와 다투는 상황에 대한 비판적인 인식, 즉 백성들이 시장에 가지 않고 농지에서 농사짓는 것을 옳게 여기는 연암의 시각을 잘 보여 주고 있다. 마찬가지로 "금붙이와 곡물이 귀함을 다툰다〔金與粟爭貴〕."라는 구절은 금붙이가 곡물보다 귀한 것으로 간주되는 상황에 대한 비판적 인식, 즉 곡물의 생산이 금붙이를 제작하는 것보다 훨씬 귀중하다는 것을 강조하는 그의 생각을 보여 주고 있다고 보인다.

위의 해석이 온당하다면 연암이 농본(農本)에 의거한 자급자족적인 상황을 요긴하게 바라보는 시각을 드러낸 것으로 볼 여지가 있다. 또는 당연히 강조해야 할 농본을 반어적으로 강조한 것으로만 해석하는 것도 무방할 것이다. 시장과 금붙이를 경원시하고 농본에 입각한 자급자족적인 상태를 강조하는 것인지 여부는 앞으로 좀 더 따져 보아야 할 것으로 생각된다.

두 번째로 『관자』에서 인용한 구절은 "또 말하기를 민(民)이 노는 바가 없으면 식(食)은 반드시 농(農)에서 나온다. 민들이 농에 종사하면 전(田)이 개간되고, 전이 개간되면 속(粟)이 많아진다. 속이 많으면 국(國)이 부유해진다."라고 번역할 수 있다. 이러한 번역에서 알 수 있듯이, 이 구절은 농본을 적극적으로 내세우는 의미를 담고 있다.

세 번째 인용문은 상자(商子)의 말을 인용한 것인데, "금(金)이 살면 속(粟)이 죽고, 속이 살면 금이 죽는다." 즉 곡물과 금의 상대 가치의 차이에 따라 나타나는 교환의 부등가성 때문에 금을 중시할 경우 곡물생산이 중단되어 나라가 허약해지지만, 곡물을 중시할 경우 금도 획득할 수 있어 나라가 강건해진다는 점을 강조하였다. 이 구절에서 보다 분명하게 금붙이보다 곡물을 중요하게 여기는 입장을 재확인할 수 있다.

연암은 세 인용문을 종합하여 자신의 의견을 개진하는데, 관중과 상앙의 언급을 인용한 것에 대한 합리화와 정당화 논리를 제시하고 있다. 그에 따르면 본말(本末)과 경중(輕重)을 분별하는 것은 관중(管仲), 상앙(商鞅)처럼 패도를 추구한 공리(功利) 우선론자에게도 마찬가지라는 것이다. 화(貨)를 전적으로 믿어서 사람이 삶을 꾸려 나가지 못하는 것과 마찬가지로 나라에서도 그러하다고 정리하고 있다.[39]

연암은 이러한 설명의 전제로 재(財)와 화(貨)를 나누어 설명하였다. 화(貨)는 재물, 화폐, 돈으로 바꿀 수 있는 물건, 재산 등을 가리키는 것이고, 재(財)는 굶주리지 않게 하고 춥지 않게 해 주는 오곡(五穀)과 포백(布帛)을 가리키는 것이다. 평상시에는 화(貨)를 가지고 굶주리지 않을 수도 있지만 홍수, 가뭄, 병란, 흉년이 들면 화라는 것은 다른 부호의 손에 들어가지 않을 수 없는 것으로 굶주림이나 추위를 해결해 줄 것으로 믿기 어렵다 하였다.

연암이 계속해서 인용한 부분은 『여람(呂覽)』(『呂氏春秋』)의 몇 개 편인데, 모두 『농정전서』에 들어 있는 부분을 옮겨 놓은 것이다. 『여씨춘추』의 내용은 박세당(朴世堂)이 지은 『색경(穡經)』에도 인용되어 있다. 서광계가 『여씨춘추』를 인용하면서 "옛 농가의 서(書)가 매우 많았지만 지금 드물게 전해지는데, 여상(呂相)이 모아 놓은 여러 편(篇)은 대개 근

---

39 『課農小抄』, 「諸家總論」, "臣趾源曰, 古人言, 民可百年無貨, 不可一朝有饑. 夫人之所以不饑不寒者, 財也, 五穀布帛是也. 饑不可食, 寒不可衣者, 貨也, 珠玉金錢是也. 貨者, 所以與財爲輕重之權, 而非所以生財也. 故一家藏之, 可以自豪於平世, 而一遇水旱兵荒, 則其不盡歸於任氏之窖者, 鮮矣. 然而人知有貨之可以不饑, 而不知徒貨之不足恃也. 家猶如此, 而況國乎. 管商是佐霸之才, 而其能明於本末輕重之辨如此, 是豈可以功利之說而忽之哉."

180

본으로 삼을 만한 것이고 또한 한두 편은 살펴볼 만하다.”[40]라는 주석을 붙여 놓은 것처럼 『여씨춘추』 사용론(土容論)은 본질적으로 농서에 해당되는 부분이라고 할 수 있다.

서광계는 『여씨춘추』 사용론의 6개 편 가운데 ‘심시편(審時篇)’, ‘임지편(任地篇)’, ‘변토편(辨土篇)’을 인용하고 여기에 ‘농도편(農道篇)’을 같이 인용하고 있다. 마지막의 ‘농도편’이라는 편명이 붙은 부분은 『여씨춘추』에 들어 있지 않은 것으로 『항창자(亢倉子)』라는 책에 나오는 내용이다. 그런데 『항창자』는 석성한(石聲漢)이 지은 『농정전서교주(農政全書校注)』에 따르면 당나라 때 왕사원(王士源, 王士元)의 위작(僞作)이고 ‘농도편’의 내용은 『여씨춘추』 사용론의 후4편을 대략 고친 것이라고 한다.[41] 이런 이유에서 ‘항창자왈(亢倉子曰)’ 이하로 시작되는 ‘농도편’은 앞선 3편의 글에 이미 나온 내용이 상당수 중첩되어 있다. 연암이 이러한 내용상의 중첩을 그대로 인용하고 있는 이유가 무엇인지 아직 알 수 없다. 또한 연암이 이러한 중첩을 알고 있었는지 여부도 알기 어렵다.

『여씨춘추』를 인용한 부분에 붙어 있는 연암의 주석은 농본에 대한 그의 생각을 가장 극적으로 드러내고 있다. 연암은 비, 햇볕, 바람, 시(時) 등의 원리에 정통한 사람을 ‘성어농자(聖於農者)’라 평가하였다. 성어농자야말로 사람들을 길러 내는 것뿐만 아니라 총명하고 예지가 있으며 건강하고 재앙이 없게 만들 수 있을 것이라며 최고의 평가를 내리고 있다. 그리하여 천하의 사람들로 하여금 마음을 가다듬게 만들고

---

40 徐光啓, 『農政全書』卷1, 「農本」, “玄扈先生曰, 古農家之書甚多, 於今罕傳, 呂相所集諸篇, 槪有所本, 亦可睹見一二矣.”
41 石聲漢(1979), 상, 30면 주 35).

임금의 자리를 높이고 공법(公法)을 세울 수 있다고 하였다.[42]

　연암은 농(農)이 가지고 있는 위력이라는 것을 대단하게 평가하면서 『여씨춘추』에 보이는 내용이 중농(重農)의 설명이 지극하다는 점을 주목하였다. 그는 상(商)에 해당되고 농(農)이 아닌 여씨(呂氏)가 이와 같은 중농의 설명을 할 수 있었던 배경을 나름대로 추정하는데, 신농(神農)을 그 연원으로 파악하고 있다. 그리고 신농의 설명을 이은 농가(農家)인 허행(許行)의 무리들이 나중에 큰 장사치가 되었다고 보았다. 글자의 뜻으로 보면 신농(神農)과 성어농(聖於農)은 서로 공유하는 부분이 많다고 생각된다.

　이런 맥락에서 연암이 '성어농'을 개념화할 속내를 갖고 있었던 것이 아닐까 생각된다. 연암이 여씨의 말이라고 해서 배척하지 않고 수용하는 것을 정당화시키고 있다는 점에서 시사를 받을 수 있다. 농(農)에 성(聖)하다는 것은 결국 농사의 원리와 실제에 막힘이 없이 관통하는 경지를 가리키는 것으로 볼 수 있다. 『과농소초』의 목차에 보이는 수시, 점후, 전제, 농기, 경간, 분양, 수리, 택종, 파곡, 제곡품명, 서치〔비황잡법〕, 수확, 양우 등에 능통한 경지가 '성어농'이고 그러한 경지에 다다를 자가 '성어농자'로 상정하고 있던 것이 아닐까 생각된다. '성어농자'는 전성(前聖), 성인(聖人), 성대(聖代)와 같은 용어와는 다른 맥락, 즉 농(農)에 한정하여 제시하고 있던 것으로 보인다.

　다음으로 명나라 인물인 마일룡(馬一龍)의 『농설(農說)』을 인용하고

---

42 『課農小抄』, 「諸家總論」, "人知雨潤而暘燠也, 不知風之可使冷然善也. 人知後時之爲失也, 不知先時之失猶夫後時也. 夫能知其術而盡其理者, 其惟聖於農乎. 人皆知農之能養人也, 而不知聖於農者之乃能使人聰明睿智體康無殃也. 又能使天下之人童樸一心, 以至於主位尊而公法立也. 大哉農乎."

있다.[43] 이 부분은 『농정전서』에 수록된 내용을 그대로 옮겨 놓은 것이다. 연암의 설명을 바탕으로 마일룡의 『농설』을 평가해 볼 수 있다. 또한 이러한 과정에서 연암이 강조하는 바가 무엇인지 분명히 알 수 있다.

연암은 마일룡의 설명이 오묘하고 그윽하다고 평가하고 있다. 그렇지만 연암은 농(農)이라는 것에 담겨져 있는 실체, 즉 천하에서 지극히 순박하고 지극히 정교한 실체가 반드시 마일룡의 설명에 실려 있는 것은 아니라고 하였다. 농의 지극한 실체는 옛날에 성지(聖智)가 사력(思力)을 다해 백성들에게 가르쳐 주었지만 백성들이 평상시에 적용하면서도 알지 못하는 것이니, 역전(力田)해야만 그 흔적을 좇아갈 수 있고, 그 항절(恒節)을 지키면서 부지런해야만 찾을 수 있다고 주장하였다. 이는 정성과 노력에 근거한 농사짓기의 중요성을 앞세우는 것이었다. 마일룡이 음양(陰陽)과 이기(理氣)의 논리적인 면을 주로 강조한 것에 대한 비판이라고 볼 수 있다.[44]

연암은 마일룡의 주장 가운데 실행에 반드시 옮겨야 할 것으로 "깊이 갈고 김매기를 잘 해 주어야 하고, 근실해야만 무너지지 않는다〔深耕易耨 勤則不匱〕."라는 구절을 지목하였다.[45] 심경이누(深耕易耨)는 정성

---

43 石聲漢은 馬一龍의 『農說』에 대해서 벼농사 중심으로 서술하고, 그것도 강남 澤農의 입장을 잘 대변하고 있다고 평가하였다. 또한 농사 경험을 잘 반영하고 있지만, 理學 중심으로 해석하고 있다는 점을 주의해야 한다고 지적하였다(石聲漢(1979), 上, 59면 주 66)).

44 『課農小抄』,「諸家總論」, "其所論, 推陳致新, 脫胎洗髓, 及察五賊於無形, 治莠於未萌者, 可謂窅且玄矣. 雖然, 農者天下之至樸, 而至精至巧, 未始不存乎其中. 古來聖智蓋已竭思盡力以示民, 而百姓之所日由而不知者也. 力田者苟能履其粗跡, 存其恒節而日孜孜焉可矣. 此所謂心誠求之, 雖不中不遠也."

45 앞의 글, "故曰深耕易耨, 曰勤則不匱. 此兩言者, 足以爲南畝之經訓." '深耕易耨'는 『孟子』,「梁惠王上」에 나오는 구절이고〔孟子對曰, 地方百里而可以王. 王如施仁政於民, 省

을 다해 경종하고 때에 맞춰 제초하는 것을 말하고, 근즉불궤(勤則不匱)는 부지런해야 결핍함에 부딪히지 않는다는 것을 가리킨다. 이는 앞서 역전(力田)해야 한다는 지적과 상통하는 것이라고 할 수 있다. 또한 농사를 수행할 때 기본적으로 갖추어야 할 자세를 가리키는 것이다. 이상에서 검토한 바와 같이 연암은 꽤 많은 분량의 『농설』을 인용하면서, 마일룡이 주장한 핵심적인 구절로 역전의 논리와 일맥상통하는 것을 선택하고 있다.

다음으로 연암은 '주자 권농문'을 인용하고 있다. 그런데 '주자 권농문'은 서광계의 『농정전서』에 수록되지 않은 글이다. 1655년 신속이 편찬한 『농가집성』에 '주자 권농문'이 포함되어 있다. 연암은 『농가집성』을 보고 '주자 권농문'을 자신의 농서 『과농소초』에 수록할 근거를 얻었을 것이다. 물론 '주자 권농문'은 당연히 『주자문집(朱子文集)』에 수록되어 있기 때문에 주자의 글을 보는 사람들이 관심을 기울일 수 있는 부분이지만, 이를 농서에 수록하는 것은 그냥 문집에 실려 있는 것과는 좀 더 다른 의의가 있다. 신속이 『농가집성』에 '주자 권농문'을 수록하게 된 것은 다름 아니라 송시열(宋時烈)이 지은 「농가집성서(農家集成序)」에 나와 있는 것처럼 송시열의 교시에 따른 것이었다. 여기에서 '주자 권농문'에 대한 송시열의 평가와 연암의 평가를 비교해 볼 수 있다.

송시열은 주자가 백성들에게 무본(務本)을 근실하게 수행하도록 가르친 것은 배부르고 따뜻한 것만을 위한 것이 아니라 대사(大事)를 도모한 것이라고 설명하였다. 백성들에게 '주자 권농문'을 가르쳐서 살아

刑罰, 薄稅斂, 深耕易耨. 壯者以暇日修其孝悌忠信, 入以事其父兄, 出以事其長上, 可使制梃以撻秦楚之堅甲利兵矣.〕, '勤則不匱'는 『春秋左氏傳』 宣公 12년 기사〔傳曰, 民生在勤, 勤則不匱.〕에 나오는 구절이다.

나갈 수 있게 해 주고, 그 가운데 뛰어난 사람을 추려서 학문을 가르쳐 관리로서 종사하게 하는 방안을 제시한 것으로 보았다. 좀 더 부연하자면 송시열은 '주자 권농문'을 사회 교화, 개인 교화와 수행의 긴요한 방편으로 파악하고 있었다고 보인다.[46]

'주자 권농문'에 대한 연암의 평가는 일단 주자를 '학문이 하늘을 꿰뚫은 인물'이라고 보는 데에서 나오고 있다. 주자가 천하의 일에 모르는 것이 없고, 또한 하지 못하는 것이 없다고 보는 것이다. 그리고 주자가 지방관이 되었을 때 농상(農桑)을 권과(勸課)한 일은 매우 상세한 것이어서 농민들이 따라오지 못할 정도였다고 하였다. 그리고 진실로 유자(儒者)는 한 가지 세상 물정에 대해서도 모르는 것을 부끄러워해야 하고, 농(農)이라는 것은 생민(生民) 또는 백성들이 살아 나가게 하는 커다란 단서라고 마무리하였다.[47] 이와 같이 연암은 '주자 권농문'에서 농의 실제적인 측면을 강조하면서 유자의 책무 가운데 하나가 농이라는 점을 강조하고 있었고, 송시열은 농을 통한 교화에 초점을 맞추고 있었다.

연암은 「제가총론」의 전체적인 안설로 볼 수 있는 '부설(附說)'이라는 글에서 자신의 깊은 생각을 드러내고 있다. 그의 핵심 주장은 사(士)

---

46 申洬, 『農家集成』, 宋時烈, 「序文」, "第念夫子敎民務本之意, 其勤若此, 然豈欲其飽煖而已也. 其平生勉人爲學者, 必以爲一大事, 而所以丁寧反覆, 不止於此文而已. 政如大明中天, 而亦不外於民彝物則, 則其與耕耘刈穫之常法, 何異哉. 長民者, 誠能先以此文敎諭氓俗, 以遂其生, 而又使其秀者, 從事於夫子所示爲學之訓, 則宗廟之美, 百官之富, 必有能入其門而見之者矣. 然則其所謂廣大精微之旨, 豈必終晦, 而唯此嘗試一端, 獨顯於世哉."

47 『課農小抄』, 「諸家總論」, "紫陽夫子學貫天人, 道接群聖, 於天下之事, 無所不知, 亦於天下之事, 無所不能. 語其大則地負海涵, 語其細則蚕絲牛毛, 其於平日, 講學論道繙經著書之外, 又奚暇黧顔胝手, 下學壟畝之事哉. 然其莅縣守郡之日, 所以訓誨氓俗, 勸課農桑者, 未嘗不諄切詳備, 雖老於田舍者, 殆不及之, 信乎. 儒者恥一物之不知, 而農又生民之大端也."

의 학(學)이 농공고(農工賈)의 이치를 실로 겸포(兼包)해야 한다는 것, 그리고 농공고의 업(業)도 결국 사(士)가 있어야 이루어진다는 것, 바로 이것이었다.[48] 사의 실학(實學)을 보다 구체적으로 보여 주는 부분이라고 할 수 있다. 사가 명농(明農), 통상(通商), 혜공(惠工)을 겸비해야 하고, 그렇지 못할 경우 농공고가 실업(失業)하게 되니, 이는 곧 사에게 실학이 없는 허물 때문이라고 하였다.[49] 연암이 최종적으로 강조한 것은 바로 '사의 실학'이었다.

이상에서 검토한 「제가총론」의 내용은 전체적으로 보면, 『관자』와 『상자』를 인용하여 농본(農本)을 강조하고, 『여씨춘추』를 인용하면서 농리(農理)에 달통한 성어농자(聖於農者)를 제시하고, 이어서 『농설』을 인용하여 역전(力田)을 강조하였다. 그런 다음 '주자 권농문'을 인용하여 유자(儒者)의 책무 가운데 하나가 농(農)이라는 것을 강조하였다. 이렇게 정리해 본다면, 연암은 사(士)가 농본에 유념하고 농리에 달통한 '성어농자'가 되어 농민들이 역전에 나서도록 이끄는 것이야말로 '사의 실학'이라고 제시하고 있었다고 볼 수 있다.

3) 전제(田制) – 법전(法田) 설치론

『과농소초』의 「전제(田制)」 항목에 서술된 내용은 각종 토지 지목에 대한 소개이다. 구체적으로 구전(區田), 포전(圃田), 위전(圍田), 가전(架田), 궤전(櫃田), 제전(梯田), 도전(塗田), 사전(沙田) 등을 설명하고 있다.

---

48 앞의 글, "然而士之學, 實兼包農工賈之理, 而三者之業, 必皆待士而後成."
49 앞의 글, "夫所謂明農也通商而惠工也. 其所以明之通之惠之者, 非士而誰也. 故臣窃以爲, 後世農工賈之失業, 卽士無實學之過也."

서술 내용은 서광계의 『농정전서』에서 인용한 것이다.[50] 그리고 『농정전서』는 약간의 글자 출입과 그림의 교체 이외는 모두 『왕정농서(王禎農書)』를 옮겨 놓은 것이었다.[51] 이제 여러 가지 지목(地目)에 대한 『과농소초』의 서술 내용을 하나씩 검토할 것이다.

구전(區田)은 가로 세로 각각 1.5척(尺)인 구(區)를 1척 깊이로 파서 여기에 숙분(熟糞)을 넣고 종자를 뿌려 경작하는 방식이다. 구전이라는 용어는 본래 농지를 구획하는 경지정리 방식, 그렇게 구획된 농지를 가리키는 의미였지만, 농지를 그렇게 구획하는 것 자체가 이미 작물을 재배하는 방식을 가리키는 것이었다. 따라서 구전은 경지정리 방식의 의미와 더불어 그러한 농지에 작물을 재배하는 경작법을 가리키는 용어라고 할 수 있다. 경작법이라는 의미를 보다 분명하게 하기 위해 구전법(區田法)이라 부르기도 하였다.

구전법은 중국 농서에서 가사협이 지은 『제민요술』에 상세히 기술되어 있고, 그 내용이 다른 농서에 인용되어 있으며, 『농정전서』에도 전재(轉載)되어 있다. 이들에 따르면 구전은 거름 기운[糞氣]을 요체로 삼고 반드시 비옥한 땅[良田]이 아니어도 괜찮다고 하였다. 그리고 야산이나 주거지 근처, 높은 지역의 경사진 곳 등에서도 활용할 수 있는 방식이었다. 구전은 작물이 자라는 바로 그 구역[區]만 시비를 하면서 지력을 활용하고, 작물이 자라지 않는 이웃하는 땅을 활용하지 않는 것이었다. 따라서 애초에 경지의 전면(全面)에 대한 기경(起耕)작업을 생략하는 방식이었다.[52]

---

50 徐光啓, 『農政全書』 卷5, 「田制」, '農桑訣田制篇'.
51 王禎, 『農書』, 「農器圖譜」, '田制門'.
52 徐光啓, 『農政全書』 卷5, 「田制」, '農桑訣田制篇', "賈思勰曰, 區田以糞氣爲美, 非必須良

구전법은『과농소초』이외에도 보다 앞선 시기에 편찬된 농서인 홍만선(洪萬選)의『산림경제』,[53] 유중림(柳重臨)의『증보산림경제』,[54] 박제가의『진북학의소(進北學議疏)』[55]에도 소개되어 있다. 그리고 19세기 초반에『임원경제지』를 편찬한 서유구는 구전이 가뭄이 들었을 때에도 쉽게 물을 댈 수 있다는 점, 거름 성분을 뿌리에 온전히 전해 줄 수 있다는 점을 강조하면서 구전법을 소개하였다. 서유구는 1811년(신미년) 극심한 가뭄이 들었을 때 구전으로 재배한 작물을 거둘 수 있었다는 경험담도 곁들이고 있다.[56]

연암은 구전법에 대해서 상세한 주석을 붙이고 있는데, 먼저 척박한 땅에서만 실행하는 것은 마땅하지 않고 비옥한 땅에서는 더욱 좋을 것이라고 지적하고 있다. 또한 한전(旱田)뿐만 아니라 수전(水田)에서도 좋을 것이라고 설명하였다.[57] 연암이 붙인 주석 가운데 주목되는 것은 당시 세상에 전해 오던 구전법과 관련된 일화를 정리한 부분이다. 상신(相臣)을 지낸 이상진(李尙眞)이 아직 급제하지 않았을 때 집안이 매우 가

田也. 諸山陵近邑高危傾阪, 及丘城上, 皆可爲區田, 區田不耕旁地, 庶盡地力."

53　洪萬選,『山林經濟』卷1,「治農」, '耕播', "區種之法, 凡山陵近邑, 高危傾阪, 皆可爲區田. 糞種水澆, 備旱災也."

54　柳重臨,『增補山林經濟』卷2,「治農」.

55　朴齊家,『進北學議疏』,「區田」, "區田, 出於伊尹, 七年之旱, 民不阻飢. 其法, 不擇土之肥瘠, 地之高下, 凡丘陵隴坂傾仄沙礫之中, 皆可爲之. 但糞田澆水, 作町治溝, 不失尺寸, 然後可效. 嘗略試數畝之麥, 例收七八斗者, 得五六石. 如能盡用其法, 無毫髮之差, 則必不止此, 又況種子減四五分之一者乎. 大小菉木緜等種, 尤有利. 金史, 章宗試區田於苑中, 與他田較, 區田勝."

56　徐有榘,『林園經濟志』,「本利志」卷1,「田制」, '區田', "救旱, 莫如區田, 區田之美, 爲其糞專於根也. 辛未春夏之交, 亢旱七十日, 凡黍粟木綿荳麻之漫種者, 一切不曾吐苗, 幾乎野無靑草, 而惟菰瓝木綿之穴種者, 往往出苗, 蓋穴種近於區田之制也. …… (杏蒲志)."

57　『課農小抄』,「田制」, "區田之法, 不獨墝瘠之地宜行也. 凡於膏沃之土尤善, 不獨旱田爲宜, 雖水田亦好."

난하였는데, 토교(土校) 전동흘(田東屹)의 도움을 받은 일화다. 그 일화에 따르면, 전동흘은 건지산(乾支山) 아래 사람이 쓰다가 버린 밭 반일경(半日耕)을 사서, 가을에 나무 말뚝 수천 개를 1척 길이로 만들어 망치로 밭 가운데에 박아 놓았다가, 다음 해 봄에 말뚝을 빼고 거기에 조를 심어 50석을 수확하였다는 것이다. 연암은 이렇게 망치 하나와 나무 말뚝으로 많은 곡식을 수확한 것을 구전법의 별법(別法)이라고 평가하고 있었다.[58]

이상진과 전동흘이 등장하는 구전법과 유사한 경작법에 대한 이야기는 조선 후기 야담집 가운데 하나인 『학산한언(鶴山閑言)』에도 들어 있다. 조선 숙종 때 신돈복(辛敦復)이 견문한 이야기들을 모아 놓은 야담집이 『학산한언』이다. 이 책은 『야승(野乘)』 제21책으로 실려 있는데, 현재 한국학중앙연구원 장서각에 소장되어 있다.[59]

『학산한언』에 따르면 전동흘은 전주(全州) 읍내의 중인(中人)이었다. 앞서 『과농소초』에 전동흘이 구입한 토지가 건지산 아래라고 하였던 것과 일치하는 부분이다. 건지산이 바로 전주부의 북쪽에 자리한 진산(鎭山)이었다.[60] 계속해서 나무 말뚝을 구하게 된 경위에 대한 설명을

---

58 앞의 글, “世傳故相臣李尙眞之未第也, 家貧埈寒, 三餘工課, 無以爲資. 土校有田東屹者所善也, 爲悶之. 乾支山下, 有人廢田半日耕地, 以錢五十文買之. 方秋樹木津盛, 相與取其枝柯可腕大者, 作橛杙數千枚, 遍椎揷其田中. 至翌年春, 拔其橛, 以熟土一掬, 盈其科, 下粟數粒, 更以熟土覆之, 及秋得粟五十石. 盖木橛入土經冬, 雪水木津土液相凝, 橛皮朽爛亭毒, 自成糞壤, 地氣堅實, 所以能致大熟也. 不煩耒耟, 只一小椎, 一尺木橛, 能得千斗粟, 不負薪, 而數千橛, 足煖三冬, 此其區種之別法.”

59 辛敦復, 『鶴山閑言』(『野乘』 21, 藏書閣 소장 K2-238).

60 乾支山은 乾止山 또는 乾芝山이라 쓰기도 하는데 나지막한 야산이어서 농지로 활용할 만한 곳이었지만, 조선은 王室 祖宗의 신령이 머무는 곳이라 하여 起耕을 금지시키고 진황지로 남겨 놓으려 하였다. 하나의 실례로 다음 기사 내용을 참조할 수 있다. 『中宗實錄』 卷54, 中宗 20年 6月 20日 戊申(16-428), “全羅道觀察使馳啓曰, 全州乃祖宗毓靈之鄕. 其鎭山, 致意培植, 而以一時弊政, 因循起耕, 亦造家舍, 請還陳, 以重肇基之地〔州, 乾止

자세하게 하고 있는데 쌀 5되로 술을 빚어 읍인(邑人)에게 먹이고 한 사람당 길이 1척 반짜리 말뚝 50개를 만들어 오게 한 것이었다. 이렇게 구한 말뚝을 건지산 아래의 시장(柴場) 가운데 풀을 깨끗이 없앤 곳에 꽂고, 다음 해에 조를 심어 수확을 거두었다.[61]

『학산한언』에 나오는 전동흘과 관련된 일화 속에는 구전(區田)과 연관시킬 수 있는 부분이 없다. 그러한 사정은 『과농소초』에 기술된 부분에서도 마찬가지이다. 그럼에도 불구하고 연암이 구전법 기사와 전동흘의 일화를 연관시켜 서술한 것은 궁박한 유생(儒生)들이 농사짓거나 땔감을 짊어지는 일을 하지 않을 수 없는데도 실제 행하는 사람이 없는 것을 안타까워하고 있었기 때문이다.[62] 이렇게 볼 때 연암은 구전법과 유사한 조선의 경작법을 소개하면서 구전법의 농리(農理)에 기반을 둔 경작법이 조선에서 널리 행해져야 한다는 생각을 갖고 있었다.

다음으로 포전(圃田)은 채소, 과일을 재배하는 전지(田地)를 가리킨다. 『농정전서』의 내용 그대로를 전재하고 있다.[63] 이어 서술하고 있는 위전(圍田)은 흙을 쌓아 올려 제방을 만들어 경지를 둘러싸게 만든 것으로 중국 강남지역 농업개발과 깊이 연관된 지목이었다. 강이나 호수 부

山本爲陳荒, 廢朝內嬖人所受, 勢家又受, 故啓之]."

61 辛敦復, 『鶴山閑言』(『野乘』 21), 「田東屹全州邑內中人」, "田東屹, 全州邑內中人也. 風骨秀傑多智, 署有鑑識. 時李相國尙眞, 居在邑濚, 獨奉偏母, 惇然塊處貧窮之極, 菽水難継. 東屹, 年雖少, 常竒李公爲人, 傾身交結, 共爲知已, 常分財穀, 周其急, 李公甚感之. 一日初冬末, 東屹謂李公曰, 子之形皃, 終當貴富, 而今貧困如此, 无以濟拔, 吾有一計, 子但依而行之. 故取五斗米, 及麴授李公曰, 但釀之, 熟則告我. 李公如其言, 釀旣熟, 東屹乃遍告邑人曰, 李措大雖貧, 乃賢士夫也, 奉偏親, 无以爲生. 今欲經紀生理, 所需者, 柳櫟木錐也. 爾輩湏飲其酒, 每人但致柳鑠錐, 長一尺半, 五十介, 足矣. 邑人莫曉其意, 然素信東屹, 又重李公, 皆許之. 東屹乃出其酒飲二百餘人, 數日後, 皆致柳鑠錐, 如其數."

62 『課農小抄』, 「田制」, ‘沙田’, "此其區種之別法, 最爲窮儒力不能躬耕負薪者效, 而空傳美談, 竟無行之者, 良可慨惜. 東屹亦登武科, 官至鐵山府使云."

63 『課農小抄』, 「田制」, ‘圃田’.

근의 저습지를 개간한 것인데, 유력자들이 지형을 살펴 둥그렇게 제방을 쌓아 물이 침범하지 못하게 한 것으로 규모가 수백, 수천 경(頃)이 될 정도로 큰 것이었다.[64] 위전은 우전(圩田)이라 불리던 것과 비슷한 것인데, 우(圩)는 물이 밀려 들어오지 못하게 막은 둑을 말한다. 위전과 우전은 모두 강이나 호수 인근의 지형이 낮아 물이 침범하기 쉬운 곳에 바깥 물이 들어오지 못하게 막는 제방을 만들어 놓은 경작지이다.

송(宋)과 원(元) 시기에 강남지역의 농업개발이 가속화되면서 위전이나 우전이 개발되었고, 토호 등 유력한 개인이나 지방관, 국가 등이 위전의 개발을 주도하였다. 위전이나 우전의 개발은 강남지역 수리개발과 이어지는 것이었다.[65] 위전 등은 하천 연변의 저습지를 개간하는 과정에서 일반적으로 만들어질 수밖에 없는 방식의 토지인데, 연암도 조선의 강해(江海) 사이에 이와 유사한 토지가 많이 있다고 파악하고 있었다.

가전(架田)은 다른 말로 봉전(葑田)이라고 하는데, 나무를 엮은 밭 덩이를 수면(水面)에 띄워 놓아 줄풀〔菰草〕과 진흙이 나무로 엮은 밭 덩이에 쌓이면 여기에 작물을 심어서 키울 수 있게 된 것을 가리킨다. 나무로 엮은 밭 덩이는 물이 높아지거나 낮아지는 것에 따라 떠 있어서 잠기지 않는다고 한다.[66] 가전은 강 위에 띄운 뗏목밭이라고 할 수 있다. 그러나 연암이 조선에서의 존재나 실현 가능성에 대한 언급을 하지 않

---

64 『課農小抄』, 「田制」, ‘圍田’, “築土作圍以繞田也. 盖江湖之間, 地多藪澤, 或瀕水, 不時渰沒, 妨于耕種. 其有力之家, 度視地形, 築土作環堤而不斷, 內容頃畝千百. 皆爲稼地.”

65 오금성(1992), 90~92면.

66 『課農小抄』, 「田制」, ‘架田’, “架猶筏也, 亦名葑田. 集韻云, 葑, 菰草也, 葑亦作菶. 江東有葑田, 又淮東貳廣, 皆有之. 東坡請開杭之西湖狀, 謂水涸草生, 漸成葑田.〔玄扈曰, 東坡所云與此異.〕 考之, 農書云, 若深水藪澤則有葑田, 以木縛爲田坵, 浮繫水面, 以葑泥附木架上而種藝之, 其木架田坵隨水高下浮泛, 自不淹浸.”

고 있다는 점에서 당시의 농업환경을 변화시킬 만한 지목으로 생각하지는 않은 것으로 보인다.

궤전(櫃田)은 사방으로 흙을 쌓아 둑을 만드는 것이 위전(圍田)과 같지만 규모가 작은 궤짝 모양으로 만든 경지이다. 그리고 위아래 순차적으로 궤전을 만들어 농사짓기에 편리한 형태를 갖고 있었다. 이 모양의 경지는 홍수가 나면 둑을 더욱 높여서 바깥에서 물이 들어오지 못하게 하고 경지 안의 물은 수차(水車)로 쉽게 퍼낼 수 있다고 한다.[67] 연암은 궤전을 가전과 달리 조선의 농업현실에서 쉽게 찾아볼 수 있는 경지 형태로 파악하고 있었다.

제전(梯田)은 산에 사다리 모양으로 만들어진 농지이다. 산비탈에 층층이 계단 모양으로 농지를 만들어 농사지을 수 있게 한 것이다. 흙과 돌을 섞어서 농지를 만드는데, 먼저 돌을 겹쳐 쌓고 흙을 덮은 것이다. 제전의 위쪽에 수원(水源)이 있으면 벼를 심을 수 있고, 조나 보리와 같은 밭작물도 경작할 수 있었다.[68]

---

67 『課農小抄』, 「田制」, ‘櫃田’, “櫃田, 築土護田, <u>似圍而</u>, 四面俱置瀸穴, <u>如此形制</u>, 順置田段, 便於耕蒔. 若遇水荒, 田制旣小, 堅築高峻, 外水難入, 內水則車之易涸. 淺浸處, 宜種黃穋稻, 如水過, 澤草白白, 穄粺可收. 高涸處, 亦宜陸稻諸物, 皆可濟飢, 此救水荒之上法. 一名灟水漑田, 亦曰灟田, 與此名同而實異.” 연암은 『農政全書』의 내용 중에 몇 구절을 누락시켰는데, 黃穋稻 쌍행주로 기재되어 있는 “周禮, 謂澤草所生, 種之芒種, 黃穋稻, 是也. 黃穋稻自種至收, 不過六十日則熟, 以避水溢之患.”이라는 구절이 그것이다. 그리고 두 번째 밑줄 친 구절인 ‘如此形制’는 『王禎農書』에 ‘如櫃形制’인 것을 『農政全書』에서 ‘如此形製’로 잘못 옮겨 놓았는데, 『課農小抄』가 다시 잘못 옮겨 놓은 것이다. 또한 첫 번째 밑줄 친 구절인 ‘似圍而’는 본래 『농정전서』에 ‘似圍而小’인데 『과농소초』에는 小字가 빠져 있다.

68 『課農小抄』, 「田制」, ‘梯田’, “梯田, 謂梯山爲田也. 夫山多地小之處, 除磊石及峭壁, 例同不毛. 其餘所在土山, 下自橫麓, 上至危顚, 一體之間, 裁作重磴, 卽可種藝. 如土石相半, 則必疊石相次, 包土成田. 又有山勢峻極, 不可展足. 播植之際, 人則傴僂蟻沿而上, 耬土而種, 躪坎而耘. 此山田不等, 自下登陟, 俱若梯磴, 故總曰梯田. 上有水源則可種秔秫, 如止陸種, 亦宜粟麥. 蓋田盡而地, 地盡而山. 山鄕細民, 必求墾佃, 猶勝禾稼, 其人力所致, 雨

192

연암은 제전에 대해서 자신의 의견을 상세하게 피력하였다. 연암은 조선에 산이 많고 들이 적어 사다리처럼 산에 밭을 만드는데, 제전은 매우 비옥하여 평야보다 좋은 점이 있다고 보았다. 그런데 조선에서 금지시키고 있던 산화전(山火田)의 경우는 1년 농사지었다가 다시 다른 곳으로 이전하여 제전과 다른 성격을 지니고 있다고 설명하였다.[69]

연암은 산화전, 즉 화전(火田)을 계속해서 농사를 짓는 경지로 만드는 것을 고려해야 한다고 피력하였다. 즉 화전으로 경작할 만한 곳은 농민들이 상황을 잘 파악하여 농사를 지을 것이니, 이를 금지해서는 안 된다는 것이었다. 결국 산지에 짧은 기간 경작하였다가 다시 다른 곳으로 떠나는 화전 대신 상경전(常耕田)인 제전을 장려해야 한다고 보고 있었다.

또한 조선의 법령에 산허리〔山腰〕보다 높은 곳에 화전을 만드는 것이 금지되어 있지만 항전(恒田)을 만들어 농사짓는 것을 금지해서는 안 된다고 보았다. 또한 산경(山耕)을 금지하지 않으면 산록이 벌거숭이가 되어 큰 비가 올 때 무너져 강물이 말라 버리는 것은 걱정할 만한 것이 아니라고 하였다. 또한 화전이 산불을 일으킬지도 모른다는 우려도 실제 자연적으로 산불이 많이 일어나고 있기 때문에 걱정할 일이 아니라고 하였다.[70] 결론적으로 연암은 화전을 항전으로 삼아 생계를 꾸려 나

露所養, 不無少獲. 然力田至此, 未免艱食, 又復租稅隨之, 良可憫也."

69 『課農小抄』,「田制」, '沙田', "域內多山少野, 梯山爲田, 所在皆是. 無論水種旱播, 膏沃或勝於平野. 其峭峰峻阪, 烈火燒菑, 不成梯級, 偏跪以耕. 一年種粟, 去又之他者, 名之曰山火田, 此與梯田永業不同."

70 앞의 글, "其在山腰以上, 國典有禁, 而故處士臣柳馨遠, 亦以爲可作恒田者外, 凡諸山望, 皆當禁其焚耕. 此其意民能服勤恒田, 猶足以食力, 不此之爲, 乃務廣作而邀近效. 此農家之中, 亦有捨本趨末之弊, 左右龍斷之賤, 故所以深惡而欲抑之. 使其專力於恒田, 意固善矣. 或有憂其山耕不禁, 則樹木童濯, 山樊岡麓, 霖雨隤汰, 土石壅閼, 江流日淺. 此雖慮之

가는 빈농의 입장을 절실하게 수용하고 있었다.

도전(塗田)은 해안가에 진흙이 섬이나 오목 들어간 곳에 쌓여서 형성된 경지를 가리킨다. 경지의 크기는 제각각인데, 처음에 소금기가 있는 곳에서도 자라는 함초(鹹草)가 밀집해서 자라고, 점차 진흙이 쌓여서 농사지을 수 있게 되었다. 해안가를 따라 벽을 축조하거나 말뚝을 박아서 조수가 넘치는 것을 막고, 경지 옆에 물구멍을 만들어 경지로 활용하면 일반 밭에 비해서 훨씬 많은 수확을 거둘 수 있었다.[71] 연암은 도전을 조선의 연해(沿海), 연강(沿江)지역에서 많이 찾아볼 수 있다고 보았다.

사전(沙田)은 중국 남방의 강회(江淮)지역에서 큰 강 물가나 하천 가운데에 형성된 하중도(河中島)에서 사방이 갈대로 뒤덮여 강물이 들어

深, 而事理則未周也. 從古未聞蜀山兀而錦江斷流, 牛山濯而河濟不通也. 峽邑多鉅壑深山, 斧斤之所不到, 而春夏之交, 常多旱風, 則山火自燒, 浹旬熲洞, 四山焦黑, 有誰禁之. 淸溪冠岳諸山, 近在京江外, 雖不火田, 歲常一焚, 其非山耕延燒, 從可知矣. 然而斧斤日尋, 京外之薪樵不絶, 終古秀色摩霄出, 靑山之非因無木而汰, 又可驗矣. 峽氓雖愚, 能自相土之宜, 擇其土性之堅實, 多受天陽之地, 明年將墾, 則自今秋預於所占之區, 伐樹刈草, 鋪覆其土, 臨耕燔其枯柴, 此火田之恒規也. 若其土氣虛脆, 受風散漫之處, 則初不入未鉏, 故其曾經耕墾之地. 雖長霖暴雨, 不汰一沙, 曾未一墾者, 乃是從古不可耕之地也."

71 『課農小抄』, 「田制」, '塗田', "塗田, 書云淮海惟揚州, 厥土惟塗泥, 夫低水種, 皆須塗泥. 然瀕海之地, 復有此等田法, 其潮水所<u>泥</u>, 沙泥積於島嶼, 或墊溺盤曲, 其頃畝多小不等. 上有鹹草叢生, 候有潮來, 漸惹塗泥, 初種水稗, 斥鹵旣盡, 可爲稼田. 所謂瀉斥鹵兮生稻稂, <u>盈</u>邊海岸築壁, 或樹立椿橛, 以抵潮汎, 田邊開溝, 以注雨潦, 旱則灌漑, 謂之眝水溝. 其稼收, 比常田, 利可十倍, 民多以爲永業, 又中土大河之側, 及淮灣水滙之地, 與所在陂澤之曲, 凡潢汚洄沍, 壅積泥滓, 退皆成淤灘, 亦可種藝, 秋後泥乾地裂, 布掃麥種於上, <u>其所收, 比淤田之效也</u>. 夫塗田淤田, 各因潮漲而成, 以地法觀之, 雖若不同, 其收穫之利則無異也." 이 부분은 3곳에서 인용할 때 착오가 일어난 것으로 보이는데, 첫 번째 밑줄 부분은 『王禎農書』에는 泛인데 『農政全書』에는 淤, 『課農小抄』는 泥로 되어 있다. 문맥으로 보면 『왕정농서』의 泛字가 온당할 것이다. 두 번째 밑줄 부분은 『왕정농서』에는 沿인데, 『농정전서』와 『과농소초』는 모두 盈이다. 이 글자도 沿이 적당해 보인다. 그리고 마지막 밑줄은 『왕정농서』에 '此所謂淤田之效也'이고 『농정전서』에 '其收倍常 此淤田之效也'인데 『과농소초』는 몇 글자가 누락되어 있어 의미 전달이 분명하지 않다.

오는 것을 막아 주는 위치에 모래와 진흙이 쌓여서 이루어진 땅이다. 이곳은 가뭄이나 홍수의 걱정이 없지만, 농지(農地)가 정연하기 만들어지기 곤란한 곳이었다.[72] 사전은 말 그대로 모래밭이지만 농사를 지을 수 있고, 나무도 심을 수 있으며, 거름을 넣어 주어 많은 수확을 거둘 수 있는 곳이었다. 또한 마을이 들어설 정도의 널찍한 곳이었다. 연암은 사전도 도전과 마찬가지로 조선의 강해(江海) 인근 지역에서 많이 찾아볼 수 있다고 파악하였다.

사전에 대한 설명 부분에는 다른 지목의 토지에 대한 『과농소초』의 기술방식과 달리 『농정전서』에서 인용하지 않은 대목이 나온다. 연암은 위와 같은 『농정전서』의 내용을 그대로 인용한 다음, 부정(浮亭) 육세의의 『사변록』에서 대전법(代田法)과 관련된 내용을 인용하고 있었다. 『과농소초』에는 '육부정(陸桴亭)〔世儀〕 왈(曰)'이라는 구절을 서두로 삼아 서술되어 있다. 그 내용을 검토하면 대체적으로 대전법이 구전법보다 간편하고 효용성이 높다는 점을 강조한 설명이다. 육세의는 대전법이 우수한 것에 대해 두 가지 이유를 들고 있는데 하나는 우경(牛耕)을 할 수 있다는 점이고, 다른 하나는 수차(水車)를 활용하여 물 대기를 할 수 있다는 점이다. 이 두 가지 이점을 자세하게 부연 설명하는 내용이었다.

위에서 검토한 바와 같이 육세의가 지은 『사변록』에서 인용한 부분은 사전과 관련이 없고, 대전법과 관련된 것이었다.[73] 그렇다면 어째서

---

[72] 『課農小抄』, 「田制」, '沙田', "沙田, 南方江淮間, 沙淤之田也, 或濱大江, 或峙中州, 四圍蘆葦駢密, 以護堤岸, 其地常潤澤, 可保豊熟, 普爲畦埂, 可種稻秫, 間爲聚落, 可藝桑麻, 或中貫湖溝, 旱則平漑, 或傍繞大港, 澇則洩水, 所以無水旱之憂, 故勝他田也, 舊所謂坍江之田, 廢復不常, 故畝無常數, 稅無定額, 正謂此也."

[73] 陸世儀, 『思辨錄輯要』 卷11, 「修齊類」(『欽定四庫全書』 子部). 육세의는 牛耕의 중요성을 강조하면서 區田法에 대해서 자세한 설명을 서술하였다. 그런 다음 漢 武帝 당시 趙過가 代田法을 창안한 것을 지적하면서 대전법이 구전법보다 좋은 점을 설명하였다.

사전을 설명하는 부분에 대전법에 관한 서술 내용이 들어 있는지 그 이유를 살펴볼 필요가 있다. 여기에서 또 하나 주의할 점은 『과농소초』에 대전법을 다루는 서술 항목이 보이지 않는다는 점이다. 서유구가 편찬한 『임원경제지』에서 전제에 대해 다루면서 대전법을 자세하게 검토하는 것과 비교되는 대목이다. 게다가 『임원경제지』는 육세의가 지적한 대전법의 이점에 대한 설명을 대전법 항목에 수록하고 있다.[74]

연암이 육세의의 대전법 관련 서술을 인용한 점에서 볼 때, 『과농소초』에 대전법을 소개하고 그에 대한 자신의 의견을 설명할 의도와 계획, 준비 작업이 있었던 것이 아닐까 추정할 수 있다. 다만 그러한 대전법에 대한 서술 계획은 제대로 이루어지지 않은 것으로 보인다. 또 다른 가능성으로 『농정전서』의 '전제편'에는 대전법을 따로 떼어 놓지 않고 있었는데, 연암이 그것을 좇아서 『과농소초』의 목차를 구성했기 때문에 『과농소초』에 대전법이 독립된 기사로 들어가지 않았을 것으로도 볼 수 있다. 연암은 대전법을 하나의 기사로 독립시키지는 않았지만 「전제」 항목이 아닌 「경간(耕墾)」 항목에 붙어 있는 안설에서 조과(趙過)의 대전법을 『통전(通典)』의 인용을 통해 소개하였다.[75]

이상에서 「전제」 항목에 소개하고 있는 여러 가지 지목에 대해서 간략하게 정리하였다. 연암은 「전제」 항목에 대한 주석과 안설을 붙여 놓았는데, 그 내용을 통해 그가 「전제」 항목을 서술하면서 주장한 것이 무엇인지 알 수 있다. 연암은 위전, 궤전, 도전, 사전, 이렇게 네 가지

---

74 徐有榘, 『林園經濟志』 本利志 卷1, 「田制」, '代田'.
75 『課農小抄』, 「耕墾」, "通典, 漢武帝征和三年, 以趙過爲搜粟都尉, 過能爲代田. 一畝三畎, 歲代其處, 苗生葉以上, 稍耨壟草, 因隤其土, 以附苗根, 比盛暑, 壟盡而根深, 能風與旱. 所謂代田者, 歲易畎, 非歲易田也. 與周禮一易再易之田不同, 而與區田同意, 欲其土氣之常新也."

지목은 우리나라 강해 인근 지역에서 많이 찾아볼 수 있는 것이라고 파악하였다.[76] 연암이 「전제」 항목에서 자세하게 다룬 지목은 제전과 이어질 수 있는 산화전, 구전법, 기자전 등이었다.

연암은 산화전을 자세히 설명하면서 농민들이 화전을 항전(恒田)으로 활용하고 있는 농업 현실을 수용해야 한다고 보았다. 그리고 구전법과 같은 경작법을 유생들도 체득하여 활용할 것을 주장하였다. 그리고 평양에 남아 있는 기자전의 유적을 바탕으로 정전(井田)의 이상을 실현하기 위한 방책으로 법전(法田)의 설치를 주장하였다. 이러한 논리 전개를 따른다면, 연암이 전제의 정리를 통해 주장하려고 한 핵심 부분은 바로 법전 설치라고 보아야 할 것이다.

연암에 따르면, 법전이란 기전(箕田)을 기준〔式〕으로 삼고, 정전(井田)을 모범〔則〕으로 삼아 동서(東西) 양교(兩郊)에 설치한 기관이자 토지를 가리키는 것이었다.[77] 이곳에 농리(農理)를 깊이 깨달은 사람을 사(師)로 삼아 사방(四方)의 힘써 농사짓는〔力田〕 자제(子弟)를 모아 경작법을 창안하고 이를 전파하게 하였다. 경작법은 고방(古方)을 살피고 편리함을 구하여 지금 행할 만한 것으로 만드는 것이었다. 이렇게 실효성을 가진 경작법을 익힌 자제들이 각각 향읍(鄕邑)의 스승이 되게 하는 방안이었다.

이렇게 볼 때 연암이 주장한 법전은 경작법의 연구와 보급을 담당하

---

76 『課農小抄』, 「田制」, '沙田', "今以元儒王禎田制譜參之, 則圍田, 櫃田, 塗田, 沙田, 我國 江海之間, 固多有之. 名雖不同, 而制則略似."

77 앞의 글, "亦願國家置法田於東西兩郊之中, 而一以箕田爲式, 一以井田爲則. 擧深曉農理 者, 爲之師. 致四方力田子弟數十百人, 與之耕作. 毋循常習, 必按古方, 而益求其便利可行 於今者. 使各盡得其法而灼見其效, 然後歸之. 俾各爲一鄕一邑之師, 而又從之以董勸考試 之政, 則民無不興起樂業, 而農之學, 始可大明矣."

는 기관이기도 하였다. 다시 말해서 새로운 농학을 크게 밝히기 위해 국가에서 설치할 관서였다. 농학의 수립, 실험과 연구를 통한 경작법의 정리와 보급 등의 측면에서 법전의 의의를 찾아볼 수 있다. 유봉학은 연암의 법전 설치론이 서유구의 둔전론으로 계승되었다고 논파한 바 있다.[78]

연암은 전정(田政)의 문란함을 없애기 위해 양전(量田)을 결부(結負) 대신 경묘(頃畝)로 고치는 것과 부세를 6등(等) 대신 9등으로 하는 것도 제안하였다. 또한 홍인문에서 왕십리〔旺尋里〕까지 10리에 10정(井)을 만들고, 숭례문에서 서강(西江)까지 10리에 기전(箕田) 16구(區)를 설치하는 방안도 제안하였다. 여기에 사방의 힘써 농사짓는〔力田〕 자제를 모아야 하는데, 제도(諸道)에서 올라온 향군(鄕軍)이 곧 건실한 상농부(上農夫)이니 이들을 부리면 될 것이라고 하였다. 이때 농사를 가르치는 관리는 달리 구할 것이 없이 장관(將官) 가운데 수령을 거친 사람을 임명하면 된다고 정리하였다.[79] 수령을 거친 사람으로 목민관의 임무를 수행할 사람들이 향군(鄕軍)을 거느리고 과농(課農)하기에 적합하다고 지적하고 있다. 이 구절에서 과농은 결국 수령, 즉 목민관(牧民官)이 해야 할 일이라고 볼 수 있을 것이다. 앞서 '과농소초'라는 책명의 의미를 다룬 부분에서 검토한 바와 같이, 『과농소초』는 지방 수령이 농사를 주관하는 데 필요한 내용을 여러 책에서 뽑아서 엮은 것이라는 점을 다시 한 번 확인할 수 있다.

---

78 유봉학(1995), 223면.

79 『課農小抄』, 「田制」, '沙田', "臣又曰, 自興仁門至旺尋里方十里, 適爲十井之地, 自崇禮門至西江方十里, 亦足以畫箕田十六區, 四方力田之子弟, 莫如諸道上番之鄕軍, 皆健實上農夫, 其一夫三朔放料, 爲米二十七斗, 足爲農粮, 訓農之官, 亦不須他求, 自有該營之將官, 此皆曾經守令之人, 亦將爲字牧之任, 自領其軍, 足以課農矣."

4) 농기(農器) - 중국 농기구 수입론

연암의 농기구 변통론이 정리된 부분이 「농기(農器)」 항목이다. 여기에서 찾을 수 있는 연암의 농기구 변통론은 결론부터 말하자면, 청의 농기구를 조선에 들여오자는 중국 농기구 수입론이었다. 여기에서는 『과농소초』에 실려 있는 농기구 전체를 살피는 작업 대신에 몇 개의 농기구에 대한 서술 내용과 연암의 주석과 안설 내용을 검토하려고 한다. 몇 개의 농기구를 살펴보지만, 연암의 주석과 안설은 모두 검토하기 때문에 그의 농기구 변통론을 살피는 데에는 무리가 없을 것으로 생각된다. 그리고 연암이 제기한 중국 농기구 수입론의 근거와 방법을 살펴볼 것이다.

연암은 농기를 이롭게 하는 것은 정조가 내린 윤음의 '삼경'과 '삼위' 가운데 삼위의 하나로 파악하였다. 재화를 넉넉하게 하고 먹을 것을 충족시키는 것이 바로 교화를 이룩하기 위해서 필요하다고 생각하였다. 정조의 「권농정구농서윤음」에 갖추어진 삼경과 삼위야말로 살피지 않을 수 없는 것이라고 하였다. 이러한 논리에서 농기를 이롭게 하기 위한 구체적인 방도를 찾고 있었다. 아래에서 연암의 농기에 대한 성격을 잘 드러내는 몇 개의 기사를 중심으로 연암의 주석과 안설을 같이 검토할 것이다.

연암이 기경(起耕)에 사용하는 농기구 가운데 먼저 다루는 것은 뇌사(耒耜)이다. 『과농소초』의 뇌사에 대한 서술 내용은 서광계의 『농정전서』를 그대로 옮겨 놓은 것이었다.[80] 대강의 내용을 보면 뇌사의 구

---

80 徐光啓, 『農政全書』 農器. 圖譜는 王禎의 『農書』를 底本으로 삼아 농업생산과 관련이 비교적 적은 것은 刪去한 것이다(石聲漢(1979), 中, 537면 주 1)).

조와 사용방식에 대한 설명이다. 뇌(耒)는 나무로 만든 구부러진 자루를 말하고, 사(耜)는 곧 삽(鍤)에 해당하는 부분인데, 뇌와 사를 붙여서 사용하기 때문에 뇌사라 부른다.

중국에서 사용하던 뇌사는 본래 인력으로 사용하는 농기구였다. 그러다가 춘추시대 이후에 이를 개량하여 우경(牛耕)에 활용하게 되었다.[81] 뇌사는 특히 수리(水利)와 관련하여 구혁(溝洫)을 축조하는 데에도 도움을 주는 도구였다. 사(耜)의 너비가 5촌(寸)인데, 두 개를 나란히 두면 1척이 되었다. 2개의 사를 나란히 놓은 것을 우(耦)라고 하는데 하나의 우로 갈아 주면 너비 1척, 깊이 1척의 벌(伐)과 견(甽), 즉 이랑과 고랑을 만들 수 있었다.[82] 이렇게 1척 너비와 깊이의 이랑과 고랑을 만드는 것은 곧 수리의 가장 기본적인 수로를 만드는 일이었다.

연암이 달아 놓은 주석을 보면, 그는 뇌사를 신농씨가 제작하여 전해지는 유제(遺制)이고 전기(田器), 즉 농기구의 비조(鼻祖)로 파악하고 있었다. 그런데 연암은 중국의 농서에 기록된 뇌사와 당시 중국의 농업 현장에서 사용하던 뇌사를 구별하지 않고 있었다. 연암은 자신이 장성(長城) 바깥에서 목격한 모습을 기록하고 있는데, 그 작업 내용은 당나귀나 노새에게 뇌사를 끌게 하고 3인이 협동작업을 수행해야 하는 축력(畜力)을 활용하는 것이었다.[83]

---

81 徐光啓, 『農政全書』 卷1, 「農本」, 經史典故, "嘗聞古之耕者, 用耒耜. 以二耜爲耦而耕, 皆人力也. 至春秋之間, 始有牛耕, 用犁."

82 徐光啓, 『農政全書』 卷21, 「農器」, '圖譜一, 耒耜', "周官攷工記, 匠人爲溝洫. 耜廣五寸, 二耜爲耦, 一耦之伐, 廣尺深尺, 謂之甽. 鄭云, 古者耜一金, 兩人倂發之, 其壟中曰甽, 甽上曰伐. 伐之言, 發也. 今之耜岐頭者, 後用牛耜種, 故有岐頭兩脚耜也. 耒耜二物而一事, 猶杵臼也."

83 『課農小抄』, 「農器」, '耒耜', "臣嘗出長城外, 時方仲秋初旬, 見塞上耕者. 或驢或騾, 耒耜皆體纖. 又有對立兩架於田首支木, 以防其內顚, 貫索架腰而循環如轆轤以輓耒, 耒挾雙輪

연암은 중국 농서에서 인력으로 다루는 농기구로 설명하고 있던 뇌사를 자신이 장성 바깥에서 본 축력을 활용하는 뇌사와 동일시하고 있었다. 이런 점에서 연암이 『과농소초』의 농기 부분을 저술하면서 갖고 있던 저술 방침 가운데 하나가 축력으로 움직이는 생산성 높은 농기를 중국에서 수입하는 것이 아니었을까 추정된다.

또한 연암은 뇌사와 유사한 기능을 갖고 있고 조선의 농업현실에서 널리 활용하고 있던 따비와 뇌사를 비교하는 것을 고려하지 않고 있었다. 그 이유가 무엇인지 따져 보면서 연암이 뇌사를 통해서 제시하고자 하는 농기구 변통론을 살펴볼 수 있다. 15세기에 편찬된 『농사직설』에서는 쟁기 외에 기경작업에 사용한 농기구인 따비를 뇌(耒)로 파악하고 있었다.

『농사직설』에 정리되어 있는 저습(低濕) 황지(荒地)의 개간법에 따르면, 3~4월 사이에 윤목(輪木)을 이용하여 잡초를 제거한 다음 만도(晩稻)를 파종하여 재배하는데, 1년이 지난 후에 비로소 따비를 사용하여 기경작업을 수행할 수 있다고 하였다. 사람의 힘으로 따비를 운용하여 깊지 않게 땅을 갈 수 있는 상황이었다. 그런 다음 해부터 비로소 우경을 할 수 있다고 설정하고 있다.[84] 이와 같이 『농사직설』의 경우 뇌를 인력으로 운용하는 기경용 농기구로 파악하고 있다. 『훈몽자회(訓蒙字會)』에서도 '耒 짜보 리'로 표현하고 있다.[85] 이와 같이 조선의 현실에

而一人扶耒而後驅. 兩人揷杙於軸以纍索, 如船頭收矴, 不徐不疾, 耒耜自進細塍. 如從繩推壤之利, 更勝於牛."

84 『農事直說』, 「耕地」, "若沮澤潤濕荒地, 則三四月間, 水草成長時, 用輪木, 殺草. 待土面融熟後, 下晩稻種. 又縛柴木兩三箇, 曳之以牛, 覆其種. 至明年, 可用耒(鄕名, 地寶). 三年, 則可用牛耕(稂莠不生, 大省鋤功)."

85 崔世珍, 『訓蒙字會』, 「器皿」.

서 뇌사와 유사한 따비가 기경에 널리 활용되고 있었다. 하지만 연암은 뇌사를 살펴보는 대목에서 따비를 같이 검토하지 않고 있다. 그 이유를 뇌사에 대한 연암의 주석을 좀 더 면밀하게 살펴보면서 찾아본다.

뇌사에 대한 연암의 주석은 면천군수로 재직하면서 작성한 『면양잡록』에 실린 것과 박영철이 정리한 『과농소초』의 그것이 약간 차이를 나타낸다. 『면양잡록』의 경우 "흙덩이를 밀어내는 이로움은 비록 소를 이용한 쟁기에 미치지 못하지만 가난하여 소를 키우지 못하는 자는 아직도 이용할 만하다."[86]라는 설명을 붙여 놓고 있다. 당나귀나 노새와 같은 축력을 활용하는 것은 전혀 제시하지 않고 있다. 이는 당시 우경을 쉽사리 마음먹은 대로 활용하기 어려웠던 빈농(貧農)의 처지를 감안한 자상한 안내라고 할 수 있다. 그런데 이러한 주석 내용이 박영철본에서는 사라져 보이지 않는다.

박영철본 『과농소초』에 들어 있는 연암의 주석은 앞에서 소개한 것처럼 장성 바깥에서 직접 당나귀나 노새를 축력으로 활용하는 뇌사에 중점을 두고 있었다. 앞서 『면양잡록』의 주석이 우경을 쉽사리 할 수 없는 빈농의 처지에 공감하는 것이었다면, 현재 전해지는 박영철본 『과농소초』의 주석은 축력을 활용하는 농기구, 그것도 중국 땅에서 견문한 농기구에 대한 수입의 필요성을 제기하는 것이었다. 여기에서 앞서 제기한, 연암이 따비를 다루지 않은 이유에 대한 어지간한 해답을 찾을 수 있다. 즉 연암의 농기구에 대한 생각이 중국 농기구 수입론으로 기울어지면서 뇌사에 버금가는 따비를 비교 설명하는 작업을 도외시한 것으로 추정할 수 있다. 그리고 연암의 주석에서 장성 바깥의 견문에

---

86 『沔陽雜錄』卷4, 『課農小抄』, 「農器」, '耒耜', "推壤之利, 雖不及牛犁, 貧無牛畜者, 尙可
　　用之."

중점을 두고, 『면양잡록』에 보이는 빈농에 대한 애정 어린 설명이 사라
진 것도, 마찬가지로 중국에서 널리 활용하는 농기구의 수입을 시급한
과제로 설정하고 있었기 때문일 것이다.

〈그림 5〉『農政全書』卷23, 「農器」, '圖譜二, 碓'

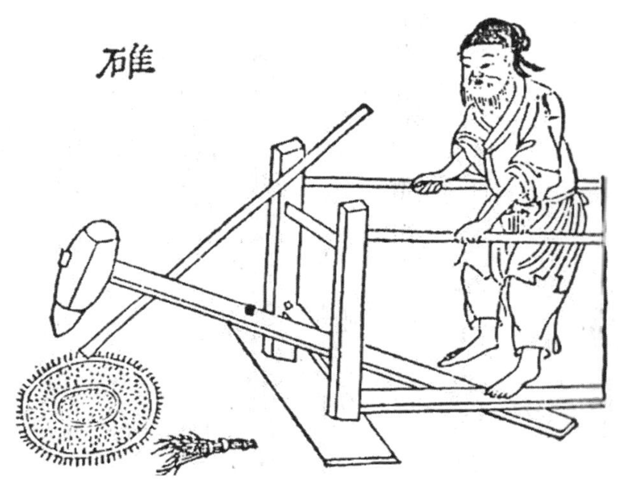

　　두 번째로 연암이 주석을 상세하게 달아 놓아 그의 주장을 잘 살펴
볼 수 있는 농기인 대(碓), 즉 방아를 살펴본다. 『농정전서』에 소개된 대
는 돌로 만든 절구와 나무로 만든 절굿공이로 구성된 것이다.[87] 작업
과정을 추정하면 절구에 곡물을 넣고 절구에 들어가지 않는 절굿공이
의 한쪽 끝을 사람이 발로 눌러서 위아래로 움직이게 하여 곡물을 빻거

87　徐光啓, 『農政全書』卷23, 「農器」, '圖譜二, 碓', "碓, 舂器, 用石, 杵臼之一變也. ……
　　自關而東謂之梴, 桓譚新論曰, 杵臼之利, 後世加巧, 因借身重以踐碓, 而利十倍."

나 찧는 것으로 볼 수 있다. 저구(杵臼)가 손과 어깨의 힘만으로 절굿공이를 움직이는 것에 비해서 대는 온몸의 체중〔身重〕을 활용하는 것이었기 때문에 더욱 도정작업의 능률을 올릴 수 있었다.

『과농소초』의 대에 대한 설명은 『왕정농서』에서 『농정전서』로 이어진 서술 내용을 그대로 옮겨 놓은 것이었다.[88] 다만 『농정전서』에 "관(關)의 동쪽 지방에서는 정(梃)이라 일컫는다."라는 구절을 『과농소초』에서는 "관동(關東)으로부터 정(梃)이라 일컫는다."라고 하였는데, 옮겨 적는 과정에서 착오를 일으킨 것으로 보인다. 연암은 비교적 간단한 구조를 지닌 대에 주목하여 아주 상세한 주석을 붙여 놓았다. 그리고 그 속에서 자신의 조선 농기에 대한 변통론을 구체화시켜서 보여 주고 있다.

연암은 연행할 때에 상세히 살핀 방아의 제작과 실용성에 주목하여 조선의 방아와 중국의 방아를 비교하였다. 우리나라〔我國〕 방아의 방아 찧기 어려운 점 아홉 가지와 중국의 방아가 가진 방아 찧기 쉬운 점 아홉 가지를 상세하게 서술하였다. 먼저 아국의 방아가 지닌 첫 번째 어려운 점으로 방아에 쓸 재목의 문제를 들어 놓았다. 두 가닥의 다리를 지닌 나무를 찾는 것 자체가 어려울 뿐 아니라 좌우 균형을 잡는 것도 어렵고, 게다가 다리와 몸통의 길이 비율을 정교하게 맞추기 어렵다는 점도 지적하였다. 나머지 여덟 가지 문제점 가운데 몇 가지만 더 소개하면, 두 가닥의 다리에 아자(丫字) 모양의 나무를 끼우는데 그 내구성이 부족하다는 점, 절구질하는 작업에 3인이 필요하여 농사일이 바쁠 때 인력 부족이 생긴다는 점, 절구를 매우 평평한 곳에 설치하여

---

88 『課農小抄』, 「農器」, "碓, 舂器, 用石, 杵臼之一變也. …… 自關東謂之梃. 桓譚新論曰, 杵臼之利, 後世加巧, 因借身重以踐碓, 而利十倍."

절굿공이가 한번 내려치면 사방으로 곡식이 흩어진다는 점 등이었다.[89]
그리고 이렇게 문제가 많음에도 불구하고 끝내 고쳐지지 않는 이유를
알지 못하겠다는 말을 마지막에 붙이고 있다.

연암이 목격한 중국의 방아는 조선의 것과 달리 득실(得失)과 편부
(便否)가 아주 확연하게 드러나는 것이었다. 연암은 이 부분도 아홉 가
지로 나누어 설명하고 있는데, 조선 방아의 곤란한 점과 각각 대비되는
것으로 설정하고 있다. 방앗공이를 지탱하는 나무가 따로 다리로 나뉘
지 않아 방아 찧기 용이하다는 점, 절구를 구덩이로 만들면서 약간 안
쪽으로 기울어지게 하여 곡식을 찧기 쉽다는 점, 한 사람의 힘으로 운
용하는 것이 가능하다는 점, 이에 따라 하루에 찧는 곡식의 분량이 훨
씬 많다는 점 등이다.[90] 이와 같이 조선과 중국의 방아를 비교하면서

---

89 앞의 글, "臣趾源曰, 我國碓舂, 未知始於何人, 卯自何代, 而制度之庸拙難舂, 不可殫記.
盖求材必有兩股如剪刀, 左右均適, 乃爲碓身, 木有兩股, 千無其一, 而股短則踏無力, 腰
長則頭難擧, 此難舂者一也. 兩股之髖, 如牛之有髖髀之處也. 穿鑿揷簨, 又以丫木對植,
以簨加之, 碓之所動, 丫木亦各自搖, 實無久支之道, 此難舂者二也. 碓身掛在丫間, 緣其
每搖, 兩簨驚躍, 頭必掉拂, 此難舂者三也. 有兩人, 然後各踏一股, 而人重不適, 踏勢相戾,
則簨自傾仄, 杵必磨臼, 此難舂者四也. 如無一人在臼攬之, 穀盡出臼, 竟無飜覆自鑿之理,
此難舂者五也. 碓頭若輕, 則必以大石繫在頭邊, 頭常低昂, 故石易墮落, 必傷攬臼人之頭,
此難舂者六也. 一家之內, 當得三人, 乃可用碓, 婦餽男耕, 百事如毛, 何暇責出三人之多
乎, 此難舂者七也. 碓之有杵, 非石以木, 而又覺太長, 安臼之地, 踏股之處, 平無高低. 故
杵不高擧, 落臼無力, 鑿之雖久, 穀不脫糠, 此難舂者八也. 置臼甚平, 小無外側, 杵之一下,
穀必四散, 此難舂者九也. 有此九難, 而舂之百歲, 終無改焉, 固未知其何故也."

90 앞의 글, "臣趾源曰, …… 今見中國之碓, 一反此制, 得失便否, 亦已懸殊矣. 材無兩股, 只
以一丈之木, 可盡爲之, 故本無股腰之長短, 此易舂者一也. 穿鑿揷簨, 必於碓身之半一木
中, 嵌納簨沕合, 碓雖低昂, 實無傾仄之患, 此易舂者二也. 簨但摜轉, 頭不搖拂, 此易舂者
三也. 踏只一股, 勢無輕重, 杵亦高擧, 落必臼中, 此易舂者四也. 以條木僅容臼口, 橫繫臼
之上邊, 故穀之在下者, 踰條木自上, 在上者, 因杵出而還下, 輪回無窮, 不煩人攬, 此易舂
者五也. 以石爲杵, 樣如蓮子, 擧之似重, 而落之有力, 此易舂者六也. 一人用之, 省力甚多,
此易舂者七也. 作坑安臼, 向外微側, 踏處高而臼則低, 故碓昂未極, 杵落必猛, 此易舂者八
也. 一日所鑿, 得米三石, 則比三人之碓, 已爲三倍, 而況此三人之碓, 日不能一石乎, 此易
舂者九也."

연암은 자신이 연행(燕行)에서 살펴본 방아의 형태와 운용법을 제시하고 본받아야 할 것임을 암묵적으로 강조하였다.[91] 결국 중국의 방아를 도입하는 것이 필요하다는 것을 역설한 것이다.

연암의 농기에 대한 변통론의 골자는 안설에 잘 드러나 있다. 그는 기계가 이로움을 주어야 일을 잘 풀어 나갈 수 있는 것은 농업에서도 마찬가지라고 정리하였다. 연암은 아국의 농기가 중국과 다르다면서, 중세 이래로 중국과 통하지 않아 그 편리함이 대단함을 알지 못하고 있는 것을 지적하였다. 그리하여 농업에 관련된 기계를 이롭게 만들고자 한다면 중국을 배우지 않을 수 없다고 결론 내렸다. 그리고 '중국을 배우는 것〔學中國〕'은 고성인(古聖人)의 법을 배우는 것이라고 부연하고 지금의 중국이 예전의 중국이 아니라면서, 배우는 것을 부끄러워하는 논리를 배제하려고 하였다.[92] 이와 같은 연암의 주장은 앞서 검토한 뇌사에서 검토한 것과 같은 맥락에서 이해할 수 있다. 따라서 연암이 『과농소초』에서 제시하고 있는 농기구 변통론은 중국 농기구 수입론이었다.

『과농소초』에서 다른 여러 가지 중국 농기를 소개하면서 주로 『왕정농서』의 내용을 이용하고 있다. 그렇지만 뇌사, 누차(耬車) 등을 소개

---

91 앞의 글, "臣趾源曰, …… 較之彼此, 難易之相反, 有如此, 而習俗已久, 迷不知返, 如見兩股之木, 則人皆曰可斲爲碓, 足可一笑, 臣於燕行, 詳見碓制, 故敢陳難易之辨焉."

92 앞의 글, "臣謹按, 古語曰, 工欲善其事, 必先利其器, 器械不利而能善其事者, 未之有也. 上古聖人作爲耒耜, 敎民稼穡, 刱物之初, 未必能便盡便巧, 故後人爲之損益潤色焉. 民俗之所習用, 隨方不同, 故古人又爲之參証而取其長, 令天下之人, 通用而互利焉. 此耒耜之經, 農器之譜, 所以作也. 此其意於便民之事, 靡所不用其極也. 我國之農器, 與中國之農器, 其同異得失, 未知果何如也. 其始果出於東國之神農歟, 抑亦學之於中土歟. 數千年來, 猶能辟土而食粟, 則如斯, 亦云可矣. 然中世以來, 疆域有限, 利用不通, 則安知今日中國之所用, 其便利更有倍勝於此者乎. 故如欲利其器械, 則莫如學中國, 學中國者, 學古聖人之法也. 將謂今日之中國, 非古之中國而耻學焉, 則是並與古聖人之法而賤棄之也."

206

하는 부분에서는 연행의 견문을 들어 부연 설명하고 있다. 이와 같이 농업노동력을 보다 효과적으로 투하할 수 있도록 농기의 개량과 개선을 추진하는 데 북학의 입장에서 우수한 중국 농기구의 도입을 제시하였다. 그리고 사자지행(使者之行)들이 중국의 농기를 구입하여 뛰어난 것을 제도(諸道)에 널리 보내야 한다고 주장하였다. 이상에서 검토한 바와 같이 연암의 농기구 변통론은 중국 농기구 수입론이었고, 이를 널리 조선에 보급시키려는 것이었다. 열렬한 중국 농기구 수입론자인 박제가의 주장과 연암의 주장이 서로 비슷한 맥락에서 제기되었다고 할 수 있다.

5) 경간(耕墾) – 견종법(畎種法) 보급론

경간(耕墾)이란 글자 그대로 경(耕)과 간(墾)을 합친 말이다. 경간을 상세하게 풀어서 설명하자면, 전답에 곡식을 파종하기 위해 적절한 상태로 만들어 주는 기경(起耕)과 기경 이후의 후속 작업을 함께 가리키는 경전과 농경지로 사용한 적이 없는 황지나 농작업을 일정 기간 실행하지 않은 진전(陳田)을 경작지로 만드는 작업인 간전(墾田) 또는 개간(開墾)을 함께 가리키는 말이다. 『왕정농서』에서 편명으로 경간을 사용하였는데 『농정전서』에서는 영치(營治)라는 용어로 바뀌었다. 연암은 앞서 『농정전서』의 내용을 인용하던 방식을 따르지 않고 『왕정농서』의 명칭을 따르고 있다. 『왕정농서』의 경간이라는 용어를 사용하기는 했지만, 「경간」 항목 구성을 보면 『농정전서』의 서술 순서를 따르면서 중간중간 필요하다고 생각되는 부분만 인용하고 다른 부분은 건너뛰고 있어서 『왕정농서』를 따른 것에 커다란 의미를 부여하기는 어렵다.

먼저 『제민요술』의 내용을 인용하고 있는데, 인가(人家)에서 무리하게 큰 경지를 경작하려고 해서는 안 된다는 것, 우경을 세밀하게 해 줄 것을 강조하는 구절, 즉 경전법(耕田法)을 설명하는 구절이다.[93] 이 구절은 『제민요술』, 「서문(序文)」 뒤에 바로 붙어 있는 「잡설(雜說)」이라는 항목에 수록되어 있다.[94] 『제민요술』, 「잡설」에는 위의 내용에 이어서 별다른 구분 표시 없이 답분법(踏糞法), 즉 시비법을 소개하고 있다.[95] 『농정전서』는 경전법을 소개하는 구절과 답분법을 소개하는 구절을 빼놓지 않고 인용하고 있었다. 그런데 연암은 『과농소초』에 경전법에 관련된 부분은 인용하고, 답분법에 해당되는 부분을 따로 빼내어 「분양(糞壤)」 항목으로 이동시켜 정리하고 있다. 연암이 『농정전서』를 인용하면서 자신의 시각에서 취사선택하고 있음을 보여 주는 부분이라고 할 수 있다.

위 구절 뒤에 『제민요술』 경전(耕田) 항목에 들어 있는 쟁기를 활용하는 우경 등에 대한 소개, 산전(山田)과 택전(澤田)을 개간하는 방식의 설명, 경전의 일반 원리에 대한 서술, 땅을 기름지게 만드는 법에 대한 인용 등을 그대로 수록하였다. 이 부분은 『농정전서』에도 그대로 수록되어 있었다. 이어서 『제민요술』에 들어 있는 『예기』, 「월령」 가운데

---

93 『課農小抄』, 「耕墾」, “齊民要術曰, 凡人家營田, 須量己力, 寧可少好, 不可多惡. 假如一犋牛, 總營得小畝三頃, 據齊地, 大畝一頃, 三十五畝也, 每年一易, 必須頻種, 其雜田地, 卽是來年穀資. 欲善其事, 先利其器, 悅以使人, 人忘其勞. 且須操習器械, 務令快利, 秣飼牛畜, 常須肥健, 撫卹其人, 常須歡悅. 觀其地勢乾濕得所, 凡秋收了, 先耕蕎麥地, 次耕餘地, 務令深細, 不得趣多. 看乾濕, 隨時蓋摩, 著切, 見世人耕了, 仰著土塊, 倂待孟春, 蓋若冬乏氷雪, 連夏亢陽, 徒道秋耕, 不堪下種. 無問耕得多少, 皆須旋蓋摩如法. 如一犋牛兩箇月秋耕, 計得小畝三頃, 經冬加料餧, 至十二月內, 卽須排比, 農具使足, 一入正月初未開陽氣上, 卽更蓋所耕得地一遍.”

94 石聲漢에 따르면 『齊民要術』, 「雜說」부분은 賈思勰이 지은 것이 아니라 隋에서 北宋초 사이에 山東省에서 농업생산에 종사하던 인물의 저술이라고 한다(石聲漢(1979), 上, 147면 주 1)).

95 徐光啓, 『農政全書』 卷6, 「農事」, ‘營治上’.

208

인용한 부분을 빼놓고 있는데, 『농정전서』에 이미 누락시킨 것을 따른 것으로 보인다.

계속해서 『제민요술』에 들어 있는 위문후(魏文侯)의 언급, 『잡음양서(雜陰陽書)』의 구절, 『여씨춘추』의 지적, 『회남자(淮南子)』의 서술 등을 인용하였다. 다음으로 『범승지서(氾勝之書)』에 보이는 천지의 기운에 따라 경전하고 흙의 강약을 조절하는 방법을 수록하고 있다.[96] 그런 다음 최식(崔寔)의 『사민월령(四民月令)』에 보이는 지기(地氣) 등에 따라 경전하는 방식을 소개하고 있다.[97]

다음으로 『왕정농서』의 '경간편(耕墾篇)'을 인용하고 있는데, 황지를 개간하는 방법을 자세하게 소개하는 부분이다. 『농정전서』에는 『과농소초』에서 인용한 부분 뒤로 더 많은 내용이 들어 있는데, 경려(耕犂)에 관한 부분으로 북방, 중원 지역의 특색을 자세하게 설명하고 있다. 이 부분을 연암은 인용하지 않고 있는데, 조선의 농업현실에 적용하기 어렵다고 생각한 때문이 아니었을까 생각된다.

다음으로 『종시직설(種蒔直說)』에 나오는 쟁기질 한 번 하면 파(擺) 작업을 여덟 번 해야 한다는 설명, 『한씨직설(韓氏直說)』에 나오는 우경에 대한 상세한 설명을 붙이고 있다. 이어서 기경과 파로(耙勞)의 중요성을 강조하는 기사가 실려 있다.

계속해서 『왕정농서(王禎農書)』의 '파로편(耙勞篇)'을 인용하고 있다. 이는 『농정전서』의 내용과 동일하다. 파(耙)와 로(勞)는 중국에서 활용

---

[96] 『課農小抄』가 『農政全書』에서 인용한 魏文侯, 『雜陰陽書』, 『呂氏春秋』, 『淮南子』, 『氾勝之書』 등의 내용은 『齊民要術』에 그대로 들어 있는 내용이다(賈思勰, 『齊民要術』, 「耕田第一」).

[97] 『課農小抄』에 崔實로 기재되어 있는 것은 崔寔의 잘못이다. 『齊民要術』 등 참조.

하던 농기구로 기경작업 이후에 논밭을 고르게 정리하는 작업에 쓰였다. 쟁기질로 생겨난 흙덩이를 깨뜨리고 울퉁불퉁한 표면을 고르게 정리하는 작업에 활용하는 농기구였다.

파(耙)는 우리의 써레에 해당하는 도구이다. 『왕정농서』에 보이는 방파(方耙)의 그림은 써레와 동일한 것으로 간주할 수 있는 형태를 보여주고 있다. 그리고 로(勞)는 기경한 후에 쇄토(碎土)하고 평토(平土)하는 농기구로, 주요 작용이 마전(摩田), 즉 마평(摩平)이었다.[98] 따라서 파와 마찬가지 용도로 사용되어 무치파(無齒耙)로 불리는 것이었다.[99] 그리하여 파로는 같은 작업에 활용하는 농기구를 가리킬 뿐만 아니라 해당 작업을 가리키는 말이기도 하였다. 연암은 「농기」 항목 서술에 수전과 한전에서 모두 파로를 활용하여 토성을 가루처럼 곱게 만들어야 할 것이라고 주장하였다. 그는 농리(農理)를 깊이 궁구하여 실리(實利)를 얻는데 힘써야 하는데, 이를 위해서는 기경한 후에 파로작업을 가르치는 것이 우선이라고 강조하였다.[100]

『농정전서』는 『왕정농서』의 '파로편(耙勞篇)'을 인용한 다음에 계속해서 『농상집요(農桑輯要)』를 인용서로 표시하고 앙전(秧田), 즉 모판을 다스리는 방법과 옹전(壅田), 즉 회분(灰糞)이나 하니(河泥) 등을 경지에

---

98 賈思勰, 『齊民要術』, 「耕田第一」, "春耕尋手勞, 秋耕待白背勞."

99 王禎, 『農書』, 「農器圖譜」, '耒耜門', "勞, 無齒耙也, 但耙桯之間, 用條木編之, 以摩田也."

100 『課農小抄』, 「農器」, '勞', "臣趾源曰, 我國農家, 初無勞耙之器, 但於水田耕後, 始以秒器, 略解土塊, 如是而五穀其能菶茂乎, 大凡無論水陸田, 耕後以櫌破塊, 次用耙器橫縱田上, 令土性, 細膩爛熟, 如粉如糜, 然後又用勞器, 平摩如鏡面. 其修本質之美, 可比於繪事後素, 豈可忽之而不用乎. 今見農家不解此理, 犁器纔釋, 旋卽播種, 大塊小塊, 磊落滿疇, 土皆浮動虛疎, 種子盡失依貼, 是以苗生皆菱黃脆弱, 太半病枯. 愚民終不覺悟, 但知穀落土則秋可食焉, 可不爲寒心乎. 如欲盡究農理, 務得實利, 莫如先敎勞耙之法, 無敢犁後卽種, 則其爲功效, 必有倍於前矣."

넣어 주는 방법을 소개하고 있다. 그런데 석성한에 따르면 『농상집요』의 수도(水稻) 항목에는 이러한 두 가지 방법에 대한 소개가 없고, 『편민도찬(便民圖纂)』에 들어 있는 내용을 인용한 것이라고 한다.[101] 연암은 앙전을 다스리는 방법에 대한 설명은 묘종법을 설명하는 부분으로 옮겨 놓고 있고,[102] 옹전에 대한 설명은 제외하고 있다.

『왕정농서』의 '파로편'을 인용한 다음부터 『과농소초』의 서술 구성의 특색을 찾아볼 수 있다. 『농정전서』에 보이지 않는 서술 부분이 들어 있는 것이다. 이는 연암이 『과농소초』를 편찬하면서 미리 수행하였던 중국 농서와 조선 농서에 대한 초록 작업의 성과물로 볼 수 있다. 다시 말해서 연암은 이 부분부터 『농정전서』 일변도의 발췌 인용에서 벗어나 자신의 농서 초록 자료도 함께 이용하고 있다.

『과농소초』는 먼저 『거가필용(居家必用)』(『居家必用事類全集』을 줄여 사용함)에서 "경전(耕田)의 기일(忌日)이 임진(壬辰)·계해일(癸亥日)이고, 땅에 씨를 뿌릴 때 기일은 정해(丁亥)이다."[103]라는 짤막한 인용문을 기재하고 있었다. 뒤에 자세히 설명하겠지만 『농정전서』는 길일(吉日)이나 흉일(凶日)에 대한 서술을 완전히 제외하고 있다. 따라서 『과농소초』에서 『거가필용』을 인용한 부분이 연암이 직접 살펴본 결과물인지, 아니면 『거가필용』을 인용한 다른 농서에서 나온 것인지 따져 볼 필요가 있다.

『거가필용』에 나오는 경전의 기일 부분은 바로 뒤이어 인용하고 있

---

101 石聲漢(1979), 上, 154~155면 주 70).
102 『課農小抄』, 「播穀」, '稻', "農桑輯要曰, 治秧田, 須殘年開墾, 待氷凍過則土酥, 來春易平. 且不生草, 平後必曬乾. 入水澄淸, 方可撒種, 則種不陷土中, 易出〔徐玄扈曰, 落秧宜淸易拔, 落散宜濁易生根〕."
103 『課農小抄』, 「耕墾」, "居家必用曰, 耕田忌, 壬辰, 癸亥日, 種田, 忌丁亥."

는『산림경제증보(山林經濟增補)』[104]와 함께 살펴보아야 한다. 유중림이 지은『증보산림경제』는 경전 길일을 비롯하여 각종 농작업의 길일을 『거가필용』에서 남김없이 인용하였다. 그런데『증보산림경제』는 경전 길일을 인용한 뒤에 경전 흉일도 적고 있는데 "경전 흉일은 임진·계해 또한 임계일(壬癸日)이다. 거가필용"[105]이라는 구절이 바로 그것이다. 이 구절은 연암이『거가필용』을 앞세워 수록한 구절과 앞부분이 유사하다. 하지만 기(忌)와 흉(凶)이라는 다른 글자를 쓰고 있는 점이 다르다. 연암이 경전과 관련된 길일, 흉일에 대한 정보를『증보산림경제』에서 인용하였지만, 앞에 나온『거가필용』의 구절은『증보산림경제』에서 따온 것으로 보기는 어렵다.

여기에서 참고할 수 있는 것이 1636년 이식(李植)이 증보한『고사촬요(攷事撮要)』와 서명응(徐命膺)이 지은『고사신서(攷事新書)』이다. 서명응의『고사신서』를 보면 연암이『거가필용』에서 인용하였다고 수록한 구절과 완전히 동일한 구절이 보인다.[106] 그렇다면 연암이『과농소초』에『거가필용』을 인용서로 제시한 구절은『증보산림경제』를 거치지 않고 직접『거가필용』에서 빌려 온 것으로 볼 수 있을 것이다.

『과농소초』가 길일, 흉일에 대한 기사를 어떤 책에서 인용하였는가의 문제를 중요하게 검토하는 것은 길일과 흉일이 십간(十干)과 십이지(十二支)로 이루어진 육십갑자의 특정한 간지(干支)로 설정되어 있기 때문이다. 특정한 간지를 특정한 농사일에 연관시키는 논리적인 배경과

---

104 『山林經濟增補』는 柳重臨이 지은『增補山林經濟』로 보인다.
105 『增補山林經濟』卷2,「治農」, '耕播', "耕田凶日, 壬辰癸亥, 又壬癸日, 上同." 上同은 앞선 구절의 인용서와 같다는 뜻인데 바로『居家必用』이다.
106 徐命膺,『攷事新書』卷10,「農圃門」上, '耕播', "耕田忌, 壬辰癸亥日〔一云壬癸日〕. ○種田忌丁亥日.";『課農小抄』,「耕墾」, "居家必用曰, 耕田忌, 壬辰, 癸亥日, 種田, 忌丁亥."

구체적인 적용을 알기 어려운 상황이라고 할 수 있다. 또한 농사일에 따라 길일, 흉일이 과연 실재하는지 여부도 관심거리이다. 이러한 점은 아직도 해결하기 어려운 난제라고 할 수 있다.

이와 관련해서 작물을 경작할 때 파종하기에 적당할 길일이나 흉일, 그리고 각종 농작업을 수행할 때의 길흉과 연관된 날에 대한 기록이 『농정전서』에는 보이지 않는다는 점을 지적하고자 한다. 그러한 사정은 『왕정농서』에서도 마찬가지이다. 또한 원대(元代)의 『농상집요』도 길일, 흉일에 대한 정보는 수록하지 않고 있다. 물론 중국의 서적 속에서 농작업의 길일, 흉일에 대한 정보가 완전히 사라진 것은 아니었다.

이와 관련해서 조선 전기 15세기 중반에 전순의(全循義)가 지은 『산가요록(山家要錄)』의 농서 부문을 살펴본 것을 참고할 수 있다. 『산가요록』은 기본적으로 『농상집요』를 발췌하여 정리하고 있지만, 길일이나 흉일에 대해서는 중국 원대에 편찬된 『거가필용』의 내용을 인용서로 활용하고 있다.[107] 그리고 길일과 흉일에 대한 기술은 『고사촬요』를 거쳐 『산림경제』로 이어지고 있다. 또한 『농가집성』에 수록되어 있는 길일과 흉일도 『거가필용』에서 인용한 것으로 추정되고 있다. 『산가요록』의 사례를 바탕으로 생각해 보면, 연암이 『거가필용』을 인용서로 제시한 구절은 직접 『거가필용』에서 빌려 온 것으로 볼 수 있을 것이다.

다음으로 『한정록(閑情錄)』에 실려 있는 황지를 개간하는 방법을 소개하고 있다. 그리고 『농사직설』의 황지 개간기술을 설명하고 있다. 『농가집성』에 들어 있는 신속이 증보한 『농사직설』을 인용하면서 경지 항목의 내용을 연암 나름대로 순서를 바꾸어 배열하고, 종도(種稻) 항목의

---

107 염정섭(2011), 78~86면.

뒷부분에 들어 있는 저습한 황지를 개간하여 수전(水田)으로 만드는 방법을 추가해 놓고 있다. 연암은 경지의 일반적인 원리에 해당하는 기술보다 진황지를 개간하는 데 중점을 두고 있었다.

위와 같이 논밭의 기경기술과 진황지의 개간방법에 대한 소개를 마친 다음, 연암은 자신이 제안하는 기경법으로 대전법과 견종법을 상세히 설명하였다. 연암은 안설에서 「경간」 항목을 통해 강조하고자 하는 바를 드러내고 있는데, 그것은 바로 견종법이었다. 연암은 근래 동속(東俗)에 숙맥(宿麥) 이외의 작물은 모두 고랑을 버리고 이랑에 파종하고 있다고 설명하였다.[108] 그리고 신속의 『농사직설』에 조와 콩을 경작하는 법의 일부를 인용하면서 이랑에 파종하는 것이 분명하다고 강조하였다.

계속해서 중국 한대(漢代)에 조과(趙過)가 고안하였다는 대전법을 소개하면서 견종법에 대한 설명으로 이어 나가고 있다. 대전법은 해마다 고랑을 바꾸는 것이지 전토 자체를 놀리는 세역(歲易)과 다르다고 설명하였다. 그리고 연암은 자신이 요동에서 작은 이랑과 고랑을 만들어 밭작물을 경작하는 것을 직접 견문한 것도 짤막하게 소개하였다. 연암은 대전법의 일묘삼견(一畝三畎)이 곧 견종법이라고 파악하고 있었다. 그는 "이른바 대전(代田)이라는 것은 해마다 견(畎)을 바꾸는 것이어서 전(田)을 세역하는 것은 아니다. 주례의 일역전, 재역전과 다른 것이고 구전(區田)과 같은 의미로 땅의 기운이 항상 새롭게 되기를 바라는 것이다."[109]

---

108 『課農小抄』, 「耕墾」, "耜爲耦, 廣尺深尺曰畎, 盡古之種田者, 皆種於畎. 杜詩所謂禾生隴畝無東西者, 歎其農之未失也. 近世東俗, 唯宿麥外, 皆棄畎而用畝. 申洬農事直說, 輒言粟豆生後用網口, 牛耕兩畝間, 則其亦種於壟可知."

109 앞의 글, "所謂代田者, 歲易畎, 非歲易田也. 與周禮一易再易之田, 不同, 而與區田同意, 欲其土氣之常新也."

라고 자세하게 설명하였다. 이와 같이 대전법을 견종법으로 파악한 연암은 조선의 농민들에게 견종법을 보급할 것을 강조하였다.[110] 그리하여 견종법을 하지 않으면 안 된다고 결론을 내렸다.[111]

연암은 견종법 보급론을 제기하면서 이를 조선의 농민들이 즐겨 하지 않는 이유를 지적하였다. 그 이유는 바로 우리 동민(東民)이 학문을 하지 않은 잘못이었다. 그리고 특히 공맹(孔孟)과 정주(程朱)의 책을 읽고 의리를 강성하면서 마음을 다스리고 몸을 닦는 것이 실로 사(士)의 학문이지만, 천하의 말업(末業) 소기(小技)도 모두 학문으로 삼아야 한다고 파악하였다. 특히 농(農)은 민생(民生)의 대본(大本)이므로 박학(博學)하고 심문(審問)하는 노력을 기울여야 한다고 강조하였다. 이는 곧 선비의 실학이 제대로 성취될 때 농(農)뿐만 아니라 사(士)들도 제자리를 찾게 될 것이라고 하였다.

조선의 농법에서 고랑과 이랑을 만드는 작업을 작묘법(作畝法)이라고 부를 수 있는데, 조선 전기에 편찬된 『농사직설』에서 이미 이랑과 고랑의 구분이 분명하게 이루어지고 있음을 찾아볼 수 있다. 묘(畝)는 작물이 경작되고 있을 때 작물의 경작처(耕作處) 또는 성장처(成長處)를 가리키는 것이었다. 그리고 작물이 자라지 않고 있는 부분을 묘간(畝間)이나 양묘간(兩畝間)이라고 표현하였다. 이러한 구분은 조선 전기에 밭에서 작물을 재배할 때 이랑과 고랑의 구분이 분명하게 이루어지고 있었음을 보여 준다 할 것이다. 미사리에서 발굴 조사된 백제 초기 밭

---

110 앞의 글, "然則一畝三畎之法, 后稷氏開剏之, 趙過潤色之. 天下之民至今, 遵而勿失, 獨我東民不肯爲者, 何也. 亦無學問之過也."

111 앞의 글, "此畎種之法, 乃是天下後世農者之規矩六律. 先農之所以俟百世不惑, 而後之人不能易之者也. 夫農而不爲畎種之法者, 是何異於舍規矩而欲成方圓, 廢六律而求正五音者哉."

의 모양을 보면, 한전작물을 뚜렷하게 이랑과 고랑으로 작묘하여 재배하는 것은 초기의 농경에서부터 유래한 것이었다. 이상에서 살펴본 바와 같이, 조선의 밭작물은 분명하게 구획된 이랑과 고랑 속에서 경작되고 있었다. 따라서 연암이 대전법과 견종법을 동일시하면서 견종법을 보급하는 데 앞장서고 있는 것은 견종법에 대한 과도한 쏠림이 아닌가 하는 의구심이 생긴다.

연암의 대전법과 관련된 주장은 다른 농서 편찬자의 그것과 비교해서 살펴볼 필요가 있다. 연암과 박제가는 대전법 또는 한 두둑 세 고랑의 중국식 농사법을 소개하면서 권장하고 있었다. 조선 후기 대전법 논의를 다룬 책을 보면, 유형원의 『반계수록』, 박세당의 『색경』, 박제가·연암의 농서 외에 이광한(李光漢), 우하영(禹夏永), 서유구(徐有榘) 등도 대전법을 검토하였다.

조선 후기 농서에 나오는 대전법을 검토한 민성기에 따르면, 조과가 창안한 대전법은 후직(后稷)의 견종법이라는 이름으로 흔적이 남아 있던 것을 바탕으로 만들어진 것이었다. 두둑〔壟〕과 고랑〔畎〕을 '매년 바꾸는 곳〔歲代處〕'으로 삼아 매년 동일 경지의 전면 이용을 가능하게 한 진보적인 농법으로 바꾼 것이었다. 대전법이라는 이름은 한 두둑 세 고랑을 만들고 세 고랑을 해마다 바꾸기 때문에 붙여진 것이었다.[112]

민성기는 실학파가 대전법을 이해하는 데 가장 크게 오해한 것은 파종구인 견(畎)의 작성 전에 쟁기에 의한 '일경삼파(一耕三耙)'라는 선치전(先治田)을 예정한 일이라고 지적하였다. 전토(田土)의 전면(全面) 반전경(反轉耕)을 하게 되면 대전법의 특징인 '매년 바꾸는 곳'이 불가능해

112　閔成基(1988), 72면.

216

지고 그럴 필요도 없어진다는 점을 설명한 것이다. 따라서 조과의 대전법의 특징이 '매년 바꾸는 곳'에 있다는 점을 다시 한 번 확인할 수 있다. 이상에서 살펴본 것처럼 고랑에 파종하는 견종법만으로 대전법을 설명하기는 어렵다. 그렇기 때문에 연암이 대전법에 대한 장점을 설명하다가, 이를 견종법과 연결시켜 해설하고 있는 것은 잘못된 설명 방식이었다. 연암의 대전법과 견종법의 관계에 대한 이해가 잘못된 것이라고 보지 않을 수 없다. 하지만 연암은 견종법 보급론을 계속 정성을 다해 주장하였다. 이런 점에서 연암의 대전법과 견종법 보급론은 이상론과 오해가 섞인 주장이었다.

6) 분양(糞壤) — 시비(施肥) 개선론

분양(糞壤)은 시비(施肥)를 가리키는 용어이다. 『왕정농서』에 적절한 풀이가 되어 있는데 『과농소초』에도 인용되어 있다. 그에 따르면 '분양이란 척박한 땅을 비옥하게 만들고, 메마른 땅을 기름지게 만드는 것'[113]이다. 간략한 설명이지만 분양은 농지를 매년 계속 경작하는 상황에서 지력(地力)을 유지하고 향상시키기 위해 필수적으로 해야 할 농작업이었다.

「분양」 항목의 경우 앞서 살핀 「경간」 항목과 마찬가지로 내용 구성에서 나름대로의 독특한 모습을 갖고 있었다. 『농정전서』의 경우 영치(營治) 항목에 『왕정농서』의 「농상통결」 '분양편(糞壤篇)'을 인용하고 있

---

113 王禎, 『農書』, 「農桑通訣」, '糞壤篇第八', "糞壤者, 所以變薄田爲良田, 化墝土爲肥土也.";『課農小抄』, 「糞讓」, "農桑通訣曰, …… 糞壤者, 所以變薄田爲良田, 化墝土爲肥土也."

다. 『과농소초』도 기본적으로 『농정전서』와 마찬가지로 『왕정농서』의 「농상통결」, '분양편'을 인용하고 있는데, 다만 그 앞뒤 부분에 추가로 넣은 부분이 있다는 점이 다르다.

앞부분에는 『주례』에서 초인(草人)이 토화(土化)의 법(法)을 관장한다는 구절을 넣어 주고 있다.[114] 이 부분은 『왕정농서』에 「농상통결」 '지리편(地利篇)'에 들어 있고, 『농정전서』에도 「농상통결」 '지리편'에서 인용한 것으로 하여 '제가잡론 하'에 들어 있다. 연암이 초인에 대한 서술 위치를 자기 나름대로 조정하여 「분양」 항목에 넣은 것이라고 할 수 있다.

그리고 『왕정농서』나 『농정전서』에는 보이지 않는 구절을 연암의 『과농소초』에서 찾아볼 수 있는데, 바로 정현(鄭玄)의 주(註) 부분이다. 정현의 주는 『제민요술(齊民要術)』 수종(收種) 항목의 『주례』 초인이 토화의 법을 관장한다는 구절에 들어 있다.[115] 그 내용은 땅으로 그 (마땅한) 형색(形色)을 점(占)쳐서 종자로 삼는다는 것이다. 『제민요술』에 들어 있는 정현의 주가 연암이 인용한 부분보다 몇 글자가 더 많다는 점만 다를 뿐이다. 정현의 주가 『왕정농서』에 『농정전서』에서 누락된 것은 점친다는 내용 때문이 아닌가 추정된다. 그렇지만 주목해야 할 것은 연암이 『과농소초』에 정현의 주를 『제민요술』에서 직접 인용하여 넣었을 것으로 추정할 수 있다는 점이다.

다음으로 『제민요술』에서 분종(糞種) 대목을 인용하고 있다. 분종이

---

114 『課農小抄』, 「糞壤」, "周禮, 草人, 掌土化之法, 以物地相其宜, 而爲之種〔鄭玄註曰, 土化之法, 化之浸之, 以物地占其形色, 爲之種. 黃白宜種禾之屬〕."

115 賈思勰, 『齊民要術』, 「收種第二」, "周官曰, 草人, 掌土化之法, 以物地相其宜, 而爲之種.〔鄭玄注曰, 土化之法, 化之使美, 若氾勝之術也. 以物地占其形色, 爲之種. 黃白宜以種禾之屬.〕"

라는 시비방식의 측면은 일단 경작지 전면에 시비하는 협의의 분전(糞
田)과 개별 작물의 줄기 부분에 시비하는 분과(糞科)와 구별되며, 작물
의 종자에 시비 재료를 묻히거나 흡수시키는 것을 가리킨다. 『제민요
술』은 토양의 성격에 따라 분종의 재료를 달리하는 것이 좋다고 설명
하고 있다.

다음으로 『제민요술』에서 퇴비 만드는 법을 인용하여 수록하였다.
이 구절을 통해 『과농소초』 편찬 기준, 구성방식 등이 『농정전서』를 잘
따르고 있다는 점을 살펴볼 수 있다. 『제민요술』의 몇 구절을 『왕정농
서』, 『농정전서』에서 어떻게 구성하고 있는가 살펴보고, 연암이 『과농
소초』에서 수용하고 있는 방식을 찾아볼 수 있다.

연암은 『제민요술』에 인가(人家)에서 추수한 다음에 볏짚 등을 모아
외양간에 넣어 소로 하여금 밟게 하였다가 다음 날 꺼내어 쌓아서 퇴비
를 만드는 방법을 소개하는 부분을 서술하고 있다. 이 구절은 본래 『제
민요술』 잡설에 들어 있는 것으로, 『과농소초』, 「경간」 항목에 수록되
어 있는 "인가(人家)에서 무리하게 큰 경지를 경작하려고 해서는 안 된
다."라는 구절에 뒤이어 수록된 것이다. 즉 『제민요술』 잡설은 인가에
서 적당한 규모의 경지를 경작하고, 그 경지에 퇴비를 만들어 넣어 줄
것을 지시하고 있다. 『제민요술』 잡설의 두 구절을 『왕정농서』는 '경간
편'과 '분양편'으로 나누어 재배치하였고, 『농정농서』는 영치(營治)에
수록하면서 『왕정농서』의 구분을 그대로 유지하였다. 『과농소초』의 경
우도 「경간」과 「분양」으로 나누어 수록하고 있다는 점에서 동일한 구
분과 재배치를 하고 있다고 볼 수 있다.

『과농소초』는 『제민요술』, 『농정전서』 등 중국 농서에서 시비와 관
련된 내용을 인용한 다음 『농사직설』을 인용서로 밝히고 뇨회(尿灰) 만
드는 방법을 수록하고 있다.[116] 뇨회는 우분뇨(牛糞尿)와 곡물 껍질 등을

태워 만든 재〔灰〕를 잘 섞어서 만든 시비 재료이다. 그런데 중간에 쌍행주로 『증보산림경제』를 인용하고 있어,[117] 앞에 인용서로 제시한 『농사직설』이 잘못된 것으로 보인다. 뇨회를 만드는 법에 뒤이어 마분(馬糞)을 앙초(秧草) 등과 섞어서 시비 재료를 만드는 법, 호마(胡麻) 껍질을 이용하는 방법, 앙기(秧基) 시비하는 방법 등을 수록하고 있다. 『과농소초』의 이 부분 서술 내용은 홍만선의 『산림경제』 치농(治農), 수분(收糞) 항목과 내용 및 서술 순서가 동일하다. 이렇게 볼 때 연암이 『농사직설』이라는 인용서를 제시하고 있지만, 실제로는 『산림경제』에서 인용한 것으로 추정하는 것이 온당하다 생각된다.

연암이 『산림경제』를 인용하면서 『농사직설』을 인용서로 내세운 것은 『산림경제』에 들어 있는 구절이 모두 『농사직설』을 인용서로 제시하고 있기 때문이었다. 『산림경제』에 유일하게 달리 기재된 부분은 『찬요보(纂要補)』에서 인용하였다고 되어 있는 것이었는데, 이를 『과농소초』로 따로 줄을 바꾸어 인용하고 있다.

그리고 『과농소초』는 뒤이어 『증보산림경제』에 들어 있는 구절을 인용하고 있어 앞서 쌍행주로 『증보산림경제』를 인용한 것과 관련시켜 따져 볼 필요가 있다. 『증보산림경제』에서 전부 인용할 수 있는 구절을 연암이 굳이 『농사직설』, 『찬요보』, 『증보산림경제』로 나누어 놓은 점과 『증보산림경제』의 구절을 쌍행주로 처리하고 있다는 점에서

---

116 『課農小抄』, 「糞壤」, "農事直說曰, 作尿灰法, 牛廐外作地貯尿, 以穀秸糠粃之類, 燒爲灰, 用所貯池尿拌勻."

117 앞의 글, "農事直說曰, 作尿灰法, 牛廐外作地貯尿, 以穀秸糠粃之類, 燒爲灰, 用所貯池尿拌勻〔增補山林經濟曰, 俗方, 廁中埋大瓮, 前面鱗次布瓦, 使大小便流入瓮中, 待其塡滿, 添水攪滾, 以瓠爲長木柄, 汲出注漬灰圍, 曝日待乾, 乾則復灌, 如是者, 三四度, 積置底廁, 用苦編盖之. 或布水田, 或粘秋麥及木花種甚宜, 作稻秧基之糞, 尤好〕."

볼 때 『산림경제』, 『증보산림경제』 두 책을 같이 살펴보면서 인용한 것으로 보인다.

『농사직설』은 분양, 시비에 관련된 구절을 한곳으로 모아 정리하는 것이 아니라 관련된 항목에 나누어 기재하고 있었다. 뇨회를 만드는 법은 종도(種稻) 항목의 건경(乾耕) 부분에 실려 있고, 마분(馬糞) 관련 내용은 종도의 묘종법(苗種法) 부분에 실려 있는 식이었다. 시비와 관련된 여러 기술과 방법을 하나로 묶어서 분양, 수분 등의 항목으로 정리하는 것은 홍만선이 편찬한 『산림경제』 '치농편'에서 처음 나타난 것이었다. 이는 조선 후기 시비기술의 발달에 따른 농서 서술방식의 변화로 볼 수 있는 것이었다.[118]

『산림경제』 '치농편'은 이제까지의 다른 농서와 달리 시비기술과 연관된 여러 조목을 하나로 묶어 독립시키고 '수분(收糞)'이라는 항목을 설정하였다.[119] 즉 택종(擇種)과 경파(耕播) 중간에 수분이라는 시비기술에 관련된 항목을 새롭게 집어넣고 있다.[120] 하지만 홍만선의 『산림경제』 '치농편'은 실제의 시비기술 자체의 내용에서는 『농사직설』의 내용에 비해 크게 진전된 부분은 없었다. 『산림경제』를 증보한 유중림의 『증보산림경제』도 마찬가지의 편찬 방침에 따라 시비기술 부분을 독립된 항목으로 설정하는 것을 전제로 '치농편'을 구성하였다.

연암의 분양에 대한 의견은 안설에서 찾아볼 수 있다. 분양에 대한 기본적인 생각은 버려지는 모든 것들을 움켜쥐고 시비 재료로 전답에

118　염정섭(2002), 293～295면.
119　洪萬選, 『山林經濟』, 「治農」, '收糞'.
120　『山林經濟』 治農條의 項目 順序를 보면 驗歲·祈穀·擇種·收糞·耕播·種稻의 순이다.

넣어 주어야 한다는 것이었다.[121] 그리고 『순자(荀子)』의 구절을 인용하면서 소제(掃除)와 분양(糞壤)이 서로 이어지는 일이라는 점을 지적하고, 『맹자』의 구절을 인용하면서 분양이 다르기 때문에 수확의 다소(多少)가 생긴다는 점을 지적하였다.[122]

그리고 분종(糞種)에 대해서 언급하면서 우모(羽毛)나 쌀 씻은 물 등 어느 하나라도 버릴 것이 없으니 모두 잘 이용하고, 토성의 강유(剛柔) 등을 잘 파악하지 않으면 안 될 것이라고 주장하였다. 또한 왕정의 시비법을 거론하면서 우리의 경우 목양(牧養)이 널리 행해지지 않아서 소가 없는 농민이 많고, 소를 키우는 경우라도 외양간이 견고하지 않아 비옥한 물〔肥沃之水〕(우분)을 많이 내버리고 있으니 이를 고치지 않으면 안 된다고 주장하였다. 특히 수레〔車〕를 이용해야 분양을 편리하게 할 수 있을 것이라고 하였다. 마지막 부분에서는 연암 자신이 분양에 대해서 거론한 부분은 한 사람의 노농(老農)의 일에 불과한데 장황하게 설명하여 외람됨이 매우 심하다는 심경을 피력하고 있다. 이상에서 정리한 연암의 분양에 대한 입장은 여러 가지 시비 재료를 활용하고, 특히 수레의 이용을 제안하는 것으로 시비기술을 개선하자는 주장이었다.

7) 수리(水利) - 수리기술 개선론

연암이 『과농소초』 중 수리(水利)에 대하여 서술한 부분은 서광계의

---

121 『課農小抄』,「糞壤」, "臣謹按, 字書, 糞字從采從華〔音畢〕, 采獸掌爪, 華抌除器也. 謂抌除之餘, 皆可掌匊而壅田也."

122 앞의 글, "荀子曰, 堂上不糞, 郊草不瞻, 曠其耘耔. 由是觀之, 掃除糞壅, 故是相因之事. 而古人無作便屎字用, 後世以便屎爲除壅之尤急者, 故因以糞爲便尿之名. 孟子曰, 百畝之糞, 上農夫食九人. 夫畝同而食有多小者, 糞壤殊功也."

『농정전서』 수리 서술 부분을 군데군데 필요한 부분만 인용한 것이다. 『농정전서』에서도 수리 부분은 권12에서 권20까지를 차지할 정도로 방대한 분량을 차지하고 있다. 따라서 『과농소초』의 「수리」 항목 저술은 선택과 집중을 통해 자신의 주장을 분명하게 드러내고 있다고 볼 수 있다. 여기에서는 『과농소초』, 「수리」 항목에 보이는 여러 기술 내용에 대한 구체적인 검토가 필요하다고 생각된다. 앞서 조선 후기 수리학을 검토한 문중양도 연암의 『과농소초』 「수리」 항목에 대하여 살피면서 『농정전서』에서 인용한 부분을 명시하고 있다.[123]

먼저 들어 있는 부분은 명(明)의 서헌충(徐憲忠)의 글인 「산향수리의(山鄕水利議)」의 내용 가운데 원(元)의 유생(儒生) 양인(梁寅)이 제시한 못을 파서 관개하자는 주장〔鑿池漑田之議〕이다. 경작지 10묘(畝) 가운데 1묘를 지(池)로 만드는 법을 제시한 것이었다.[124] 또한 서헌충의 글에 대한 명의 유여위(兪汝爲)의 주석을 인용하고 있는데, 해변에서도 이러한 방법을 이용하여 소금기를 빼내고 관개할 수 있게 해 준다는 내용이었다.

이러한 방식은 문중양도 지적한 바와 같이 조선 초기 옥천인(沃川人) 곽유(郭瑜)가 올린 글에서 제시하였던 수리책과 같은 것이다. 곽유는 수경수종(水耕水種)이 가장 적합한 경종법이라는 것을 자신의 경험담에 근거하여 설명하였다. 그리고 전토의 두둑을 이용하는 간단한 수리책으로 양인의 방책을 덧붙이면서 자신이 직접 수전(水田)에서 실행해 본 방책이라고 강조하였다.[125]

---

123 문중양(2000), 109면.
124 『課農小抄』, 「水利」, "徐獻忠山鄕水利議曰, 元儒梁寅有鑿池漑田之議."
125 『世祖實錄』 卷9, 世祖 3年 9月 24日 乙酉(7-224), "沃川人郭瑜上書曰, …… 嘗觀梁氏論

이 방법은 수전의 경우 논 두둑을 평소보다 높여 겨울의 설수(雪水)를 가두어 두었다가 파종할 때 두둑을 터서 물을 아래위 논에 모두 댈 수 있게 하는 방법이었다. 연암은 아국(我國)에서 서헌충이 소개한 이 방법을 마땅히 강구해서 실행해야 한다고 주장하였다.[126]

곽유가 제시한 수리방식과 비슷한 수리시설의 축조를 18세기 말 경상도 언양(彦陽) 지역의 유학 전만성(全萬誠)도 주장하였다.[127] 전만성은 하나의 촌락에 살고 있는 농민과 사방의 이웃의 힘으로도 만들 수 있는 자그마한 제언〔小堤〕의 축조를 권장하면서도 곽유와 마찬가지로 전답의 두둑을 잘 갖추어 우설(雨雪)을 굳게 가두어 흘려 버리지 않는 것을 훌륭한 방법의 하나로 제시하였다. 즉 가을부터 봄까지 우설로 흘러 내려가는 것을 모아 두면 이른 가뭄을 만난다고 하더라도 부종(付種)이나 이앙을 제대로 수행할 수 있다고 파악하였다.[128]

水利之要云. 若十畝而損一畝以爲井, 則九畝可以免旱乾. 百畝而損十畝以爲池, 則九十畝可以資灌漑. 方今每於民田泉濕之處, 當秋冬之交, 皆因其舊隴而加築爲堰, 高可三四尺, 以儲雪水而作池. 及其春耕之時, 決其水而灌堤下之田而播種. 隨卽耕其堤內之田, 則上下皆用, 不損一畝, 而灌漑之利得, 故人人樂爲之也. 臣於今年, 以此術試之臣之水田, 無泉濕之處. 臣田之上, 有他人泉濕沮洳之田, 誘捄其人, 加築其隴, 以儲雪水. 至於播種之時, 決下其水, 漑臣之田. 水耕水種, 雖經久旱, 亦不枯槁. 其實不下於豐年, 其他乾種之田, 皆爲枯槁, 以此知稻田水種爲上也. 且川防之術, 不無其要, 亦嘗不量其地勢水勢之高下而爲之, 故但有力役之重而終無其效也. 臣今遇下詢堤堰之術, 不忍緘默, 敢陳瞽說, 儻以臣言爲可採, 俾小臣一試之, 則其防川築堰之術, 臣當竭其心力而爲之."

126 『課農小抄』, 「水利」, "臣趾源曰, 我國舊所設陂堰溝瀆外, 祇今可以穿渠引水者, 尙多其處. 然域內多山少野, 行水甚艱, 或川源淺涸, 全野無潤者, 十之六七. 以臣所守沔川一郡言之, 土品墳壚, 而秔稌黏潤. 然大抵灌漑無所, 最畏枯旱, 徐獻忠所議山鄕水利, 眞我國之所當講行者也."

127 全萬誠과 金養直이 소규모 수리시설의 축조를 주장한 것에 대한 서술은 염정섭(2002), 342면 참조.

128 『日省錄』正祖 23년 3월 19일 丁丑(27권 530~533면), 彦陽 幼學 全萬(誠) 疏陳 農務諸條, "疏略曰, …… 若夫水功之要, 臣近見農民, 聚一村之力, 竝四隣之勢, 或合築小堤, 或各護田陂, 受山谷之行潦, 貯雨雪之流澌, 自秋及春, 牢閉不放. 如是者, 雖値早旱, 付種

소규모 수리시설을 축조하는 것이 수리 조건을 개선하는 데 커다란 도움을 줄 것이라는 주장은 김양직(金養直)도 제기하였다. 김양직은 1799년에 올린 응지농서에서 화성(華城)의 예를 들어 장곡(長谷)이라는 지형적인 조건이 갖추어진 곳에서 50~60보(步) 정도의 길이로 간간이 축제(築堤)하여 한 골짜기를 가로막아 두고 겨울과 봄에 저수(貯水)해 놓으면 농사짓는 데 물 걱정을 하지 않을 것이라고 주장하였다. 그리고 전만성과 마찬가지로 가을에 수확을 끝난 다음에 전토의 두둑〔田 畻〕을 쌓아 물을 내버리지 않고 삼동(三冬)의 우설과 같이 저수하면 이 앙하는 데에도 이상이 없을 것이라고 지적하였다.[129]

이렇게 소규모 제언의 축조와 전토의 두둑을 이용하여 저수를 도모하는 방식을 여러 논자들이 제기하고 있는 것은 당시의 현실적인 수리 방식에서도 이러한 방식을 꾀하는 사례가 존재하고 있었기 때문이라고 생각된다. 그렇다면 연암이 강조하던 논 두둑을 활용하는 소규모 수리시설 축조라는 방식은 당시 조선의 농업현실 속에서 이미 실현되고 있던 기술이었다고 볼 수 있을 것이다.

다음으로 『과농소초』의 「수리」가 수록하고 있는 것은 서광계의 「한 전용수소(旱田用水疏)」이다. 이 글은 『농정전서』에 실려 있는 것을 그대로 옮긴 것이었다. 용수(用水)를 능숙하게 하여 가뭄을 극복하고〔救旱〕 또한 가뭄을 없애 버리는〔弭旱〕 것뿐만 아니라, 홍수를 극복하고〔救潦〕

移秧, 敗者殊鮮, 而人性之勤慢不同, 里俗之習尚各異, 往往僅有, 而不能大行. 理須官長 與知著爲令甲, 責其成效, 則此於水功, 亦不爲無助矣.”『承政院日記』에 나오는 全萬誠 이라는 이름이 더 정확할 것으로 추정된다.

[129] 『承政院日記』 1807책, 正祖 23년 4월 7일 乙未(95-816다), “金熙朝, 以備邊司言啓曰, 前同知金養直上疏批旨內, 所陳儘有意見, 許令廟堂, 可以採用者, 草記稟處事, 命下矣. 取見其疏本, 則其一, 使各處農民, 必於長谷畓野之地. 限以五六十步, 間間築堤, 橫塞一 谷, 冬春貯水, 及時移秧事也.”

홍수를 사라지게〔弭潦〕 하는 것을 목표로 삼고 있었다.[130]

구체적으로 용수하는 법은 크게 다섯 가지를 제시하고 있는데 ① 용수의 원(源)을 확보하는 방법 ② 용수의 유(流)를 이용하는 방법 ③ 용수의 저(瀦)를 구하는 방법 ④ 용수의 위(委)를 찾는 방법 ⑤ 원(源)이나 저(瀦)를 만들어 용수하는 방법이었다.

다섯 가지 법을 좀 더 자세히 설명하면 용수의 원(源)은 산 아래나 평지의 샘〔泉〕을 이용하는 것인데, 전(田)과 원(源)의 상대적인 위치에 따라서 도랑을 만들어 끌어들이거나, 수차(水車)를 이용하여 끌어올리는 등 여러 방법을 사용하는 것이었다. 그리고 용수의 유(流)는 천(川)을 가리키는데 강하(江河)부터 자그마한 도랑, 개천을 활용하는 방법이다. 제방, 둑을 쌓고 수차나 수로를 만드는 방법을 설명하고 있다.

다음으로 용수의 저(瀦)란 물을 가두어 두는 저수지, 연못 등을 가리키는데 제방, 수로, 수차 등을 이용하였다. 그리고 용수의 위(委)는 바다를 가리키는데, 구체적으로 섬이나 사주(沙洲) 등이었다. 이는 지당(池塘)이나 수로를 활용하면 된다고 설명하였다. 마지막으로 원(源)이나 저(瀦)를 만들어 용수하는 방법은 연못이나 지당(池塘), 수차(水車)를 활용하는 것으로 정리하고 있다.

연암은 수리에 관련된 내용을 5강(綱) 28목(目)으로 나열하였다. 위에서 서술한 서광계의 설명에 대해서 연암은 5강 28목을 수기(水器)와 같이 활용하면 체용(體用)이 갖추어진 것이고 경위(經緯)가 모두 통할 것

---

130 『課農小抄』, 「水利」, "徐光啓, 旱田用水疏曰, 土力不盡者, 水利不修也. 能用水不獨救旱, 亦可弭旱, 灌漑有法, 瀸潤無方, 此救旱也. 均水田間, 水土相得, 興雲敲霧, 致雨甚易, 此弭旱也. 能用水不獨救潦, 亦可弭潦, 疏理節宣, 可蓄可洩, 此救潦也. 地氣發越, 不致鬱積, 旣有時雨, 必有時暘, 此弭潦也."

이니, 우리 동국(東國)의 선비들이 마음을 다하여 강구해야 할 것이라고
파악하였다.[131]

다음으로 서광계의 간천법(看泉法), 즉 천(泉)을 감별하는 방법을 수
록하고 있다. 원(源)이 큰지 작은지 살피고, 겨울에 천(泉)이 어는지 얼
지 않는지 살펴야 하며, 지세(地勢)를 살펴 물을 가두어 두거나 끌어들
일 수 있는 곳을 수전(水田)으로 삼아야 한다는 설명이었다. 그런 다음
『왕정농서』의 「관개도보(灌漑圖譜)」에서 각종 수기(水器), 즉 수리시설,
수리도구를 소개하였다. 본래 『왕정농서』와 『농정전서』에 들어 있는
그림은 생략되어 있다. 『농정전서』의 내용은 빠짐없이 거의 그대로 인
용하고 있다.[132] 수책(水柵), 수갑(水閘), 피당(陂塘), 수당(水塘)을 비롯한
수리시설을 설명하고 각종 수차(水車)를 소개하고 있다.

연암은 「관개도보」의 내용을 소개하면서 자신의 의견을 안설의 형
태로 군데군데 밝혀 놓고 있다. 먼저 제방의 수문(水門)에 해당하는 수
갑(水閘)에 대해서 도성(都城)에 동수구(東水口) 등 우리나라에서 비슷한
것을 찾을 수 있지만, 계폐(啓閉) 축설(蓄洩)의 방법, 즉 열고 닫고 가두
고 내보내는 시설이 갖추어지지 않은 것이 다르다고 지적하였다. 그리
고 좀 더 논의를 넓혀서 5리(里)마다 갑문을 하나씩 설치하면 삼남(三
南)의 조선(漕船)이 도성 안까지 다다르게 할 수 있을 것이라고 주장하

---

131 앞의 글, "臣趾源曰, 徐光啓旱田用水疏, 可謂究極水土之性情矣. 其曰用水不能捄旱, 亦
     可弭旱, 不獨捄潦, 亦可弭潦者, 莫不皆有至理. 而至引周用之言曰, 天下人人治田, 則是
     人人治河, 何其言之明快易曉也. 凡其用水之法, 其綱有五, 其目有二十八. 而至於地曠與
     力不能爲井爲水庫者. 令其人多種樹木以爲生, 其用水食土之術, 可謂至盡無遺矣. 故以
     此五綱廿八目, 參之以水器諸譜, 則體用具備, 經緯皆通, 世間無不可用之水, 亦無不可漑
     之土, 雖古之白公鄭國, 未必能若是之精深周博矣. 嗚呼, 東國之士, 盍亦留心而講究哉."
132 문중양은 徐命膺이 『本史』 灌漑志에서 『農政全書』의 내용을 선택적으로 인용하는 것
     과 연암의 서술 태도가 크게 대비된다는 점을 지적하였다. 문중양(2000), 112면.

였다.[133]

　다음으로 피당(陂塘)에 대해서 연암 자신의 의견을 제시하고 있다. 피당은 수당(水塘)과 함께 살펴보아야 하는 중국의 수리시설 용어이다. 중국 당대(唐代) 이후 회사(淮泗) 유역을 중심으로 크게 축조된 수리시설이 두 가지인데, 하나는 산간의 계곡을 제방〔堰〕으로 막은 댐 형식의 저수지인 피(陂)이고, 다른 하나는 평지의 오목한 지형에 주변의 자연수가 흘러 들어가 생겨난 유지(溜池) 또는 오목한 지형을 이용하여 인공적으로 제방을 쌓아 축조한 저수지인 당(塘)이었다. 이와 같이 각각 다른 성격의 수리시설을 의미하던 피(陂)와 당(塘)이었다. 그런데 『왕정농서』에서는 경사진 지형에 축조된 댐식 저수지를 피당(陂塘)이라는 명칭으로 부르고, 본래 당(塘)으로 불렀던 오지(汚池)에 해당하는 저수지를 따로 수당(水塘)이라는 명칭으로 정리하였다.[134] 수당의 경우는 별도의 둑〔堰〕이 반드시 필요한 것은 아니었지만 둑이 있는 경우도 많았다.[135] 연암은 조선의 제언(堤堰)에 해당하는 피당의 이점을 여섯 가지로 자세하게 나열하면서 피당을 만들 만한 곳에 만들어야 한다는 점을 극력 강조하였다.[136]

133　『課農小抄』,「水利」, “臣趾源曰, 水閘之制, 我國都城, 東水口五空橋, 及漢北城傍水門近是, 而其啓閉蓄洩之法未備, 故水爲無用之水. 盖平時則激轉機輪, 遇旱則撒灌田疇, 無非利用, 而至於通濟舟楫, 尤其大者, 夫倉庚之置於城外, 非計之得也. 誠能五里一閘, 潴水尋丈以上, 則三南之漕可以直達城內, 小可以蠲惠廳運納之費, 大可以無江倉疎虞之慮矣. 今燕京運河, 卽元時郭守敬所營, 而壩牐鞏壯檣湊簇. 至今民國永賴云, 其小艇載運, 臣所目擊也.”

134　王禎, 『農書』,「農器圖譜集」13, ‘灌漑門 陂塘’, 水塘(王毓瑚 校(1981), 324~325면), “陂塘, 說文曰, 陂野塘也, 塘猶堰也. 陂必有塘, 故曰陂塘. 周禮以潴蓄水, 以防止水, 說者謂潴者, 蓄流水之陂也, 防者, 潴旁之堤也. 今之陂塘, 旣與上同. …… 水塘卽洿池. 因地形坳下, 用之潴蓄水潦. 或修築圳堰, 以備灌漑田畝. 兼可畜育魚鼈, 栽種蓮芡, 俱各獲利累倍.”

135　문중앙(2000), 262~263면.

수차(水車)에 대해서 연암은 후세에 나온 것이 더욱 교묘하고 힘을 덜어 준다는 점을 높게 평가하였다. 한편 문중양에 따르면 중국의 전통적 수차인 통차(筒車), 번차(翻車)에 해당하는 것은 자세히 설명하고 있지만, 서양식 수차인 용미(龍尾), 옥형(玉衡), 항승(恒升) 등은 소략하게 지적하는 정도에 머물고 있다고 한다.[137] 그런데 연암은 크게 용골(龍骨), 용미, 통륜(筒輪) 세 종류의 수차에 대해서 각각의 문제점을 지적하였다. 번차, 통차 등의 수차를 소개하면서 "성인은 이용후생하는 데 있어서 다만 그 교묘함이 미진할까 두려워하는 것이지 어찌 기계를 사용하지 않았겠는가."[138]라고 지적하였다. 그는 수차의 사용이 정당한 것임을 밝히려 하였다. 연암은 서광계의 『농정전서』에서 여러 가지 용수법(用水法)을 인용 제시하였다.

당시 조선은 제(堤, 일반적으로 堤堰으로 호칭)과 천방(川防, 洑)을 기본적인 수리시설로 설정하고, 이 밖에 해안지역 등에서 활용할 수 있는 언(堰)을 보충한 체계로 수리시설의 골격을 짜 놓고 있었다. 이러한 수리시설을 통하여 수전(水田)과 한전(旱田)의 물관리 문제를 해결하면서도, 특히 수전에 적시적소에 물을 대고 빼기 위한 방안의 하나로, 조선 전기부터 후기에 이르기까지 수차를 도입하려는 논의와 그것을 우리

---

136 『課農小抄』,「水利」, "臣趾源曰, 凡水用之則爲利, 不用則其害有難言者, 今夫一盂水置之堂室之間, 可以盥濯, 可以沾硯墨, 可以灑塵埃, 若誤致翻覆, 則淋漓漬汗, 莫可收拾, 彼行潦下泉之在於地, 何以異此, 臣請枚擧陂塘之所以爲利者. …… 此焉有長堤堰月樹木陰翳, 相與撤耕朋休, 渺然有江湖之想, 非但瀉其煩毒, 亦令人濡泳心志, 樂其業而忘其倦, 此之爲利, 又其無迹而不可數計者也, 然則其不爲陂塘之害, 從可以反隅歟."

137 문중양(2000), 112면.

138 『課農小抄』,「水利」, "臣趾源曰, …… 聖人之神睿, 無所不照, 已知後世生出許多作用, 必將有所謂龍骨龍尾之制耶. 若以爲機智太鑿, 非有道者之所用, 則作舟車濟不通, 亦且可已乎. 聖人之利用厚生之道, 唯恐其巧之未盡也. 軒帝之指車, 大舜之璣衡. 何嘗不用機哉."

실정에 맞게 개선하여 적용하려는 시도가 계속되었다.[139] 조선 후기 수차의 도입에 대한 논의는 대체로 중국 재래의 수차인 번차, 용골차와 『태서수법(泰西水法)』에 소개된 용미차, 옥형, 항승 등의 서양식 수차의 도입 시도에 대한 것이었다.

조선 후기 중국의 수차를 도입하여 제작 활용하려는 주장[140]이 이와 같이 활발히 제기되는 가운데 연암의 입장은 적극적인 도입을 찬성하는 것이었다. 연암은 "중국의 차제(車制)가 관전(灌田), 구화(救火), 전차(戰車)로 이용되는 교묘한 것을 갖추고 있어 우리나라의 빈곤하고 고달픈 백성을 구하는 데 도움이 될 것이다. 지금 내가 본 바의 구화지차(救火之車)의 제작법과 사용법을 대략 기록하여 장차 아동(我東)을 깨우치고자 한다."라고 하였다.[141] 이와 같이 연암은 중국의 수차를 도입하는 데 적극적으로 나서고 있었다.

연암은 다른 농구와 마찬가지로 우리나라의 수리 도구에 수차가 갖추어 있지 못한 것은 사대부들이 민사(民事)를 살피지 않았기 때문이라고 현상에 대한 원인을 지적하고 있다.[142] 백성들과 친한 관리들이 명

---

139 조선시대 水車의 도입과 그 성과 및 경과에 대해서는 李泰鎭(1986) 참조.

140 특히 정조의 「권농정구농서윤음」에 응하여 올린 農書, 農疏에서 수차에 대한 논의를 찾아볼 수 있다.

141 『熱河日記』, 「馹汎隨筆」, '秋七月十五日 車制'.

142 『課農小抄』, 「水利」, "大抵興利未廣, 漑沃之功未盡修也. 恭惟列聖朝重農務本, 必以溝洫爲急, 旣爲設置堤堰之司, 領之以宰執之重, 承之以幹能之士, 外至方伯守宰, 咸思興修, 罔或怠廢, 所以董飭修擧, 饒利民國者, 寶典煌煌. 式至今昭垂, 而治平日久, 不能不解弛. 有司之臣, 恬於故常, 事目雖存, 文報徒繁, 舊築之塡淤日積, 新堤之成毀無常. 親民之吏, 學術未周於明農, 食土之氓, 知力俱短於任土. 由是而平地之蒿萊未除, 百年之湫洳終棄. 嗚呼, 此皆士大夫不講民事之過也. 臣謂堤堰司之職, 不可不申明, 先從諸路所在舊曾所設公私陂池溝渠之塡淤壞缺者. 令監司守令, 巡審看詳, 次第開濬修築, 如是而澤有未究, 利猶未廣, 然後始可以益求增設. 相其流泉, 驗其土脈, 懸之以水地. 測之以句股, 雖有畚鍤之費, 木石之勞, 而其利什百, 可期經遠則尙可爲之."

농(明農)에 힘써야 한다는 점을 강조하였다. 그리고 용골차와 용미차, 통륜 각각의 문제점, 즉 단점을 지적한 다음 이러한 방법을 모두 도입하여 공장(工匠)으로 하여금 공력을 다하여 제조할 것을 주장하였다.[143]

이와 같이 연암은 용미차, 용골차, 통륜이라는 세 가지 수차의 장단점을 논하고 있지만, 전체적으로 재주 있는 공장으로 하여금 제조하게 한다면 이득이 있을 것이라고 하여 중국의 수차를 도입하는 데 적극적인 입장을 나타내었다.[144] 그리하여 결론적으로 세 가지 방법 모두 공장이 교묘함을 다하게 하면 커다란 이득이 있을 것이라고 주장하였다. 그리고 민국(民國)의 이로움이 수리(水利)에 있으니 강구하지 않을 수 없다고 강조하였다.

연암은 수리를 제대로 실행하는 데 두 가지 난점이 있다고 지적하면서 그에 대한 대안을 제시하였다. 이 대목이 연암이 수리에 대한 개선론을 제시하는 부분이라고 할 수 있다. 연암이 지적한 난점의 하나는 득인(得人)이고 다른 하나는 비재(費財)였다. 득인은 수리의 요처를 체득하고 권농을 수행하면서 목민(牧民)의 임무를 한꺼번에 하는 것은 어려우니 권농과 수리를 전담하는 관리를 오래도록 자리를 지키게 하여야 할 것이라는 주장이었다.

그리고 비재는 재원의 문제인데, 국가에서도 경비를 내야 하지만, 사민(士民) 가운데 수리를 잘 헤아려 재물을 내어 수리시설을 만들어 다른 사람들 전답에 혜택을 주고 그 세(貰)를 얻으려는 것은 공사(公私)에 모

---

143 앞의 글, "至於車戽之術, 中國千餘年來, 所已茶飯用之者. 而我國尙未開刱, 藉謂匠手鈍拙, 不能便盡其妙. 誠能按法制造, 務盡其精, 初或未成, 益究其妙. 此猶未盡, 更募他工, 所費不過數百千金, 而終必有一得焉者. 此豈傾危不可試之事哉."
144 문중양은 박지원, 이희경, 박제가 등이 서양식 수차의 제작과 활용에 대하여 회의적인 태도를 가진 것으로 보고 있다. 문중양(2000), 154~170면 참조.

두 편리하니 법으로도 허락해야 할 것이라고 제안하였다. 연암은 후자
의 제안을 영문(營門)이나 아문(衙門)에서 둔전(屯田)을 개설하는 것과 연
계시키려 하였다.[145] 그렇다면 앞서 법전(法田)을 설치하려는 것과 마찬
가지로 국가에서의 수리 진흥을 도모하는 입장이라고 정리할 수 있다.

8) 한민명전의(限民名田議) − 토지소유 개혁론

연암이 제기하고 있는 토지소유 개혁론은 1798년 『과농소초』를 진
정하면서 덧붙여 올린 「한민명전의(限民名田議)」에 잘 드러나 있다.[146]
당시 면천군수로 2년여를 보낸 연암은 자신의 수령 경험과 농민경제를
관찰한 견문을 통해서 토지소유에 대한 개혁론을 제기하고 있었다. 그
것은 앞서의 조선 후기 토지개혁론의 흐름 속에서 나온 것이지만, 토
지소유에 대한 개혁론의 전제로 농업기술의 구체적인 개혁안을 서술
하고 있다는 점에서 보다 현실적인 방안이라고 할 것이다.

연암이 검토한 이상적인 토지제도는 정전제(井田制)이었지만, 정전제

---

145 『課農小抄』, 「水利」, "然欲行水利, 誠有二難, 曰得人也, 曰費財也. 夫畏事者, 旣因循而
不理, 喜事者, 又輕率而罔功. 盖勸農而興水利, 乃牧養斯民之首務. 若於藩臬守宰之外,
別設勸農水利之官, 則其喜事邀功之心, 反掩其爲民興利之本意, 不能無煩撓牽掣之患.
彼所謂牧養斯民者, 又將拱手而何所事乎. 當於藩臬守令之中, 愼擇其人, 使之殫心講究,
而久任以責其成, 隨之以慶讓殿最之法, 則利興而民不煩矣. 近歲國家經用不敷, 今欲發
諸公帑, 而從事於原野之間, 使不知計者視之, 誠似不急矣. 然捐數萬金之費于春, 而收數
萬石之穫于秋, 費於帑而償于田, 此庸人操十一之利者, 尙甘心焉, 而況善于理賦, 而顧憚
其費乎. 繼是有興, 又以所穫者爲資, 所興漸廣而不再費矣. 且士民中, 亦有曉解水利, 欲
鳩財出力, 漑人之田而獲其貰者, 此乃公私之所便而典憲之所許也. 近世民俗不淳, 往往
有渠成水到, 蒙其利而孤其約者, 以此多不興行. 此宜申設條法, 益加勸導者也. 至於各軍
將營衙門, 欲自設莊屯者, 須買作公田, 及營度於荒閒之地, 不與郡邑相關, 別置幹當, 驅
遊手而佃之, 庶無撓民斂怨之端矣."
146 연암의 「限民名田議」는 『燕巖集』 권17에 『課農小抄』와 더불어 실려 있다.

232

를 갑자기 실현하기는 어려우므로 토지소유의 상한을 정하여 점진적으로 정전의 실질적인 내용을 현실화시키자는 방안으로 한전론을 주장하고 있었다.[147] 연암은 먼저 자신이 수령으로 있던 면천군을 예로 삼아 군의 전체 토지 면적과 호구 수를 계산하고 있다.

그에 따르면 면천군 경내의 원장부(原帳付) 전총(田摠)은 5,896결(結) 4부(負) 3속(束)인데, 이 가운데 시기전(時起田)만 떼어 내어 계산하면 수전(水田) 1,303여 결, 한전(旱田) 1,121여 결, 총 2,824결 92부였다. 그리고 경내(境內) 호구(戶口) 가운데 입적(入籍)되어 있는 숫자를 따져 보면 4,139호에 남 6,805구, 여 6,703구, 총 13,508구라고 하였다. 그런데 이 수치에서 호당 구수(口數)를 산출하면 1호에 남녀가 평균 3.25구에 지나지 않게 된다. 연암은 1호에 5구는 되어야 분전(糞田)하고 힘써 일하여 농사를 지을 수 있다고 전제하여 임의로 13,508구를 5구씩 분배하여 2,701호를 가상으로 전제한다. 그리고 이 2,701호에 시기전 2,824결 92부를 고르게 나누어 주는 것으로 계산하였다.[148]

그런데 군내(郡內)에 거주하는 사대부 등에게는 후하게 대우하지 않을 수 없기 때문에 평민들이 균배받아야 할 전토가 1결(結)에 미치지 못할 것이라고 설명한다. 즉 연암은 신분적인 차별을 인정한 상태에서

---

147 『課農小抄』,「限民名田議」, "限田以後, 兼並者息, 兼並者息, 然後産業均, 産業均, 然後民皆土著, 各耕其地, 而勒惰著矣, 勒惰著, 以後農可權而民可訓矣. 臣於農務之策, 不當更贅他說. 而譬如畵者, 丹青雖具, 摹畵雖工, 不有紙絹之質, 爲之本焉, 則毫墨無可施之地. 故不避僭越, 敢爲之說焉."

148 앞의 글, "臣以境內田結排比郡中戶口, 假令齊民盡是農家, 農家一夫盡以上父母, 下妻子爲率, 以定見男女一萬三千五百八口, 排比四千一百三十九戶, 每戶以五口爲率, 則五口之家不過二千七百一戶. 盖戶非五口, 則無以糞田力作, 不能力作, 則無以相養以生, 所以戶必五口, 然後始責其爲農也. 故每戶以結分排, 則一戶所得旱田四十二負五束, 水田六十負三束, 一夫所耕合田不過一結二負八束."

토지의 분배를 실행할 것을 자신의 입장으로 삼고 있었다.

연암의 토지소유 개혁론을 담고 있는 글의 제목에 나오는 '한민명전(限民名田)'이라는 이름 자체는 중국 한대(漢代) 동중서(董中舒)의 언급에 등장하고 있고 연암 자신도 그 부분을 인용하고 있다.[149] 민(民)의 명전(名田), 개인의 소유 토지를 제한해야 한다는 주장이었다. 「한민명전의」에서 제시하고 있는 토지소유를 제한하자는 개혁론은『과농소초』의「전제」에 나와 있는 기전(箕田) 농장제, 정전(井田) 농장제와 연결점을 찾기 어렵게 되어 있다. 하지만 기전이나 정전 대신 연암이 설치할 것을 제안하고 있는 '법전(法田)'과 「한민명전의」의 주장을 연결시켜서 생각할 수 있다.

법전은 위에서 검토한 바와 같이 바로 농업기술의 진전과 더불어 그 보급을 위해 설치해야 될 모범 농장으로 성격을 규정할 수 있기 때문에 그의 구체적인 토지소유 개혁 방안으로 자리매김할 수 있을 것이다.[150] 제한된 규모의 명전(名田)을 가지고 개인들에게 법전을 통해 새로운 농리(農理)의 개발을 통해 정리된 농학(農學)을 전수하려는 구상을 추출할 수 있다. 농리를 잘 파악하고 있는 사람을 스승으로 삼아 농사일에 힘쓰는 사람을 사방에서 모아 제자로 삼고, 농사를 권장하게 하여 농학이 수립되기를 기대하는 방안이다.

연암이 제안한 '한전제(限田制)'의 주요한 틀은 토지소유의 상한선을 설정하고 현재의 소유 상황을 인정한 상태에서 장차 그 이상의 소유를

---

149 앞의 글, "然董生言於武帝曰, 井田雖難猝行, 宜少近古限民名田, 建平初史丹又建議限田."
150 『課農小抄』,「田制」, "願國家置法田於東西兩郊之中, 而一以箕田爲式, 一以井田爲則. 擧深曉農理者, 爲之師. 致四方力田子弟數十百人, 與之耕作, 毋循常習. 必按古方, 而益求其便利可行於今者, 使各盡得其法而灼見其效, 然後歸之, 俾各爲一鄕一邑之師. 而又從之以董勸考試之政. 則民無不興起樂業, 而農之學始可大明矣."

금지하여 점차 균등한 토지소유를 성립시키려는 것이었다.[151] 토지를
겸병한 자라 하더라도 점차 자손들이 나누어 분산시켜 나가게 되면 균
등한 면적을 가지게 될 것이고, 만약 은밀히 금령을 어기는 경우에는
해당 토지를 관에서 몰수하는 방식으로 실행하면 수십 년이 지나지 않
아 나라 안의 토지가 모두 균등하게 나누어질 것이라고 하였다. 그런데
「한민명전의」에서 연암의 토지분배론은 사대부에게 혜택을 더 주어야
할 것이라고 지적하고[152] 있다는 점에서 당시 신분제 현실을 그대로 긍
정하는 모습이 엿보인다.

4. 맺음말

본문에서 주요하게 정리한 바를 제시하는 것으로 맺음말을 마무리
한다. 『과농소초』의 인용 서적, 발췌 인용 구절 등을 살피면서 『과농소
초』의 전체 구성내용을 하나하나 전거를 따져 가면서 검토하였다. 또한
『과농소초』의 항목 구성, 문장 배열, 인용문 재해석 등을 통해 연암이
자신의 생각을 어떻게 표출하고 있는지 살펴보았다. 또한 연암이 면천
군수로 재직할 당시 저술한 『면양잡록』을 같이 검토하여 『과농소초』의
편찬 과정을 정리할 수 있었다.
　　연암은 『과농소초』의 초본을 여러 가지 상황 속에서 만들었다. 『면

151　『課農小抄』, 「限民名田議」, "誠立爲限制曰, 自某年某月以後, 多此限者, 無得有加, 其在
　　令前者, 雖連阡跨陌, 不問也. 其子孫有支庶, 而分之者聽, 其或隱不以實. 及令後加占過
　　限者, 民發之與民, 官發之沒官. 如此不數十年, 而國中之田可均."
152　앞의 글, "況一境之內, 不能無士大夫焉, 不能無世嫡, 及有親有蔭之類, 在所當厚者, 則
　　平民所均, 又將不滿一結."

양잡록』 3책과 4책에 들어 있는 『과농소초』에는 초본(草本)뿐만 아니라 정본(定本)도 들어 있었다. 또한 『농정전서』의 내용을 발췌 인용하는 작업 지시를 찾아볼 수 있었다.

권수(卷首) 부분은 『과농소초』의 편찬 배경을 알 수 있는데 정조가 직접 지어서 내린 「권농정구농서윤음」에 호응하여 농서를 편찬한 것이었다. 그리고 농서를 초록하는 작업은 1777년 금천의 연암협에 은거하면서 활발하게 진행하였다. 연암은 안설(按說)을 붙여 자신의 주장을 강력하게 피력하였다.

「제가총론」 부분은 『농정전서』의 방대한 내용 가운데 극히 일부만 인용한 것이었다. 이때 사(士)의 실학론이 저변에 깔려 있다. 그리고 곡물을 중시할 경우 금도 획득할 수 있어 나라가 강건해진다는 점을 강조하였다고 할 것이다. 농공고(農工賈)의 업(業)도 결국 사(士)가 있어야 이루어진다고 강조하였다.

연암의 전제(田制) 개혁론은 곧 법전(法田) 설치론이었다. 구전법의 장점에 대해 강조하면서, 여러 가지 토지 지목을 설명하였다. 그는 법전(法田)을 기전(箕田)의 기준[式]으로 삼고, 정전(井田)을 모범[則]으로 삼아 동서(東西) 양교(兩郊)에 설치하는 것이 좋을 것이라고 자신하였다. 이러한 과정에서 연암은 새로운 농학을 크게 밝히기 위해 농학의 수립, 실험과 연구를 통한 경작법의 정리와 보급 등을 법전을 통해서 할 수 있을 것이라고 보았다.

농기(農器)에 대한 생각은 중국 농기구 수입론이었다. 특히 방아에 대해서 나쁜 점 아홉 가지를 들면서 조선의 디딜방아의 효용성에 의심을 제기하였다. 그는 안설에서 기계가 이로움을 주어야 일을 잘 풀어나갈 수 있는 것은 농업에서도 마찬가지라고 정리하였다. 그러면서 농업에 관련된 기계를 이롭게 만들고자 한다면 중국을 배우지 않을 수 없다고 결론을 내렸다.

경간(耕墾)에서 연암이 내세운 것은 대전법(代田法)과 견종법(畎種法) 보급론이었다. 기경(起耕)과 파로(耙勞)의 중요성을 강조하는 기사를 자세히 소개한 다음, 당시 조선에서 대전법을 잘 하지 않는 것을 비판하였다. 연암은 결론적으로 조선의 농민들에게 견종법을 보급할 것을 강조하였다.[153]

분양(糞壤)에서 연암의 기본적인 생각은 버려지는 모든 것들을 움켜쥐고 시비 재료로 전답(田畓)에 넣어 주어야 한다는 것이었다. 그는 여러 가지 시비 재료를 활용하고, 특히 수레를 이용하는 것을 제안하는 것으로 시비기술을 개선하자는 주장을 내세우고 있었다.

수리(水利) 항목에서 연암이 강조한 것은 수리기술 개선론이었다. 특히 수차(水車)의 보급에 심혈을 기울여야 한다고 강조하였다. 그는 수리를 잘 실행하는 데에는 두 가지 해결해야 할 어려움이 있는데, 하나는 적절한 인재를 찾는 것의 어려움〔得人〕과 필요한 재물을 확보하는 데 따르는 어려움〔費財〕이라고 하였다. 이를 위해 수리에 능통한 수령에게 수리를 오래도록 맡겨야 할 것이라고 강조하였다.

「한민명전의」의 주요한 내용은 민(民)의 명전(名田), 개인의 소유 토지를 제한해야 한다는 주장이었다. 「한민명전의」에서 제시하고 있는 토지소유를 제한하자는 개혁론은 『과농소초』의 「전제」에 나와 있는 기전(箕田) 농장제, 정전(井田) 농장제와 연결점을 찾기 어렵게 되어 있다. 하지만 기전이나 정전 대신 연암이 설치할 것을 제안하고 있는 '법전(法田)'과 「한민명전의」의 주장을 연결시켜서 생각할 수 있다. 제한된

---

153 『課農小抄』, 「耕墾」, "然則一畝三畎之法, 后稷氏開刱之, 趙過潤色之. 天下之民至今, 遵而勿失. 獨我東民不肯爲者, 何也, 亦無學問之過也."

규모의 명전을 가지고 개인들에게 법전을 통해 새로운 농리(農理)의 개발로 정리된 농학(農學)을 전수하려는 구상을 추출할 수 있다.

　이상에서 아직 빠진 부분이 많이 있지만 연암의 『과농소초』에 대한 종합적인 검토작업의 일단을 수행하였다. 앞으로 수시(授時), 점후(占候)를 비롯하여 택종(擇種)에서 양우(養牛)에 이르는 구체적인 농법을 서술한 부분에 대해서 후속 연구를 면밀히 수행할 계획이다.

朴趾源, 『課農小抄』.

______ 著, 金澤榮 校編, 『燕巖集』(D3B^456A), 한국학중앙연구원.

______ 저, 신호열・김명호 옮김(2004), 『국역 연암집』, 민족문화추
　　　진회.

朴齊家, 『進北學議疏』.

徐有榘, 『林園經濟志』.

辛敦復, 『鶴山閑言』.

申洬, 『農家集成』.

柳重臨, 『增補山林經濟』.

洪萬選, 『山林經濟』.

『承政院日記』.

『正祖實錄』.

『中宗實錄』.

賈思勰, 『齊民要術』.

徐光啓, 『農政全書』.

王毓瑚 校(1981), 『王禎農書』, 北京: 農業出版社.

王禎, 『農書』.

김명호(2001), 『박지원 문학 연구』, 성균관대 대동문화연구원.

金容燮(1988), 『朝鮮後期農學史硏究』, 일조각.

문중양(2000), 『조선 후기 水利學과 水利담론』, 集文堂.

閔成基(1988), 『朝鮮農業史硏究』, 一潮閣.

염정섭(2002), 『조선시대 농법 발달 연구』, 태학사.

유봉학(1995), 『燕巖一派 北學思想 硏究』, 一志社.

최홍규(1987), 『(國譯)課農小抄』, 亞細亞文化社.

石聲漢(1979), 『農政全書校注』, 上海古籍出版社.

김문식(2010), 「연암 박지원의 牧民書,『七事考』」,『東洋學』48, 단국대 동양학연구소.

김용섭(1968), 「十八世紀 農村知識人의 農業觀－正祖末年의 應旨進農書의 分析」,『韓國史硏究』12, 韓國史硏究會.

김혈조(1994), 「燕巖集 異本에 대한 考察」,『韓國漢文學硏究』17, 한국한문학회.

박찬승(1987), 「조선 후기 사회·경제사상 연구현황」,『韓國中世社會解體期의 諸問題(上)』, 한울.

염정섭(2001), 「18세기말 正祖의 '農書大全' 편찬 추진과 의의」,『韓國史硏究』114, 韓國史硏究會.

______(2011), 「『山家要錄』農書 부문의 편찬과정과 서술방식」,『지역와 역사』28, 부경역사연구소.

오금성(1992), 「中國近世의 農業과 社會 變化」,『동양사학연구』41, 동양사학회.

李佑成(1973), 「實學硏究 序說」,『實學硏究入門』, 歷史學會.

李泰鎭(1986), 「朝鮮時代 水牛·水車 보급시도의 農業史的 意義」,『韓國社會史硏究』, 지식산업사.

이헌창(2003), 「유학 경제사상의 체계적 정립을 위한 시론」,『국학연구』3, 한국국학진흥원.

______(2005), 「燕巖 朴趾源의 경제사상에 관한 연구」,『함양문화』6, 함양문화원.

千寬宇(1953), 「磻溪 柳馨遠 硏究(下)－實學發生에서 본 李朝社會의

一斷面」, 『歷史學報』 3, 歷史學會.

한영우(2007), 「'실학' 연구의 어제와 오늘」, 『다시, 실학이란 무엇인
　　가』, 한림대 한림과학원, 푸른역사.

韓沾劤(1958), 「李朝'實學'의 概念에 對하여」, 『震檀學報』 19, 震檀
　　學會.

筆談을 통해 본 『熱河日記』

리쉐탕 | 중국 산동대학교 한국학대학 교수

1. 머리말

2. 『열하일기(熱河日記)』에서 필담(筆談)의 의미와 위상

　1) 『열하일기』의 작가의식과 주제

　2) 『열하일기』에서의 필담 개관

3. 필담의 실제와 성취

　1) 중국 지식인들과의 소통과 우의

　2) 지식 교류와 학술 토론

　3) 만청(滿淸) 체제하의 중국 인식

4. 필담의 문학적 구상 및 인물 형상의 창조

　1) 문학적 구상

　2) 등장인물의 형상화

5. 맺음말

1. 머리말

필담(筆談)이란 문자 그대로 붓을 가지고 의사를 소통하는 방식을 지 칭하는 말이다. 필어(筆語)라고도 한다. 이 또한 일종의 언어 행위인데, 구두언어에 대해서 문자언어라고 할 수 있다.

실제로 필담을 하게 된 경우에는 여러 가지 상황이 있고 또 앞으로 도 있을 수 있겠으나, 이 글에서 필담은 한자문명권에서 국가 간 소통 의 한 방식으로 이용된 것을 가리킨다. 공용의 문자가 사용되기 때문에 통역을 매개하지 않고 필담으로 쌍방의 대화가 가능하기 때문이다. 전 통시대에 있어 한·중, 한·일 간 지식인들의 만남에서 필담은 허다히 이용되었다. 필담은 복잡한 학술적 내용을 소통하기에는 구두언어보다 오히려 더 효과적인 방법일 수 있었다.

연암(燕巖) 박지원(朴趾源)의 『열하일기(熱河日記)』는 필담을 효율적으 로 구사한 작품이자 대표적 사례이다. 『열하일기』에서 필담은 단순히 의사소통이라는 기능적인 일에 그치지 않고 작가의 주제의식과 깊이 관련되며 작품의 성과 및 성격과도 직결되는 문제이다. 『열하일기』를 분석함에 있어서 필담은 하나의 관건적 사안으로 볼 수 있다.

필자는 이 문제에 일찍이 착안하여 「『열하일기(熱河日記)』 중의 필담

---

* 이 논문의 착수부터 완성까지의 전 과정에 세심한 지도와 아끼지 않은 도움을 주신 임형 택 교수님과 송재소 교수님께 심심한 감사를 드린다.

** 이 글은 중국어로 작성된 것을 번역한 것이다. **번역**: 김영죽(고려대 한자한문연구소 연구 교수).

(筆談)에 관한 연구」라는 제목으로 석사학위 논문을 작성한 바 있다. 지
금 이 문제를 재론하는 셈이다. 기왕에 쓴 내용을 바탕으로 삼았고 기
본 논지를 바꾸지 않았지만, 전체 틀을 다시 세우고 분량을 줄이면서도
논리를 가다듬고 보완하는 데 힘썼다. 그러나 완전히 새로운 연구라고
말하기는 어렵기 때문에 제목을 '필담을 통해 본『열하일기』'로 붙였음
을 밝혀 둔다.

2. 『열하일기(熱河日記)』에서 필담(筆談)의 의미와 위상

『열하일기』는 그동안 연행록류의 기록 가운데 학계에서 단연 주목
을 받아 왔다. 조선조 후기의 걸출한 학자이자 대문호인 연암이 연행에
오를 때는 40대였는데 뚜렷한 목적의식을 가지고 있던 것으로 보인다.
말하자면 준비된 여행이고 기획된 저술이었다. 물론『열하일기』는 압
록강을 건너 요동(遼東) 지역을 통과하여 산해관(山海關)을 넘어 북경(北
京)으로 들어갔다가 열하(熱河)까지 다녀온 중국 여행의 기록물이다. 연
암이 직접 눈으로 보고 귀로 들은 온갖 사실들을 문학대가의 수완을 발
휘해서 서술한 것이다. 그 자신의 예리한 안목과 탁월한 식견을 통해서
저쪽의 경관이나 문물 세태 등을 묘파할 수 있었다. 그러나 그것만으로
는 넘어설 수 없는 한계가 있었다. 불가시적인 면이다. 만청(滿淸) 체제
에서 살아가는 지식인들의 속마음을 어떻게 접근할 것인가? 그리고 청
조 내부의 은밀한 정보나 정세 동향을 어떻게 간파할 것인가? 이런 한
계를 넘어서는 데는 다른 무엇보다 필담이 주효한 방도였다. 요컨대 연
암은 이 난점을 잘 알고 필담을 십분 활용한 것이다.

1) 『열하일기』의 작가의식과 주제

연암이 추구했던 문학창작의 궁극적인 목적은 중국의 사회현실 및 그들의 삶 그리고 그 진실을 알아내어 이를 작품 속에 충실하게 반영하는 것이었다. 이러한 진(眞)의 탐구를 중시하는 문학론[1]은 특히 『열하일기』 전면에 잘 구현되어 있다. 그는 '진실의 적(敵)'이라 할 수 있는 허위와 선입견에서 벗어나야 함을 역설하며 맹인의 비유를 끌어오기도 했다. 시력을 상실한 맹인은 오히려 착시현상을 일으키게 만드는 속임수에 걸려들 우려가 없다는 역설적 비유로 세계의 진실을 인식하는 문제를 깨닫게 한 것이다.[2]

연암은 조선과 중국이 다 같은 한자문화권에 속하므로, 말이 통하지 않더라도 공통 어문인 한자로 필담을 하면 대개 의사소통이 가능하다는 사실을 익히 알고 있었다. 그 때문에 필담의 내용과 절차를 잘 구사하기만 하면 능히 청나라 인사들과 친교도 가능하다는 사실을 확신했다. 이에 그는 우선적으로 청나라에 대한 기존의 편견을 버릴 것을 강조했다. 그렇지 않으면 연행길에 중국 관원들과 대화조차 피하게 되고 더욱이 필담을 통해 중원의 지식인들과 지적 교류를 한다는 것은 불가능한 일이라고 생각했기 때문이다. 연암은 「행재잡록(行在雜錄)」에서 이렇게 말했다.

청나라가 건국한 후 이미 140여 년이 되었는데, 우리나라 선비들은 중국을 오랑캐로 여기고 (중국과 접촉하는 것을—인용자, 이하 같음) 부끄럽게

---

1 『燕巖集』, 「孔雀館文稿自序」, "爲文者, 惟其眞而已矣."
2 이와 관련하여 임형택(2000); 김명호(1990); 송재소(1998) 참조.

여겨, 비록 마지못해 사신으로 가기는 하지만, 문서를 주고받는 일이나 청나라의 허실(虛實)을 알아보는 일 등을 죄다 역관들에게 맡겨, 압록강을 건너와서 연경에 들어오기까지 2천 리를 거쳐 오는 사이에 고을을 다스리는 관원이나 요해처를 지키는 장수의 얼굴을 마주 대하지 못했을 뿐 아니라 그 이름조차 모르고 지나왔다.[3]

청조 건국 이후 이미 140여 년이 지나 여전히 현실적으로 존재함에도 불구하고 조선의 사대부들은 청을 '오랑캐 나라'로 간주하여 청과의 접촉을 부끄러운 일로 여기고 있다는 것이었다. 더욱이 그들은 백일몽처럼 '북벌론(北伐論)'을 내세우며 명분론에만 열중하고 있었다. 이런 편견을 먼저 타개하지 않고서는 청과의 정치외교 관계뿐만 아니라 각 방면의 교류가 효율적으로 이루어질 수 없음은 물론이었다. 또한 사신의 자격으로 청나라를 가고 오는데 눈을 감고 귀를 막고 갔다 오니 청나라는 하나 볼 것도, 아무 배울 가치도 없다고 이미 단언해 버린 것이다.

연암은 청나라에 입국하자마자 청에 대한 편파적 인식이 바로 청의 진실을 알아낼 수 없게 만드는 근본적인 원인임을 직감한다. 조선 사람들이 중국에 들어갔다 하면 '이상한 병〔怪病〕'에 걸린다고 말한다. 연암은 '괴상한 병'의 증상을 '다섯 가지 망령〔五妄〕'으로 진단하고 있는데, '다섯 가지 망령'이란 ①지벌(地閥)을 가지고 중국의 오래된 사족을 능멸하는 것 ②중국의 예의풍속과 문물을 무시하고 잘난 척하는 것 ③중국 인사와 만나면 거만하게 굴며 공순한 태도를 치욕으로 여

---

3 『熱河日記』, 「行在雜錄」 참조.

기는 것 ④중국에는 훌륭한 문장을 볼 수 없다고 얕잡아 말하는 것
⑤중국 인사를 대해서 대뜸 춘추대의(春秋大義)를 들먹이고 반청(反淸)
의 기류를 볼 수 없다고 탄식하는 것[4]이다. 요컨대 이들은 '존명배청
(尊明排淸)'의 의식에서 비롯된 것임이 물론이다. 연암은 바로 이 다섯
가지 '괴상한 병' 때문에 중국에 간 조선의 사대부들이 저쪽 인사들과
진지한 대화를 나눈다거나 심도 있는 지적 교류를 이루지 못했다고
보았다. 이로 인해 여태껏 백여 차례 연행 사절단을 중국에 보냈어도
청조의 사회발전 양상이나 문제점 등을 정확하게 파악할 수 없었던
것이다.

　중국 지식인들의 내면을 읽어 내는 데 가장 유효한 방법이 필담인
데, 문제는 필담을 어떻게 하느냐 하는 것이다. 연암은 「황교문답(黃敎
問答)」의 서언에서 외국인으로서 말을 걸고 실정을 알아내기 어려운 점
을 구체적으로 여섯 가지를 나열하고 있다. 첫째는 길 가는 사람을 붙
들고 대뜸 중요한 일을 물어볼 수 없다, 둘째는 말이 서로 다른데 어떻
게 갑자기 의사가 서로 잘 통하느냐, 셋째는 국내와 달리 행동거지가
금방 드러날 우려가 있다, 넷째는 말이 겉돌면 실정을 알 수 없고 깊이
파고들면 기휘(忌諱)에 저촉될 것이다, 다섯째는 묻지 말 것을 물으면
정탐하는 것 같아 곤란하다, 여섯째는 남의 나라 일을 참견하지 않는
것이 도리인 데다 금령(禁令)을 저촉하기가 어렵다는 것 등이었다.[5] 이
런 점을 고려할 때, 필담의 방식이 이러한 난점을 극복하고 접근하는
데 최선일 수 있다고 연암은 판단한 것이다.

4　『熱河日記』, 「審勢篇」 참조.
5　『熱河日記』, 「黃敎問答序」.

필담은 적절한 시간을 틈타서 진행할 수 있다. 또한 두세 명의 필담 상대를 잘 찾으면 그들과 술을 마시며 여유 있는 분위기를 만들어 낼 수도 있다. 또 이런 분위기에서 서로 부담 없이 의견을 교환하면 쉽게 흉금을 털어놓을 수도 있다. 더욱이 필담은 붓으로 한자(漢字)를 한 자 한 자 써야 하기 때문에 자기의 생각을 논리적으로 정리할 수 있고, 혹여 실수가 있다면 그 자리에서 찢거나 먹으로 수정할 수도 있다. 그리고 직접 말로 하는 것이 아니기 때문에, 다른 사람의 귀를 피할 수 있어서 비교적 비밀이 보장된다. 실제로 『열하일기』 중의 필담을 보면, 필담에 응한 중국 지식인들이 문자옥(文字獄)을 의식하여 조심스레 썼다가 금방 지우는 대목이 종종 나온다. 이러한 상황이다 보니 필담보다 더 적절한 방법을 찾기 어려웠을 것이다.

연암은 당시의 제반 문제를 고려해 볼 때, 개별적으로 중원 인사들과 만나 그들과 필담을 통해 친교를 맺음으로써 그 실정을 탐지하는 것이 가장 현실적이며 효율적인 방법임을 확신하게 되었다. 연암은 이러한 자신의 생각을 실천에 옮겨 탁월한 성과로 입증한 셈이다. 즉 연행 과정에서 목도한 청나라의 자연풍광과 문물제도 일체를 상세하게 기록하는 한편, 지적 교류의 수단으로 필담을 효율적이면서도 적극적으로 활용했다.

『열하일기』는 중국 기행으로 표제(標題)를 한 일기 형식이다. 그런데 일기와 기사본말체(紀事本末體)의 기문(記文)을 결합시켜 놓았다. 기문 부분에서 필담이 차지하는 비중은 상당히 크다. 이런 독특한 혼합 문체는 필담 교류의 결과물을 가장 효율적으로 독자에게 전달할 수 있도록 고안된 것으로 볼 수 있다.

2) 『열하일기』에서의 필담 개관

연암이 청나라 문인들과 필담으로 교류한 내용은 매우 풍부하다. 다른 사행(使行) 일기와 비교해 보면, 연암의 『열하일기』에 실려 있는 필담 내용이 비교도 안 될 정도로 많다. 그 내용도 시사, 유교 경전, 천문, 기하, 역사적 사실, 서교, 서학, 불교, 음악, 음률, 의학 등을 망라하고 있다. 이보다 앞서 노가재(老稼齋) 김창업(金昌業)의 『가재연기(稼齋燕記)』, 담헌(湛軒) 홍대용(洪大容)의 『연행록(燕行錄)』이 필담을 적극적으로 활용한 사례이지만, 역시 『열하일기』에는 미치지 못한다.

그런데 필담은 며칠 간의 대화 내용을 주제별로 나누어 제목을 따로 붙여 놓은 것도 있지만, 그렇게 분명히 밝히지 않은 것도 많이 있기 때문에 여행일기와 혼동하기 쉬운 것이 문제이다. 그래서 필담 기록물의 유무를 염두에 두고 연구 대상을 먼저 정하는 것이 필요하다.

『열하일기』 중에서 필담으로 확연히 분류할 수 있는 것은 「속재필담(粟齋筆談)」・「상루필담(商樓筆談)」・「태학유관록(太學留館錄)」・「곡정필담(鵠汀筆談)」・「망양록(忘羊錄)」・「황교문답(黃敎問答)」(「札什倫布」와 「班禪始末」 포함) 등이다. 따라서 이 글에서는 이들을 주 분석 대상으로 삼고자 한다.

이 외에 「경개록(傾蓋錄)」・「심세편(審勢編)」・「피서록보(避暑錄補)」・「산장잡기(山莊雜記)」・「환희기(幻戲記)」・「동란섭필(銅蘭涉筆)」・「양매시화(楊梅詩話)」 등은 부분적으로 필담의 내용을 담고 있거나 필담과 관련이 깊다. 이들은 전체가 필담으로 구성된 작품과는 성격이 다르지만, 여러모로 본 연구에 참고가 되고 있다.

다음에 『열하일기』 중의 필담 작품들을 각각의 필담이 행해진 일시와 장소, 중요 화제 등을 정리 요약하여 도표로 제시한다.

필담 제목	일자	장소	주요 화제 및 특징	비고
「속재필담」	1780. 7. 10.	盛京(瀋陽), 藝粟齋	속재라고 불리는 골동품 가게에서 진행. 청조 민생의 질고와 고증학의 영향 파악.	『연암집』 권11
「상루필담」	1780. 7. 11.	盛京(瀋陽), 歌商樓	비단 가게에서 진행. 청조의 사회구조 및 사농공상에 대한 이해.	『연암집』 권11
「태학유관록」	1780. 8. 9 ~14.	熱河(承德), 太學館	尹嘉銓·奇豐額·王民皡 등 석학과 문무 관료를 만나 토론한 내용과 열하 기행의 인상들을 일기체로 엮음.	『연암집』 권12
「황교문답」	1780. 8. 9 ~14.	熱河(承德), 太學館	청나라의 종교정책과 관련된 사항을 기록.	『연암집』 권13
「망양록」	1780. 8. 9 ~14.	熱河(承德), 太學館	음악이론의 古今異同을 논함.	『연암집』 권13
「곡정필담」	1780. 8. 9 ~14.	熱河(承德), 太學館	과학기술과 성리학에 대해 논함.	『연암집』 권14

위 도표의 필담 작품들은 일시와 지역으로 보아 둘로 나눠진다. 그리고 도표상에는 나와 있지 않으나 연암이 실제로 필담을 행한 곳으로 중요한 장소가 있다. 바로 북경 유리창(琉璃廠)인데 이곳까지 포함하여 필담이 행해진 상황을 셋으로 구분해서 대략 소개한다.

(1) 성경(盛京)에서의 필담

1780년 7월 10~11일(이틀 저녁) 성경(盛京, 瀋陽)의 예속재(藝粟齋, 10일 저녁)와 가상루(歌商樓, 11일 저녁)에서 한 필담(田仕可 외 4명)이다.[6] 연

암은 7월 10일 성경의 태청문(太淸門) 동편 신우궁(信祐宮) 옆에 있는 예속재라는 고동포자(古董鋪子, 골동품 상점)에서 수재(秀才) 5명을 만나 야화(夜話)를 나누기로 약속하였고 옆에 있는 가상루라는 비단 상점에서 6명을 만나 저녁에 예속재에서 다시 회동하기로 했다. 두 상점에서 이날 저녁 진행된 「속재필담」의 참석자는 모두 7명이었다. 7월 11일 「상루필담」의 참석자는 전날 7명 외에 1명(馬鏮)이 더해져 모두 8명이 되었다. 연암은 두 번의 필담에 참석한 사람들의 인적사항을 서술하고 있다.[7] 그 언급에 의하면 글자를 쓸 줄 알아 필담에 참여한 사람은 모두 5명(田仕可, 李龜蒙, 吳復, 費穉, 裴寬)이고, 나머지(穆春, 溫伯高, 馬鏮)는 글을 모르는 사람(이 중에 馬鏮은 몇 자만 쓸 줄 안다)이다.

(2) 열하 태학관(太學館)에서의 필담

8월 9~14일(6일간) 열하 태학관(太學館)에서 한 필담(王民皥 외 10명)이다.[8] 8월 9일 오전부터 열하 태학관의 후당(後堂)에서 장수(藏修)[9]하고 있는 거인(擧人)들과 하반(賀班)에 참례하러 온 중국 사대부들과 한곳에 들어 아침저녁으로 서로 만나게 되었는데, 피차가 나그네라 서로가 손이요 주인이었다가 엿새를 묵고 헤어지게 되었다.[10]

태학관에서 만나 필담을 나눈 중원의 인사들은 모두 홍유괴걸(鴻儒魁傑)로 평가되는 사대부들이다. 왕민호(王民皥)와 추사시(鄒舍是)는 비록

---

7 『熱河日記』, 「粟齋筆談序」 참조.
8 『熱河日記』, 「傾蓋錄」 참조.
9 藏修는 나라에서 세운 최고의 學府인 태학에서 修己治人의 道를 공부하는 것을 가리킨다.
10 『熱河日記』, 「傾蓋錄序」, "旣入太學爲寓館, 則中原士大夫亦多先寓太學者, 爲參賀班來也. 同寓一館, 晝宵相從, 彼此羈旅, 互爲客主, 凡六日而散."

과거를 포기한 거인들이지만, 장수태학(藏修太學)의 자격을 가진 인물로
서 거인 중에서도 지위와 학식이 만만치 않았을 것이다. 윤가전(尹嘉銓)
은 통봉대부(通奉大夫) 대리시경(大理寺卿)으로 시화에 능통하며『대청회
전(大淸會典)』의 편수에 한림편수관(翰林編修官)으로 참여하였다. 평소
황제의 시우(詩友)로서 그가 지은 극본『구여송(九如頌)』은 '황제 칠십
수연(壽宴)' 공연의 첫 대본으로 지정받았다. 학성(郝成), 기풍액(奇豊額,
조선인 4세), 왕신(汪新)은 각각 산동도사(山東都司), 귀주안찰사(貴州按察
使), 광동안찰사(廣東按察使)로서 한 성(省)의 치안과 군사(軍事)를 책임지
고 있었으며, 모두 다 문무를 겸비한 석학(碩學), 아사(雅士)들이다. 경순
미(敬旬彌)와 파로회회도(破老回回圖)는 몽고족 출신의 석학들이다. 두
사람은 다 황제의 경연(經筵)을 책임지는 강관(講官)들인데, 파로회회도
는 강희황제(康熙皇帝)의 외손이므로 건륭제(乾隆帝)의 친척이기도 했다.
조수선(曹秀先)은 청 조정의 실권인 예부상서(禮部尙書)의 요직을 맡고
있던 중진 석학이다. 문장과 학문이 당대의 으뜸이라 사람들이 구양영
숙(歐陽永叔, 歐陽脩)과 견주었다고 한다. 당시『명사(明史)』의 찬수(撰修)
에도 참여한 인물이다.

(3) 북경 유리창(琉璃廠)에서의 필담

8월 3일, 8월 20~27일(?) 북경 유리창(琉璃廠) 양매서가(楊梅書街, 兪
世琦 외 7명)에서의 필담이다.[11] 연암은 8월 3일 유리창 양매서가 육일
루(六一樓)에서 유세기(兪世琦), 서황(徐璜), 진정훈(陳庭訓) 등 거유(巨儒)
들과 만나 잠시 필담 교류를 한 다음 헤어졌다가, 8월 20일 열하에서

---

11 『熱河日記』,「關內程史」·「班禪始末」·「楊梅詩話序」 참조.

돌아온 후 유세기를 통해서 능아(凌野), 고역생(高域生), 초팽령(初彭齡), 왕성(王晟), 풍병건(馮秉健) 등 홍유석학(鴻儒碩學)들과 일곱 차례나 필담했다.

이들의 개인 자료는 「양매시화」에 조금 실려 있지만 상세하지는 않다.[12] 그러나 「반선시말(班禪始末)」에서 한림(翰林) 왕성(王晟)과 진행한 필담을 조금 소개하고 있어 참고할 만하다. 왕성은 영하(寧夏) 사람인데 그해(1780) 초에 처음 상경하여 4월 회시(會試)를 거쳐 전시(殿試)에서 13명 안에 들었던바, 경사(經史)에 박학하고 기억력이 탁월하였다고 한다. 경성(京城)에서 교유가 많지 않았고 기휘할 것도 모른 채 특별히 천선묘(天仙廟)에 찾아가 연암에게 반선라마(班禪喇嘛)의 내력시말(來歷始末)과 황교(黃敎)에 대해 상세하게 소개를 해 준 인물이다.

앞에서 제시한 자료와 분석 내용을 종합해 보면, 『열하일기』에서 연암은 성경과 열하, 북경 등지에서 총 24명의 중원 사대부들과 중점적으로 필담을 하였다는 사실을 알 수 있다.

연암은 비록 짧은 기간의 여행이었지만, 이 시간을 이용해 많은 청조 인사들과 교류하고 필담을 진행했다. 그는 귀국한 후 담화했던 초고를 한 장 한 장 정리하고 필담의 장면들을 회상하면서 『열하일기』를 엮

---

12 李家源 선생은 『熱河日記』 해설에서, 原著와 달리 발견된 세 편 중 「熱河日記序」, 「楊梅詩話」 두 편은 원저의 일부분으로 정리되었으나, 「『熱河日記』補遺」 한 편은 편폭이 너무 방대하기 때문에 아직 정리되지 않고 있다고 하였다. 朴榮喆本 『燕巖集』을 보면 목록에 「보유」 부분이 있는데 「天崖結隣集」·「楊梅詩話」·「金蓼小抄」·「熱河宮殿記 」·「熱河大學記」·「段樓筆談」 등 편목들을 소개하고 있는바, 「金蓼小抄」만 실제로 수록되어 있고 나머지 편은 그저 편목만 있는 상태이다. 필담과 직접 관련되어 있는 「天崖結隣集」·「楊梅詩話」(中國 上海版 『熱河日記』에는 그 일부분만 소개되어 있다), 「段樓筆談」의 자료들을 볼 수 없는 것은 대단히 유감스러운 일이다.

어 낸 것으로 추정된다. 이 필담의 초고들은 『열하일기』를 걸출한 작품
으로 탄생시킨 원천이 되었던 것이다.

3. 필담의 실제와 성취

1) 중국 지식인들과의 소통과 우의

연암은 이번 연행을 하기 전에 연암그룹에 속했던 인물들, 예컨대
담헌 홍대용, 초정(楚亭) 박제가(朴齊家)와 형암(炯菴) 이덕무(李德懋) 등
의 여행 기록물을 통해 청나라 문단에 대해 일정한 정보를 입수하였을
뿐만 아니라 개별 중국 문인들과 연계를 맺기도 한 상태였다.

연암이 쓴 「청비록서(淸脾錄序)」에 난설헌(蘭雪軒) 허초희(許楚姬)의
호, 별호, 이름 등을 논증하는 내용이 있는데, 이 글이 이덕무를 통해
중국의 문인들로부터 호평을 받았다고 언급한 바 있다.[13] 즉 중국 문단
에서 연암을 처음 알게 된 것은 이덕무를 통해서였으니, 이덕무가 연암
을 중국 문단에 소개해 준 셈이다.

연암은 연행하기 전에 이미 청과 조선 간의 문학 교류에 적극적으로
참여하였다. 구체적인 사례를 들어 보자면, 연암이 연행하기 3년 전에
청나라 시인 곽집환(郭執桓)의 요청에 따라 '담원연창(澹園聯唱)'의 작시
활동에 참여하였고, 중국에 가서도 더욱 열심히 곽집환의 소식을 알기
위해 노력했던 사실을 들 수 있다.[14] 또 다른 사례는 연암의 주동으로

---

13 『熱河日記』, 「避暑錄」, "蘭雪軒許氏詩載『列朝詩集』及『明詩綜』, 或名或號, 俱以景樊載
   錄. 餘嘗著『淸脾錄序』詳辨之. 懋官之在燕, 以示祝翰林德麟·唐郎中東宇·潘舍人庭筠,
   三人者輪讀贊許云."

이루어진 것인데, 연암이 연행 전에 청나라 호부주사(戶部主事) 서대용(徐大榕) 그리고 서대용의 사촌동생인 양연계(楊延桂)와 맺었던 시문교유이다. 연암은 누이와 형수의 묘지명을 중국 문인의 글로 받기 위해 적임자를 찾아보았다. 이 과정에서 전에 알지 못했던 서대용과 그의 사촌동생으로부터 시를 받았던 것이다. 그 묘지명은 지금 전하지 않지만, 연암이 서대용의 필력과 문장이 중국의 명문장과 견줄 만하다고 칭찬한 점으로 미루어 보면, 대단히 훌륭한 글이었을 것이다.[15] 이와 같은 사례들을 통하여 당시에 조선과 중국의 서신 왕래와 시문 수창은 다양한 형태, 다양한 내용으로 이루어지고 있었다는 것을 알 수 있다.

연암의 이번 연행 과정에서 필담으로 이루어진 눈에 띄는 첫 성과를 꼽는다면, 민간에서 맺어진 진정한 우정일 것이다. 청조 인사들의 세심한 관심과 예우는 연암에게 깊은 인상을 남겼는데, 특히 필담을 끝내고 떠날 때 아쉬움에 눈물을 흘리는 모습은 이들 간의 깊은 우정을 생동적으로 보여 준다. 연암이 연행의 전 과정에서 중국 인사와 맺은 깊은 우정은 필담을 통해서만 가능했다는 것을 쉽게 확인할 수 있다. 그는 7월 10일부터 11일까지 성경에서 골동품과 비단을 파는 상인들과 필담을 통해서 서로 지우(知友)가 된 일이 있고, 그 후 북경과 열하에서 예부상서(禮部尙書), 한림(翰林), 태학 장수유생(藏修儒生), 무관(武官), 각성안찰사(各省按察使) 등 각양각색의 인물들과 상대하고 붓으로 환담하여 서로 간에 깊은 우정을 맺을 수 있었다.

---

14 『熱河日記』, 「避暑錄」.

15 앞의 글, "余嘗徜徉於金鰲玉蝀之間, 而雨村〔李調元〕, 秋樓〔潘庭筠〕, 芷塘〔祝德麟〕諸名流庶幾可遇, 然郭氏執恒沒已六年矣〔聞執恒死於乾隆乙未(1775-인용자)八月云〕. 『繪聲集』當有更刻之本, 而求之廠中竟未得, 可恨可恨."

푸른 대나무 군자를 우러러보는 듯,	綠竹瞻君子
언덕 모퉁이에서는 그리운 음성 들려올 듯.	卷阿失德音
휘호한 부채[16] 펼쳐 들고,	揮毫開便面
손을 맞잡으니 마음 서로 통하네.	握手得同心

윤가전은 연암을 '군자(君子)'로 칭하고 필담을 통해 듣게 된 연암의 이야기를 '덕음(德音)'에 비유하였다. 부채를 펼치면 그들이 나눈 우정을 회상할 수 있도록 윤가전은 그림의 뜻을 시에 담아내었다. 이국에서의 짧은 접촉이었지만 이렇게 깊은 우정을 맺을 수 있게 한 것은 다름 아닌 '필담'이란 매체였다.

북경에서의 필담도 연암에게 깊은 인상을 주었다. 연암은 「양매시화서(楊梅詩話序)」에서, 『열하일기』를 창작하면서 유리창에 있던 나날을 돌이켜 보니 참 그리웠다고 하였다. 그는 처음 북경에 도착하여 홀로 처소에서 거리를 바라보며 지기지우(知己之友)를 한 명만 얻어도 만족하겠노라 생각했다. 유리창에서 유황포(兪黃圃) 등 석학들을 만나 필담을 약속하고 열하에 갔고, 열하에서 돌아온 후 그들과 다시 만나 흉금을 터놓고 환담을 나누게 되었다. 그들과 술을 마시면서 필담했던 즐거운 나날은 서로 잊지 못할 추억이 되었다.[17]

연암이 중국에서 교유했던 인물들은 그 폭이 매우 넓고 다양하다. 그는 한족만이 아니라 만주족·몽고족·회족 등 여러 민족과 심지어

---

16 연암이 『熱河日記』에 윤가전이 준 부채와 題詩를 세 번이나 기록하였다는 사실(「傾蓋錄」·「忘羊錄」·「避暑錄」)에서 그가 이것을 얼마나 소중하게 여기고 있었는가를 짐작할 수 있다.

17 『熱河日記』,「楊梅詩話」, "噫! 像想當日獨憑紅欄, 眂徠諸客, 而車騎後先, 逢迎初開, 暢襟談譃, 如在其談眼中, 其談屑霏微, 曇華曆亂, 永日揮塵, 手腕可念. 人間此歡, 何日可忘."

서양의 선교사들에게까지 깊은 관심을 갖고 친교를 맺으려고 했다. 만주족은 당시 중국을 통치하는 민족이었지만 관외에서 온 소수민족이었고, 조선의 사대부들은 만주족을 오랑캐라 부르며 그들과의 교유를 회피했다. 하지만 연암은 편견 없이 언제 어디서나 평등하고 주체적인 입장에서 그들과 교유하고자 했다.

연암은 청나라를 다녀온 후에도 서로 소식을 주고받는 등 청조 문인들과의 지속적인 교유를 유지하고자 했다. 『연암집』을 보면, 연암은 연행 후에도 중국 인사들과 계속 시문왕래를 가졌다는 것을 알 수 있다. 「공작관기(孔雀館記)」에서 연암은 다음과 같이 기록하였다.

황성에 있었을 때 동남의 선비들과 단가포(段家鋪)에서 매일 술을 마시며 글을 논했다. 어떤 이가 흔히 "공작과 같다."라는 말로 그 시가 문과 같다는 것을 평론하였는데, 좌중에 태사 고역생은 농담으로 말하기를 "내 손님의 용모가 어찌 부잣집 가금(家禽)과 같을 수 있느냐?"라고 했는데 서로 보고 크게 웃었다. 그 후 5년이 지나 어떤 이가 중주를 갔다 와 '공작관' 세 글자를 얻어 돌아왔는데 전당 사람 조설범(趙雪帆)이 쓴 글씨다. 그전에 나는 조와 대면하지도 못했는데, 설사 그가 다른 사람에게서 나의 소식을 들어 만 리 밖에서 뜻을 보내온 것이 아닐까 싶다.[18]

연암이 중국에 갔다 온 지 5년 후의 일이다. 전당(錢塘) 사람 조설범

---

18 『燕巖集』, 「孔雀館記」, "在皇城時, 與東南之士日飮酒論文於段家鋪, 每擧'似孔雀'爲之評其詩若文, 而座有高太史域生戲之曰: '我客斯容, 何如夫子家禽!' 相與大笑. 其後五年, 客之遊中州者, 得'孔雀館'三字而還, 錢塘人趙雪帆所書也. 曩者吾與趙未有一面, 豈與他人乎聞餘之風, 而萬里寄意耶?"

(趙雪帆)이 연암의 문명(文名)을 누구에겐가 들었는지 공작관(孔雀館) 세 글자를 써서 보내 왔다. 이에 연암이 옛날 북경에 있었을 때 중국 인사들과 필담을 한 장면을 다시 생각해 냈던 것이다. 직접 만났던 사이는 아니었지만 조설범의 편지는 당시 『열하일기』가 비난의 표적이 되어 마음이 괴로웠던 연암에게 큰 위로가 되었을 것이다.

2) 지식 교류와 학술 토론

연암이 필담을 통해 많은 성과를 이루어 냈으며, 조선과 청조의 학술 교류에 큰 역할을 담당했던 것은 주지의 사실이다. 연암은 양국 간 역사적으로 형성된 문화 교류의 전통을 훌륭하게 이어 주었다. 그가 중원 지식인들과 나눈 필담의 성과 역시 이러한 전통이 있었기 때문에 가능했던 일이다.

연암에 의해서 이루어진 양국 간의 지적 교류에서 중시되어야 할 것은 연암이 '당대의 지적 교류 성과'를 재확인했다는 것이다. 홍대용과 이덕무, 박제가, 유득공(柳得恭) 등은 모두 연암보다 앞서 중국에 다녀왔고, 그들이 쓴 연행록 특히 중국 명사들과의 교유는 연암에게 깊은 인상을 남겼다.[19] 연암은 중국 인사와 필담을 할 때 먼저 연행했던 홍대용이나 박제가 등과 직접 교유했던 문인들의 안부를 수시로 묻곤 했다. 이러한 화제는 『열하일기』 필담의 중요한 구성 요소가 된다.

이와 동시에 연암은 당시 조선 문단에서 활약하던 문사들을 중국에 소개하는 역할도 했다. 연암에 의해 김상헌의 6대손인 화산(華山) 김이

---

19 『熱河日記』, 「避暑錄」, "琉璃廠中六一齋, 初遇兪黃圃世琦, 字式韓, 目淸眉秀, 疑其爲潘庭筠, 李調元, 祝德麟, 郭執桓諸名士也. 此諸人者, 有先餘交遊者, 故名芬牙頰, 若數須眉."

도(金履度)가 학성을 통하여 중국 문단에 소개되었다.[20] 그뿐만 아니라 연암은 박남수(朴南壽, 자는 山如, 연암의 族孫), 이중존(李仲存, 자는 在誠, 연암의 처남), 한혜당(韓惠堂, 자는 錫佑), 양백후(梁伯厚, 자는 尙晦), 이유재(李裕齋, 자는 行緯) 같은 당대의 인물들을 중국 측에 소개해 주었으며, 학성은 이들을 『용재소사(榕齋小史)』에 수록하여 중국 문단에 알려지게 하였다. 이것은 누구의 요구에 의한 것이 아니라 연암 스스로의 책임감과 지적 교류의 중요성에 대한 자각에서 비롯된 의식적인 행동이었다.

연암이 학술적 측면에서 중원 문단과 교류한 내용을 세 가지로 요약해 보면 다음과 같다.

(1) 천문지식적 측면

연암이 김석문(金錫文)과 홍대용을 통해서 전수받고 자신의 견해도 천술(闡述)한 월세계(月世界)와 지전설(地轉說)을 열하의 태학관에서 발표하였을 때, 왕민호·기풍액·학성 등도 이에 대하여 놀라워하며 대단한 관심을 표명했다. 연암의 이와 같은 견해는 동양 한자문화권 전래의 '하늘은 둥글고 땅은 네모나다〔天圓地方〕'와 '하늘이 움직이고 땅은 정지해 있다〔天動地靜〕'는 천하관에 대한 질문에서 '중국 중심의 천하관'에 대한 회의로 이어진 것이다.[21] 물론 청나라 문사들도 천문학에 대

---

20 앞의 글, "貽上(王士禛의 字−인용자)爲海內詩宗, 而士大夫於貽上只字片言, 如茶飯津津 牙頰間, 故無不識淸陰姓名者, 然先生亘古大節莫能知焉. 郝志亭請得金叔度(金尙憲의 字 −인용자)數篇佳作, 餘曰: '仆原未有誦, 此來有淸陰先生六代孫履度別章.' 志亭大喜曰: '又是奇事.' 餘出示之, 志亭諷詠再三, 其後入錄其所抄『榕齋小史』曰: '華山金履度, 朝鮮 使臣金淸陰尙憲六世孫也. …… 字季謹, 筆摹鍾, 王, 東國文章奇士也. 與其友人朴燕巖, 韓錫佑爲詩酒莫逆. 今歲仲秋, 朴燕巖隨貢使朝京, 與餘遊, 甚相善也. 於是得華山贈行詩 三章, 深得'四牡皇華'之遺意, 余錄其三首云."
21 임형택(2009), 67~77면 참조.

해 상당한 지적 소양을 가지고 필담에 임했다. 특히 왕민호는 중국 역대 과학기술의 성과, 구라파의 예수교〔耶蘇教〕, 마테오 리치〔利瑪竇〕 등의 선교사, 서양의 문물과 학술에 대하여 연구했던 것으로 보인다. 그는 서양에 비해 의기(儀器)가 많이 낙후됐음을 인정해야 한다고 하면서, 선교사들이 학술 및 천문을 관찰했던 결과를 해설하였다. 왕민호가 연암에게 알려 준 다른 중요한 사실은 선교사들이 전파하는 천주교에 대하여 당시 중국 사람들이 신빙하지 않았다는 사실이다.[22]

(2) 학문방법론적 측면

연암은 청나라 문단의 주류를 형성한 고증학의 실상을 조선 문단에 알려 주었다. 고증학은 기존 도학(道學)에 대한 반감에서 비롯된 것이다. 그는 공담(空談)만 일삼는 도학·이학(理學)에 대한 중원 사대부들의 비판의식을 필담을 통해 조선 문단에 알리고자 했던 것이다. 이와 관련하여 「황교문답」에서 '광생(狂生)'으로 지목받은 추사시를 소개했던 것은 연암이 중국 문단의 실상을 그대로 그려 내기 위한 것으로 짐작된다.

추사시는 당시 비교적 진보한 자유사상을 지닌 인물인 것으로 묘사되었다. 그는 당시 주륙지쟁(朱陸之爭), 도학지쟁(道學之爭), 선종(禪宗)의 융합, 한학(漢學, 考證學)의 흥기 등 학술의 변화 속에서 각자가 속한 문호만 고집하고 공리공담을 일삼던 자들을 통쾌하게 질타했다.[23] 물론

---

22 『熱河日記』, 「鵠汀筆談」, “古之號精渾儀者, 閎·張以外, 有蔡伯喈, 吳之王番, 劉曜, 光初中有孔定, 魏太史令晁崇, 皆得機衡遺法. 而宋元祐中, 蘇子容爲宗伯時, 參考古器, 數年而成. 及西術之來, 中國儀器盡數笨伯, 但其學術淺陋可笑. 耶蘇者, 爲中國之語賢爲君子, 番俗之稱僧喇嘛, 耶蘇一心敬天, 立敎八方, 年三十遭极刑而國人哀慕, 設爲耶蘇之會, 敬其神爲天主. …… 其言多夸誕, 中國人無信之者.”

그의 이러한 모습은 성리학 위주의 조선 사회에서는 상상할 수도 없는 것이었다. 이는 당시 청조 사회에서도 충격적일 만큼 새롭고도 독특한 주장이었다. 연암 역시 이러한 새로운 주장을 조선 사회에 소개할 때에는 비판을 가하면서 조심스럽게 언급할 수밖에 없었다. 그러나 추사시의 도학 선생·이학 선생에 대한 신랄한 비판은 위선적인 대유(大儒)를 비판한 「호질(虎叱)」의 주제와도 맥이 통한다. 여기서 연암의 진의(眞意)가 무엇인지 쉽게 짐작할 수 있을 것이다.

(3) 중국 지식인들의 조선에 대한 지식과 인식적 측면

연암은 필담의 진행자로서 필담을 나누는 과정에서 조선의 이미지가 향상될 수 있도록 의식적으로 유도하였다. 그는 자신이 지닌 군자다운 소양과 해박한 지식을 통해 조선 사람의 전범(典範)을 중국 사대부들에게 직접 보여 주었을 뿐만 아니라, 수시로 조선을 긍정적으로 소개하여 "참 군자의 나라로다."라는 탄성을 자아내게 만들었다. 연암은 이러한 작업의 일환으로 우선 중국 사람들이 조선에 대한 오해와 선입견을 버리도록 하였다.

당시 청의 학자들은 문헌(史冊, 詩話文集 등) 또는 고사전설(故事傳說)을 통하여 조선에 대한 일정 정도의 이해가 있었다. 그러나 조선의 산천지리, 역사, 풍토 문물 등 구체적인 사실에 대해서는 거의 미지의 상태였다. 그들 중에는 흔히 '조선'과 '고려'를 혼동하거나 심지어 '일본'

---

23 『熱河日記』, 「黃敎問答」, "今之學者, 學貫天人而不能治一郡, 理察鳶魚莫能辨一事. 此個學問, 謂之理學先生. …… 今之儒者亡不出境, 兜攬采地, 益築六經以堅其堡壘. 時換群言以新其旌旗, 半朱半陸俱爲逋主, 頭沒頭出遍是水泊. 養蠱魚爲狐鼠, 則考證爲其城社; 抑騏驥爲駑駘, 則訓詁爲其鉗橛. …… 吾平生不願學儒也. 有能張目開口倡爲異端之學者, 敢將不遠千里, 贏糧往師."

과 혼동한 이들도 있었다.[24] 필담 과정에서 연암에게 제기한 조선에 관한 문제가 대체로 상식적인 범위에 머물러 있던 이유도 모두 이러한 데에서 비롯된 것이다.

그렇지만 연암은 기회가 있을 때마다 조선의 역사, 지리, 풍습, 사회 구조 등을 알기 쉽게 소개해 주었고, 청의 학자들로 하여금 '예의지방(禮儀之邦)', '군자지국(君子之國)'의 이미지를 갖게 하였다. 또한 역사적으로 양국의 문화 교류의 전통에서 생긴 수많은 일화(逸話)들을 동원하여 우정을 돈독히 하는 동시에, 지난 역사와 당대 현실에서의 '고려', '조선'에 대한 여러 가지 오해와 편견을 일일이 해소시켰다.

중원의 인사들도 필담에서 연암이 제시한 조선 관련 자료를 아주 소중하게 여겼고, 이를 자신의 저작에 쓰거나 이전의 잘못된 기록을 교정하는 데 적극 활용했다. 다음은 연암이 전했던 조선에 대한 긍정적인 소개와 오해 해소, 두 부분으로 나누어 살펴본 것이다.

중국의 인사들은 나를 처음 만나면 으레 맨 먼저 항해 노정이며 어디로 상륙했느냐는 것을 물어, 내가 육로로 요동을 거쳐 산해관으로 들어와 연경에 이르렀다고 하면, 어떤 이는 이를 믿지 않고 '바다 건너와 벼슬에 오르더니'란 구절을 외워 내 말이 옳지 않음을 증명하려고 들었다. 진정 우리나라가 마치 유구나 구라파처럼 바다 밖에 멀리 떨어져 있는 줄 안다. 중국 사람 중에도 때로는 이처럼 무식한 이가 있었다.[25]

---

24 『熱河日記』, 「太學留館錄·十四日庚申」 참조.
25 『熱河日記』, 「避暑錄」, "中州人士與餘初遇, 必先問航海程途, 下陸何方, 餘對直由旱路起程, 自遼東入山海關抵皇京云爾, 則或有不信者, 誦'渡海登仙籍'爲證, 眞以我東爲絕洋外國, 如琉球, 歐邏. 中州人士有時魯莽如此."

청나라 인사들은 조선이라고 하면 먼 해외에 있는 외국으로 생각하는 사람이 많았고, 일반적으로 바다를 경유해야 청나라에 올 수 있다는 식으로 생각하였던 것이다. 이것은 한편으로는 당시 바다에서 표류하여 온 사람이 많았고, 명대의 사절단도 대부분 바다를 건너 상해(上海), 산동반도(山東半島)를 거쳐 북경에 오는 경우가 많았기 때문이다. 다른 한편으로는 청조 내에서 조선에 대한 소개가 상당히 부족한 상태였음을 말해 주는 결과이기도 했다. 이 때문에 연암은 기회가 있을 때마다 조선을 청의 학자들에게 상세하게 소개하여 이런 국면을 타개하고자 했다.

조선과 청의 역사는 전쟁과 평화라는 양면을 지닌 복잡한 과정을 거쳐 왔다. 이러한 과정에서 국교를 맺게 되었고 발전해 왔지만 양국 간에는 역사적으로 형성된 갖가지 불신과 오해가 많았다. 만약 이것이 해소되지 않으면 양국의 문화 교류에 부정적 영향을 미칠 수 있는 상황이었으므로, 결코 간과할 수 없는 문제이기도 했다. 연암은 필담 과정에서 이러한 문제의 심각성을 자각하였고, 이를 해소하기 위하여 나름대로 자기의 역할을 십분 발휘했다.

당시 청나라 인사들이 조선을 오해하게 되는 근본 원인을 따져 보면, 주로 역사에 대한 인식, 문화 교류 과정에서 초래한 편견, 고대 경전의 유전(遺傳)에서 비롯된 문제가 상당히 많았다. 연암은 필담을 통해 수시로 이런 오해의 원인을 규명하고 시정해 주도록 중국 문단에 호소했다. '고려공안(高麗公案)'은 당말(唐末)부터 오대십국(五代十國)과 송(宋)에 이르기까지 고려와 요(遼), 금(金) 간의 화약(和約)을 둘러싸고 송과 고려 간에 불신을 초래하였고, 송나라 소동파(蘇東坡)를 비롯한 문신들이 고려와의 국교에 대하여 이의를 제기한 것이었다. 이 '공안(公案)' 자체의 신빙성도 문제가 되지만, 소동파의 의견이 중국 정계와 문단에 큰 영향력을 가지고 있었기 때문에 양국 간의 외교관계에도 막대한 영향을 미치게 되었다. 연암은 조선의 입장에서 역사적 사실에 근거하여 이런 불신을 초래한 원인을 해명하고 중국이 조선과의 정상적인 국교를 유지하는 것은 양측 모두에게 이익이라는 점을 역설하였다.

연암은 이처럼 중원의 학자들에게 기존의 시문집 등에서 조선과 조선의 시문작가 등에 관한 기술 중 잘못되었거나 사실이 왜곡된 부분이 있으면 반드시 시정토록 요구하고 설득하였으며, 이와 유관한 자료까지 제공해 주었다.

3) 만청(滿淸) 체제하의 중국 인식

연암은 연행의 전 과정에서 만주 황제 치하의 청나라 실정과 천하대세를 탐지하려는 뚜렷한 목적의식을 구현하고자 다방면으로 노력을 기울였다. 필담은 앞에서 누차 지적했듯, 연암이 자유자재로 활용한 의사소통의 수단이자 중원의 인사들과 교류하는 매개물이었다. 그렇다면 연암은 필담을 통해서 과연 중국의 어떤 정황을 탐지해 냈는가? 이와 관련한 성과를 정리해 보면 크게 세 가지로 분류할 수 있다.

첫째, 연암은 필담을 통해 청나라 사회발전의 참모습과 그 배후에 작동하는 정치·경제적인 요소들을 탐구했다.

그는 청나라 사농공상의 사회적 지위와 각자가 담당한 사회적 기능에 대해 관찰했다. 「상루필담」에서는 상인 오복(吳復), 이귀몽(李龜蒙)과 비치(費穉)를 통해 사업(四業)의 고락(苦樂)과 직업관, 사민 간의 통혼문제, 사회적 지위의 변화 등을 비교적 상세히 이해했다. 이런 내용들은 이용후생학파(利用厚生學派)가 가장 중요시하는 명농(明農)·통상(通商)·혜공(惠工) 등 실천적 학문의 주요 문제들이다.[26] 연암이 필담을 통해서 발견한 것은 청나라에서는 조선과 달리 사업이 나름대로 존중되어 꼭 과거를 통해 출사하지 않고 농공상업(農工商業)에 종사해도 비교적 평등한 대우를 받을 수 있다는 점이었다. 그 때문에 연암은 이러한 사회 기풍의 형성 여부가 실학(實學)의 성패와 직접 관련되는 전제 조건이라고 강조하게 되었다.

연암은 성경에서 상인들과 필담을 나누며 그곳의 번화한 거리와 상가, 상인들이 베푼 풍성한 연회, 그들의 정신적 풍모 등을 묘사하여 상업의 발달 양상을 실감 나게 표현하였다. 유리창 필담의 경우, 연암은 유리창 규모에 대한 묘사를 통해 청의 출판인쇄업, 국내외의 서적유통 등 문화산업의 번영상을 독자에게 전달하였다.

수레를 몰아 정양문을 나와 유리창을 지나면서, 유리창이 모두 몇 간이나 되느냐고 물었더니 어떤 사람이 27만 간이라고 한다. 정양문 옆에서부터 선무문까지 다섯 거리가 모두 유리창인데, 국내외의 온갖 물건이 쌓여 있다.[27]

연암은 이전에 홍대용, 이덕무, 박제가 등으로부터 유리창에서 서적의 유통이 활발하게 이루어진 실상에 대해 이야기를 많이 들었음에도 불구하고 직접 와서 그 규모를 대하고 크게 놀라지 않을 수 없었다. 이처럼 출판인쇄업의 발달과 서적의 대규모 유통은 청의 지식 숭상 풍조와 문명 발전 정도를 말해 주기에 충분했다. 독서인의 입장에서는 책이

---

26 『熱河日記』, 「商樓筆談」 참조.
27 『熱河日記』, 「關內程史·初四日庚戌」, "驅車出正陽門, 過琉璃廠, 問廠幾間矣, 有對者曰: '共有二十七萬間.' 蓋自正陽橫亘至宣武門有五巷, 而皆琉璃廠, 海內外貨寶之所居積也."

가장 소중한바, 이곳에서 그는 '고기가 물을 만난' 기쁨을 말로 다 표현하지 못했을 것이다. 그러므로 그는 스스로 청이 어떤 국정 수행의 방법을 써서 이처럼 번영을 달성할 수 있었는지 궁금하지 않을 수 없었다. 치국심법(治國心法)에 대한 연암의 의견은 우선 홍대용과의 비교를 통해 윤곽이 드러난다.

연암은 청나라 땅을 밟으면서 직접 건륭성세(乾隆盛世)의 번영을 목도했고, 이를 통해 더욱 북학론(北學論)의 주장을 확신했다. 아울러 그 목표를 이용후생으로 정했고, 그 단계는 '화이론(華夷論)의 질곡 타파→중국의 유법(遺法) 학습→부국강병으로 민생을 이롭게 함'으로 정했다.

북학론은 반드시 사상적 측면에서 우선 화이론이란 관념적 질곡으로부터 벗어나야 한다. 평등한 시각으로 객관적이고 냉정하게 청조의 발전 상황을 보아야 한다. 또한 그는 '기와 조각이나 똥거름〔瓦礫糞壤〕' 같은 작은 것으로부터 실학의 진수를 배워야 한다고 주장하였다. 따라서 요동(遼東)부터 시작해서 청나라의 도시와 농촌 설계, 도로 교통 등을 특히 관심을 두고 관찰하여 '대규모 세심법(細心法)'이란 개념을 제기하였다.[28]

---

28 『熱河日記』, 「馹汛隨筆」, "聖人之作春秋, 固爲尊華而攘夷, 然未聞憤夷狄之猾夏, 並與中華可尊之實而攘之也. 故今之人誠欲攘夷也, 莫如盡學中華之遺法, 先變我俗之椎魯, 自耕蠶陶冶, 以至通工惠商, 莫不學焉. 人十己百, 先利吾民, 使吾民制梃, 而足以撻彼之堅甲利兵, 然後謂中國無可觀可也. 餘下士也, 曰壯觀在瓦礫, 曰壯觀在糞. 夫斷瓦, 天下之棄物也, 然而民舍繚垣肩以上, 更以斷瓦, 兩兩相配, 爲波濤之紋, 四合而成連環之形, 四背而成古魯錢, 嵌空玲瓏, 外內交映. 不棄斷瓦, 而天下之文章斯在矣. 民家門庭, 貧不能鋪甎, 則聚諸色琉璃碎瓦及水邊小礫之磨圓者, 錯成花樹鳥獸之形, 以禦泥淖. 不棄碎礫, 而天下之畫圖斯在矣. 糞溷至穢之物也, 爲其糞田也, 則惜之如金, 道無遺灰. 拾馬矢者, 奉畚而尾隨, 積庤方正, 或八角或六楞, 或爲樓臺之形. 觀乎糞壤, 而天下之制度斯立矣. 故曰瓦礫糞壤, 都是壯觀, 不必城池, 宮室, 樓臺, 市舖, 寺觀, 牧畜, 原野之曠漠, 煙樹之奇幻, 然後爲壯觀也."

'대규모 세심법'은 당초 홍대용이 1766년 연행을 하고 나서 쓴『담헌연기(湛軒燕記)』에서 언급했던 터였다.

요동 태자하(太子河) 연변에 몇 리(里)에 걸쳐 재목이 쌓여 있었는데, 크기가 모두 아름드리나 되는 나무들이었으며, 몇 만 그루가 되는지 알 수 없었다. 작은 무더기는 몇십 그루, 큰 무더기는 혹 백 그루가 되는 데도 있는데, 모두가 한 치 한 푼의 차이도 없이 그 길이가 같으므로, 무더기 양쪽이 깎은 듯이 반듯하였으며, 표호(標號)의 낙인(烙印)도 정연하게 흐트러짐이 없었으니 '대규모 세심법'이라 하겠다.[29]

영평부(永平府)에서 서쪽의 들판은 밭의 반이 닥나무와 뽕나무였는데, 잎사귀로는 누에를 치고 껍질로는 종이를 만들므로, 이것을 심으면 다른 농사짓는 것을 대신할 수 있다고 했다. 그 줄지어 심어 놓은 것이 정연하여 조금도 구부러지거나 비뚤어진 데가 없었다. 이것은 중국 사람들의 본질적인 특성으로서 안배(安排)를 요하지 않는 것이니, 그들의 '대규모 세심법'은 어찌 쉽게 말할 수 있는 것이겠는가?[30]

위의 두 인용문에서 지적한 '대규모 세심법'의 내용은 다음과 같다. 즉 첫 번째 인용문은 넓은 면적의 재목 더미를 규격을 통일하여 정리한 것이요, 두 번째 인용문은 닥나무와 뽕나무를 넓은 면적에 가지런히 줄

---

29 洪大容,『湛軒書』,「燕記」, ‘沿路記略’, “遼東太子河邊, 積材木亘數里, 大皆連抱. 不知其幾巨萬株, 每堆小者數十株, 多或百株, 皆長短無分寸參差, 堆垛齊整, 兩面如削. 標號印烙, 秩然不可亂. 可謂大規模細心法也.”
30 앞의 글, “永平府以西, 野田半是楮桑. 聞葉飼蠶皮爲紙, 種之可以代耕云. 其列植整直, 無纖毫委曲, 此中華素性, 不由安排. 其大規模細心法, 豈易言哉.”

지어 심어 놓은 것이다. 모두 구체적인 사물을 예로 들어 중국이란 넓은 국토가 실로 질서 정연하게 가꿔지고 있음을 말하였다. 그런데 연암의 '대규모 세심법'이 가리키는 바는 홍대용과 차이가 있다.

수많은 민가(民家)들은 대체로 들보 다섯이 높이 솟아 있고 띠 이엉을 덮었는데, 등마루가 훤칠하고 문호가 가지런하고 네거리가 쭉 곧아서 양쪽이 마치 먹줄 친 것 같다. 담은 모두 벽돌로 쌓았고, 사람 탄 수레와 화물 실은 차들이 길에 질펀하며 벌여 놓은 기명들은 모두 그림 그린 자기(瓷器)들이다. 그 제도가 어디로 보나 시골티라고는 조금도 없다. 앞서 나의 벗 홍덕보(洪德保, 홍대용)가 '대규모 세심법'이라 한 적이 있었다.[31]

지금은 청(淸)에서 자주 성경으로 거둥하므로, 영안교에서부터 나무를 엮어 다리를 만들어서 진펄을 막되, 고가포(古家舖) 밑에 이르러서 비로소 그치는데, 2백여 리 사이에 한결같이 뻗쳤으니 이는 비단 물력(物力)이 그처럼 굉장할 뿐더러, 그 나무 끝이 한 군데도 들쭉날쭉한 것이 없이 2백 리 사이에 두 쪽이 마치 한 먹줄로 퉁긴 듯이 되었으니, 그 일솜씨의 정미로움을 이로써 짐작할 수 있다. 그러므로 민간에서 항용 쓰는 물건들이라도 이를 본받아서 그 규모가 대체로 같으니, 이는 덕보(德保)가 이른바 '대국(중국을 지칭−인용자)의 심법(心法)'을 우리로선 당하지 못할 것이라 한 것이 바로 이런 일을 말한 것이리라.[32]

---

31 『熱河日記』,「渡江錄」, "閭閻皆高起五梁, 苫艸覆蓋, 而屋脊穹崇, 門戶整齊, 街術平直, 兩沿若引繩. 然牆垣皆磗築, 乘車及載車, 縱橫道中, 擺列器皿, 皆畵瓷, 已見其制度絶無邨野氣. 往者洪友德保, 嘗言大規模細心法."

32 『熱河日記』,「古董錄」, "今淸家數幸盛京, 故自永安橋, 編木爲梁, 以禦潦淖. 而至古家舖前始止, 二百餘里之間, 一梁爲路, 非但物力之富壯, 木頭無一參差, 二百里兩沿, 如引一

위의 두 인용문에서 모두 홍대용이 제기한 '대규모 세심법'을 언급하고 있다. 첫 번째에서는 도시와 농촌의 도로 정비를 '대규모 세심법'이라 했고, 두 번째에서는 이것을 '대국심법(大國心法)'이라 불렀다. 두 인용문에서 보이는 '대규모 세심법'과 '대국심법'은 일맥상통하는 것으로, 즉 청나라가 국가를 다스리는 '심법'이라 할 수 있다.

그렇다면 홍대용이 먼저 제기하고 연암이 계승 발전시킨 이 개념의 함의에 도대체 어떤 변화가 생긴 것인가? 두 사람이 이 법을 언급하면서 예로 든 구체적 내용의 변화 속에서 답을 얻을 수 있다. 연암이 제기한 대규모 세심법은 홍대용의 그것보다 훨씬 변화 발전된 치국방략(治國方略)이다.

'심법(치국방략)'에 대한 연암의 겸손한 질문을 받자, 왕민호는 다음과 같이 구체적으로 일러 준다.

…… 본조는 문모(文謨)와 무열(武烈)이 전대보다 훨씬 뛰어나고, 유교를 존중하고 숭상하여 중국에 펼쳐져 은연중에 호걸들의 불평을 누그러뜨리고, 작위·명호를 널리 베풀어 은연중에 외번의 통합하려는 형세를 분열시키고, 만주를 억눌러 군사를 맡겨서 청조의 근본되는 땅을 튼튼하게 하고, 자주 치수하는 공사를 벌이고, 천하의 기괴한 재주를 지닌 사람들을 모아, 놀고먹는 이들을 위로하고, 몸을 바로잡고 공손히 천자의 직책을 다할 뿐이니, 천하에 무슨 걱정거리가 있겠습니까? 요순은 옷만 걸치고 있어도 천하가 다스려졌다고 합니다. 대개 천하를 차지하였으면 백성은 일을 시켜서 하게 할 뿐이요, 그 까닭을 알게 해서는 안 된다고 하

繩, 可見其制作之精一矣. 故民間尋常制作, 能相視效, 規模大同. 德保所稱大國心法, 最不可當者, 正在此等也."

는데, 이것은 요순의 뜻으로 공자도 이것을 말했고, 진나라 사람(진시황)은 이것을 실천했습니다.[33]

왕민호는 청 황제의 통치사상과 내정(內政), 외교(外交)의 기본 정책을 개괄적으로 설명하였다. 대내적으로는 번왕(藩王)을 겸병하고 유·불교를 숭배하게 하며, 독서인들을 과거에 몰두시키고 잇단 수로공사에 토목 기술자들을 매진하게 하여 사회 기반을 굳건히 할 수 있었다. 대외적으로는 회유와 봉전(封典)을 통해 국경 지대를 안정시키고 외번(外藩)들을 위무(慰撫)하며 주변국들과 수교하였다. 이로써 평화적인 외부 환경을 조성하여 국가의 장기간 안정과 발전을 도모할 수 있었고, 재정 또한 크게 구축할 수 있었다. 따라서 역사적으로 강희제(康熙帝)와 옹정제(雍正帝), 건륭제 삼대(三代)가 '강건성세(康乾盛世)'로 불리고 건륭제와 그 후의 가경제(嘉慶帝) 시대가 '건가성세(乾嘉盛世)'로 불릴 정도로, 당시 청나라 사회 각 방면에서 대대적인 발전이 이루어졌다. 물론 수시로 청나라의 성세를 찬양하고 당시의 정치를 옹호했던 왕민호의 이야기는 일종의 망종·아부로 여겨질 수 있다. 그럼에도 연암의 입장에서는 그의 발언을 통해 청나라의 기본적인 통치이념과 사회발전의 원동력을 엿볼 수 있었으므로 큰 수확이 아닐 수 없었다.

청나라의 '대규모 세심법'에서 '치국심법'까지 깊이 있게 파악한 것은 바로 여러 차례에 걸친 필담의 주제이고, 여기서 연암의 뚜렷한 목

---

33 『熱河日記』,「鵠汀筆談」, "…… 本朝文謨武烈遠過前代, 尊尙儒術, 專畀中土, 陰消豪傑不逞之心; 推廣封典, 遍加外蕃, 潛分夷狄兼並之勢; 挫抑滿洲, 待之以靺鞨弓馬之事, 以壯根本之地; 頻開河功, 聚天下奇技淫巧之士, 以慰遊食之徒, 恭己正南面而已, 夫天下何思何慮? 堯, 舜垂衣裳而治天下, 蓋取諸乾坤. 民可使由之, 不可使知之, 此堯, 舜之意, 而孔子述之而秦人用之也."

적의식을 엿볼 수 있다.

둘째, 연암은 필담을 통해 청나라 황제가 시행한 대외정책의 다양한 면모를 확인했다.

만주족의 청조는 정통성 문제에 직면하지 않을 수 없었다. 그 때문에 청은 명이 멸망한 책임을 이자성(李自成)의 농민 봉기에 돌리고, 청은 명조를 위한 복수를 위해 관내에 들어왔을 뿐이라고 주장했던 것이다. 연암은 왕민호와의 필담을 통해 이러한 경위를 듣게 되었다.[34]

청나라가 입관(入關)하여 천하를 장악한 다음부터 그 안정책으로 대내적으로는 민족 모순을 무마하고 한족 사대부들을 과거취사(科擧取士)와 전적정리(典籍整理)의 번롱(樊籠)에 넣어 두는 정책을 펼쳤으며, 대외적으로 '유원안이(柔遠安夷)'의 조공체제를 세우려 했다. 그 일환으로 조선국을 비롯한 주변국들을 예우하고 서번(西蕃)과 몽고 왕공과 종교 수령을 안무하는 것이었다.

연암이 열하에서 직접 목격한 역사적 순간 중의 하나는 1780년 건륭제와 반선라마의 만남이었다. 황제의 특명으로 조선사절단도 반선라마를 알현하였다. 연암은 여러 번의 필담을 통해 건륭제가 서번과 몽고의 통치를 강화하기 위해 열하에서 찰십륜포사(札什倫布寺)를 지어 반선라마를 초청한 고심을 한족 사대부들보다 먼저 날카롭게 읽어 낸 것이었다.[35]

연암은 중원 사대부들과의 필담에서 서양 선교사들의 도양이나 이

---

34 앞의 글, "本朝得國之正, 無憾於天地, 創業者莫不爲仇於革命之際. 國朝還有大恩於定鼎之初, 爲前朝報仇, 惟我朝是已. 八歲小兒渾一區夏, 自生民以來未之或有也. 我世祖章皇帝, 初非有利天下之心, 只爲天下明大義, 複大仇, 拯救斯民於血海骨山之中. 天與之民歸之, 首襄殉難之臣範景文等十二人. …… 大公至正, 扶綱植常, 自三五一還未之或聞也."
35 李學堂(2000), 49~59면 참조.

들에 대한 청조의 태도에 대해서도 비상한 관심을 가졌다. 사실 이때 선교사들은 청나라에서의 선교 활동이 이미 중지되었고 칙명에 의해 허가된 천문, 역법, 과학기술 연구 분야에서만 일정한 일을 담당하고 있었다. 혹여 혐의를 받을까 하여 청조의 문인 지식인들은 서양인들과의 접촉을 회피한 것이다.[36] 대서방(對西方) 쇄국정책은 18세기 청나라 외교정책의 기조이며, 이는 일시적인 효과를 거두기는 했다. 그러나 중국과 외국의 문화적 교류를 심하게 가로막고 과학기술의 발전에도 부정적 영향을 미쳐 경제기술을 낙후시키고 동서양 실력 대결에서 패배를 초래하는 결과를 빚어냈던 것이 사실이었다.

청나라는 이처럼 소극적인 대서방정책을 실시하는 동시에 조선과 유구(琉球) 등 주변국에 대해서는 회유책을 꾸준히 견지하고 있었다. 연암이 「행재잡록」에 기록한 건륭 45년 8월 12일 황제가 내각에 내린 조서에서는 "서로 성심성의를 다하여 중외가 한 몸과 같고, 먼 곳의 나라를 편안하게 한다〔推誠孚信 中外一體 柔惠遠人〕."라고 했다. 이것이 바로 건륭 시기 조선 및 유구 등 주변국들에 대한 기본적인 외교정책이었다.[37]

셋째, 연암은 필담을 통해 청나라 시국 상황과 천하대세의 진운(進運) 또한 일찍이 파악하게 되었다.

연암은 「심세편(審勢編)」에서 왕민호 등과 필담한 결과를 정리하며

---

36 『熱河日記』, 「鵠汀筆談」, "'此等元系監中奉敕, 道不同不相爲謀, 且駐蹕之地, 總是日下; 人山人海, 尋覓自難, 不必枉勞. 志亭辭晚間有冗, 先起, 收談草五六頁而去."

37 『熱河日記』, 「行在雜錄」, "朝鮮世守藩封, 素稱恭順, 歲時職貢, 祗愼可嘉, 間遇特頒敕諭及資送歸國等事, 如琉球等國, 亦具章陳謝. …… 我君臣推誠孚信, 中外一體, 又何必爲此繁縟之節耶? 今歲朕七旬萬壽, 該國俱表稱賀, 業已宣命來使前赴行在, 隨朝臣一體行禮宴賚, 其隨表貢物, 此次卽行收受, 以伸該國慶賀之誠, 嗣後除歲時慶節正貢仍聽其照例備進, 其餘陳謝表章, 所有隨表貢物, 槪行停止, 勿庸備進, 副朕柔惠遠人以實不以文之至意."

청조가 당면한 문제에 대해 크게 세 가지로 나누어 그 이론적 근거를
제시하였다.

① 주자를 내세워 천하의 사대부들을 우롱하고, 그들로 하여금 헛된 예
의도덕에 속박되게 하였다. 주자학을 황실의 가학(家學)이라고 표방하
여 학술적으로 단일화시켜 학자들이 자유롭게 사고할 수 없도록 제한
하였다.
② 청나라 통치로 인해 동남부에서 일어난 반발과 몽고, 서번 등 주변 소
수민족들의 잠재적 위협이 있었다.
③ 문자옥(文字獄), 분서(焚書) 등 진시황에 비견되는 가혹한 우민정책으로
야기된 중원 사대부들의 불만과 반항도 날로 고조됐다.[38]

연암은 위와 같이 청나라가 비록 극도로 번영한 시기였지만, 이미
쇠망의 징조가 보이고 있다고 지적했다. 그가 이처럼 놀랍게도 선견지
명을 가지고 앞날을 미리 내다볼 수 있었던 것 또한 필담의 결과물로
보아야 한다. 중원 인사들은 필담을 나눌 때 문자옥이 두려워 사실대로
토로하지 못하거나 살짝 말을 비쳤다가도 얼른 흔적을 없애곤 했다. 그
러나 연암은 그들의 표정과 행동에 대한 세심한 관찰을 통해 그 실마리
를 파악하게 되었고,[39] 이를 종합 분석하여 청의 운명에 대해 판단할
수 있었던 것이다.
연암이 귀국한 지 일 년 후에 윤가전도 결국 문자옥에 걸려 극형을
당하게 되었다. 건륭황제가 실시한 엄격한 사상 통제는 현실사회문제

---

38 『熱河日記』, 「審勢篇」.
39 앞의 글, "略得其影響於紙墨之外."

에 대한 학계의 무관심을 조성했고, 오직 고고적(考古的) 연구나 실증에 매달리고 황제의 통치를 찬양하는 말만 하도록 하는 기풍을 조장했다. 그 결과, 나라의 장래는 오직 황제 한 사람의 현우(賢愚)에 맡겨질 수밖에 없었다. 황제가 아무리 현명하더라도 신하들이 진실을 알려 주지 않고 협력해 주지 않으면 나랏일은 망칠 수밖에 없다. 연암은 바로 이러한 청나라의 운명을 진단하면서 천하대세의 흐름을 파악하게 되었다.

연암이 필담을 통해 얻은 이러한 결론은 13년 후 영국사절단에 의해 다시 한 번 증명되었다.

청 제국은 파손이 심한 큰 군함과도 같았다. 그 군함이 과거 150년 동안 침몰되지 않았던 것은 운이 좋았을 뿐더러 재간이 있는 군관들이 지탱하고 있었기 때문이다. 다른 군함보다 조금 나은 것은 그 크기와 바깥 장식이다. 일단 재간이 없는 사람이 이 군함을 지휘하게 되면 안전과 규율은 이로 인해 없어질 것이다.[40]

영국사절단의 기록에는 청 황제의 위엄과 재능에서 깊은 인상을 받았지만, 조정 정부관원들의 부패와 무능, 군대의 낙후한 장비, 무기력과 저효율로 인해 자신들과 싸우게 되면 청이 질 수밖에 없다는 결론이 언급되어 있다. 그래서 그들은 청 제국의 멸망 시기를 저울질하며 청나라의 쇠망과 패배에서 이익을 챙기려고 했던 것이 아닐까? 또한 그들은 "영국은 이 변화에서 다른 어느 국가에서보다 더 큰 이익을 얻게 될 것이다."[41]라고 하였는데, 불행하게도 이것은 사실이 되었고, 그로부터

---

40 納羅奇尼茨, 『遠東國際關系史』, 「出使中國·據馬嘎爾尼勳爵謁見乾隆紀實」, 98면 참조.
41 앞의 글 참조.

40여 년 후에 아편전쟁을 초래하였다.

연암은 영국사절단보다 일찍 청나라의 문제를 심각하게 인식하고 있었다. 그는 군사적 측면을 염두에 둔 서방의 관찰 방식과 달리, 주로 청나라 사대부들과 필담을 나누는 과정에서 체감하게 된 문자옥, 만한 모순, 각 지방의 반항세력, 주변의 정세(주로 서번과 몽고) 등을 근거로 청나라의 장래가 밝지 않다는 결론을 내렸다.

4. 필담의 문학적 구상 및 인물 형상의 창조

1) 문학적 구상

『열하일기』가 다른 연행록과 현저하게 구별되는 것은 작품의 높은 사상성, 즉 시대의 흐름을 정확하게 파악하는 정세 판단 그리고 선진 문물을 섭취하려는 북학사상을 내포한 데에 있다고 하겠다. 연암은 하나의 문학작품으로써 이러한 사상적 요지를 실현하기 위해 아주 독특한 방법의 예술 장치를 설정하였다. 곧 다름 아닌 일기체의 기행문에 필담을 최대한으로 삽입한 것이다.

필담은 전체 작품 분량의 거의 절반 정도를 차지하고 있을 뿐만 아니라 작가의 사상과 의도를 가장 뚜렷하고 효과적으로 드러나게 하였다. 필담의 삽입은 소설 속 인물들의 대화처럼 작가의 의도와 사건의 흐름에 따라 서술하는 것과는 차이가 있다. 그 이유는 필담은 이미 주어진 상태이고 그 내용도 작가 한 사람의 의도만 반영한 것이 아니라는 것에서 기인한다. 때로는 상대방의 생각에 이끌려 대화를 해야 하고 때로는 시간과 장소의 제한도 받게 된다. 외형상으로 보면 연극의 대본인 희곡과 유사한데 연극적으로 연출한 형태가 아니고, 1인칭 작가가 전면에 나서서 끌고 가는 형태의 대화인 것이다. 필담의 장(場), 대화의 현장은 요즘 학술회의나 좌담처럼 사전에 어떤 의도를 가지고 기획, 설정된 것이 아니며, 대체로 여행 도중에 우연히 이루어진 것이었다. 그러나 필담을 나누는 그 과정은 작가에 의해서 유도되고 거기에 작가의 의식이 담겨지게 된다.

연암은 청조 사회를 정확하게 이해하려는 목적에 도달하기 위해 필담 과정 곳곳에서 기지(機智)와 재학(才學)을 발휘했다. 필담 작품 구성에 있어서 작가는 작품의 창작자이자 필담의 진행자와 참석자 역할도 함께 맡아야 한다. 또한 작가는 필담한 현장의 원고들을 가지고 후일에 엮어서 정리했을 것이다. 이 과정은 재구성이며, 이 자체가 고도의 창작이 아닐 수 없다. 그러므로 작품의 사상성과 예술성을 보장하기 위하여 앞과 뒤의 필담 내용을 통일하는 작업이 때때로 소설을 새로이 창작하는 것보다 더욱 어려울 수 있다.

연암은 우선 필담 과정을 앞뒤의 여행 과정과 연결시켜 서로 어울리게 만들었다. 즉 일기 부분에서 필담 부분의 형성을 예고한 것이다. 그는 청나라 인사들과의 만남, 시간과 장소, 필담 상대방의 신분 등 기본적인 정보를 먼저 제시함으로써, 독자들로 하여금 필담에 대해 흥미를 갖게 하였다.

「속재필담」과 「상루필담」은 성경(盛京)에 입성한 후에 이루어졌다. 연암은 먼저 7월 10일의 일기에서 사절단 일행과 함께 성경에 들어간 후 연로(沿路)의 경관들과 일행들의 움직임을 기술했으며, 그 과정에서 필담의 상대를 만나게 된 사연을 자연스럽게 알려 주었다.[42]

---

42 『熱河日記』, 「盛京雜識」, '秋七月初十日丙戌', "入一古董鋪子, 鋪名藝粟齋, 有秀才五人, 伴居開鋪, 皆年少美姿容, 約更來齋中夜話, 俱載「粟齋筆談」."

연암은 그날 일행들의 행적을 먼저 기술한 다음 예속재라는 골동품 가게에 들어가 여러 수재(秀才)들을 만나 저녁에 필담하게 된 사연을 기술하였다. 동시에 이러한 만남을 계기로 하여 재미있고 내용이 풍부한 필담이 형성될 것임을 예고하고, 계속해서 11일의 여행 내용을 함께 기록하면서 일기와 어울리게 하였다. 이처럼 여행 과정을 기록하면서 작품의 전체적인 흐름에 맞추어 아주 자연스럽게 두 번의 필담을 삽입시켰다. 다른 필담들의 경우도 마찬가지다. 연암은 일기체 작품의 통일성을 확보하기 위해서 필담을 삽입하는 시기와 장치를 아주 재치 있게 구상하고 설정한 것이다.

연암은 필담 중 큰 분량을 차지하면서도 시간과 장소가 일정치 않거나 등장인물도 복잡한 필담에 대해서는 따로 편을 설정하는 동시에 시간과 장소의 구애를 받지 않고 총체적으로 구상하였다. 「황교문답」·「망양록」·「곡정필담」의 경우가 바로 그러하다.

8월 11일 일기는 황제가 티베트에서 초청한 황교(黃敎)의 승왕(僧王) 반선라마가 거주하는 찰십륜포사를 참관한 내용을 기술한 것이다. 연암은 "따로 「찰십륜포(札什倫布)」와 「반선시말」을 적은 기록이 있다."[43]라고 하여 먼저 찰십륜포사의 유람 장면을 기술한 다음, 이에 대한 상세한 기록 두 편을 뒤에 첨가할 것임을 예고하였다. 이날 군기대신(軍機大臣)이 사절단을 찾아와 찰십륜포사에 가서 반선라마를 알현하라는 황제의 명령을 전달하였다. 연암은 '작가의 설명〔按〕'에서 먼저 서번과 황교를 간단히 소개한 다음, 청조의 학자들과 반선·황교에 대해 필담한 내용이 「황교문답」에 실려 있다는 것을 독자들에게 알려 주었다.[44]

---

43 『熱河日記』, 「太學留館錄」, "別有所記札什倫布及班禪始末."
44 앞의 글, '十一日丁巳', "其地, 皇帝之所私護 ; 而其人, 天子之所師事, 以黃名敎者, 意者

연암은 이날의 여행일기에서 "황제가 왜 먼 티베트의 종교 수령을 이렇게 존중해야 하느냐?"라는 의문을 제기하고, 이를 주제로 하여 중국의 사대부들과 필담을 펼쳤다. 그리고 이 기록들을 토대로 「황교문답」을 구성했고, 필담과 여행일기를 예술적이면서도 유기적으로 결합시켰다. 필담의 주제를 선명하게 하기 위해 연암은 토론에 참석한 청조 학자들의 인물 정보를 제시했다. 그들의 취향과 직위 그리고 관심사 등을 필담의 주제와 통일시켜 제시했는데, 그것이 바로 「경개록」의 내용이다.[45]

윤가전과의 인연은 「태학유관록」에서 볼 수 있듯이, 열하에 도착한 첫날부터 열하를 떠날 때까지 계속되었다. 연암은 「경개록」에서 윤가전의 출신지, 자와 호, 직책, 학문과 예술적인 성취, 황제와의 특별한 관계에 대해 상세하게 기술하였다. 윤가전과의 필담 교류 사실은 「태학유관록」·「황교문답」·「곡정필담」에도 언급되어 있지만, 가장 중요한 것으로는 우선 「망양록」을 꼽아야 할 것이다. 윤가전은 황제의 평생시우(平生詩友)였던 만큼 시에 대하여 정통했으며, 특히 음악과 희극에 능통하여 『구여송』을 지어 바쳤다. 황제는 크게 기뻐하여 81가지 극본 중에서 이 『구여송』을 가장 먼저 공연하게 하였다.[46] 그러므로 연암과 그와의 필담 주제는 당연히 음악의 고금 변화 그리고 음악과 역대치란(歷代治亂)의 관계 등이었다.[47]

黃老之道耶? ……及還館中, 中原士大夫皆以餘得見班禪, 莫不榮羨, 亦莫不極口贊美其道術神通, 其希世傳會之風如是夫! 終古世道之汙隆, 人心之淑慝, 莫不由上薄之也. 小飮郝志亭所, 是夜月益明. 話載黃敎問答."

45 『熱河日記』, 「傾蓋錄」.

46 앞의 글, "時進九如頌, 皇帝大悅, 八十一本首演此頌."

47 앞의 글, "別有所論古今音律, 歷代治亂, 俱戴忘羊錄."

연암은 또한 여행일기 부분과 필담 부분이 서로 호응이 되도록 유의하였다. 8월 13일의 일기에서는 기풍액과 가진 월세계(月世界), 지전설(地轉說) 등 천문학적인 지식을 위주로 한 필담 내용을 기술하고, 이를 계기로 황교와 라마에 대해서 회의하고 배척하는 입장을 강하게 표현하고 싶었다. 이에 연암은 따로 한 편의 필담을 구성하게 된 것이다. 그는 먼저 저녁에 가질 필담의 환경을 묘사하여 그 중요성을 암시함으로써 독자들의 관심을 환기시켰다.[48]

연암은 기풍액과 황교에 관하여 필담한 내용을 「황교문답」에서 기술한 다음에 기풍액의 황교에 대한 태도를 특히 비중 있게 다루었다. 그는 기풍액의 태도를 유교의 입장에서 불교를 엄격하게 배척하는 것이라고 결론지었다.[49] 「황교문답」 필담에서 표현된 기풍액의 이러한 특징은 또한 「경개록」에 그려진 그의 인물 초상과 상통한다.[50]

연암은 이처럼 여행일기 부분과 필담 부분을 유기적으로 엮어 전체적으로 잘 어울리게 하였다. 또한 필담 내용 전달에 있어서 언제나 독자의 입장에 서서 가능한 한 그 내용이 쉽게 이해되도록 배려하였다. 그는 내용이 복잡하거나 기록 자체가 가끔 누락되어 앞뒤 조리가 안 맞는 것 때문에 혹시 독자들이 읽을 때 불편을 느낄까 우려하였다. 「양매시화」 서언에서 이러한 심정을 밝히고 있는데, 그가 필담의 줄거리를 논리적으로 맞추기 위하여 모든 기억과 추리력을 동원하고 있었다는

---

48 『熱河日記』,「太學留館錄」, ‘十三日己未’, “奇公攜余入其炕, 已張四支燭, 大桌設饌, 甚盛, 爲餘專設也. 香糕三器, 雜糖三器, 龍眼, 荔枝, 落花生, 梅子三四器 …… 餅果盛皆高尺餘. 良久, 盡撤去. 複設蔬果各二器, 燒酒一注子, 細酌穩話, 話載「黃教問答」,”雞已二鳴唱, 乃罷還寓. 輾轉不能寐, 而下隸已請起寢矣.”

49 『熱河日記』,「黃教問答」, “余既還入皇京, 與士大夫遊者多, 然未見深言斥佛如麗川者.”

50 『熱河日記』,「傾蓋錄」, “奇豐額, 滿洲人也, 字麗川, 見任貴州按察使, …… 博學能文, 善諧笑, 斥佛甚峻, 持論頗正.”

것을 보여 준다.

그들이 남긴 하나하나의 글자와 한 마디 한 마디의 말들은 분방한 냄새가 나지 않는 것이 없었지만, 필담 종이들은 대부분 여러 명류(名流)들이 가져갔으므로, 돌아와서 행장을 살펴보니 십의 삼사만 남아 있었다. 이것마저 취한 후의 어지러운 필적이나 급급한 필체들뿐이니 마치 여산의 아침에 안개가 낀 것처럼 본래의 면목을 찾기 어려웠다. 늙은 회계가 재무를 정리하려면 주성(珠聲)을 오래 들어야 했다. 엄계에서 한가한 날에 몇 년 동안 훑어 읽은 후에야 그 순서를 정할 수 있었다.[51]

유리창에서 유황포 등 석학들과 필담한 기록들을 정리하기 위하여 많은 고생을 한 연암은 옛날의 즐거웠던 일을 추억하면서 필담 내용의 앞뒤 맥락을 맞추기 위해 노력을 기울였다. 물론 그가 정리한 「양매시화」, 「단루필담(段樓筆談)」 등은 그 후에 다시 산일(散逸)되어 지금까지도 우리가 「피서록」에서만 그 실마리를 조금 찾아볼 수 있다. 그뿐만 아니라 필담 내용이 방대하고 복잡한 것은 독자층의 학술 수준을 의식하여 서언과 후기를 첨부함으로써 전체적인 필담 목적과 체제, 주제를 제시하기도 했다. 『열하일기』의 구성이 여타 연행일기들과 구별되고 체제상으로도 독특한 것은 바로 독자들이 더 많은 정보를 더 쉽게 읽어 갈 수 있도록 배려한 연암의 고심이 곳곳에 배어 있기 때문이다.

이렇듯 양이 많고 복잡한 필담 내용을 전체 여행일기 내용과 접목하

---

51 『熱河日記』,「楊梅詩話」, "其只字片語, 無不芬馥牙頰, 然其談草多爲諸名流所掠去, 卽檢歸裝, 僅存其十之三四. 而或醉後亂墨, 或迫曛赤筆, 譬如廬山曉雲, 眞面難尋, 小翁施帳, 珮聲遲遲, 罷溪暇日, 翻閱纍朝, 始能第次."

고, 한 체제로 어울릴 수 있도록 하는 작업은 지난한 일이다. 그럼에도 불구하고 연암은 비상한 솜씨를 십분 발휘하여 빈틈없이 해결하고 있다. 이는 물론 연암의 높은 문학 수준과 민첩하고 활달한 서술기법이 그 기저에서 작용하였기 때문이다.

당시 조선의 사대부들은 중원 사대부들과 미묘한 견해차를 가지고 있었던 것이 사실이다. 이는 때때로 양국 인사들의 교류에 있어 화해의 분위기를 방해하고, 심지어 분쟁을 일으키는 발단이 될 수도 있는 사항이었다. 필담 과정에서 연암은 이러한 예상하기 힘든 문제들도 겪어야 했다. 연암은 왕민호와 필담을 나누며 격렬한 논란을 벌인 적이 있는데, 이 장면은 「망양록」에 묘사되어 있다. 이 논란에서 연암은 박식과 기지를 유감없이 발휘했다.

이때 해가 이미 저녁때가 되었는데, 종일토록 각기 술을 10여 잔이나 마셔, 형산은 한낮부터 의자 위에서 깊이 잠이 들었고, 곡정은 연방 칼을 들어 양고기를 큼직큼직하게 베어 먹으면서 자주 나에게도 권하는데, 나는 노린내가 아주 싫어서 떡과 과일만 먹었다. 곡정이 "선생은 제·노 같은 큰 나라를 좋아하지 않으십니까?" 하고 묻기에, 나는 웃으면서 "큰 나라는 노린내가 나니까요" 하였더니, 곡정이 부끄러워하는 기색이었고, 나도 역시 내가 실수했음을 깨닫고 곧 먹으로 그 글자를 지워 버린 다음 "저는 사랑함이 자공(子貢) 같지 않지만, 정은 왕숙(王肅)과 같습니다." 하고 사과하였다.[52]

---

52 『熱河日記』, 「忘羊錄」, "是時日已向夕, 而盡日所飮, 各已十餘杯, 亨山自午扵椅上熟寐, 鵠汀頻拔刀割羊大嚼, 又數勸餘, 而餘甚嫌其臊, 惟啖餠果. 鵠汀曰: '先生不嗜奇魯大邦耶?' 余笑曰: '大邦膻臊.' 鵠汀有愧色. 余亦覺其觸犯, 卽墨抹之, 因謝曰: '鄙人愛非子貢, 情同王肅.'"

형산(亨山) 윤가전이 양고기를 준비한 것은 귀한 손님을 특별히 정중하게 대접하기 위해서였다. 왕민호가 연암에게 양고기를 권한 것은 단순히 손님에게 갖춘 예의에 불과했으나 연암이 냄새 때문에 양고기를 먹지 못하는 것을 보고, 왕민호는 한 고사가 생각났기에 이것으로써 연암의 지식 수준을 시험해 보고자 했다. 역사 전고(典故)에 능숙했던 연암이 이것을 모를 리 없었다. 연암 역시 이 일을 자연스레 넘기지 못하고 일시적인 승부욕을 발동시켜 지나친 반응을 취하게 된다.

연암은 예리한 기봉(機鋒)으로 상대의 기세를 꺾을 수 있었지만 화기(和氣)를 상하게 만들었다는 판단에 이르렀다. 혹시라도 왕민호의 자존심을 자극하게 되면, 청조 사회의 참모습을 알아내고자 하는 필담의 궁극적인 목적과 반대되는 결과를 낳을 수도 있었다. 그래서 그는 자신의 실수를 깨닫고는 화해를 도모하기 위해 자세를 낮추어 사과하였다. 여기서 연암의 기민한 임기응변 능력과 숙련된 수완이 잘 드러난다.

연암은 청나라 인사들과 가진 필담에서 정치적 이유 때문에 많은 어려움을 겪게 되었다. 즉 상대방의 언사가 때로는 실제 정황과 다르며, 질문에 대해 솔직한 대답을 피하는 경우가 종종 있었다. 이는 청나라의 진실을 탐지하려는 그의 필담 의도와 크게 엇갈리는 것이다. 다음의 내용은 「황교문답」 서언에서 인용한 것이다.

이곳 사람들과 이야기를 해 보면, 비록 대수롭지 않은 일에 대해 말을 주고받을지라도, 그 말을 한 다음에는 곧 필담한 것을 태워 버리고 한 조각도 남겨 놓지 않는다. 이는 비단 한인만이 그러할 뿐 아니라 만인(滿人)은 더욱 심하다. 만인은 직무가 기밀에 접근해 있어서 더욱 법이 엄하고 가혹함을 잘 알고 있기 때문이다. 그러니 한인들의 마음만 괴로운 것이 아니라, 천하를 법으로 금하는 만인의 마음 또한 괴로운 일이다.[53]

한인(漢人)들은 문자옥(文字獄) 때문에 심리적으로 괴로움이 많았다. 심지어 황제와 동족인 만주인 관원들도 사상 통제의 가혹한 법 때문에 똑같이 괴로워했다. 연암은 청나라 사상 통제의 가혹함을 만한(滿漢) 관원 및 학자들의 언행을 통하여 크게 실감하게 되었다. 이러한 난점을 해결하기 위해 연암은 독특한 필담 수법을 고안해 냈는데 '우회(迂廻)와 유도(誘導)'의 담화 수법을 사용하는 것이었다. 이는 세심한 관찰과 논리적인 분석을 통해 상대방의 '언외지의(言外之意) 문외지의(文外之意)'를 파악하는 수법으로, 외국 사람으로서 당시 청나라의 진실을 알아내는 가장 효과적인 방법이기도 했다.

구체적으로 말하면, 우선 청나라 인사들의 처지와 심리를 잘 이해하여 그 난처한 곳을 피하는 것이다. 그렇지 않으면 그들의 불만과 회피를 초래한다. 이것은 필담의 방법을 적용함에 있어 필수적인 기초지식이었다. 연암은 중원의 인사들이 현 정권의 정치와 관련된 문제들은 회피하지만, 경사자집(經史子集)이나 천문지리(天文地理) 등 학술적 문제에 대해 논하기 시작하면 바로 흥분된 반응을 보인다는 사실을 발견했다. 이들은 외국 사람과 교류함에 대국인(大國人)다운 풍모를 지니려 했다. 그렇기 때문에 그들의 언행을 이해하고 존중해 주는 것이 필담 과정을 순조롭게 만드는 전제 조건이었다.

그러므로 우리가 그들의 환심을 사려면, 반드시 대국의 명성과 교화가 갸륵함을 극히 칭찬하여 먼저 그들의 마음을 안정시키고, 중국과 우

---

53 『熱河日記』, 「黃敎問答」, "與人語, 雖尋常酬答之事, 語後卽焚, 不留片紙. 此非但漢人如是, 滿人爲尤甚. 滿人皆職居近密, 故益知律令嚴苛. 然則非但漢人之心苦矣, 天下法禁之心苦矣."

리와의 사이가 일체가 된 듯하여 그 혐의쩍은 것을 피하되, 한편으로는 그들의 예악(禮樂)에 뜻을 붙이며, 그 전아함을 숭배하는 듯이 할 것이요. 또 한편으로는 역대의 역사를 들출지언정 최근의 일은 언급하지 말 것이다. 그리고 뜻을 공손히 하여 배우기를 원하되, 그로 하여금 마음 놓고 이야기할 기회를 주고는, 거짓으로 모르는 척하여 그의 마음을 울적하게 하여 본다면, 그의 미첩(眉睫) 사이에는 진실인지 허위인지가 저절로 나타날 것이며, 보통 웃고 지껄이는 사이에 그의 정실을 탐지할 수 있을 것이다. 이것은 내가 필담을 하는 가운데 문자 밖에서 그러한 영향을 알게 된 것이다.[54]

청나라 학자들과의 담화 내용을 보면, 그들 대부분이 청나라의 정치를 무조건 옹호하는 입장을 취하고 있다. 그러나 그들의 표정과 행동에서는 때때로 그들의 말과 반대되는 뜻이 담겨져 있는 경우도 있다. 그러므로 그들의 진실을 알아내려면 유도하는 담화 수법을 사용하는 동시에 그들의 얼굴 표정이나 말뜻의 이면을 간파해 내는 능력도 갖추어야 할 것이다. 이것은 연암이 소박한 심리학적 지식을 갖고 있었다는 것을 보여 주는 일례이다. 사람은 자신의 언사와 생각이 일치하지 않았을 때 신체적 반응을 동반하기 마련이다. 연암은 이와 관련하여 그 증거를 제시했는데, 청나라 사람들은 한족·만주족을 막론하고 무조건 청나라 건국의 정당성을 옹호한다는 것, 황교(黃敎)와 반선(班禪)

---

54 『熱河日記』, 「審勢篇」, "故將要得其歡心, 必曲贊大國之聲敎, 先安其心, 勤示中外之一體, 務遠其嫌. 一則寄意禮樂, 自附典雅; 一則揚抑曆代, 毋逼近境. 遜志願學, 導之縱談. 陽若未曉, 使鬱其心, 則眉睫之間誠僞可見, 談笑之際情實可探. 此余所以略得其影響於紙墨之外也."

에 대한 언급을 회피한다는 것, 그들이 조금만 현실정치와 연관된 말을 했다면 나중에 그 필담 종이를 찢어 버리거나 불로 태워 버린다는 것 따위가 그것이다.

그러나 추사시는 이와 반대되는 극단에 서 있었다. 그는 필담을 나누는 도중에 비분강개하거나 격정적인 모습을 보여 주었다. 그는 유교의 위선적인 도덕논리에 대해 거부, 비판하는 의도를 강하게 표출하곤 하였다. 연암은 그의 언행뿐만 아니라 그가 역설하는 주장의 이면에 담겨 있는 진실을 알고자 했다. 중원의 지식인들이 품고 있던 성리학에 대한 불만은, 만주 황제가 이것을 '가학(家學)'으로 삼고 정치 통제의 수단으로 이용함으로써 다른 학문을 몰살하고 있는 현실에서 비롯되었다. 비록 이러한 성리학 비판 자체가 문제시되는 풍토였지만, 연암에게 있어서는 중원의 인사 가운데도 이러한 문제의식을 가진 학자가 있다는 사실이 더 중요하게 여겨진 것이다. 연암은 이를 일종의 신선한 학술 기풍으로 받아들인 셈이다. 그 때문에 연암은 여타의 중원 지식인들처럼 추사시를 '광사(狂士)'라 칭하기는 했지만, 기실 추사시의 주장에 일정 정도 수긍하고 있었다. 「호질」에서 범이 대유(大儒) 북곽(北郭) 선생에게 질문한 내용과 추사시가 유교를 비판했던 내용을 대조하면 흡사한 내용이 많다는 점에서 그 일단을 추측할 수 있다.

이처럼 연암은 여러 가지 효과적인 필담 방법을 구사, 실천하였다. 특히 그는 인간의 심리적인 면을 고려하여 중원 인사들의 세부적인 표정과 동작을 소홀히 넘기지 않고, 이를 그들의 언사와 결합시켜 판단함으로써 청조 사회의 이면을 살피는 데 요긴하게 활용했다. 이것은 연암에 의해 창출된 필담 방법론 중에서 중요시되어야 할 부분이라고 생각된다.

2) 등장인물의 형상화

연암은 필담에 참여한 인물의 외모, 언어 특징, 생활환경 그리고 재능 등을 다각도로 묘사하였다. 그리하여 인물의 실상이 독자들의 시야에 생생하게 각인되게 하였다. 이는 『열하일기』의 필담에서 문학적으로 가장 돋보이는 점이다. 소설적인 수법이라고도 할 수 있는데, 소설의 인물과 환경을 묘사하는 방식과 유사하다. 연암이 이 방법을 차용한 까닭은 각기 인물을 둘러싼 환경의 차이, 각자의 경험이나 개성 등으로 인해 그 대화 내용과 표현 습관에도 차이가 생길 수 있다는 점을 고려한 데 있었다고 여겨진다. 이는 독자에게 필담의 과정을 실감 나게 보여 주는 데 효과가 있었다.

앞에서도 언급했듯이 『열하일기』의 필담에 등장한 인물들은 당연히 글을 쓸 줄 아는 지식인이었지만 각계각층으로 광범했다. 한인(漢人)뿐만 아니라 만주인 팔기문사(八旗文士), 몽고인 등이 포함되어 있었다. 또한 연암은 민간의 서생(書生), 수재(秀才), 숙사(塾師), 심지어 시정(市井) 상인들과도 필담을 나누었다. 이들 가운데 주목할 만한 인물로는 「속재필담」·「상루필담」에 등장하는 유상(儒商) 전사가, 「태학유관록」·「망양록」·「황교문답」·「곡정필담」에 등장하는 고급 관료인 윤가전, 거인(擧人) 왕민호·광생(狂生) 추사시를 손꼽을 수 있다. 처지와 성격이 다른 이들 네 사람이 전형적 인물로 그려진 셈이다. 이제 이 네 인물을 분석의 대상으로 잡아 필담에 있어서 연암의 인물 형상화의 수법을 구체적으로 살펴보려 한다.

(1) 유상(儒商)의 전형 전사가

상업 유통을 중요시한 연암이 작품을 통하여 보여 주려 하는 전사가

의 인물 형상은 원래 모습 그대로 활기차고 생동감 있는 도시 상인일
것이다.

　　전사가(田仕可)는 자가 대경(代耕) 또는 보정(輔廷)이고, 호는 포관(抱關)
인데 무종(無終) 사람이다. 자기 말로는 전주(田疇)의 손이라고 한다. 집은
산해관에 있는데, 태원 사람 양등과 함께 이곳에 가게를 내었다고 한다.
나이는 29세, 키가 일곱 자인데 이마가 널찍하고 코가 길쭉하고 풍채가
훤칠하다. 고기(古器)의 내력을 많이 알고 있으며, 남에게 붙임성 있고 상
냥하다.[55]

　전사가는 성경에서 필담을 나누고 연암과 깊은 우정을 맺은 골동품
상인이었다. 연암은 전사가의 자호(字號)와 출신지, 연령, 외모의 특징,
골동품 상인으로서의 특기, 대인접물(待人接物)의 자세 등에 대한 자신
의 관찰을 상세하게 적었다.

　전사가가 손님을 접대하는 부분은 매우 상세하게 묘사되어 있다. 손
님의 입맛에 맞추기 위하여 푸짐하게 저녁 식탁을 차려 놓고는, 오히려
손님에게 이야기 자리에 제때에 참석하지 못한 미안함을 공손하게 표
시하였다. 연암도 첫 대면임에도 불구하고 손님을 정성껏 예우하는 전
사가에게 심심한 감사의 뜻을 표시하였다.[56] 이 과정을 통하여 단번에

55　『熱河日記』,「粟齋筆談」, "田仕可, 字代耕. 一字輔廷, 號抱關, 無終人也. 自言田疇之後,
　　家住山海關, 與太原人楊登開鋪於此, 年二十九, 身長七尺, 額闊鼻長, 風彩燁然, 多識古器
　　來歷, 與人款洽."
56　앞의 글, "是夜月明如晝, 田仕可爲辦酒食, 二更始回. 餙餙兩盤・羊肚羹一盆・熟鵝一
　　盤・雞蒸三首・蒸豚一首・時新果品兩盤・臨安酒三壺・薊州酒二壺・鯉魚一尾・白飯
　　二鍋・菜二盤, 該價銀十二兩. 田生進前恭謝曰: '略具地主薄儀, 有失良宵陪話.' 余下椅
　　謝曰: '有勞尊體, 還愧生受.'"

남을 너그럽게 대하는 전사가의 인품을 독자들에게 심어 주었다.

연암이 필담 과정에서 골동품에 대하여 흥미롭게 물어봤을 때, 전사가는 세련된 말솜씨와 성실한 태도로 연암의 마음을 사로잡았다.[57] 연암 역시 전사가의 호감을 사기에 충분했다. 연암과 대화를 나눈 전사가는 연암의 국적, 민족, 경력 등을 따지기보다 그의 말과 행동, 사상에서 지기(知己)로 삼을 수 있는 사람이라는 판단을 내린 것이다. 그는 "공자가 구이에 가서 살고 싶다〔子欲居九夷〕."라고 했던 말을 인용하며 조선에서 온 군자에 대한 예우를 잊지 않았다. 그 또한 연암의 언행에 탄복하며 '이적지론(夷狄之論)'이라는 선입견이 분명 그릇된 것임을 깨닫고 비록 편방(偏邦)에서 태어났더라도 지식과 예의만 갖추게 되면 모두 군자라는 결론을 내리게 된다.[58] 이 때문에 전사가는 이러한 이국(異國)의 군자와 잠깐 동안의 만남 후에 헤어져야 하는 현실을 너무나 애석하게 생각했다. 그는 연암이 떠날 때 자기가 밤새워 정리한 골동품 감상 지침서를 주면서 자신이 이국의 친구를 특히 예우해야만 하는 이유와 폐부지언(肺腑之言)을 다시금 확인시켰다. 그는 비록 만주족이 중국을 통치하고 있지만 '대국에 사람이 없다(군자가 없다)'는 오해를 주면 안 된다는 인식에서, 그리고 연암과 같은 이국의 군자와의 만남에서 아쉬움을 남기지 않기 위해 이러한 성심을 표시한다고 하였다.[59]

---

57 앞의 글, "田生遍閱談草, 連稱'好好'. …… 曰: '……今先生逈出流俗, 萍水片語, 已成知己, 雖不得中心貺之, 亦安可造次相負?'"

58 앞의 글, "君子居之, 何陋之有? 相公雖生偏邦, 氣宇軒昂, 文能識孔孟之書, 禮能達朱公之道, 卽一君子也. 但恨人居兩地, 天各一方, 寸心未盡, 轉眼卽別, 奈何奈何?"

59 『熱河日記』, 「古董錄」, "今送足下入都, 所以眷眷貢愚者, 誠爲異邦君子他日東還, 庶不都誣大國無人也, 並布赤心."

이처럼 연암은 전사가로 유자(儒者)로서 상업에 종사하는 인물의 전형을 창출한 셈이다. 이 인물 형상을 통해서 종래 사농공상에서 말업으로 천시했던 상업에 대한 인식을 새롭게 하면서 유상이라는 특수한 사회적 존재를 부각시킨 것이다.

(2) 탄식하는 늙은 태학생 왕민호

곡정(鵠亭) 왕민호는 연암이 교류한 중국 문인들 중에서 관계가 가장 친밀하게 된 사람이다. "나는 곡정과 이야기를 제일 많이 했다. 엿새 동안 창문을 마주 보고 밤을 새워서 이야기하였으므로 여유 있게 진행할 수 있었다."[60]라고 한 대로 필담을 가장 오랫동안 나눴다. 「곡정필담」은 바로 그의 호를 딴 제목이기도 하다. 그 인물을 「경개록」에서 이렇게 소개하고 있다.

왕민호(王民皥)는 강소(江蘇) 사람이다. 이때 나이 54세였는데, 사람됨이 순박하고 검소하나 글재주는 별로 없었다. 지난해에 승덕부(承德府)에 태학을 새로 세웠는데 황성의 것과 규모가 같았다. 금년 봄에 공사가 끝나 황제가 친히 석채례(釋菜禮)를 올렸다. 왕 군도 거인(擧人)으로 지금 그 안에서 글을 읽고 있다. 그는 금년 4월에 보인 회시에 응시하지 않았다. 8월에 황제가 칠순(七旬)을 맞는 경사로 거듭 돌아오라고 특명을 내렸는데도 역시 가지 않았다. 왕 군은 덕망이 있는 사람인데 호가 곡정이며 키는 7자가 넘었다. 뜻을 얻지 못하여 근심이 많은 듯, 마주 보고 있는 동안에도 자주 탄식하는 한숨을 쉬었다. 하인은 겨우 한 사람이 시중을 들고

---

60 『熱河日記』, 「鵠汀筆談」, "余與鵠汀談最多, 蓋六日對窗, 通宵會話, 故能從容."

있었다. 하루는 나를 청하여 함께 식사를 하였다.[61]

54세의 늙은 태학생 왕민호는 봉건 과거제도의 희생양이라고 할 수 있을 것이다. 황제의 특혜로 열하의 태학에 들어갈 수 있었으나 "늙은 이가 과장에 나가는 것은 선비의 수치지요[白頭莉圍 士之恥也]."라고 스스로 생각하여 끝내 과거 시험을 포기했다. 그러면서도 매양 뜻을 얻지 못함을 탄식하였고, 불우한 그 모습은 보는 이를 안타깝게 만들었다. 연암이 그와 필담을 나누면서 탄식을 자주 하는 이유를 물어, 그의 대답에서 당시 과거제도의 어두운 일면을 읽어 낼 수 있었다.[62] 일생 동안 성현의 책만 읽는데도 과거에 통과하여 등용되는 사람은 한정되어 있고 다수의 낙방자들은 뜻을 얻지 못함을 매양 탄식하며 하릴없이 실의의 세월을 보내야 하는 실정이었다.

그와 6일에 걸쳐 나누었던 필담의 내용은 기하(幾何), 의기(儀器), 천문(天文), 서교(西敎), 불교(佛敎), 유도경의(儒道經義), 사실(史實), 시사(時事), 심지어 음조(音調), 악률(樂律)에 이르기까지 풍부하면서도 심오하였다.[63] 이런 박학다식의 인재가 진출할 길을 얻지 못하고 탄식을 밥 먹듯 하고 있는 것이다. 연암은 왕민호의 형상을 묘사함으로써 과거시험으로 인해 길이 막혀 궁핍한 생활을 하는 한족 사대부의 전형적 실태를 독자 앞에 생생하게 드러내 보였다. 현실세계에서 버림받은 '서생(書

---

61 『熱河日記』,「傾蓋錄」, "王民皞, 江蘇人也, 時年五十四. 爲人淳質少文. 去年創承德府太學, 一如皇京. 今年春, 功告訖, 皇帝親布菜. 王君以擧人, 方藏修此中. 今年四月, 不赴會試. 八月中, 皇帝以七旬大慶, 特命重回, 而亦不赴. 王君長者, 號鵠汀, 身長七尺餘, 頗有窮愁之態, 坐間頻發歎息之聲. 獨有一仆相守, 一日請餘共飯."

62 『熱河日記』,「鵠汀筆談」, "此吾痞證, 噫氣遂成長喟也. 平生讀書, 千古不如意者十常八九, 安得不成此痞患!"

63 楊雨蕾(2011), 83면 참조.

生) 왕민호'의 형상은 연암에 의해 성공적으로 재탄생한 수많은 불우한 인물형상 중의 한 전형이라 할 수 있다.

연암의 왕민호에 대한 묘사와 서술 속에는 연암 자신의 한숨도 담겨 있는 듯 느껴진다. 연암 역시 특출한 독서인이지만 일찍이 과거를 포기 해야만 했고, 이로 인해 경륜을 펼 기회를 얻지 못한 채 백두로 늙어가 고 있었던 것이다.

(3) 고관으로 음악에 정통한 윤가전

연암과 윤가전과의 교류는 열하에 도착한 첫날부터 열하를 떠날 때 까지 계속되었다. 연암은 「경개록」에서 그를 이렇게 소개하고 있다.

윤가전(尹嘉銓)은 직례(直隷) 박야(博野) 옛 조(趙) 땅 사람이다. 그의 호 는 형산이라 하고, 통봉대부 대리시경으로 치사(致仕)하였으니, 이때 나이 가 일흔이다. 올해 봄에 글을 올려 물러가기를 청하매, 황제가 특히 2품 의 관복을 하사하여 총애하는 뜻을 표했다. 그는 시와 글씨, 그림에 조예 가 깊고, 그의 시는 『정성시산(正聲詩刪)』 중에 많이 실려 있다. 그가 『대 청회전(大淸會典)』을 편찬할 때 한림 편수관으로 있었으며, 또 황제와 동 갑이었으므로 더욱이 신임을 입어 특명을 받들고 행재소에 왔을 제 희대 (戱臺)에서 악곡을 듣고서 『구여송(九如頌)』을 지어 바치매, 황제가 크게 기뻐하여 81종의 극본 중에 가장 먼저 이 『구여송』을 연출하였으니 그는 황제의 시벗이라 한다. …… 그의 키는 7척이 넘고 얼굴과 자태가 아담하 고도 조촐하였으며, 두 눈동자가 맑은 채 안경을 쓰지 않고서도 가는 글 씨를 잘 쓰고 그림을 잘 그렸다. 그는 몹시 건강하여 겨우 쉰 살이 넘은 듯싶으나 수염과 머리칼은 하얗게 희었으며 대체로 간이(簡易)하고 화락 한 사람이다.[64]

황제의 명으로 연암 일행은 곧장 북경으로 되돌아가야 했다. 헤어질 때 윤가전은 나이가 많아 다시 만날 날을 기약할 수 없으니 이별이 곧 영결을 의미했다. 실제로 연암이 귀국한 지 1년 후 윤가전이 문자옥으로 인해 극형에 처해졌던 사실은 앞에서도 언급한 바 있다. 하지만 이 일이 『열하일기』에 기록되어 있지 않은 것으로 보아, 연암은 귀국 후 윤가전의 운명을 알지 못했던 것으로 보인다. 만약 연암이 일찍이 자신과 매우 가깝게 필담을 나눈 인물의 비참한 최후를 알았다면 아마도 충격을 받았을 것이고 무언가 언급이 있었을 것이다.

「태학유관록」에는 연암과 윤가전의 첫 만남이 기록되어 있다.[65] 첫 대면 당시, 연암이 윤가전에게 받은 인상은 명예를 중시하고 겸손하면서도 포부가 큰 청조 관원의 모습이었다.

연암은 「피서록」에서 별도로 만한(滿漢) 문인 사이에 윤가전을 둘러싼 평가의 차이와 상호 간에 갈등이 있었던 사실을 기록하고 있다.[66] 연암은 열하에서 머무르는 동안 한족 윤가전과 만족 기풍액 사이의 대립관계를 직접 목격하였고, 북경에서의 필담에서 그 사실을 확인할 수

---

64 『熱河日記』, 「傾蓋錄」, “尹嘉銓, 直隷博野人也, 古趙地. 號亨山. 通奉大夫大理寺卿致仕, 時年七十, 今年春上章謝事, 皇帝特賜二品帽服以寵之, 工詩善書畫. 詩多載於正聲詩刪, 纂大淸會典, 時翰林編修官. 皇帝同庚, 故尤被眷遇, 特召赴行在. 聽戲時進九如頌, 皇帝大悅, 八十一本首演此頌, 蓋皇帝平生詩朋云. …… 身長七尺餘, 姿貌雅潔, 雙眸炯然, 不施籇釃, 能作細書畫, 强康如五十餘歲人, 然髭髮盡白, 大率簡易和樂人也.”

65 『熱河日記』, 「太學留館錄」, “卸鞍直入後堂, 有一老人脫帽踞椅而坐, 見余下椅迎勞曰辛苦, 余答揖坐定, 老人問余官居幾品, 余對以秀才觀光上國, 從三從兄大大人來. …… 又曰令兄大人翰林出身乎, 對曰否也. 老人出一片紅紙刺示之曰, 鄙人是也. 右旁細書通奉大夫大理寺卿致仕尹嘉銓.”

66 『熱河日記』, 「避暑錄」, “奇麗川, 滿人也, 性驕傲, 顯有藐視尹亨山之色, 亨山佯若不知, 容辭謙下. 尹長奇二十餘歲, 位亦差高, 而漢人旣爲羈旅之蹤則勢所使然. …… 奇笑而背指曰, 尹公之他. 尹公亦嘗背評曰, 鳩眼未化. 滿漢仇疾類此. …… 及還燕, 談次問識奇, 則皆掉頭, 憑秉健奮然曰, 士大夫安知靶子. 問亨山何如人, 皆欣然曰, 樂天一流人.”

있었다. 만인에 대해 우월감과 배척 심리를 가진 한인 고관(高官) 윤가
전을 통해 조야(朝野)의 만한 관원들 간에 미묘한 민족 갈등이 있음을
간파한 것이다.

(4) 세상을 꾸짖는 광인 추사시

『열하일기』에서 연암과 청조 문인 간의 교류는 비록 직접적인 구어
(口語) 대화가 아니라 필담의 형식으로 진행되었지만, 독자들은 행간마
다 그들의 현실에 대한 태도와 억눌린 정서를 느낄 수 있다. 다른 인물들
과 선명하게 대비를 이루는 이는 거인(擧人) 추사시이다. 그는 당시 청조
의 문자옥이나 문인들의 사상 통제하에서도 대담하게 사회에 대한 불만
을 토로하고, 시사(時事) 및 정주이학에 대한 비판적 견해를 자주 드러냈
다. 다음은 「경개록」과 「황교문답」에 묘사된 추사시의 인물 형상이다.

> 추사시(鄒舍是)는 산동 사람이었으며 거인(擧人)이다. 왕곡정과 태학에
> 서 장수(藏修)하는 중이다. …… 그의 사람됨이 몹시 강개하여 시휘(時諱)
> 를 조심하지 않을 뿐더러 얼굴이 고괴(古怪)하고 행동이 거칠었으므로 남
> 들은 그를 광생(狂生)이라 지목하여 싫어하는 이가 많았다.[67]

> 추생의 용모를 보니 울퉁불퉁하게 생겼으며 그의 언사는 방탕해서 칭
> 찬하는 것도 같고 조롱하는 것도 같으며, 변환(變換) 휼궤(譎詭)를 부려서
> 오로지 모욕을 주고 기롱하기를 일삼았다.[68]

67　『熱河日記』, 「傾蓋錄」, "鄒舍是, 山東人也, 擧人. 與王鵠汀藏修太學中. ……爲人多慷慨,
　　不避忌諱. 形貌古怪, 擧止龘厲, 人皆目之以狂生, 多厭之者."
68　『熱河日記』, 「黃敎問答」, "觀鄒生, 容貌磊砢, 言辭放蕩, 似譽似嘲, 變幻譎詭, 全事侮弄."

첫 번째 예문은 추사시의 행동이나 언사가 당시 세상에 용인되지 않는 원인을 제시했다. 하지만 두 번째 예문에서 연암은 그의 도도함과 세상을 기롱하는 점을 읽어 냈다. 그리하여 그의 첫인상을 "얼굴이 고괴하다〔形貌古怪〕."에서 "용모가 울퉁불퉁하다〔容貌磊砢〕."라고 고쳐 썼다. 또한 "언사가 방탕하다〔言辭放蕩〕."라 한 데 대해서는 "칭찬하는 것도 같고 조롱하는 것도 같으며, 변환 휼궤를 부려서 오로지 모욕을 주고 기롱하기를 일삼았다〔似譽似嘲 變幻譎詭 全事侮弄〕."라고 설명을 붙였다. 예를 들어 「황교문답」에서 연암이 학지정(郝志亭), 추사시 등 중원 인사들과 '황교활불(黃敎活佛)의 신통(神通)'과 '윤회설(輪回說)' 그리고 당시의 도교(道敎)에 대해 담론할 때, 추사시의 과격한 반응과 다른 청조 문사들의 노련하고 신중한 태도는 선명한 대비를 이룬다. 문자옥으로 인해 자신의 진정한 의사를 표현할 길이 없어 눈물만 흘릴 뿐이던 청조 문사들과 달리 추사시는 이 예민한 문제를 회피하지 않고 도불(道佛)에 대한 과격한 비판을 통해 자신의 종교관을 매우 분명히 드러냈다.[69] 현실에 대한 그의 태도는 분노하여 격앙되었으며 심지어 극단적이기까지 했다. 불교에 대해 이단이라고 말했던 것처럼, 추사시는 유교의 위선적인 도덕관에 대해서도 매우 강하게 반발하였다. 왕민호와 학지정이 체제에 순종하며 울분을 가슴에 품고 있던 것과는 반대로 추사시는 자신의 가슴에 가득 찬 분노를 마구 표출하였고, 주위 사람들은 그로 인해 놀라고 두려워했다.

---

[69] 『熱河日記』, 「黃敎問答」, "鄒生曰, …… 異端之害, 聖人已憂其人將相食, 使當時聽之者 必以爲過矣. 今山中往往有吃人道士, 養小兒尤艱, 純陽童子最好蒸啖, 至有夜藏櫃中, 猶 患失之. 所在省府, 另行逐捕, 焚毀道觀, 則乃反竄名僧籍, 庇身佛寮. 而至於房中秘術, 惡 瘡奇方, 皆貧道士所制, 故人多樂從之遊, 潛學其術, 幻怪難名."

이상에서 주목한 네 인물, 학식이 있는 유상(儒商) 전사가, 탄식하는 늙은 태학생 왕민호, 음악에 정통한 고관 윤가전, 세상을 꾸짖는 광인 추사시는 각기 전형성을 가진 인물로 연암의 붓끝에서 그려졌다고 말할 수 있다. 이들 개성적인 인물을 통해서 작가는 만청체제하에서 살아가는 중국 지식인들의 내면에 안고 있는 고뇌를 각자의 처지와 더불어 표출한 것이다.

5. 맺음말

『열하일기』에서 필담은 중국 지식인들과의 만남을 위해서 고안된 방법론이며, 곧 문학적 장치였다. 필담이 차지하는 비중은 양적으로도 거의 절반에 가깝다.

이런 필담의 성과라면 중국 지식인과의 소통과 우의를 들 수 있겠는데, 이를 통해서 상호 간의 국제적인 지식 교류와 학술 토론이 가능했다. 그리고 필담의 과정에서 중국 지식인들의 내면세계, 마음에 품고 있는 생각, 만청체제하의 의식, 현실인식을 읽어 낼 수 있었다. 청조체제의 현실이 어디로 가며, 역사의 변화가 중국인들의 마음속에서 어떻게 일어나고 있는가를 어느 정도 간파해 낼 수 있었던 것이다. 『열하일기』의 핵심 주제와 연관되는 사안이다.

동시에 필담은 문학적 성취를 높였음이 물론이다. 『열하일기』는 필담을 융합시킴으로써 작품에 더욱 활발한 생명력을 부여해 주었다. 특히 필담을 묘사할 때는 그 환경과 함께 사소한 부분까지 묘사해 나갔다. 이것이 바로 연암 문학이 가지는 분명한 특징이며, 연암 문학 예술론의 주요한 구성 부분이다.

요컨대 필담의 수법은 『열하일기』의 사상성과 예술성을 보증하는데 있어 큰 의미를 지니고 있으며, 전체의 가독성을 높여 주었다. 이것이 바로 『열하일기』가 다른 연행록류와 구별되는 결정적인 특성이다. 따라서 필담을 통해서 『열하일기』를 보는 것은 작품 자체를 풍부하고도 제대로 해석하는 방도일 뿐 아니라 연암의 문학과 사상의 고찰에 있어서도 새로운 시야를 제공하는 것이다.

參考文獻

朴趾源(1989刊), 『燕巖集』(1932년판), 경인문화사.

______ 저, 김혈조 옮김(2009), 『열하일기』, 돌베개.

______(1997刊), 『熱河日記』, 上海書店出版社.

洪大容(1970刊), 『湛軒書』, 경인문화사.

김명호(1990), 『『熱河日記』 연구』, 창작과비평사.

______(2001), 『박지원문학연구』, 성균관대 출판부.

송재소 외(1983), 『이조후기 한문학의 재조명』, 창작과비평사.

임형택(2000), 『실사구시의 한국학』, 창작과비평사.

______(2009), 『문명의식과 실학』, 돌베개.

최소자(1997), 『명청시대 중한관계사연구』, 이화여대 출판부.

高　翔(1995), 『康雍乾三帝統治思想硏究』, 中國人民大學出版社.

納羅奇尼茨(1998), 『遠東國際關系史』, 上海書店出版社.

楊雨蕾(2011), 『燕行與中朝文化關係』, 上海辭書出版社.

何齡修 외(1991), 『淸代人物傳稿』, 中華書局.

『英使謁見乾隆記實』(1997刊), 上海書店出版社.

『淸史稿』(1976刊), 北京中華書局.

송재소(1998), 「盲人揷話를 통해서 본 연암의 事物認識」, 『전통문화』
　　　　창간호, 전통문화연구회.

李學堂(2000), 「『熱河日記』中의 筆談에 관한 硏究」, 성균관대 석사학
　　　　위논문.

實學과 士意識

― 燕巖 朴趾源을 중심으로 ―

김용태 | 성균관대학교 한문학과 교수

1. 머리말

2. 17세기 이후 실학파 사의식(士意識)의 전개 양상

   1) 유형원 · 이익 · 유수원의 경우

   2) 황종희 · 고염무 · 원매의 경우

3. 시기별 저술에 나타난 연암 사의식의 제 특징

   1) 「양반전(兩班傳)」–청년 시절 사(士)에 대한 풍자와 비판

   2) 「원사(原士)」–은거기 인식의 전환

   3) 「허생전(許生傳)」–새로운 사상(士像)의 형상화

   4) 「의청소통소(擬請疏通疏)」–지방관의 경험과 서얼에 대한 배려

   5) 「제가총론(諸家總論)」–만년의 정론, 실학의 주체로서의 사

4. 연암 사의식의 확산과 계승

   1) 홍대용 · 박제가의 경우

   2) 정약용 · 박규수의 경우

5. 맺음말

1. 머리말

연암(燕巖) 박지원(朴趾源)은 「원사(原士)」라는 글에서 "천자(天子)도 본원적 의미의 사(士)이다."[1]라 하여 사의 범위를 황제에게까지 확장시켜 말한 바 있다. 또 『과농소초(課農小抄)』의 「제가총론(諸家總論)」에서는 "사(士)의 학문은 실로 농공상(農工商)의 이치를 포괄하니 농공상의 사업은 반드시 사가 있어야만 성공할 수 있다."[2]라 하여 사를 단순히 '예비 관료'나 그 성격이 다소 모호한 '독서인'으로 파악하는 것이 아니라, 일종의 지식노동자로 새롭게 정의하였다.

이와 같은 연암의 독특한 사(士)로서의 자기의식은 연암의 사상, 나아가 이조 후기 실학사상에 있어서 매우 중요한 의미를 지닌다고 볼 수 있다. 이에 대해 벽사(碧史) 선생은 일찍이 「실학연구서설」(1970)에서 "실학파에 있어서의 사(士)로서의 인간 자세는 근대 양심적 인텔리의 사명감과 상통되었던 것이다."[3]라고 하여 그 의미를 각별히 강조한 바 있다.

벽사 선생을 위시한 초기의 실학 연구자들은 이러한 사의식을 포함하여 실학파의 신분제도, 토지제도 등 실학의 중심적 문제라 할 수 있는 사회사상에 대해 활발한 연구를 수행하였다. 그런데 안타깝게도 이

---

1 『燕巖集』卷10, 罨畫溪蒐逸, 「原士」, "天子者, 原士也."
2 『燕巖集』卷16, 『課農小抄』, 「諸家總論」, "士之學, 實兼包農工賈之理, 而三者之業, 必皆待士而後成."
3 李佑成(1982), 25면.

러한 연구가 발전적으로 계승되지 못하고 있는 것이 현실이다. 지난 90년대 이후 실학파의 사회사상에 대한 연구는 소강상태에 접어들더니, 최근의 실학 연구에서는 실학파의 사회사상에 대한 논의를 찾아보기 어려울 정도가 되고 말았다. 이렇게 된 데에는, 실학에 대해 속류적 태도로 접근하였던 일부 연구 경향에 대한 반발도 작용하였던 것으로 보이고, 또 근자에 들어 크게 유행하고 있는 '근대주의 비판', '민족주의 비판'의 영향도 있을 것으로 생각된다.

과거의 실학 연구가 일부 노정하였던 근대주의적 경향에 대해 탈근대적 입장에서 비판하는 것은 실학 연구가 일정하게 경청할 부분이 있다고 본다. 그러나 실학의 성격이 '근대적인가? 중세적인가?'와 같은 질문을 둘러싸고 벌어졌던 지루한 논쟁은 '중세'와 '근대', '탈근대'를 각각 어떻게 개념 규정하는가에 따라 입론이 달라질 수밖에 없는 소모적인 것이 아니었던가 생각된다. 실학 연구는 이러한 소모적 논쟁에 휩쓸려 초창기의 연구가 견지하였던 정당한 문제의식을 잃어버리고 만 것이 아닌가 우려해야 하는 시점에 이르렀다. 따라서 이제 다시 실학 연구의 초심으로 돌아가, 중세와 근대의 이분법으로 실학을 규정하려는 조급증에서 한발 물러서서 '보편적 가치'의 관점에서 실학의 성취와 한계를 실사구시(實事求是)적으로 살펴볼 때가 되었다고 본다.[4]

실학파의 사회사상으로 다시 관심을 돌리게 되면, 실학파의 사의식(士意識) 내지 사에 대한 담론은 매우 중요한 문제임을 깨닫게 된다. 벽사 선생이 갈파한 바와 같이, 실학의 실천 주체가 다름 아닌 '사'이거니와, 그들의 사에 대한 담론에는 자신의 정체성에 대한 고뇌의 자취가

---

4 이러한 문제의식은 임형택(2009)을 통해 계발받은 것이다.

담겨 있기 때문이다. 그리고 연암의 언급을 통해 확인할 수 있듯이, 실학의 실천 주체로서의 '사'는 그 개념이 고정된 것이 아니었다는 점도 흥미로운 문제이다. 실학파들이 생각한 '사상(士像)'은 이조 후기의 역사를 통해 점진적으로 변화해 온 만큼, 그러한 맥락에서 연암의 사의식이 갖는 역사적 위치와 의의를 가늠해 볼 필요도 있다. 또 연암의 사의식이 이후의 역사에 어떠한 영향을 끼쳤는지를 살펴보는 것도 중요한 문제가 아닐 수 없다.

본고는 이와 같은 질문에 대한 답을 찾기 위한 모색이라 할 수 있다. 연암의 사의식을 보다 객관적으로 이해하기 위하여 선행 연구가 이룬 성과를 바탕으로, 연암 이전과 연암 이후 실학파들의 사의식을 면밀히 검토하고, 이를 통해 연암의 사의식이 지닌 역사적 의의를 살펴보고자 한다. 그러한 과정에서 중국의 경우에 대해서도 관심을 기울여 논의가 보다 객관적일 수 있도록 노력할 것이다. 이러한 작업이 실학파의 사회사상에 대하여 활발히 토론하는 계기가 되기를 희망한다.

2. 17세기 이후 실학파 사의식(士意識)의 전개 양상

연암의 사의식은 평지돌출로 나온 것일 수 없다. 그 원형은 공자(孔子)와 맹자(孟子)의 선진유학(先秦儒學)에서 찾을 수 있다. 『논어(論語)』와 『맹자(孟子)』를 살펴보면 "사(士)가 벼슬을 하는 것은 농부가 밭을 가는 것과 같다〔士之仕也 猶農夫之耕也〕."[5]와 같이 사가 직분을 나타내는 개

---

5 『孟子』, 「滕文公」 下.

념으로도 쓰이지만, "사가 도(道)에 뜻을 두고서 나쁜 옷과 나쁜 음식을 부끄러워한다면 함께 의논할 수 없다〔士志於道 而恥惡衣惡食者 未足與議 也〕."[6]라거나 "사는 곤궁해도 의(義)를 잃지 않고, 현달해도 도(道)에서 벗어나지 않는다〔士窮不失義 達不離道〕."[7]라는 대목에서는 도덕 실천의 주체로서의 사상(士像)이 뚜렷함을 볼 수 있다. 또 『논어』에서 제자들이 스승 공자에게 "어떻게 해야 사라고 말할 수 있겠습니까〔何如 斯可謂之 士矣〕."라고 거듭 묻고 있음을 보면, 공자가 제자들에게 사로서의 자기 확립을 얼마나 강조했는가를 짐작할 수 있다. 증자(曾子)가 "사는 넓고 굳세지 않을 수 없으니, 책임은 무겁고 길은 멀다〔曾子曰 士不可以不弘毅 任重而道遠〕."[8]라고 말한 데서 공자학파 내부에서 공유된 사로서의 강한 책임의식을 살펴볼 수 있다. 이러한 공맹(孔孟)의 사의식은 직접적으로 연암에게 영향을 주었으며, 연암 또한 공맹의 사의식을 지향하고자 했다고 볼 수 있다.

또한 연암의 사의식은 북송(北宋)시대 사대부들이 품었던 "천하가 근심하기에 앞서 먼저 근심하고, 천하가 모두 즐거워한 뒤에야 즐거워한다〔先天下之憂而憂 後天下之樂而樂〕."[9]와 같이 '천하를 담당'한다고 하는 원대한 책임의식과도 기맥이 상통한다고 보아야 한다.[10]

연암의 사의식이 이러한 유학(儒學)의 테두리 내에서 나온 것임은 분

---

6 『論語』, 「里仁」.

7 『孟子』, 「盡心」 上.

8 『論語』, 「泰伯」.

9 范仲淹, 「岳陽樓記」. 연암은 범중엄의 「악양루기」를 즐겨 인용하였다. 김명호(1990), 90 면 주 34) 참조.

10 北宋代 士意識의 역사적 역할과 의의에 대해서는 시마다 겐지(1986), 19~25면; 余英時 (1987), 525~540면; 고지마 쓰요시(2004), 26~42면 참조.

명하다. 그렇지만 연암의 사의식을 공맹이나 북송 유자의 사의식과 동일한 것으로 간단히 환원할 수는 없는 문제이다. 연암의 사에 대한 담론이 나올 수밖에 없었던 현실적 맥락을 따져 보아야 연암의 사의식을 제대로 이해할 수 있는 것이다. 이에 연암 사의식의 전사(前史)라 할 수 있는 17세기 실학파들의 논의를 먼저 살펴보고자 한다. 반계(磻溪) 유형원(柳馨遠, 1622~1673), 성호(星湖) 이익(李瀷, 1681~1763), 농암(聾庵) 유수원(柳壽垣, 1694~1755)의 사에 대한 논의를 살펴보면, 연암의 사의식이 나오게 된 배경을 보다 구체적으로 이해할 수 있을 것이다.

1) 유형원·이익·유수원의 경우

(1) 당대 사(士)의 실태에 대한 문제의식

17세기 이래 실학파들은 지속적으로 사(士)에 대한 담론을 제기하였다. 이들이 사(士)를 고민의 대상으로 삼게 되었던 현실적 배경은 당대 사계층의 고식적 행태에 대한 문제의식 때문이었던 것으로 파악된다. 다음 인용문들은 이익의 발언이다.

문예(文藝)가 세도(世道)와 심신(心身)에 도움이 안 된다면, 그것은 해로운 일이 아닐 수 없다. 과거에 응시하는 유생들은 효제(孝悌)의 실천에 소홀하고, 생업을 내버리고는 날이 가고 해가 바뀌도록 붓 끝이나 빨고 종이쪽만 허비하니, 이는 결국 심술(心術)을 망치는 기술에 불과하다. 요행히 벼슬을 얻으면 곧 스스로 높은 체하며 사치와 교만에 절도가 없어 백성을 벗겨 자신의 욕망을 채우려 한다. 또한 그 사이에 요행수가 많기 때문에 이를 노리고 본받는 자들이 넘쳐 나 농토를 버리고 분주히 날뛰게 된다.[11]

지금 풍속에서는 혹 증조부나 고조부도 관직에 나가지 않았고, 자신의 재주와 능력도 없어 글도 못하고 무예가 없어도, 앉아서 노비를 부려 편안히 부귀를 누린다. 그래서 논밭으로 나가 농기구를 잡는 자가 거의 없다. 혹 곤궁이 극도에 달해 농사를 지어 보려 해도 이미 양반이 농사를 짓지 않는 것이 풍조를 이루고 있기 때문에 또한 이를 본받아 감히 하지 못한다.[12]

가난은 사(士)에게 일상이다. 사란 벼슬이 없는 자의 칭호이니, 사가 어찌 가난하지 않을 수 있겠는가? 무릇 재물이 없는 것을 가난이라 한다. 사는 농부가 아니니 여름철 밭일의 괴로움을 본래 감당할 수가 없다. 하물며 농사의 이익은 몇 배에 지나지 않고 내 땅 없이 남의 땅을 경작하면 입에 풀칠하기에도 어려우니, 다만 가난에 그치고 말 뿐이겠는가. …… 가난하면 친구들에게 버림받는 것은 말할 것도 없고 처첩(妻妾)이 먼저 꾸짖으며, 남들이 천시하고 싫어함은 물론 자기 마음부터 먼저 옹졸해지는 것이다. 그러므로 가난하면 반드시 뜻을 잃기 마련인데, 이는 사의 일상적 우환을 알지 못한 때문이다.[13]

---

11 李瀷, 『星湖僿說』 卷12, 人事門, 「六蠹」, “文藝之無所補於世道身心者, 莫非害事. 應擧儒士, 緩於孝悌, 拼棄生業, 竟歲終日, 含毫費牋, 不過鑿喪心術之技倆. 倖而得之, 則便自高致, 奢泰無度, 剝民以充其願慾也. 且其間僥倖占多, 故希覬觀效滔滔, 是舍農畝, 而奔趨也.”

12 李瀷, 『星湖全集』 卷46, 雜著, 「論奴婢」, “今俗或曾高無官, 才能兼闕, 非文不武, 而坐役臧獲, 安享富厚. 故遵隴畝而執耒鋤者無幾. 或困窮之至, 雖欲躬親之, 旣成同風, 亦觀效而不敢也.”

13 李瀷, 『星湖僿說』 卷11, 人事門, 「貧者士常」, “貧者士之常, 士是無位之稱, 士何以不貧? 夫無才曰貧. 士者非農也, 夏畦艱難, 本非所堪, 況農之利, 不過數倍, 而苟無見田, 耕他人之地, 餬衪恒褸, 不特貧而已. …… 貧則不惟朋友疎棄, 婦妾先加誚讓, 不惟他人之賤惡, 己心先自猥瑣. 故貧必喪志, 此不知常之患也.”

이익은 사(士)로서의 본분을 잃어버린 당대 사계층의 행태를 다각도에서 비판하고 있다. 먼저 첫 번째 인용문에서 이익은 당대 사들이 덕행의 실천과 참된 학문의 추구라는 사로서의 가장 중요한 본분을 망각하고 맹목적으로 과거 준비에 자신의 인생을 허비하고 마는 세태를 비판하고 있다. 또한 그것이 사계층의 고질적 풍상을 이루게 되었음도 신랄한 표현을 써서 비판하고 있다. 이 인용문의 제목이 「육두(六蠹)」이니 이익은 당대의 사를 한낱 '좀벌레'로 치부하였던 것이다. 두 번째 인용문은 사계층의 무위도식을 꼬집고 있다. 사(士)로서의 자질이 없고, 가난에 내몰리는 상황에 처하더라도 남들의 시선 때문에 생업에 종사하지 못하는 사계층의 허위의식을 드러내고 있다.

그런데 세 번째 인용문에는 사의 가난에 대한 이익의 착잡한 심회가 드러나 있다. 첫째와 둘째 인용문에 담긴 이익의 목소리가 매우 날카롭고 비판적인 것이었던 데 비해, 셋째 인용문에서는 사에 대해 안타까워하는 마음이 읽힌다. 이익은 가난 때문에 '상지(喪志)'하는 사들의 처지를 딱한 시선으로 바라보고 있는 것이다. 이 인용문의 제목은 「빈자사상(貧者士常)」(가난은 士의 일상)이고, 글의 말미는 공자(孔子)의 제자인 자로(子路)와 증자(曾子)가 가난을 편안히 받아들였던 고사를 환기하는 것으로[14] 맺고 있다. 이는 가난을 감내하라는 전언이라 볼 수 있어, 얼핏 보아 농사일에 나아가라고 했던 둘째 인용문과 상충하는 듯 보이기도 한다. 그러나 이는 모두 사들이 본분을 내버린 상황에 대한 문제 제

---

[14] 앞의 글, "옛날 중유는 해진 옷을 입고도 부끄러워하지 않고, 증자는 짚신을 끌며 商聲을 노래했으니 그 商을 지킨 것일 따름이다.〔昔自仲由縕袍不恥, 曾子曳履歌商, 守其常而已.〕" 여기서 증자와 관련된 고사는 『論語』, 「子罕」에 나오고, 증자와 관련된 고사는 『莊子』, 「讓王」에 나온다.

기라 할 수 있다. 과거 시험을 통해 출세하려는 탐욕에 눈이 멀거나,
무위도식하는 풍조에 편승하거나, 가난을 이기지 못해 처음 세운 뜻을
저버림으로써 끝내 사로서의 본분을 지키지 못하는 당대 사계층의 자
기 각성을 이익은 요구하고 있는 것이다.

유수원은 당대 사계층의 문제를 다음과 같이 진단하였다.

아, 양반이 어찌 그리도 요행을 바라는가. 명색이 유생(儒生)이면서 경
서(經書)와 사서(史書)를 능히 읽을 수 있는 사람은 백에 하나뿐이거니와,
문리(文理)를 논하자면 글눈도 뜨지 못한 자가 넘쳐 난다. …… 이러한 양
반들이 나라에 무슨 이익이 되겠는가. 손쉽게 얻는 문을 열어 주고 요행
의 길을 보여 주어 반드시 다투는 형세로 몰고 가기 때문에 사람들은 예
의와 염치가 무엇인지를 모르고 있다. 오직 사대부(士大夫)가 되는 것만을
영광으로 여기고 밤낮으로 애면글면하여 미치광이처럼 날뛰며, 파리처럼
앵앵거리고 개처럼 구차하여 제 몸을 망치고 종족을 멸하더라도 거리끼
지 않는다.[15]

오늘날 우리나라에서 문헌(文獻)의 고을이라면 안동(安東)·상주(尙州)
만 한 곳이 없다. 그런데 내가 일찍이 안동 가까운 곳을 왕래하며 들어
보니, 사실은 그곳 사대부가에 서책과 문헌이 거의 없었다. 안동이 이와
같으니, 다른 곳은 짐작할 만한 것이다. 더욱이 우도(右道)는 심히 무식한
곳이며, 호남(湖南)은 영남보다도 더욱 못한 곳이다. 그러니 이른바 삼남

---

15 柳壽垣, 『迂書』卷2, 「論門閥之弊」, "噫, 兩班何其太僥倖歟. 名曰儒生, 而能讀經書史記
者, 百分之一耳, 論其文理, 則未解蒙者滔滔. …… 似此兩班, 何益於國哉. 開易得之門, 示
僥倖之路, 驅之以必爭之勢. 故人不知禮義廉恥爲何等物, 唯以得做士大夫爲榮, 日夜營營,
如狂如癡, 蠅營狗苟, 無所不爲. 寧殺身湛宗, 而有所不憚."

(三南)의 거벽(巨擘)이라는 자들도 대부분 『통감절요(通鑑節要)』나 익숙히 읽는 부류에 지나지 않는다.[16]

내가 보기에 사(士)는 학교에 다니는가와는 관계없이 다만 의관을 차렸는가의 여부에 달려 있다. 이와 같기에 사가 올바른 행실이 없어도 사람들은 괴이하게 여기지 않고, 사가 글도 못하는 무식쟁이여도 사람들은 이상하게 보지 않는다. 아무런 실질도 없으면서 명칭만 지니고 있기로 사만 한 존재가 없거늘 사람들은 도리어 아무렇지도 않게 본다.[17]

유수원은 당대 사계층의 '무식'을 보다 구체적으로 드러내고 있다. 경서와 사서를 제대로 읽는 사(士)를 찾아보기 어렵다거나, 문헌의 보급 수준이 매우 낮아 글을 잘한다는 자들도 겨우 『통감절요』를 통달한 정도에 불과하다는 지적은 다소 놀랍기까지 하다.

그리고 유수원 또한 이익과 마찬가지로 '요행'이란 단어를 통해 사계층의 행태를 비판하고 있음도 주목할 만한 점이다. 사(士)로서 갖추어야 할 자질을 연마한 자들이 출세하는 것이 아니라 '문벌'과 같은 외부적 요인에 의해 출세가 결정되기 때문에, 사람들이 모두 요행만 바라며 '예의와 염치'를 내버리게 되었다는 지적을 공통적으로 하고 있는 것이다.

---

16 앞의 글, "今以我東所謂文獻之邦言之, 莫如安東尙州等地. 吾嘗往來安東近地, 熟聞其地 士大夫家, 實無書冊文獻矣. 安東如此, 其他可知. 至於右道, 魯莽特甚, 湖南尤不如嶺南, 所謂三南巨擘, 多不過熟讀陽節潘氏之類耳."

17 柳壽垣, 『迂書』 卷2, 「論學校」, "吾以爲士不係於學校, 而只係於着巾與否也. 唯其如此, 故士而無行, 人不怪之; 士而不文無識, 人不異之. 全無其實而冒其名者, 莫甚於士, 而人反恬然視之."

세 번째 인용문 역시 이익의 지적과 상통하는 것으로, 사의 타락이 고질적 풍상을 이루어 사람들이 이에 대해 아무렇지도 않게 생각하는 지경에 이르렀음을 신랄하게 비판하고 있다. 이익과 유수원 공히 당대 사계층의 타락과 무능력, 무기력에 대해 문제의식을 공유하고 있었음을 볼 수 있다.

이처럼 사계층이 타락할 수밖에 없는 원인은 방금 지적한 대로 사의 본분을 닦은 자가 출세하는 것이 아니라 문벌에 따라 출세가 결정되기 때문이었다. 이 문제를 유형원은 다음과 같이 정리하여 표현하였다.

> 우리나라에서는 단지 문벌만을 숭상하는 것이 구차한 풍속을 이루었다. 오로지 가문이 화려한가만을 따지지 행실이 바른가는 묻지 않는다. 만일 벌열의 자손이라면 비록 용렬하고 비루한 자라도 정승 판서 자리에 연결되고, 가문이 빈한하면 비록 덕이 높고 학문이 깊어도 사류(士類)에 끼지 못한다. 세도(世道)가 오르지 않고 인재가 나지 않으며, 정치와 형정이 문란한 것은 모두 이 때문이다.[18]

아무리 사로서 내실을 갖추었어도 가문 배경이 좋지 못하면 사류(士類)로 취급받지 못하는 것이 당시 사회에서 가장 큰 문제라는 것이다. 유형원은 특권층의 전횡이 사가 타락하게 된 핵심 원인이라는 인식을 분명히 보여 주고 있다. 그리고 유수원은 이러한 현실이 매우 부당한 것임을 다음과 같이 지적하였다.

---

18 柳馨遠, 『磻溪隨錄』 卷10, 敎選之制下, 「貢擧事目」, "本國徒尙門地, 俗成苟且. 唯論族世之華楚, 不問行義之修否. 若世閥子孫則雖庸才鄙夫, 分通於卿相, 門係寒素則雖碩德茂學, 不齒於士類. 世道之不升, 人才之不興, 政刑之紊亂, 皆以此也."

우리나라 사람들은 매양 문벌의 자손들을 사대부라고 한다. 문벌의 자제 가운데 그 마음은 시정잡배와 같고 행실은 장사꾼과 같은 자가 많다. 모르겠다, 이 무리를 사대부라고 불러도 된단 말인가? 빈한한 처지에도 또한 필시 그 마음이 빙옥(氷玉)처럼 맑은 자가 있을 것이다. 모르겠다, 이 무리를 사대부라고 불러서는 안 된단 말인가?[19]

유수원은 자질, 능력과는 아무런 관계없이 특권층의 자제들만이 '사'를 독점하는 세태를 날카롭게 비판하고 있다. 유형원의 언급과 유수원의 언급은 결국 일맥상통한다 할 수 있으니, 17세기 실학파들이 제기한 사(士)에 대한 담론은 그 핵심이 '특권층의 전횡에 대한 비판'에 있음을 확인할 수 있다. 예의와 염치가 없다거나, 학문적 수준이 낮다거나, 무위도식을 한다거나, 요행을 바란다거나 하는 등의 여러 현상적 문제에 대한 지적은 특권 벌열층이 관직을 독점하는 구조에서 파생될 수밖에 없음을 17세기 실학파들은 날카롭게 지적하였던 것이다.

(2) 사상(士像)의 재정립을 위한 모색

이상에서 살핀 바와 같이, 17세기 실학파들은 당대 사계층이 타락할 수밖에 없는 근본 원인이 특권층의 관직 독점에 있다고 보았다. 이 문제를 해결하기 위해 실학파들은 진지한 모색을 하였다. 먼저 유형원의 경우를 살펴보면, 그는 교육제도의 개혁을 통한 해결을 모색하였다. 즉 특권층이 교육의 기회를 독차지하고 그 결과로 관직 또한 독점하고 있

---

19 柳壽垣, 『迂書』 卷2, 「論門閥之弊」, "我東人, 每指門閥子弟, 爲士大夫. 門閥子弟, 心如市井, 行若駔儈者多矣. 未知此輩, 其可喚做士大夫乎? 孤寒處地中, 亦必有心事如氷玉者, 未知此流, 不可喚做士大夫乎?"

으므로, 교육제도의 개혁이 우선적으로 필요하다고 본 것이다. 학교의 문호를 넓혀 능력과 자질 본위로 학생들을 선발하게 되면, 자질을 갖추지 못한 특권층의 자제들이 교육을 독점하는 문제를 시정할 수 있고, 나아가 특권층이 관직을 독점하는 현상 또한 막을 수 있다는 구상이다.

무릇 여숙(閭塾)과 당상(黨庠)을 설치하게 되면 다만 사(士)만을 가르치지는 않는다. 천하의 백성 중에 가르칠 수 없는 자는 없다. 주현(州縣)의 학교에는 여숙과 당상에서 우수한 인재를 뽑아 올린다.[20]

사대부의 자제 가운데 배움에 뜻을 두거나 백성들 가운데 준수한 자로서 15세가 지난 자는 모두 입학을 허가한다. 서울에서는 사학(四學)의 교관이, 지방에서는 수령이나 교관이 배움에 대한 의지를 시험한 뒤에 입학시킨다.[21]

이 자료들은 학교의 문호를 넓혀야 한다는 유형원의 생각을 분명히 보여 주고 있다. '여숙'과 '당상'과 같은 지방의 하급 교육기관이나 서울의 '사학'에서는 사족들만을 교육시키지 말고 일반 평민들도 함께 교육시켜, 그들 가운데 우수한 자를 가려 상급학교로 보내야 한다는 것이다. 이러한 발언에 담긴 유형원의 생각은 명확하다. 특권층에 독점된 교육의 기회를 '천하의 백성들'에게로 확대하자는 것으로, 교육받을 대

---

20 柳馨遠, 『磻溪隨錄』 卷9, 敎選之制上, 「學校事目」, "夫旣設閭塾黨庠, 則非獨爲士者有敎. 天下之民, 無不敎之人矣. 至於州縣之學, 則擇庠塾之秀以入."

21 柳馨遠, 『磻溪隨錄』 卷10, 敎選之制下, 「貢擧事目」, "大夫士子弟志學及凡民俊秀者, 年十五以上, 皆許入學. 京則四學敎官, 外則守令敎官, 考其志學而後入."

상을 선정함에 있어 신분보다는 능력과 자질을 기준으로 삼자는 주장
이라 할 수 있다.

이익의 경우는 특권층의 관직 독점을 깨기 위한 방안으로, 양반층
이 맡는 관직과 서리층이 맡는 관직의 구분을 없애자는 방안을 제시하
였다.

> 심약(沈約)은 말하기를 "한대(漢代)로부터 본래 사(士)와 서(庶)의 구별
> 이 없었습니다……."라 하였다. 소식(蘇軾)은 상소하기를 "한나라의 법은
> 지방 군현의 우수한 민(民)을 선발하고 추천하여 이(吏)로 임명하고, 그들
> 의 행실과 자질을 살펴 순서대로 승진시켜 혹은 구경(九卿)에 이르고 공
> 경(公卿)에 들기도 하였습니다……."라 하였다. 유반(劉攽)은 말하기를 "양
> 한(兩漢) 시절에는 우수한 인재가 지방 군현에서부터 관직을 맡지 않음이
> 없었다. 조연(曹掾)·서리(書吏)·정장(亭長)·문간(門幹)·가졸(街卒)·유요
> (遊徼)·색부(嗇夫) 등의 일을 모두 유생과 학사들이 맡았다……."라고 하
> 였다. 내가 생각하기에 이 세 주장은 실로 사(士)를 선발하는 긴요한 업무
> 이며 백성을 다스리는 중요한 방법이니 폐할 수 없다.[22]

심약(沈約, 441~513)의 발언은 당대(唐代)에 두우(杜佑)가 편찬한 『통
전(通典)』의 '선거(選擧)'조에 실려 있는 상소문이다. 그 발언의 요지는,
한나라 때는 사서(士庶)의 구별 없이 모든 관원들이 지방의 말단 관직부

---

22 李瀷, 『星湖全集』 卷44, 雜著, 「選擧私議」, "沈約之言曰, 自漢代本無士庶之別. …… 蘇
軾之疏曰, 漢法, 郡懸秀民, 推擇爲吏, 考行察廉, 以次遷補, 或至二千石, 入爲公卿. ……
劉攽之言曰, 東西漢之時, 賢士長者, 未嘗不仕郡縣也. 自曹掾書吏亭長門幹街卒遊徼嗇夫,
盡儒生學士爲之, …… 愚謂此三說者, 實選士之緊務, 治民之要術, 不可廢也."

터 시작하고, 고위 관원도 퇴직하게 되면 향리로 돌아가므로 관직이 특
정 집단에 독점되지 않아 훌륭한 인재가 많이 배출되었는데, 심약 당대
의 수재(秀才)와 효렴(孝廉)들은 서울에 집중된 채 과거 공부를 하기는
하나 "이는 조충(雕蟲)의 작은 기술로 정치의 득실과는 관계가 없으니,
이로써 인재를 구한다면 다만 빈말일 뿐이다."[23]라는 것이다. 소식(蘇
軾, 1037~1101)[24]과 유반(劉攽, 1023~1089)[25]의 발언 또한 그 취지가 심
약의 발언과 유사하다고 볼 수 있다.

이와 같이 인재를 등용하는 문호를 활짝 열어 사(士)와 서리(胥吏)의
직역에 구분을 두지 말아야 하며, 문장 실력으로 관원을 뽑지 말고 실
무 능력에 따라 관원을 선발하자는 주장은 대단히 근본적이고 이상주
의적이라 할 수 있는데, 이익은 이 세 사람의 견해에 적극 찬동하고 있
다. 이는 유형원이 제기한 교육제도 개혁보다 특권층의 관직 독점을 제
한함에 있어 더욱 직접적이며 근본적인 방안이라 평가할 수 있다.

그런데 만일 이러한 구상들이 실현된다면, 이는 당대 신분제도에 일
대 충격을 가할 수밖에 없는 사안이라 할 수 있다. 보다 구체적으로는
기존의 사계층 가운데 대거 '탈락자'가 나올 수밖에 없다는 문제가 제
기된다. 이러한 탈락자들로부터 군액 면제와 같은 특권을 회수해야 한

---

23 杜佑, 『通典』 卷15, 「選擧」 4, '雜議論上', "今之士人, 並聚京邑, 其有守土不遷, 非直愚
    賤. 且當今士人繁多, 畧以萬計, 常患官少才多, 無地以處. 秀才自別是一種任官, 非若漢代
    取人之例也. 假使秀才對五問可稱, 孝廉答一策能過, 此乃雕蟲小道, 非關理功得失, 以此
    求才, 徒虛語耳."
24 소식의 발언은 1078년 神宗 황제에게 올린 상소문의 일부이다. 이 상소는 「上皇帝書」라
    는 제목으로 『東坡全集』 권52에 실려 있으며, 2,634자로 이루어져 있다. 전체적인 요지
    는 '東方之要務' 즉 동쪽 지방을 안정시키는 방안을 논하는 내용이다.
25 유반의 발언은 「送焦千之序」의 일부로, 『彭城集』 권34에 실려 있다. 이 글은 천자에게
    '遺逸'로 천거되었다가 곧 벼슬을 그만두고 떠난 焦伯强에게 써 준 글이다.

다는 것이 율곡(栗谷) 이이(李珥)와 같은 유교 경세가들의 일관된 주장이었는데,[26] 실학파의 의견 또한 이와 다르지 않았다. 문제는 그 과정이 과연 원만히 이루어질 수 있는가 하는 것인데, 이에 대한 실학파의 견해는 다음과 같은 것이었다.

만일 사(士)와 농(農)을 일치시키려 한다면, 법으로 변화 이끌기를 마치 물고기가 물에서 놀고 새가 숲으로 돌아가는 것처럼 유도해야 한다. 재주와 덕이 있는 자들을 논밭에서 일하는 자들 속에서 선발하되, 그들이 스스로 재주 뽐내기를 기다리지 않고 (미리 선발한다면) 백성들이 장차 이를 자신의 일로 삼고 익숙하게 되어 저마다 본업으로 여기게 될 것이다.[27]

문: 사대부가 학생이 되지 못하더라도 어찌 하루아침에 농공상의 일을 맡으려 하리오. 필시 따르지 않을 것이다.

답: 심하다. 그대의 의혹이여. 사농공상은 국가에서 명령하거나 권면 또는 금지할 수 있는 것이 아니다. 오로지 자기의 마음에 따라 하거나 하지 않을 따름이다. 어찌 따르게 할 것인지 여부를 논할 것이 있겠는가. 그렇지만 농공상의 자제(子弟)를 막론하여 재주와 학식이 있는 자가 관직에 나아가매 장애가 없게 된다면 조금이라도 인사(人事)를 아는 부류로서 어찌 농상(農商)을 천시할 이치가 있으리오? 과거에 나아가려 해도 문장이 없어 요행을 바라기 어렵고, 음사(蔭仕)를 하려 해도 법제가 매우 엄격

---

26 李珥, 『栗谷全書』 卷15, 「東湖問答」, "郡邑之儒, 皆有定數, 數內儒生, 汰去似難. 但當更得年少者補之, 而太其年長無才者耳. 若數外儒生之不可敎者, 則實補軍額可也."

27 李瀷, 『星湖僿說』 卷12, 人事門, 「六蠹」, "若使士農合一, 法有導化, 如魚之游水, 鳥之歸林, 其有才德, 拔之於阡陌之間, 不待自衒, 則民將視作己分, 目熟手習, 而各其業矣."

하여 형세상 어쩔 수가 없고, 일신(一身)이 쓸쓸하여 아무런 희망도 없이 어디에도 갈 곳이 없다면 자연히 흥미를 잃고 부득불 각자 할 일을 찾지 않을 수 없을 것이다.[28]

사(士)의 자식이 학문을 이루지 못해 상인(商人)이 되었는데, 그 상인의 자식이 재주와 능력이 있어 사(士)가 되면, 이는 능히 그 조부의 일을 계승하게 되는 것이다. 그렇지 않다면 비록 10대가 가도록 상인을 하더라도 이 또한 조부의 일을 계승하는 것이다. 이것이 의리에 무슨 해가 되겠는가?[29]

문제의 핵심은 유수원이 가설(假設)한 질문 '사대부가 어찌 농공상의 일을 하려 하겠는가?'에 집약되어 있다. 농공상에 비해 사가 우월하다는 굳어진 관념과 그에 따른 제도를 어떻게 바꿀 수 있겠느냐는 것이다. 이에 대해 이익과 유수원 모두 자연스러운 변화를 유도할 수 있다는 낙관적 전망을 제시하고 있다. 농공상의 자제 가운데 우수한 자가 관직에 나아가고, 사대부의 자제라도 능력이 없으면 관직에 나아갈 수 없다는 점이 분명해지게 된다면, 자연스럽게 농공상을 천시하는 관념이 사라질 수밖에 없다는 논리이다. 이러한 실학파들의 발언들에는 원

---

28 柳壽垣,『迂書』卷2,「論學校選補之制」, "或曰, 士大夫, 雖不得爲學生, 豈肯一朝躬親農工商之業乎? 必不聽從矣. 答曰, 甚矣子之惑也. 士農工商, 非國家所可分付勸沮者也, 唯在自己之心, 爲與不爲而已. 有何聽從與否之可論乎? 但勿論農工商之子, 有才學而得科, 無所枳碍, 則稍知人事之流, 有何厭賤農商之理乎? 欲就科則無文而難望僥倖, 欲做蔭仕則法制甚嚴, 不得以形勢爲之, 一身悠悠, 全無希望, 全無着落, 則自然無味, 不得不各尋所業矣."

29 柳壽垣,『迂書』卷8,「論商販事理額稅規制」, "士之子, 學無成, 去爲商, 而其子有才能爲士, 則是能繼其祖業也. 苟不然, 則雖十代爲商, 是亦能繼其祖業也. 此何害於義理乎?"

론적 차원에서이긴 하나, 생래적(生來的) 신분을 부정하고 인간의 평등을 지향하는 이상주의적 태도가 드러나고 있다.

그런데 사(士)와 농(農)이 자유롭게 넘나드는 '사농합일'의 사회에 대한 이상주의적 입장은 당시 엄연히 사회를 규율하고 있던 신분제도와 충돌하는 측면이 있지 않았을까? 실학파들의 이러한 구상에서 한 걸음을 더 내딛는다면, 이는 신분제 사회에 대한 부정으로 이어질 수밖에 없다. 유형원이 문답체 글쓰기 양식을 활용해 "그렇다면 명분(名分)은 엄격할 필요가 없다는 말인가?"[30], "이와 같다면 귀천(貴賤)이 일정하지 않아 천(賤)이 귀(貴)를 능멸하는 폐단이 없겠는가?"[31]와 같은 질문을 가설하였던 것도 이런 미묘한 지점을 인식하고 있었음을 보여 주는 증표일 것이다. 이 문제에 대한 유형원의 생각은 다음과 같은 것이었다.

마음을 수고로이 함과 몸을 수고로이 함은 귀천의 직분이 나뉘는 바이다.[32]

주현(州縣)의 학교에는 상숙(庠塾)의 우수한 학생들을 선발하여 입학시키니 이미 소학에 견줄 바가 아니다. 사(士)와 민(民)의 구분은 여기서 시작된다. 이미 등위(等位)가 있으면 분수(分數)가 없을 수 없다. …… 등위에 따라 분수가 있는 것은 저절로 그러한 것으로 바꿀 수 없는 이치이다.[33]

30　柳馨遠, 『磻溪隨錄』 卷10, 敎選之制下, 「貢擧事目」, "然則名分不必嚴乎?"

31　앞의 글, "如此則貴賤無常, 不無賤凌貴之弊耶?"

32　柳馨遠, 『磻溪隨錄』 卷1, 田制上, 「分田定稅節目」, "勞心勞力, 貴賤之職攸分."

33　柳馨遠, 『磻溪隨錄』 卷9, 敎選之制上, 「學校事目」, "至於州縣之學, 則擇庠塾之秀以入, 已非小學之比, 士民之辨, 於玆始焉. 旣有等位, 則不可無分數. …… 而等位有分數, 此自然不易之理."

비록 이와 같이 하더라도, 사류(士類)가 되는 자는 모두 세족(世族)의 자제들일 것이며, 민(民)에서 올라온 자는 요행히 한둘일 것이다. 어째서 그러한가? 인품의 청탁(清濁)은 대저 기질(氣質)의 구분에 관계되기 때문이다.[34]

'귀천(貴賤)', '등위(等位)', '분수(分數)'와 같은 단어들은 신분상의 고하(高下)를 인정하는 발언으로 보지 않을 수 없다. 그리고 유형원이 평민층에서도 사(士)가 나오도록 해야 한다고 힘껏 주장하긴 하였으나, 세 번째 인용문을 보면 그가 '세족(世族)'의 완전 해체를 겨냥한 것은 아니었음도 분명히 알 수 있다. 그렇다면 유형원은 신분제의 해체를 향한 '한 걸음'을 내딛지는 않았음이 분명하다 하겠다.

'실학'에 대해 비판적인 연구자들은 유형원의 이러한 면모를 부각시켜 '실학'은 중세적 가치관을 벗어난 적이 없다고 주장한다.[35] 그러나

---

34 柳馨遠, 『磻溪隨錄』 卷10, 敎選之制下, 「貢擧事目」, "且雖如此, 爲士類者, 皆是世族子弟, 起自凡民者, 幸有一二. 何者? 人稟清濁, 大抵係於氣類."

35 제임스 B. 팔레(2008), 178면에 다음과 같은 내용이 있다. "근대성과 민족주의의 흐름을 이끈 선구자로 유형원을 묘사하는 현재의 견해에 대해, 그의 방법에 전통적이며 전수된 지혜를 버리고 객관적 진실을 이성적이며 경험적으로 추구하려는 어떠한 요소가 있었는 지를 판단할 필요가 있다. 과거, 특히 상고시대의 과거를 숭앙하는 유교문화 안에서 살던 사람으로서 그는 그런 역사적 장애의 억압을 끊으려고 했는가, 아니면 교조적 생각의 방해와 개입을 거부하는 방향으로 상고의 선례를 이용하려고 했는가. 특히 그는 유교를 발전시키거나 유교를 뛰어넘는 새로운 길을 열기 위해 송대의 철학자들이 저술한 고전의 재해석을 이용했는가. 그렇지 않다면 그는 보편적 역사와 한국의 특수한 역사적 교훈을 어떻게 사용했는가. 그는 가까운 과거가 먼 과거보다 좀 더 발전했다는 낙관적 관점에서 역사를 진보의 기록으로 파악했는가. …… 그는 선험적 이성에 따른 칸트적인 분석에 기초한 도덕원칙을 창출하는 방향으로 나아갔는가."
이 문단에 팔레의 기본적 입장이 분명히 드러나고 있다. 그의 기본 입장은 '실학' 자체를 인정하지 않는 것으로, '실학'은 서구적 의미의 '근대'가 아니라는 점을 집요하게 강조하면서, 유형원과 서구의 근대를 곧바로 마주보게 하는 방법을 동원하고 있다.

이처럼 실학파의 사유를 '중세'와 '근대'를 기준으로 어느 한쪽으로 단정적으로 귀속시키는 방식은 실학파의 사상적 고뇌와 고투를 사상(捨象)시킬 위험이 크다는 점을 지적하지 않을 수 없다. 17세기 실학파는 사(土)의 타락이라는 당대의 문제에 맞서 '특권층의 관직 독점 해소'를 해결 방안으로 제시하였으며, 그에 따른 구체적인 방략에 대해서도 사유를 전개하였다. 이는 인간의 평등과 인간의 주체적 각성이라는 보편적 가치에 비추어 볼 때, 귀중한 한 걸음을 내디뎠다고 평가할 수 있는 부분인데, 이를 중세와 근대의 단정적이고 단순한 잣대로 재단한다면 그 실상을 포착하기 어렵다. 신분제의 해체를 주장하는 데까지 나아가지는 않았지만, 실학파의 사상적 모색이 인간의 평등이라는 보편적 가치 실현에 부합하는 방향이었음을 인정하는 데 인색할 필요는 없는 것이다.

2) 황종희·고염무·원매의 경우

단국대학교 연민문고에 소장된 연암집의 이본인 『공작관집(孔雀館集)』에는 현전 『열하일기(熱河日記)』에는 없는 일편(逸篇)으도 「양매시화(楊梅詩話)」가 수록되어 있다. 그런데 그 가운데에는 고염무(顧炎武, 1613~1682)의 『일지록(日知錄)』 권17 「생원액수(生員額數)」에서 전재한 내용이 수록되어 있다. 연암이 이 자료를 초록해 놓았다는 것은 연암 스스로 이를 상당히 중요하게 생각했다는 방증이라 할 수 있겠는데, 「생원액수」는 '생원'의 숫자를 제한해야 한다는 주장을 담고 있는 '사(土)에 대한 담론'이라 할 수 있다. 이러한 점을 보면, 연암의 사의식을 보다 입체적으로 이해하기 위해서는 고염무의 사의식 또한 검토할 필요가 있음을 알 수 있다.

고염무의 『일지록』권17은 '생원액수(生員額數)', '중식액수(中式額數)' 등 당시의 사(士)와 관련된 여러 문제를 다루고 있는데, '진사득인(進士得人)'조에서는 황종희(黃宗羲, 1610~1695)의 『명이대방록(明夷待訪錄)』, 「취사(取士) 하(下)」부분을 전재하고 있다는 점에 주목하게 된다. 황종희와 고염무는 '동아시아 실학'에 있어 중요한 사상가라고 할 수 있는바, 황종희의 사의식을 검토하는 것도 논의를 풍부히 함에 도움이 될 것이다.

원매(袁枚, 1716~1797)의 경우 '동아시아 실학'의 차원에서 논하기에 그다지 적절하지는 않으나, 그 또한 「원사(原士)」라는 글을 남기고 있고, 연암이 그에 대해 "원매 같은 사람 중국에 몇이더뇨〔幾人中土似袁枚〕."[36]라며 호평하고 있는 만큼 그의 사의식을 검토하는 것도 보다 객관적 논의에 도움이 될 것이라고 생각된다.

(1) 황종희

황종희는 동아시아의 국제질서가 크게 동요하던 시대를 살았던 인물이다. 당시까지 동아시아의 역학관계를 규정해 왔던 조공체계가 흔들리고, 그에 따라 명청(明淸)이 교체되는 국면에 태어난 그는 망국(亡國)의 상황에 직면하여 군사적 저항에 투신했다가 끝내는 실패를 맛보고서 이후에는 학술 활동에 몰두하는 삶을 살았다. 그래서 그의 사상에는 위기의식과 함께 천하에 대한 강한 책임의식이 짙게 배어 있으며, 근본적 반성과 발본적 개혁이 학문의 목표가 될 수밖에 없었다.[37]

황종희는 사들이 모여 공부를 하는 '학교'의 근본 취지와 성격에 대

---

36 『燕巖集』卷4, 映帶亭雜咏, 「絕句」.
37 임형택(2009), 20면 참조.

해서도 다음과 같은 새로운 규정을 내렸다.

천자(天子)가 옳다고 하는 것이 반드시 옳은 것은 아니며, 천자가 그르다고 하는 것이 반드시 그른 것은 아니다. 천자 또한 감히 혼자 시비(是非)를 판단하지 말고, 학교에서 시비를 공론으로 결정해야 한다. 이러한 까닭에 사(士)를 기르는 것이 학교의 한 가지 목적이기는 하지만, 학교라는 것이 다만 사(士)를 기르기 위해 설립되는 것은 아니다.[38]

일차적으로 '학교'는 사를 양성하기 위한 기관이다. 그런데 황종희는 그 의미를 더욱 확장하여 천하의 '시비'를 학교에서 공론을 통해 가려야 하며, 그 결과는 천자의 판단에 우선한다는 주장을 하고 있다. 천자의 정치적 권위보다 사들이 토론을 통해 형성하는 학교의 공론이 더 우위에 있다는 것이니, 이는 사들에게 천자의 권위에도 굴하지 않을 수 있는 강한 책임감을 갖추라는 요청으로 이해할 수 있을 듯하다.

위에서 『명이대방록』, 「취사」에 대해 잠시 언급하였는데, 「취사」의 핵심 내용은 당시 과거제도가 올바른 인재를 가려내지 못하고 있다는 점을 강력히 비판하면서, 능력 있는 사(士)의 '선발 방안'에 대해 구체적으로 논의하는 것이어서 오히려 새로운 논의를 발견하기는 어렵다. 『명이대방록』 가운데 보다 주목되는 내용은 「원신(原臣)」에 보인다.

사람들이 또한 어찌 알까, 신(臣)과 군(君)이 명칭은 다르지만, 실질은 같다는 것을. …… 군신(君臣)이라는 명칭은 '천하(天下)'와 관련이 있을

---

38 黃宗羲, 『明夷待訪錄』, 「學校」, "天子之所是, 未必是; 天子之所非, 未必非, 天子亦遂不敢自爲非是, 而公其非是於學校. 是故養士爲學校之一事, 而學校不僅爲養士而設也."

때 생겨나는 것이다. 나에게 천하의 책임이 없다면, 나와 군주는 길에서 마주치는 관계일 뿐이다. 출사하여 군주의 신하가 되더라도 천하를 임무로 삼지 않는다면, 나는 군주의 하인이며 시첩이 되는 것이며, 천하를 임무로 삼는다면, 군주의 사우(師友)가 되는 것이다.[39]

신(臣)은 '신료(臣僚)'를 지칭하고 있어 이를 그대로 사의 개념과 일치시킬 수는 없겠으나 서로 겹치는 부분도 적지 않은 만큼, 이를 '사의식'으로 해석하더라도 큰 무리는 없어 보인다. 여기서 황종희는 군신관계를 수직·종속적인 것으로 보지 않고, 대등하고 계약적인 성격으로 해석하고 있어 놀라움을 주고 있다. 그만큼 황종희는 사의 책임감을 중시하고 있다고 이해할 수 있겠다. 그리고 이 언설은 본고의 모두(冒頭)에서 제시한 "천자(天子)도 본원적 의미의 사(士)이다."라고 하는 연암의 언급을 상기시키는 바가 있어 주목을 요한다. 사(士)와 신(臣)의 역할을 천자의 영역으로까지 확장시켰다는 점에서 연암과 황종희는 유사성을 보이고 있는 것이다.

(2) 고염무와 원매

고염무는 황종희와 동시대를 살면서 사상적 지향에 있어서도 서로 유사한 면모를 보였던 인물이다. "천하를 보전하는 데에 있어서는 필부와 같이 천한 자도 함께 책임을 져야 한다."[40]라는 언급은 바로 황종희

---

39 黃宗羲, 『明夷待訪錄』, 「原臣」, "又豈知臣之與君, 名異而實同耶? …… 君臣之名, 從天下而有之者也. 吾無天下之責, 則吾在君爲路人. 出而仕於君也, 不以天下爲事, 則君之僕妾也;以天下爲事, 則君之師友也."

40 顧炎武, 『日知錄』卷13, 「正始」, "保天下者, 匹夫之賤與有責焉耳矣." 임형택(2009), 19면에서 재인용.

가 강조해 마지않았던 '천하에 대한 책임감', 즉 인간의 역사적 각성을 촉구하고 있는 것이다.

그런데 연암이 「양매시화」에 초록하였던 『일지록』의 권17은 '생원액수', '중식액수' 등 21개[41] 기사가 실려 있는데 모두 '생원'의 선발 방법과 관련된 내용이다. 역대 선발제도에 대해 광범한 조사 결과를 수록하여 매우 풍부한 내용을 담고 있으며, 그러한 방대한 자료 조사를 하였던 고염무의 문제의식은 다음의 발언에 그 골자가 담겨 있다고 할 수 있다.

'생원(生員)'은 관원이라고도 말할 수 있으니 정해진 인원수가 있다. …… 후대로 올수록 재능이 많은 사람들에게 증광생원(增廣生員, 정원 외 생원)을 허락했어도 또한 3인이나 5인에 불과하였는데, 이것이 점차 많아지게 되어 …… 학교가 이로부터 남설(濫設)되기 시작했다. …… 지금은 진사를 뽑음에 세 차례 시험을 치르는데, 걸핏하면 말하기를 옛 제도를 따른다고 하면서도 이 문제에 있어서만큼은 옛 제도를 천명하지 않아 온 세상이 고식(姑息)의 정치와 요행을 바라는 사람으로 가득 차게 되었으니 가히 탄식할 일이다.[42]

---

41 기사 제목을 모두 열거하면 다음과 같다. '生員額數', '中式額數', '通場下第', '御試黜落', '殿舉', '進士得人', '大臣子弟', '北卷', '糊名', '搜索', '座主門生', '擧主制服', '同年', '先輩', '出身授官', '恩科', '年齒', '敎官', '武學', '雜流', '通經爲吏'.

42 顧炎武, 『日知錄』 卷17, 「生員額數」, "生員猶曰官員, 有定額. …… 其後以多才之地, 許令增廣, 亦不過三人五人而已, 踵而漸多, …… 而學校自此濫矣. 異時每學生員, 不過數十人. 故考試易精, 程課易密. …… 成化初, 禮部奏准, 革去附學生員, 已而不果行, 而敎官提調官亦各有罰. 取之如彼其少, 課之如此其嚴, 豈有如後日之濫且惰者乎? 今人於取進士用三場, 動言遵祖制, 而於此獨不肯申明祖制, 擧一世而爲姑息之政僥倖之人, 是可嘆也."

생원이 너무 많아지다 보니 '요행을 바라는 사람'이 많아져 큰 문제라는 주장이다. 그런데 '요행'이란 말에 주목하게 된다. 앞서 살폈던 유형원과 이익의 의론에서도 당대 사(士)의 가장 큰 문제점은 출세만을 생각하며 '요행히' 과거에 합격하기만을 바라는 사의 범람이었다. 이러한 점은 조선과 중국이 동일하게 지니고 있던 문제였던 것으로 생각할 수 있겠다. 그런데 이에 대한 해결책으로, 고염무는 주로 '선발을 신중하게 하는 것〔取之如彼其少〕'을 생각했던 것이 분명하다. 『일지록』 권17의 전체 내용이 모두 과거 선발제도에 대한 것으로 채워져 있음에서 그러한 점을 확인할 수 있다.

그리고 이러한 점은 원매 또한 마찬가지였던 것으로 보인다. 다음은 원매의 「원사(原士)」인데 "사(士)가 적어야 천하가 다스려진다. 어째서인가〔士少則天下治 何也〕?"라는 도발적 문제 제기로 글을 시작한다.

…… (옛날에는) 사(士)가 적었기에 가르쳐 성취시키기 쉽고 봉록도 후하게 주기 쉬우며 적소에 기용함도 쉬웠다. 후세에는 그렇지 않아 고대에 사를 교육하던 방법을 모두 폐기하여 선발하는 사의 인원도 많고 이를 사고팔기도 쉬워서 사서(四書)를 읽고 경전 하나만 익히면 모두 사이다. …… 천하 사람들이 사 되기가 이렇게 쉽고 공경대부 되는 것이 이처럼 어렵지 않은 것을 보고는 재주가 단지 농공상을 맡을 만한 자가 사가 되기도 하고, 혹은 농공상도 감당하지 못할 자가 또한 사가 되기도 한다. 이미 사가 되면 모두 몸을 수고롭게 하지 않고 오곡(五穀)을 구분하지도 못하면서 망령되이 공경대부가 되기를 바란다. 바라는 대로 되면 아무런 의심 없이 그 지위에 앉아 있고, 바라는 대로 되지 않으면 질투를 하고 비방을 지어내며 윗사람이 나를 알아주지 못한다고 원망한다……[43]

고대에는 사(士)의 수효가 적었기에 엄정하고 효율적인 교육을 통해 참된 인재를 길러 낼 수 있었던 반면, 후대에는 사가 범람하여 제대로 된 교육도 시킬 수가 없고 거짓 사들이 판을 치게 되었다는 문제의식이다. 그러니 사의 수를 엄격히 제한해야 한다는 것이 원매가 「원사」에서 제시하고 있는 해결 방안이다.

이처럼 고염무와 원매 모두 사의 범람을 막아야 한다는 절박한 문제의식을 공유하고 있었으며, 이러한 문제의식은 이후에도 계속 이어져 내려갔다.[44] 이를 통해 볼 때, 17세기 이후 중국에서는 생원의 수효를 제한하는 것이 중대한 사회적 현안이었으며, 이에 대한 제도적 해결을 모색하는 의론이 지속적으로 제기되었음을 알 수 있다.

3. 시기별 저술에 나타난 연암 사의식의 제 특징

연암 사의식의 가장 특징적인 내용은 앞에서 소개한 바와 같이 「원사」와 「제가총론」에서 살펴볼 수 있다. 그런데 연암 사의식을 보다 심

---

43 袁枚,『小倉山房文集』卷1, 「原士」, "……士旣少, 故敎之易成, 祿之易厚, 而用之亦易當也. 後世不然, 凡古所以敎士者, 一切皆廢, 而所以取士者, 又寬而易售, 讀四子書, 習一經, 皆曰士. …… 天下人見士如此其易爲也, 爲公卿大夫, 又如此其不難也. 才堇任農工商者爲士矣, 或且不堪農工商者亦爲士矣. 旣爲士則皆四體不勤, 五穀不分, 而妄冀公卿大夫. 冀而得, 居之不疑; 冀而不得, 轉生嫉妬造謗誹, 而怨上之不我知……."

44 고염무와 원매 이후에도 '사의 범람'이라는 현상은 해소되지 않고 19세기까지 지속되었던 것으로 보인다. 홍콩의 英華書院에서 十三經을 영어로 번역하는 일이 종사하면서 서양학술을 중국에 소개하는 등 중국 근대 시기 사상계에서 활약한 王韜(1828~1897)도 『萬國公報』에 발표한 「原士」라는 글에서 "士가 많으면 혼란스러워진다〔士多則亂〕."라면서 "오늘날을 위해 계책을 내자면 응당 時文을 폐지하고 實學을 해야 한다.〔爲今計者, 當廢時文, 而以實學.〕"라는 주장을 내놓은 바 있다(王韜, 『弢園文錄外編』卷5, 「原士」).

층적으로 검토하기 위해서는 이 자료 이외에 연암의 문집과『열하일기』 가운데 사(士)에 대해 언급하고 있는 자료들을 전반적으로 검토할 필요가 있다. 이에 본 장에서는 연암이 청년 시절에 저술한『방경각외전(放璚閣外傳)』, 연암협(燕巖峽)에 은거하던 무렵 저술한「원사」, 열하 여행 경험을 정리한『열하일기』, 만년기에 저술한『과농소초』등의 다섯 부분으로 나누어 연암 사의식의 제특징을 살펴보도록 하겠다.

1)「양반전(兩班傳)」- 청년 시절 사(士)에 대한 풍자와 비판

청년 시절 연암의 사상과 문학을 대표하는 저술로는 단연『방경각외전』을 꼽을 수 있다. "『방경각외전』의 작품들은 당시 양반사회의 타락상에 비분을 느낀 젊은 연암이, 선비의 참된 삶이란 무엇인가 하는 문제로 심각한 번민을 겪은 끝에 창작되었다."[45]라는 평가를 받고 있는 바, 연암의 사의식이 집중적으로 표출되어 있다고 볼 수 있다. 그중에서도「양반전(兩班傳)」에 사(士)에 대한 연암의 인식이 집중적으로 표출되어 있음은 익히 알려져 있는 사안이지만, 앞에서 살핀 17세기 실학파의 사에 대한 의론과 견주어 보기 위해 다시 읽어 보기로 한다.

그의 아내가 몰아세우며 "당신은 평소에 그렇게도 글을 잘 읽지만 현관(縣官)에게 환곡을 갚는 데에는 아무 소용이 없구려. 쯧쯧 양반이라니, 한 푼짜리도 못 되는 그놈의 양반."[46]

---

45 김명호(2001), 31면 참조.

46 『燕巖集』卷8,『放璚閣外傳』,「兩班傳」, "其妻罵曰, 生平子好讀書, 無益縣官糴. 咄兩班, 兩班不直一錢." 본고의 연암집 번역은 신호열・김명호 역(2007)에 크게 의지한 것이다.

　　마침내 증서를 이렇게 고쳐 만들었다. "하느님이 백성 내니, 그 백성은 넷이로세. 네 백성 가운데는 사(士)가 가장 귀한지라, 양반으로 불려지면 이익이 막대하다. 농사, 장사 아니 하고 문사(文史) 대강 섭렵하면, 크게 되면 문과(文科) 급제, 작게 되면 진사(進士)로세. 문과 급제 홍패(紅牌)라면 두 자 길이 못 넘는데 온갖 물건 구비되니, 이게 바로 돈 전대(纏帶)요, 서른에야 진사 되어 첫 벼슬에 발 디뎌도, 이름난 음관(蔭官)되어 웅남행(雄南行)으로 잘 섬겨진다. 일산 바람에 귀가 희고 설렁줄에 배 처지며, 방 안에 떨어진 귀걸이는 어여쁜 기생의 것이요, 뜨락에 흩어져 있는 곡식은 학(鶴)을 위한 것이라. 궁한 선비 시골 살면 나름대로 횡포 부려, 이웃 소로 먼저 갈고 일꾼 뺏어 김을 매도 누가 나를 거역하리. 네 놈 코에 잿물 붓고, 상투 잡아 도리질하고 귀얄수염 다 뽑아도, 감히 원망 없느니라."[47]

　　앞의 인용문은 정선양반의 아내가 남편의 무능을 비난하면서 한 말이고, 뒤의 인용문은 양반의 실상에 실망한 부인(富人)에게 군수가 다시 써 준 문권(文券)의 내용인데, 모두 사족(士族)의 무능과 부패, 몰염치를 신랄하게 풍자하고 있다. 소설적 필치가 대단히 생동적이고 풍자와 조롱이 하도 날카로워서 일찍이 이가원 선생 같은 연구자는 장사치와 다름없는 양반을 풍자함으로써 계급 타파를 강조한 것이라고 대단히 적극적으로 해석하기도 하였다.[48] 그러나 문체가 소설적이라는 점

47　앞의 글, "於是乃更作券曰, 維天生民, 其民維四. 四民之中, 最貴者士. 稱以兩班, 利莫大矣. 不耕不商, 粗涉文史. 大決文科, 小成進士. 文科紅牌, 不過二尺. 百物備具, 維錢之橐. 進士三十, 乃筮初仕. 猶爲名蔭, 善事雄南. 耳白傘風, 腹皤鈴諾. 室珥冶妓, 庭穀鳴鶴. 窮士居鄕, 猶能武斷. 先耕隣牛, 借耘里氓. 孰敢慢我, 灰灌汝鼻. 暈髻汰鬢, 無敢怨咨."
48　李家源(1965), 4면.

만 뺀다면, 이 대목의 내용은 앞의 2장 1절에서 다룬 17세기 실학파들의 '당대 사(士)의 실태에 대한 문제의식'과 그다지 다른 것이라 하기 어렵다. 사의 타락상을 고발했다는 점만을 가지고 곧바로 '계급 타파'로 연결시키기는 어렵다는 것을 이미 앞에서 유형원의 경우에서 살펴보았다. 오히려 청년 시절 연암은 선배 실학파들이 제기하였던 사에 대한 문제의식을 계승하고 있다고 보는 편이 온당할 듯하다. 또한 연암이 『방경각외전』의 「자서(自序)」에서 「양반전」의 저술 동기를 다음과 같이 밝히기도 하였음을 참고하지 않을 수 없다.

사(士)는 바로 천작이요,	士迺天爵
'사(士)'는 '심(心)'과 합해 '지(志)'가 되니.	士心爲志
그 지(志)는 어떠해야 하는가?	其志如何
권세와 잇속을 멀리하여.	弗謀勢利
영달해도 사의 본색 안 떠나고,	達不離士
곤궁해도 사의 본색 잃지 않는 것.	窮不失士
이름 절개 닦지 않고,	不飭名節
가문(家門) 지체(地體)를 핑계 삼아.	徒貨門地
조상의 덕만을 판다면,	酤鬻世德
장사치와 뭐가 다르랴.	商賈何異

여기서 그려지고 있는 사(士)는 전통적 의미의 사와 아무런 다른 점이 없다. 장사치와는 구별되며, 권세와 잇속을 멀리하는 고원한 뜻을 품고, 어떠한 상황에서도 이를 지켜 나가는 존재, 바로 전통적인 사의 이미지 그대로이다. 과연 청년기의 연암은 이러한 전통적인 의미의 사가 사라진 타락한 현실을 비판하고자 「양반전」을 위시한 『방경각외전』

을 창작했던 것이라고 보는 것이 여러모로 타당하다 할 수 있겠다.

그런데 그러한 현실의 타락을 풍자하고 비판하기 위한 「양반전」의 글쓰기는 소기의 효과를 십분 발휘하고 있다고 볼 수 있으나, 이것이 사의 타락이라는 문제에 대한 해결과 직접적으로 연결되는 것은 아니라는 점을 지적하지 않을 수 없다. 앞서 2장에서 살핀 바와 같이 특권계층이 관직을 독점하고 있는 사회체제에서 사계층의 타락은 필연적일 수밖에 없으므로, 유형원처럼 교육제도를 개혁하고자 한다거나, 이익처럼 인재의 등용 방법을 개혁하고자 했던 것과 같은 새로운 모색이 보이지 않고 있는 것이다. 문학작품으로서의 성공 여부는 잠시 접어 두고 사에 대한 의론이라는 관점에서 본다면, 「양반전」은 문제를 환기함에 있어서는 큰 성공을 거두고 있지만, 문제의 원인을 파헤친다거나 그 해결 방안을 모색함에 있어서는 별다른 미덕을 발휘하지 못하고 있는 것이 사실이다. 이는 「양반전」의 한계라고 지적할 수도 있으니, 「양반전」의 해석을 두고 설왕설래가 끊이지 않는 원인도 이러한 한계와 연관 지어 이해할 수 있을 듯하다.[49]

2) 「원사(原士)」 — 은거기 인식의 전환

연암이 청년 시절에 창작한 「양반전」이 양반의 타락상을 풍자하고 조롱함으로써 양반층의 자기 각성을 요구한 글이라 한다면, 연암이 40

---

[49] 앞서 언급한 바와 같이 「양반전」이 양반계급의 타파를 겨냥한 것인가 하는 문제가 지속적으로 논란의 대상이 되고 있으며, 서사 구조의 핵심이 양반의 풍자에 있는 것이 아니라, '양인 부자'의 어리석음을 풍자하는 데 있다는 견해도 지속적으로 제기되고 있다. 「양반전」의 초기 연구사 흐름에 대해서는 김학성(1989), 33~37면 참조.

세 넘어 연암협에 은거하면서 저술한[50] 「원사(原士)」[51]는 위축된 사(士)들의 자부심을 북돋으며 독서에 매진할 것을 권면하는 내용으로 되어 있다. 일견 두 글의 지향점이 다른 듯 보이기도 하나, 두 글 모두 사의 각성이나 분발을 요구한다는 점에서 연암 사의식의 서로 다른 측면을 보여 준다고 할 수 있다. 그런데 두 글에서 그려지고 있는 사상(士像)에는 엄연히 서로 다른 점도 있으므로 이를 통해 연암 사유의 전환도 가늠해 볼 수 있을 듯하다.

「원사」는 모두 55칙(則)으로 이루어진 필기류 글쓰기이다. 그런데 55칙 가운데 앞쪽에 자리한 5칙 정도를 제외하고는 모두 '독서법'에 대한 내용이며, 뒤로 갈수록 독서의 더욱 구체적이고 세세한 방법들이 서술되고 있다. 예를 들면, 다음과 같은 내용들을 들 수 있다.

많이 읽으려도 말고, 속히 읽으려도 말라. 읽을 글줄을 정하고 횟수를 제한하여 오로지 날마다 읽어 가면 글의 의미에 정통하게 되고 글자의 음과 뜻에 익숙해져 자연히 외게 된다. 그리하고 나서 그다음의 순서를 정하라.[52]

눈썹을 찌푸리지 말고, 어깨를 잡지 말고, 입을 빨지 말라.[53]

---

50 「원사」 앞에 실려 있는 '此篇得於燕峽古紙藏中'이라는 頭註를 통해 창작 시기를 비정할 수 있다.

51 '原士'는 여기서 이중적인 의미를 지니고 있다. 한문 글쓰기 갈래 중에는 「原道」나 「原人」처럼 제목이 '原'으로 시작되어 글쓰기 대상의 근원에 대해 파고드는 논설문의 한 종류가 있는데, 연암의 「원사」도 이러한 글쓰기 갈래라고 볼 수 있다. 그런데 「원사」의 본문 가운데에도 '原士'라는 말이 등장하는데, 이때의 '원사'는 사의 근원을 논한다는 의미가 아니라 '본래의 사'라는 뜻으로 쓰이고 있어 주의가 요구된다.

52 『燕巖集』 卷10, 罨畵溪蒐逸, 「原士」, "毋貪多, 無欲速. 定行限遍, 惟日之及, 旨精義明, 音濃意熟, 自然成誦, 乃第其次."

53 앞의 글, "眉毋皺, 肩毋搦, 口毋咂."

서산(書算)을 만들어 읽은 횟수를 기록하되, 흡족한 기분이 들면 접었던 서산을 펴고, 흡족한 기분이 들지 않으면 서산을 펴지 않는다.[54]

이처럼 독서와 관련된 세세한 방법들이 소개되고 있으므로, 「원사」는 한창 공부를 하고 있는 젊은 사들을 독자로 상정하고 있는 것이 아닌가 한다. 그런데 이러한 후반부와 달리 글의 앞머리는 사의 존재 의미에 대하여 새로운 해석을 내리는 등 이른바 '거대담론'이라 일컬을 만한 내용을 담고 있다. 다음은 「원사」의 첫 조목이다.

무릇 사(士)란 아래로 농(農)·공(工)과 같은 부류에 속하나, 위로는 왕공(王公)과 벗이 된다. 지위로 말하면 정해진 등위가 없고, 덕으로 말하면 보편적 규범[雅]을 행하는 자이다. 사(士) 한 사람이 글을 읽으면 그 혜택이 사해(四海)에 미치고 그 공은 만세에 남는다. 『주역』에 이르기를 "나타난 용이 밭에 있으니 천하의 문화가 밝아진다[見龍在田 天下文明]."라고 했으니, 이는 글을 읽는 사를 두고 이름인저![55]

역시 '독서지사(讀書之士)'에 대해 논하고 있는 이 조목은 두 가지 메시지를 담고 있다. 첫째 사는 신분이나 직역을 구분하는 개념이 아니라는 것이고, 둘째는 사의 본분이라 할 수 있는 '보편적 규범의 실천'은 그 공능(功能)이 엄청나게 크다는 것이다. 첫째 메시지는 앞의 「양반전」, 「자서」에서 말했던 '천작(天爵)'을 부연한 것으로도 알 수 있다. 즉 사란

---

54 앞의 글, "立算紀遍, 意入開算, 意不入, 不開算."
55 앞의 글, "夫士下列農工, 上友王公, 以位則無等也, 以德則雅事也. 一士讀書, 澤及四海, 功垂萬世. 易曰, 見龍在田, 天下文明. 其謂讀書之士乎."

공경대부(公卿大夫)와 같이 인간들이 부여하는 '인작(人爵)'이 아니라 인의충신(仁義忠信)과 같이 천부적 덕성에 따라 하늘이 부여하는 '천작'이라는 것이다.[56] 그런데 두 번째 메시지는 「양반전」에서는 찾아볼 수 없었던 내용이라는 점에서 주목하게 된다. 「양반전」은 사의 타락을 고발하는 것이 주된 내용이었기 때문에 사의 사회적 역할이 무엇인가 하는 문제에 대해 차분히 사유할 수 있는 계제가 아니었다고 할 수 있다. 그런데 여기서는 추상적 언표이긴 하나, 사의 공능이 '사해에 미친다〔澤及四海〕'고 하여 그 역할에 대해 대단히 큰 의미를 부여하고 있는 것이다.

이 두 가지 메시지는 이어지는 단락들에서 부연되면서 내용이 풍부해져 간다. 먼저 첫 번째 메시지는 다음과 같은 내용으로 연결되고 있다.

그러므로 천자도 '원사(原士)'이다. 원사라는 것은 생인(生人)의 근본을 두고 한 말이다. 그의 작위는 천자이지만 신원(身元)은 사(士)이다. 그러므로 작위에는 높고 낮음이 있으되 신원이 변화하는 것은 아니며, 지위에는 귀천이 있으되 선비는 다른 데로 옮겨지는 것이 아니다. 그러므로 작위가 선비에게 더해지는 것이지, 선비가 작위로 옮겨 가는 것은 아니다.[57]

사는 공경대부와 같은 '인작'과는 관계가 없다는 사유가 더욱 확장되어 '천자' 또한 사의 범위 안으로 들어오게 되었다는 점에 주목하지 않을 수 없다. '양천(良賤)', '사농공상', '공경대부' 등 신분을 구분하는

---

56 '天爵'과 '人爵'의 개념은 『孟子』에서 유래한 것이다. 『孟子』, 「告子」 上, "仁義忠信, 樂善不倦, 此天爵也. 公卿大夫, 此人爵也."

57 『燕巖集』 卷10, 罨畫溪蒐逸, 「原士」, "故天子者, 原士也. 原士者, 生人之本也. 其爵則天子也, 其身則士也. 故爵有高下, 身非變化也. 位有貴賤, 士非轉徙也. 故爵位加於士, 非士遷而爵位也."

여러 말들이 있지만, 이는 모두 '왕(王)'을 섬기는 '신(臣)'의 범주로 포괄되는 것들이다. 그런데 연암은 사를 매개로 하여 '왕'과 '신'을 하나의 범주로 묶은 것이다. 그런데 이러한 사유는 「원사」에 앞서 「답창애(答蒼厓)」(6)에서 피력된 바 있다.

> 사(士)는 궁유(窮儒)의 별호가 아니니, 비유컨대 그림을 그릴 때 바탕과 같은 것입니다. 그러니 천자로부터 서인(庶人)에게 이르기까지 모두가 사입니다.[58]

사(士)가 궁핍한 유자의 별칭일 수 없다는 말에서 사에 대한 연암의 자부심을 읽을 수 있으며 '회사후소(繪事後素)'의 비유에서 연암은 사를 인간이 기본적으로 갖추어야 하는 덕목과 같은 것으로 생각하였음도 알 수 있다. 서인(庶人)으로부터 천자에 이르기까지 모두 사로서의 자격을 갖춘 다음에야 자신의 직분을 온전히 수행할 수 있다는 생각인 것이다.

이러한 사유는 앞 장에서 살펴본 "신(臣)과 군(君)이 명칭은 다르지만 실질은 같다."라고 말했던 황종희를 연상시키고 있다. 연암이 신분제를 부정하는 데에까지 나아간 것은 아니지만, 사(士) 범주의 확장이 인간 평등이라고 하는 보편적 가치에 부합하고 있음은 인정할 수 있다. 연암이 의도하였든 의도하지 않았든, 연암의 사에 대한 담론은 인간을 평등하게 바라보는 보편적 사유의 진전에 기여하였다는 점은 분명하다고 말할 수 있지 않을까 한다.

---

58 『燕巖集』 卷5, 映帶亭縢墨, 「答蒼厓〔六〕」, "士非窮儒之別號, 譬如繪事而後素, 則自天子達於庶人, 皆士也."

다음은 사의 공능에 대한 보다 구체화된 내용이다.

노중련(魯仲連)이 동해(東海)에 몸을 던지려고 하자 진(秦)나라 군사가 스스로 물러갔으니, 어찌 사해(四海)에서 의로운 명성을 얻도록 고무한 결과가 아니겠는가? 『시경』에 이르기를 "선인(善人)이 없어지매, 온 나라가 병들었네〔人之云亡 邦國殄瘁〕."라고 했으니, 이 어찌 군자가 죄 없이 죽은 것을 애석히 여긴 것이 아니겠는가?[59]

여기서는 사의 공능이 사해에 미치게 되는 실례를 경전과 역사에서 가져오고 있다. 위(魏)를 설득해 진(秦)에 맞서도록 하는 데 성공하여 조(趙)의 수도를 포위하고 있던 진(秦)이 물러가게 하였던 전국시대의 인물 노중련을 거명하고, 『시경』, 「대아(大雅)」 '첨앙(瞻卬)'편의 '선인(善人, 여기서는 士)이 없어지면 나라가 망한다'는 표현을 가져와 사의 공능을 나름 구체화하고 있다. 거론한 예들이 너무나 오랜 고대의 일이어서 막연한 감이 들기는 하나, 사의 역할에 대해 매우 적극적인 의미를 부여하고자 하는 연암의 의도는 분명히 읽을 수 있다.

그렇다면 사는 그렇게 거대한 공능을 이루기 위해 무엇을 어떻게 하면 되는가? 연암은 그러한 사의 온전한 역할을 해내기 위한 유일한 방도는 치열한 독서뿐이라며 장장 50여 칙에 걸쳐 다방면으로 독서의 방법에 대해 세세히 설명하였던 것이다. 그런데 이러한 방법이 과연 온당한 방안이라고 할 수 있는 것인가?

17세기 실학파들이 사의 타락이라는 문제를 해결하기 위해 여러 가

---

59 『燕巖集』卷10, 罨畫溪蒐逸, 「原士」, "魯連欲蹈東海, 而秦軍自卻, 豈非皷四海之義聲乎. 詩云, 人之云亡, 邦國殄瘁, 斯豈非惜君子之無罪乎?"

지 제도적이고 구체적인 방안을 내놓았음을 위에서 확인하였는데, 핵심적 내용은 사가 특권층의 전유물이 되는 것을 방지하면서 널리 인재를 충원하되 그 수가 너무 많아지지는 않도록 하자는 것이다. 다시 말해, 신분이나 직업에 관계없이 자질과 능력을 갖춘 자만을 엄정하게 선발하여 학교에서 사로 교육시키며, 아무리 특권층의 자제라도 자질과 능력을 갖추지 못했다면 과감히 사의 칭호를 박탈하자는 것이었다. 그런데 연암의 저술 속에서는 그러한 내용을 찾아보기 어렵다.[60] 오히려 연암은 사의 범주를 천자에게까지 확장하고, 사의 역할에 대해서도 이전에 볼 수 없던 수사(修辭)를 동원해 대단히 거창한 의미를 부여하고 있는 것이다. 그러한 점에서 「원사」의 마지막 문장은 매우 시사적이다.

> 만일 천하의 모든 사람들이 편안히 앉아 글을 읽게 된다면 천하가 무사할 것이다.[61]

간략한 말이지만, 그 함의는 심중하다. 연암은 모든 사람들이 편안히 앉아 글을 읽을 수 있는 세상을 꿈꾸었던 것인데, '모든 사람이 편안히 앉아 글을 읽는다'는 의미가 단순히 '독서'라는 행위 자체에만 국한된 것은 아닐 것이다. 모든 사람이 독서를 하기 위해서는 사회적으로 제반 여건이 갖추어져야 하고, 모든 사람이 '독서인'이 되어 모두가 '역사의 주체'로 자각하게 되어야만 비로소 세상이 평화로워진다는 의

---

60 아래에서 다루게 될 「擬請疏通疏」에 관련 내용이 나와 있기는 하나, 17세기 실학파들의 문제의식에 비하면 다소 범위가 제한적이라는 평가를 내릴 수 있다.
61 『燕巖集』 卷10, 罨畫溪蒐逸, 「原士」, "使天下之人, 安坐而讀書, 天下無事矣."

미까지 담겨 있다고 보아야 한다.

이와 같이 참으로 원대한 연암의 꿈은 우리와 같은 '근대인'들의 가슴도 뛰게 할 만큼 보편적 가치를 충만히 내장하고 있다. 비록 제도에 대한 언급이 없어 구체성이 결여되어 있기는 하나, 이 짧은 글에서 뿜어져 나오는 사상적 영감은 연암 사유의 깊이를 가늠하게 해 준다 할 것이다.

3) 「허생전(許生傳)」 – 새로운 사상(士像)의 형상화

『열하일기』 가운데 연암의 사에 대한 인식을 살필 수 있는 글로는 「호질(虎叱)」과 「옥갑야화(玉匣夜話)」 정도를 들 수 있다. 이 가운데 「호질」은 「양반전」과 상당 부분 특질을 공유하고 있어 이 자리에서 논하기에 그다지 긴요하지 않다. 이에 반해 「옥갑야화」의 '허생 이야기'는 앞에서 살펴본 「원사」와 대단히 긴밀한 관련성을 맺고 있다.

연암이 「원사」에 담은 메시지는 '독서'에 매진하여 진정한 '사'가 되면 그 사가 세상에 끼치는 혜택이 사해(四海)에 퍼진다는 것이었다. 이러한 메시지에 구체적인 인물 형상과 서사 구조를 부여한 것이 바로 '허생 이야기'라고 할 수 있다. '허생 이야기'는 '독서'와 관련된 모티브로 글을 시작하고 있다. 다음은 널리 알려진 대목이지만 '사의식'의 맥락을 염두에 두고 다시 보면 새롭게 읽히는 바가 있다.

> 하루는 아내가 너무 배가 고파 울면서 말했다. "당신은 평생토록 과거에 나아가지도 않으면서 글을 읽어 무엇하오?" 허생이 웃으며 말했다. "나의 독서가 아직 미숙하오." 아내가 말했다. "장인의 일이 있지 않소?" 허생이 말했다. "기술은 평소에 익히지 않았으니 어떻게 하오?" 아내가

338

말했다. "장사가 있지 않소?" 허생이 말했다. "장사는 밑천이 없는데 어떻게 하오?"[62]

우선 여기서 '아내'의 말을 잘 음미해 보면, 앞에서 살펴본 17세기 실학파의 주장과 내용이 상당히 겹침을 발견할 수 있다. 유형원과 이익에게 있어 사(士)의 육성은 곧 예비관료의 양성을 뜻하는 것이었기에 그 범주를 엄격히 제한해야 했으며, 관료가 될 자질이 없는 사는 즉시 농공상으로 돌아가야 했다. 아내가 '과거(科擧)'와 관련 없는 독서를 해서 무엇 하냐는 질책, 과거 시험을 안 볼 바에야 '공상(工商)'의 일을 하라는 푸념은 이러한 유형원과 이익의 주장과 매우 흡사하다고 말할 수 있다.

이에 대해 연암이 설정한 진정한 사의 화신이라 할 수 있는 '허생'은 아내의 요구와 공박을 완곡히 거부하는데, 이유인즉슨 '독서'가 완성되지 않았다는 것이었다. 이 '독서'는 단순한 글 읽기가 아니라 「원사」에서의 말을 가져오자면 '선독(善讀)'[63]이 이루어지지 않았다는 의미로 읽어야 한다. 연암이 말하는 '독서'는 관료가 되기를 준비하는 그런 독서가 아니었던 것이다.

허생은 자신이 기약한 십년독서를 마치지는 못했으나 그래도 세상에 나아가 상당한 '택(澤)'을 사람들에게 끼쳤다. 허생이 변산군도(邊山群盜)를 모두 외딴섬으로 이끌고 들어가 그곳에서 가정을 이루고 살게

---

62 『燕巖集』 卷14, 『熱河日記』, 「玉匣夜話」, "一日妻甚饑, 泣曰, '子平生不赴擧, 讀書何爲?' 許生笑曰, '吾讀書未熟.' 妻曰, '不有工乎?' 生曰, '工未素學奈何?' 妻曰, '不有商乎?' 生曰, '商無本錢奈何?'"

63 『燕巖集』 卷10, 罨畫溪蒐逸, 「原士」, "所謂善讀書者, 非善其聲音也, 非善其句讀也, 非善解其旨義也, 非善於談說也."

하자 '나라 안에는 위급한 일이 없어〔國中無警矣〕'지게 되었고, 그 섬에서 수확한 곡식으로 마침 기근이 든 일본 나가사키에 수출하여 거금을 벌기도 하였다.[64] 또 섬을 나와서는 나라를 두루 돌아다니며 가난한 자들에게 돈을 나누어 주었다.[65] 허생이 발휘한 공능을 정리하면, 해외로까지 범위를 넓혀 통상을 하여 부를 축적하고, 그 부를 발휘하여 빈민을 구제하였으며, 나아가 새로운 문자의 창제까지 염두에 두고 있었던바,[66] 이를 연암의 '이용후생(利用厚生)' 사상으로 포괄하여 설명할 수 있음은 기존의 연구[67]에서 상세히 밝혀진 내용이다.

그런데 허생이 이러한 공적을 세움에 있어 '관원(官員)'의 신분으로서 한 것이 아니라 '재야 선비'로서 했다는 점을 상기할 필요가 있다. 독서를 접고 세상으로 나간 허생은 사(士)는 사로되 오히려 '상(商)'의 행위를 통해 위와 같은 허다한 공적을 세운 것이다. 이 지점에서 연암이 생각한 사상(士像)이 유형원과 같은 17세기 실학파들이 생각한 사상(士像)과 어떻게 갈라지는지가 분명히 드러난다. 유형원 등에게 있어 사는 곧 '예비관료'로서 농공상과 엄연히 구별되는 존재였던 데 비해, 연암은 그러한 전통적 관념에서 벗어나 사의 새로운 상(像)을 사유하였다. 연암에게 있어 사는 농공상, 심지어는 천자를 막론하고 인간으로서 응당 갖추어야 할 덕목과 능력을 갖춘 자를 일컫는 존재였던 것이다.[68]

---

64 『燕巖集』 卷14, 『熱河日記』, 「玉匣夜話」, "長崎者, 日本屬州, 戶三十一萬, 方大饑, 遂賑之. 獲銀百萬."

65 앞의 글, "於是遍行國中, 賑施與貧無告者."

66 앞의 글, "吾始與汝等入此島, 先富之, 然後別造文字, 刱製衣冠."

67 김명호(1990), 192~197면 참조.

68 연암은 중국에서는 士農工商의 '四民'이 더 이상 신분을 일컫는 말이 아님을 알고 있었다는 점을 참고할 필요가 있다. 『燕巖集』 卷11, 『熱河日記』, 「盛京雜識」, "余曰, 中國四民, 雖各分業, 却無貴賤, 婚嫁仕宦, 不相拘礙否?"

4) 「의청소통소(擬請疏通疏)」 ─ 지방관의 경험과 서얼에 대한 배려

연암은 1780년 열하를 다녀온 후 1786년 선공감(繕工監) 감역(監役)으로 출사를 시작하여 1791년에는 안의현감(安義縣監), 1797년에는 면천군수(沔川郡守), 1800년에는 양양군수(襄陽郡守)를 역임하는 등 상당 기간 목민관을 맡았다. 이 기간에 연암은 현실 속의 여러 실질적인 문제들과 씨름을 하였던 탓인지, 앞에서와 같이 사(士)에 대해 자유롭게 사유했던 자료는 남기지 않은 것으로 보인다. 그렇지만 이 시기에 연암은 '서얼(庶孼)', '서리(胥吏)'와 같이 신분제도와 관련된 문제들에 대한 고민을 담아 남겼던바, 이를 통해 연암 사의식의 또 다른 측면을 살펴볼 수 있다.

앞 절까지의 논의를 따르면, 일견 연암은 서인(庶人)으로부터 천자에 이르기까지 모든 신분을 사(士)로 파악하는 평등주의적 사상을 수립하였던 것처럼 보이기도 한다. 그러나 이는 어디까지나 원론적 차원의 사상적 지향을 논한 것이지, 연암이 당장 신분제도의 철폐를 기도했다는 것은 아니다. 예를 들어, 1793년 남쪽 지방에 기근이 들어 백성들을 구호하는 일로 각 지방관들이 어려움을 겪고 있을 때, 당시 안의현감이었던 연암은 "음식을 나누어 주기 전에 먼저 염치를 길러야 하니, 반드시 남녀는 자리를 분리하고, 장유(長幼)도 자리를 달리하며, 사족(士族)은 앞에 위치시키고 서민은 아래에 거하도록 하여 각기 자리를 따르며 서로 뒤섞이지 않게 해야 한다."[69]라고 하여 사족과 서민의 엄격한 분리를 당연시하기도 하였다. 지방관 재임 시절에 쓴 연암의 글들을 읽어

---

69 『燕巖集』 卷2, 煙湘閣選本, 「答丹城縣監李侯論賑政書」, "饋饗之前, 先養其恥, 必令男女分席, 長幼異坐, 士族置前, 庶旽居下, 各尋其位, 不相亂次."

보면, 대담하고 근본적인 개혁의 구상은 찾아보기 힘들고 현실 문제의
실질적인 변화를 이끌기 위한 신중하고도 치밀한 접근이 두드러진다는
인상을 받게 되는데, 현실에서 사족이 갖는 신분적 권위를 인정했던 것
도 같은 맥락에서 이해할 수 있지 않을까 한다.

그렇지만 연암이 사족의 존재 자체를 부정하지는 않았으나, 사족층
가운데 일부가 특권 계층화하는 문제에 대해서는 날카로운 비판을 가
하였으니, 이러한 점은 서얼들의 허통을 주장한 「의청소통소(擬請疏通
疏)」에 잘 나타나 있다. 서얼들이 관직 배분에서 배제되었던 이유는 소
수의 특권층이 자신들의 배타적 기득권을 유지하기 위해서였다고 볼
수 있을 터인데, 연암은 다음과 같은 논거들을 들어 서얼의 허통을 주
장하였다.

한 문중의 명분은 의당 엄히 해야겠지만 온 조정에서까지 논할 바는
아닙니다. …… 무릇 서얼과 적자(嫡子)는 진실로 차등이 있지만, 그 가문
을 따져 보면 그들 역시 사족(士族)입니다. …… 하(夏)·은(殷)·주(周) 시
대에도 이미 군자와 소인의 구별이 있었지만, 인재를 천거할 때에는 본시
귀천의 차별을 두지 않았고 어떤 부류인지도 묻지 않았습니다. …… 아,
오직 가문만을 위하고 제 이익을 이루려는 계획이 깊어질수록 명분의 논
의를 더욱 굳게 지킵니다.[70]

「의청소통소」는 대단히 긴 장편의 문장으로 수사(修辭) 구조가 간단

---

70 『燕巖集』卷3, 孔雀舘文稿, 「擬請疏通疏」, "一門之名分, 則固當嚴矣, 非可論於通朝耳.
…… 夫庶孽之與正嫡, 誠有差等, 而顧其家世, 亦一士族. …… 三代之時, 已有君子小人之
別, 而擧人之際, 固無間乎貴賤, 不問其彙類. …… 噫, 專門濟私之計深, 則膠守名分之論."

치 않지만, 사인식과 관련하여 주목되는 네 가지 논거를 위와 같이 추려 보았다. 첫째 논거는 한 집안 내의 차별구조를 국가 단위로까지 확대재생산할 이유가 없다는 것이고, 둘째 논거는 적서(嫡庶)의 구별에도 불구하고 모두 사(士)의 범위에 있다는 사실의 환기이다. 셋째는 고대의 인재등용은 실력 위주였음을 강조하고, 넷째는 서얼의 차별이 사사로운 욕심에서 나온 것이라는 주장을 폈다. 이러한 주장들은 '특권 벌열층에 대한 비판'이라는 17세기 실학파의 문제의식의 계승이며, '사'의 범주를 가능한 한 넓게 잡고자 하는 연암의 지론이 표출된 것으로 볼 수 있겠다.

한편 연암은 「거창현오신사기(居昌縣五愼祠記)」에서 '서리(胥吏)'에 대해서도 다음과 같이 큰 의미를 부여하였다.

무릇 '리(吏)'라는 말은 '다스린다(理)'는 뜻이다. 여기에는 천리(天吏)가 있고, 명리(命吏)가 있고, 장리(長吏)가 있고, 연리(椽吏)가 있다. ……천자로부터 서리에 이르기까지 비록 다스림에 있어서 크고 작음은 있으나, 그 직책은 모두 리(吏)가 아님이 없었다.[71]

아전들의 자부심을 북돋기 위한 목적이긴 하나, 아전의 직책을 천자와 연결시켜 설명하는 방식에 주목하지 않을 수 없다. 이는 사를 매개로 서(庶)와 천자를 같은 범주로 묶었던 「답창애」를 연상시키며, 사(士)와 리(吏)를 통합적으로 사고했던 이익을 연상시키기도 한다. 이 또한 원론적 차원이긴 하나, 연암이 신분사회가 노정할 수밖에 없는 여러 문

---

[71] 『燕巖集』 卷1, 煙湘閣選本, 「居昌縣五愼祠記」, "夫吏之爲言, 理也. 有天吏者, 有命吏者, 有長吏者, 有椽吏者. …… 故自天子達於胥史, 雖所理有大小, 其職則無非吏也."

제들을 외면하지 않고 인간을 평등하게 바라보고자 고민하였음을 다시 한 번 확인할 수 있다.

5) 「제가총론(諸家總論)」—만년의 정론, 실학의 주체로서의 사

연암이 지방관을 맡아 10여 년의 세월이 흐른 1799년 봄, 연암은 농업 장려를 위해 널리 농서(農書)를 구한다는 정조(正祖)의 윤음(綸音)을 받들어 『과농소초』를 진상했다. 『과농소초』는 연암이 여러 농서에서 채록한 자료를 수록하고, 그 사이사이에 자신의 안설(按說)을 배치한 저술인데, 첫머리인 「제가총론(諸家總論)」에 중요한 연암의 사인식이 담겨 있다.

옛날의 민(民)은 네 부류였으니 사농공상(士農工商)이 바로 그것입니다. 이 가운데 사(士)의 일이 가장 높지만 농공상이 하는 일 또한 그 처음은 성인(聖人)이 듣고 보고 생각함에서 나와 대대로 전습되어 각기 학문을 이루었습니다. 예컨대 『주례(周禮)』, 「동관(冬官)」이나 『사기(史記)』, 「화식열전(貨殖列傳)」에서 기술자와 상인의 실상을 대략 볼 수 있고, 『한서(漢書)』, 「예문지(藝文志)」에 소개되어 있는 9가(家)의 114편[72] 저술이 곧 농가자류(農家者流)의 기예와 학술입니다. 그런데 사(士)의 학문은 실로 농공상의 이치를 포괄하니 농공상의 일은 반드시 사(士)가 있어야 완성됩니다. 이른바 농사를 밝힌다거나, 재화를 유통한다거나, 기술자를 보호한다거나 하는 일들에 있어 '밝히고', '유통시키고', '보호하는' 주체는 사(士)가

---

[72] 『漢書』, 「藝文志」에는 농가자류의 저술로 9종이 소개되어 있으며, 9종 저술의 편수(권수)의 합계가 114이다.

아니고 누구이겠습니까? 그러므로 신(臣)이 생각건대, 후세의 농공상이 실패한 것은 사(士)에게 실학이 없기 때문입니다.[73]

이 인용문은 연암 사인식의 완성된 정론(定論)이라 할 수 있다. 앞에서 검토했던 「원사」에서 연암은 사(士)들에게 치열한 독서를 요구하였는데, 「원사」에는 정작 '어떤 책'을 읽어 '어떤 학문'을 해야 하는가에 대해서는 별다른 언급이 없었다. 그런데 여기에는 '실학(實學)'이라고 하는 분명한 방향이 제시되어 있다. 또 이익 등이 주장했던 '사농합일(士農合一)'의 경우 '사'와 '농' 사이의 장벽을 제거하긴 하였어도 '사'의 일과 '농'의 일은 엄연히 구분되어 있었다. 하지만 여기서는 '사'의 일과 '농공상'의 일이 통일적으로 연결되어 있어 연암이 생각한 사상(士像)이 어떠한 것인지 보다 확실하게 이해할 수 있다.

연암은 '사'와 '농'의 관계에 대하여 다음과 같이 부연하기도 하였다.

옛날에는 농(農)과 사(士)가 다른 사람이 아니었으며, 농사와 교육이 다른 도(道)가 아니었습니다. 관자(管子)가 말하기를 "농부의 자식은 항상 농부가 되어 들에 거처하며 친압하지 아니하니, 백성 가운데 빼어난 자가 사(士)가 되어 반드시 그에게 의지할 수 있었다."라고 하였습니다. 한나라 때 효제역전과(孝悌力田科)가 있었는데 반드시 '효제'와 '역전'을 함께 연

---

73 『燕巖集』 卷16, 『課農小抄』, 「諸家總論」, "古之爲民者四, 曰士農工賈. 士之爲業尙矣, 農工商賈之事, 其始亦出於聖人之耳目心思, 繼世傳習, 莫不各有其學. 如周禮冬官及太史遷所著貨殖一篇, 槪見工賈之情, 而漢藝文志所載九家, 百十四篇, 卽農家之藝術也. 然而士之學, 實兼包農工賈之理, 而三者之業, 必皆待士而後成. 夫所謂明農也通商而惠工也, 其所以明之通之惠之者, 非士而誰也? 故臣竊以爲後世農工賈之失業, 卽士無實學之過也."

결하여 분리하지 않았던 것은 이 때문입니다. 후세에는 풍속이 부박해져 사(士)가 농(農)에서 나오지 않게 되니 농사짓는 자들에게 학문이 없어졌 습니다. 그러므로 목민관 가운데 순량하면서도 쓸 만한 인재가 사라지고 밭 갈고 파종하는 법도 또한 민멸되었습니다.[74]

여기서는 '이용후생(利用厚生)'과 '정덕(正德)'이 두 가지 일이 아니라는 취지에서 '사'와 '농'의 분리불가(分離不可)를 설명하고 있다. 관자의 말을 인용해 '민(民)'이라는 바탕에서 농도 나오고 사도 나오므로 농과 사가 조화를 이룰 수 있다는 점을 강조하고, 한나라의 과거 과목인 '효제역전' 명칭을 들어 '효제'와 '농사'가 분리될 수 없음을 다시 한 번 강조하고 있다.

그런데 이처럼 사(士)와 농(農) 또는 사(士)와 농공상(農工商)의 통일적 인식을 강조하다 보면, 혹여 사의 확장을 넘어 사의 개념이 모호해지게 되는 것은 아닐까 하는 의문이 든다. 그러나 연암에게 있어 사가 갖는 중요성은 조금도 줄어든 것이 아니다. 위 인용문에서도 연암은 '농공상의 일은 반드시 사(士)가 있어야'만 이루어진다는 점을 강조했거니와, 「수리(水利)」에서는 "평지에 묵은 풀이 치워지지 않고, 백 년을 쓸 수 있는 웅덩이가 버려지고 있습니다. 아, 이것이 모두 사대부가 백성들의 일을 연구하지 않은 잘못입니다."[75]라면서 사의 책임감을 고취하기도

---

74 『燕巖集』卷17, 『課農小抄』, 「胡麻」, "古者農與士非別人, 食與敎非二道. 管子曰, 農之子, 恒爲農, 野處而不昵, 則其秀民之爲士者必足賴也. 漢有孝悌力田之科, 必並言而不相離者, 蓋以是也. 後世澆漓, 士不出於農, 而農者無學. 故牧民者, 無純實可用之材, 而耕播之法, 亦從以莽葭."

75 『燕巖集』卷17, 『課農小抄』, 「水利」, "平地之蒿萊未除, 百年之湫洳終棄. 嗚呼, 此皆士大夫不講民事之過也."

하였다.

사실 연암이 평생에 걸쳐 사에 대한 사유를 전개했던 것은 연암 스스로 투철한 사의식을 견지하고 있었기 때문이라고 보아야 한다. 연암이 「양반전」을 저술한 것은 단순히 양반을 조롱하기 위한 것이 아니라 현실의 타락한 양반에 대한 깊은 비애의 역설적 표현이었으며, 「원사」를 저술한 것은 '궁유(窮儒)의 별칭'으로까지 하찮게 여겨지는 사들이 스스로에 대한 자긍심을 잃지 말고 치열한 독서를 통해 변모하는 시대에 맞게 스스로의 정체성을 새롭게 세워 나가기를 바라는 염원의 표출이었다고 보아야 한다. 그리고 '허생 이야기'에서는 그가 생각하는 새로운 시대에 부응하는 새로운 사상(士像)을 '허생'에 투영하여 서사적으로 형상화해 낸 것이다. "사(士)의 학문은 실로 농공상의 이치를 포괄하니 농공상의 일은 반드시 사가 있어야 완성된다."라는 「제가총론」의 언급은 이러한 연암 사의식이 집약된 표현이라 할 수 있다.

4. 연암 사의식의 확산과 계승

이제까지의 논의를 정리해 보면, 연암의 사인식과 17세기 실학파의 사인식을 비교할 때 가장 두드러지는 차이점은 사(士)의 범주를 엄격히 제한할 것인지의 여부라고 할 수 있다. 앞에서 살핀 바대로 연암은 17세기 실학파들이 '예비 관료'로 규정하였던 사(士)의 개념을 확대하여 관직이나 직역과는 관계가 없는 '실학을 실천하는 주체'로서의 새로운 사상(士像)을 모색해 나갔던 것이다.

그런데 이러한 생각을 연암만이 했던 것은 아니었다. 연암과 가까운 학문적 동지라 할 수 있는 홍대용(洪大容, 1731~1783)도 이와 유사한 생각을 펼친 바 있고, 연암의 후배인 박제가(朴齊家, 1750~1805)도 비슷한 사의식을 이어 나갔다. 또 정약용(丁若鏞, 1762~1836)이나 박규수(朴珪壽, 1807~1877) 등 한 세대 아래의 실학자들도 이러한 사의식을 계승하였다. 이런 사정을 볼 때, 연암이 생각했던 새로운 사상은 몇몇 개인의 생각을 넘어서는 시대정신이 아니었을까 하는 생각을 하게 된다. 이에 본 장에서는 연암의 사의식을 준거로 삼아 홍대용, 박제가, 정약용, 박규수의 사의식 가운데 연암의 사의식과 상통하는 부분을 집중적으로 검토해 보고자 한다.

1) 홍대용 · 박제가의 경우

홍대용 또한 17세기 이래 실학파의 입장을 계승하여 당대 사(士)의 타락상에 대해 비판적 견해를 기본적으로 지니고 있었다.[76] 그런데 『연기(燕記)』에 실린 「사하곽생(沙河郭生)」 기사는 연암의 사의식과 관련하여 주목되는 내용을 담고 있다.

행차가 사하소점방(沙河所店房)에 이르렀다. 나는 여러 비장(裨將)들과 더불어 캉[炕]에서 잠시 휴식을 취하였는데, 그곳은 점방 주인이 거처하는 방이었다. 캉 아래에는 탁자가 깨끗이 정돈되었고, 독서를 하고 글씨를 쓴 흔적이 있었다. 나는 통역들에게 "점방 주인은 아마 독서하는 사람인 듯하다."라고 하니, 통역들은 웃으면서 말하기를 "이런 곳에 어찌 독서하는 사람이 있겠습니까?"라 하였다. …… 이역(李譯)이 (주인을) 비웃었

---

76 김문용(2005), 169~174면 참조.

다. "농사꾼이 밭을 갈고 공장(工匠)이 기구를 만들며 장사꾼이 화물을 유통하고 선비가 독서를 하는 것은 모두 다 먹고살기 위해서인데, 독서를 하며 벼슬을 구하지 않는다면 먹을 것이 어디서 생기오?" …… (주인이 말했다.) "닭이 울면 일어나서 방과 마루를 깨끗이 쓸고 닦으며 문을 열어 손님들을 맞이합니다. 장사꾼들이 돌아갈 때면, 술과 밥을 정결히 장만하여 그들의 고생을 위로하며 말먹이까지 넉넉히 마련하여 그들의 가는 길을 편리하게 합니다. 비용이 든 대로 돈을 받으니 양측(兩側)이 공평하며, 그 남는 이윤으로 가족들이 먹고삽니다. 몸에는 근심과 위태로움이 끊어지고 남들의 원망과 꾸짖음이 없습니다. 초연(超然)히 되는대로 살매 지극한 즐거움이 여기에 있습니다."[77]

홍대용은 1765년 연행을 다녀왔다. 『연기』는 이때의 경험을 정리한 연행록이고, 「사하곽생」은 홍대용이 연경에 가는 길에 만났던 인상적인 여관 주인에 대해 기록한 기사이다. 여관 주인 곽생은 젊어서 과거 시험을 준비했지만 실패하고서 여관을 운영하는 자였다. 홍대용은 그가 '독서인'임을 직감하지만, 역관들은 '독서인'이 여관을 운영한다는 사실을 도무지 믿을 수 없어 위와 같은 논란을 벌였던 것이다. 이러한 역관들의 인식과 태도는 바로 당시 조선 사회의 사(士)에 대한 일반적 인식이라고 보아도 좋을 것이다. 역관들이 곽생을 독서인으로 인정하

77　洪大容,『湛軒書』外集 卷7,『燕記』,「沙河郭生」, "行次沙河所店房. 余與諸裨將少休于內炕, 店主所處也. 見炕下倚卓潔淨, 有看書作字之痕. 余謂諸譯曰, 店主必讀書人也. 諸譯笑曰, 此中豈有讀書人? …… 李譯笑曰, 農之耕田, 工之制器, 商之通貨, 士之讀書, 皆所以求食也. 讀書而不求官, 食從何出? …… 郭生笑曰, ……鷄鳴而起, 灑掃室堂, 開門招客, 商旅如歸, 旣潔酒食, 以慰其苦, 亦豐芻秣, 以利其往, 計費收金, 物我無憾, 取其贏餘, 以資家食, 身絶憂危, 人無怨詈, 迢然開放, 至樂在中."

기 어려웠던 분위기는 그만큼 당시 조선 사회의 사에 대한 인식이 경직되어 있었음을 보여 준다. 이에 반해 홍대용은 곽생이 독서인임을 알아보고서 흥미가 일어 그와 대화를 나누고자 하였으나 그러지 못하여 대단히 안타까워하였다.[78]

곽생이란 인물의 면모는 연암의 사상(士像)과 상당히 부합한다고 볼 수 있다. 과거 시험 준비와는 무관한 독서인이라는 점, '여관 경영'이라는 일종의 서비스업에 종사하면서도 독서를 중단하지 않은 점, 여관을 이용하는 상인들에게 합당한 서비스를 제공하는 데에 대해 보람을 느끼고 있다는 점에서 그러하다. 다만 연암의 사상(士像)에 완전히 부합하기 위해서는 천하를 담당한다는 투철한 주체의식이 있어야 하지만, 곽생이 그러한 인물이었는지는 선명히 드러나 있지 않다. 여하튼 홍대용이 이러한 인물을 포착하여 기사를 남겨 놓은 것은 곽생에 대해 깊은 흥미를 느꼈기 때문일 터인데, 그러한 관심의 저변에는 새로운 사상의 정립이라는 시대정신에 대한 공명이 자리하고 있었다고 보아도 좋을 것이다.

한편 박제가의 사상은 일반적으로 연암의 실학사상을 계승한 것이라고 평가되듯이, 사의식에 있어서도 연암과의 친연성이 뚜렷하다.

무릇 이용(利用)과 후생(厚生) 가운데 하나라도 닦이지 않으면 위로 정

---

78 앞의 글, "내가 그의 말을 듣고 나도 모르게 찬탄을 하였다. 장차 마주 앉아 더 이야기를 하려 하였으나, 사행이 이미 호각을 불어 행장을 꾸리게 하니 통역들과 비장들이 모두 달려 나가고 곽생도 인사도 없이 나가 버렸다. 사람을 시켜 찾았으나 만나지 못하였다. 아마 그는 賢者로서 市門에 숨어 사는 이인 듯하였다. 수레를 타고 길을 오르면서도 나의 서운한 생각은 무엇을 잃은 듯하였다.〔余聞之, 失聲稱奇, 將延坐與語, 使行已吹角嚴裝, 諸譯及裨將皆趁出, 郭生亦不辭而走. 使人求之不得, 盖賢而隱於市門者, 登車就途, 悵然如有失焉.〕"

덕(正德)에 해가 된다. 그래서 공자께서는 "백성이 많아지고 (부유하게 만든 뒤) 가르친다."라고 하였고, 관중(管仲)은 "의식(衣食)이 풍족해야 예절을 안다."라고 하였다. 지금 민생이 날로 곤궁해지고 재용(財用)이 날로 줄어들고 있거늘 사대부가 수수방관하며 구원하지 않을 수 있겠는가![79]

이 인용문은 『북학의(北學議)』에 붙인 박제가의 자서(自序)이다. '이용후생'의 실학을 실천해 나갈 주체가 '사대부'여야 함을 분명히 밝히고 있어, 연암 사의식을 직접적으로 계승한다고 볼 수 있는 내용이다. 그런데 여기에는 구체적 방법까지 제시되어 있지는 않은데, 박제가의 경세문자 가운데 백미(白眉)로 일컬어지는,[80] 이른바 「병오소회(丙午所懷)」를 보면 박제가 특유의 사상(士像)이 그려져 있다.

무릇 놀고먹는 자들은 나라의 커다란 좀입니다. 놀고먹는 자들이 늘어나는 것은 사족(士族)이 날로 번성하기 때문입니다. 이 무리들이 거의 나라 가운데 퍼져 있으므로 과거(科擧)라는 끈 하나만으로는 이들을 모두 묶어 둘 수 없습니다. 반드시 달리 조처하는 방법이 있어야만 쓸데없는 말이 생기지 않고 국법이 시행될 수 있을 것입니다. 신(臣)은 수륙의 교통이 모이는 곳에서 장사하는 일에 사족들이 참여할 수 있도록 허락해 주시기를 청합니다. 혹 여비를 보태어 빌려주기도 하고, 가게를 세의 거처하도록 하고, 높이 발탁하여 권면하기도 하여, 그들로 하여금 날마다 이익을 향해 나아가도록 하여 점차 놀고먹는 추세를 없애고 업(業)을 즐기는

---

79 朴齊家, 『貞蕤閣文集』 卷1, 「北學議自序」, "夫利用厚生, 一有不脩, 則上侵於正德. 故子曰, 旣庶矣而敎之. 管仲曰, 衣食足而知禮節. 今民生日困, 財用日窮, 士大夫其將袖手而不之救歟!"
80 박제가 저, 안대회 역(2003), 199면 참조.

마음을 열도록 함으로써 그들의 호강(豪强)한 권세를 없앨 수 있으니, 이것이 또한 나라를 바꾸는 데 일조가 될 것입니다.[81]

「병오소회」는 해외무역의 장려를 통해 조선을 경장(更張)하자는 주장을 담아 정조임금에게 올린 일종의 상소문이다. 인용한 대목은 사(士)들을 모두 관리로 등용할 수 없으므로 그들이 '상(商)'으로 옮겨 갈 수 있도록 적극적으로 유도하자는 내용을 담고 있는바, 17세기 실학파의 '사농합일'에 견주어 '사상합일(士商合一)'이라 일컬을 만한 내용이다. 박제가의 중상주의적(重商主義的) 입장이 선명히 드러나고 있으며, 사와 농공상을 통일적으로 인식하고자 했던 연암 사의식과의 친연성도 분명히 감지되고 있다.[82]

2) 정약용·박규수의 경우

정약용은 사의식과 관계되는 풍부한 자료를 남겼다.[83] 그 가운데 연암의 사의식과 조응하는 내용을 담고 있는 「전론(田論)」이 특히 주목된다.

---

81 朴齊家, 『貞蕤閣文集』 卷3, 「丙午正月二十二日朝參時 典設署別提朴齊家所懷」, "夫游食者, 國之大蠹也. 游食之日滋, 士族之日繁也. 此其爲徒, 殆遍國中, 非一條科宦所盡羈縻也. 必有所以處之之術, 然後浮言不作, 國法可行. 臣請凡水陸交通販貿之事, 悉許士族入籍, 或資裝以假之, 設壨以居之, 顯擢以勸之, 使之日趨於利, 以漸殺其游食之勢, 開其樂業之心, 而消其豪强之權, 此又轉移之一助也."

82 그런데 이 글에서는 士의 주체적 입장을 강조하기보다 士를 대상화시키고 있다는 점이 연암의 사의식과 어긋나는 부분이라 지적할 수 있는데, 이는 이 글이 통치자에게 올리는 글이라는 성격에서 기인하는 문제로 볼 수 있을 것이다.

83 정약용의 신분제도와 관련된 논의는 조성을(1986) 참조.

답: ……(놀고먹던) 사(士)들이 전향하여 밭에 나가면 땅이 개간되고, 풍속이 도타워지고, 난민(亂民)이 사라지게 된다.

문: 필시 전향하여 밭에 나가지 않는 자가 있을 것인데 이를 장차 어찌할 것인가?

답: 전향하여 공상(工商)이 되는 자도 있을 것이며, 아침에 나가 밭 갈고 밤에 돌아와 고인의 글을 읽는 자도 있을 것이며, 부민(富民)의 자제들을 가르쳐 먹고살기를 도모하는 자도 있을 것이며, 실리(實理)를 강구하여 토질을 분변하고 수리(水利)를 일으키며, 도구를 제작해 노동력을 절감하고, 나무를 심고 가축을 기르는 법을 가르쳐 농민을 돕는 자도 있을 것이다. 이와 같다면 그 공로가 어찌 팔뚝을 놀려 농사를 직접 짓는 바에 비할 수 있겠는가?[84]

이는 '사(士)의 유식(遊食)'이라는 문제 제기에 대한 정약용의 해결 방안인데, 연암이 「제가총설」에서 제기한 방안과 매우 흡사하다. 사(士)가 농(農)으로 업(業)을 전환하는 방식의 '사농합일'이 아니라, 사(士)가 독서인으로서의 지식과 능력을 발휘해 농(農)을 돕는 방식의 '사농합일'을 말하고 있는 것이다. 연암이 제기하였던 '실학을 실천하는 주체로서의 사상(士像)'이 정약용의 설명에 의해 한층 명료하게 되었다고 평가할 수 있다.

그리고 정약용의 「발고정림생원론(跋顧亭林生員論)」도 매우 흥미로운

---

84 丁若鏞, 『與猶堂全書 1』 卷11, 「田論五」, "士轉而緣南畝而地利闢, 士轉而緣南畝而風俗厚, 士轉而緣南畝而亂民息矣. 曰有必不得轉而緣南畝者, 將奈何? 曰有轉而爲工商者矣, 有朝出耕夜歸讀古人書者矣, 有敎授富民子弟以求活者矣, 有講究實理辨土宜興水利, 制器以省力, 敎之樹藝畜牧, 以佐農者矣. 若是者, 其功豈扼腕力作者所能比哉."

자료이다. 이 글은 앞 장에서 살폈던 고염무의 「생원론」에 대해 붙인
짧은 메모와 같은 성격을 지니고 있다.

> …… 고정림은 온 천하에 생원이 넘쳐 나는 것을 근심하였다. 나로서
> 는 온 나라에 양반이 넘쳐 나는 것을 근심한다. 그러나 양반의 폐단이 더
> 심하다. 생원은 실로 과거에 나아감으로써 얻는 호칭인데, 양반은 문반과
> 무반이 아니어도 허명을 얻게 된다. 생원은 그래도 정원이 있지만 양반은
> 무제한이다. 생원은 세대에 따라 변천이 있지만, 양반은 한번 얻으면 백
> 세가 가도 버리지 않는다. …… 비록 그러하나 나로서는 소망(所望)이 있
> 다. 만일 온 나라 사람이 양반이 된다면 온 나라에 양반이 없게 될 것이
> 다. 젊은이가 있어야 어른이 드러나고, 천한 자가 있어야 귀한 자가 드러
> 나는 법이다. 진실로 모두가 존귀하다면 존경받을 바도 없을 것이다. 관
> 자(管子)는 말했다. "온 나라 사람이 모두 존귀할 수는 없다. 모두 존귀하
> 게 되는 것은 될 수도 없고 나라에도 이로울 것이 없다."[85]

인용문의 전반부에서 정약용은 고염무가 쓴 「생원론」의 취지에 적
극 찬동하여 양반이 넘쳐 나는 조선의 세태를 비판하고, 후반부에서는
'차라리 모든 사람이 양반이 됨으로써 궁극적으로 양반이 소멸되는 것'
이 자신의 '소망'이라는 이야기를 하고 있다. 그러나 곧바로 관자를 인

---

85 丁若鏞, 『與猶堂全書 1』 卷14, 「跋顧亭林生員論」, "亭林憂盡天下而爲生員, 若余憂通一
國而爲兩班, 然兩班之弊, 尤有甚焉, 生員實赴科擧而得茲號, 兩班竝非文武而冒虛名, 生
員猶有定額, 兩班都無限制, 生員世有遷變, 兩班一獲而百世不捨, 況生員之弊, 兩班悉兼
而有之哉. …… 雖然若余所望則有之. 使通一國而爲兩班, 卽通一國而無兩班矣. 有少斯顯
長, 有賤斯顯貴. 苟其皆尊, 卽無所爲尊也. 管子曰, 一國之人, 不可以皆貴, 皆貴則不成而
國不利也."

용하여 모든 사람이 존귀하게 될 수는 없다는 말을 함으로써 결국 자신의 '소망'을 농담으로 돌리고 있다.

정약용 스스로 농담으로 돌리기는 하였지만, 그 '소망'의 내용은 놀라운 바가 있다. 모든 사람이 양반이 된다는 것은 결국 모든 신분의 해소를 의미할 것이기 때문이다. 그렇지만 이것을 확대해석하여 정약용이 신분제의 해체를 생각했다고 보기는 어렵다. 앞에서 살폈듯, 연암도 모든 사람이 사(士)가 되는 세상을 이야기하였지만, 그것이 신분제의 해체를 뜻하는 것은 아니었듯이, 정약용의 소망도 같은 차원에서 이해할 수 있을 듯하다. 연암과 정약용의 사(士)에 대한 담론은 공히 원론적 차원이긴 하나 인간의 평등을 지향하는 가치를 내장하고 있기에 부지불식간에 신분제도를 상대화하는 언급이 나올 수밖에 없었던 것이다.

연암의 손자인 박규수는 연암 사의식의 직접적 계승자라고 할 수 있다. 박규수는 조부가 쓴 「원사」의 논의를 계승하고 확대하여 「범희문청흥학교청선거(范希文請興學校淸選擧)」[86]를 통해 사(士)에 대한 자신의 담론을 도도하게 펼쳤다.[87] 다음은 그 전반부에서 핵심적 요지에 해당하는 구절만을 따온 것이다.

---

[86] 「范希文請興學校淸選擧」라는 제목은 '범희문이 학교를 일으키고 과거제 개혁을 청하다'는 뜻으로 북송대 范仲淹의 글에 대한 박규수의 按說인데 박규수의 초기 저작인 『尙古圖會文義例』에 들어 있다. 이에 대한 자세한 논의는 김명호(2008), 135∼180면 참조.

[87] 이 글의 말미에 李正觀의 평어가 참고가 된다. "大議論이요 大文字이니 읽을 수는 있어도 품평할 수는 없다. 연암 선생의 글 상자 원고 가운데 「원사」가 있는데 그 大旨는 士를 生人의 큰 근본으로 간주하는 것을 위주로 하였다. 지금 이 글을 읽어 보니 연암 집안이 어떠한가를 알게 되어 거듭 경탄한다.〔念齋曰大議論大文字, 可讀不可評. 燕巖先生巾衍稿中有原士篇, 大旨以士爲生人大本爲主, 今讀此篇, 知淵源家庭, 重可敬也.〕"(朴珪壽, 『瓛齋先生集』 卷11, 「范希文請興學校淸選擧」).

　무릇 사(士)는 무엇을 하는 자인가? 무릇 사는 생인(生人)의 대본(大本)
이며 도(道)를 들은 자에 대한 미명(美名)이다. …… 무릇 사람 가운데 효
제충순의 덕이 있는 자라면 누군들 사가 아니겠는가? 사 가운데 백묘(百
畝)의 땅을 자신의 근심거리로 삼아 힘을 부지런히 써서 땅의 재화를 늘
이는 자를 농(農)이라 하고, 사 가운데 오재(五材)를 가지고 백성들의 물건
을 만들어 이용후생(利用厚生)의 물건을 개발하는 자를 공(工)이라 하고,
사 가운데 서로 필요한 물건을 중계하여 사방의 진기한 물건들을 유통시
켜 그것을 밑천으로 삼는 자를 상(商)이라 한다. 그 몸은 사이지만 그 업
(業)은 농공상(農工商)의 일이다. …… 이러한 까닭에 업은 같지 않지만 도
(道)는 다름이 없으며, 이름은 비록 네 가지로 나열되지만 사인 것은 동일
하다. …… 「사관례(士冠禮)」에 "천자의 원자(元子)도 사와 같다. 천하에
나면서부터 귀한 자는 없다."라고 하였다. 이러한 까닭에 천하면 필부요
귀하면 천자이지만 사 아님이 없다.[88]

　여기서는 사와 농공상의 통일적 인식이 앞에서 살펴본 어느 자료보
다도 명확하게 제시되어 있다. '그 몸은 사(士)이지만 그 업(業)은 농공
상(農工商)'이라는 말은 본고에서 논의해 온 17세기 이후 실학파 사의식
의 귀결점을 집약적으로 보여 주고 있다. 또한 『의례(儀禮)』, 「사관례」
를 인용하여 '천자'로부터 '필부'에 이르기까지 모두가 사(士)라고 한

---

[88] 朴珪壽, 『瓛齋先生集』 卷11, 「范希文請興學校淸選擧」, "夫士何爲者也? 夫士者, 生人之
大本, 而聞道者之美名也. …… 夫人之有孝悌忠順之德也, 何莫非士也? 士之以百畝爲己
憂, 勤力以長地財者謂之農, 士之飭五材辨民器, 開利用厚生之物者謂之工, 士之貿遷有無,
通四方之珍異以資之者謂之商. 其身則士, 其業則農工商賈之事也. …… 是故業之不同,
道無殊別; 名雖列四, 士則一也. …… 士冠禮曰天子之元子猶士也, 天下無生而貴者也. 是
故其賤則匹夫, 其貴則天子, 而莫非士也. …… 夫禮樂者, 爲治之本, 而學校者, 禮樂之本
也……."

것은 연암 사의식의 직접적 계승임을 확인할 수 있는 동시에 그 인식의 선명함은 연암에게서 한 걸음 더 나아갔다고 평가할 수 있을 정도이다.

그런데 이 글은 제목을 통해 알 수 있듯이 '학교'에 대한 논의이다. 글의 시작은 "학교를 일으키는 것은 어떻게 해야 하는가〔興學校如之何〕."라는 문장이다. 이 물음이 위와 같은 사인식으로 연결되는 것은 "그렇다면 어떻게 해야 된단 말인가? 또한 그 근본을 밝혀야 할 따름이다〔然則如之何而可也 蓋亦明其本而已矣〕."라는 문장을 통해서이다. 17세기의 실학파들이 학생의 엄격한 선발 방법, 교육 내용과 방법에 대한 논의를 통해 '흥학교(興學校)'를 논했던 데 비해, 박규수는 사(士)의 자세를 가다듬는 데서 '흥학교'의 방도를 찾았던 것이다.

글의 후반부는 "무릇 사는 무엇을 하는 자인가〔夫士何爲者也〕?"라는 물음으로 논지를 전환하여 '예악(禮樂)'을 닦는 것이 사의 본분임을 길게 설명하고 다음과 같이 글을 맺었다.

> …… 무릇 예악이라는 것은 다스림의 근본이고, 학교라는 것은 예악의 근본이다. 성인의 시대와 같은 태평을 이루고 싶다면 장차 재화를 일으킬 것인가, 형(刑)과 법(法)을 무겁게 할 것인가, 무기를 수선할 것인가, 성과 해자를 수리할 것인가? 성인이 다시 일어나도 반드시 먼저 할 바와 나중에 할 바가 있을 것이다.[89]

여기서 말하는 '예악'은 '궁실지제(宮室之制)', '의상(衣裳)', '보궤(簠簋)', '규장(圭璋)', '거복(車服)', '생용금슬(笙鏞琴瑟)', '읍양배부(揖讓拜

---

[89] 앞의 글, "夫禮樂者, 爲治之本, 而學校者, 禮樂之本也. 有欲致太平於聖人之世者, 其將興貨財乎, 重刑法乎, 繕甲兵乎, 修城池乎, 聖人復起, 其必有所先後矣."

俯)’, ‘영가무도(咏歌舞蹈)’ 등 전통적 의미의 ‘예악’ 바로 그것을 말한다. 연암이 「원사」에서 ‘독서’를 사의 본분으로 설정했던 데 비해, 박규수는 ‘예악’을 사의 본분으로 설정하고 있는 것이다.

그렇다면 ‘독서’에서 ‘예악’으로 사의 본분을 달리 보게 된 변화를 어떻게 해석해야 할 것인가. 이는 19세기 들어 주자(朱子) 성리학이 오히려 강화되어 갔던 시대 상황과 무관하다고 보기는 어려울 것 같다. 그렇지만 박규수가 『상고도회문의례(尙古圖會文義例)』를 완성한 것은 1827년, 그의 나이 21세 때로 아직 경세학으로 학문적 전환을 하기 이전이었다는 점 또한 상기할 필요가 있겠다.

5. 맺음말

본고는 연암을 중심으로 하여 17세기부터 19세기에 이르기까지 이조 후기 실학파의 사인식을 고찰하였다. 그 결과를 간략히 요약하면 다음과 같다.

유형원을 위시한 17세기 실학자들은 당시 특권층의 자제들이 사(士)로서의 자질과 능력을 갖추지도 않은 채 관직을 독점함으로써, 사로서의 진정한 자질과 능력을 갖추기 위해 공부하는 자들이 사라지게 되고, 사를 모칭(冒稱)하여 단지 요행으로 출세하기를 바라는 무뢰배들이 넘쳐 나게 된 현실에 대해 심각한 문제의식을 지니고 있었다. 실학자들은 이를 해결하기 위한 여러 가지 방안을 제시하였는데, 그 가운데 가장 대표적인 것은 사를 교육시키는 ‘학교’를 엄격히 관리하자는 것이었다. 사족(士族)과 서민(庶民)을 구분하지 말고 엄정한 선발 절차를 통해 자질과 능력이 있는 자만을 교육시켜 관료로 충원하자는 방안이었다. 그런데 이러한 방안은 중국의 황종희나 고염무와 같은 사상가들에 의해서도 동일하게 제기되었다. 사계층이 너무 비대하여 한정된 관직에 모두 수용할 수 없는 것이 심각한 사회문제로 떠오른 것은 우리나라나 중국이나 동일하였던 것이다.

연암은 청년 시절 17세기 실학파의 문제의식을 계승하여 「양반전」을 창작하였다. 사계층의 타락상을 생생한 소설적 기법으로 표현하여 문학작품으로 커다란 성공을 거두었다. 그런데 문제에 대한 해결 방안은 17세기 실학파들과 지향을 달리하였다. 연암은 사(士)의 범위를 엄격히 제한하기보다는 오히려 사의 범주를 확장하는 쪽으로 생각을 밀고 나갔다. 천하에 대한 책임감을 갖고, 효제충신의 도(道)를 실천하며, 치열한 독서와 학문을 통해 세상에 혜택을 끼친다면, 그 사람의 신분이 서인(庶人)이든 천자(天子)이든 모두가 사라는 새로운 사상(士像)을 정립하였다. 연암이 생각한 새로운 사는 더 이상 관료가 되는 길만을 바라보지 않고 사농공상(士農工商) 어느 직역에 있든 자기가 종사하는 분야의 '실학'을 실천하는 주체가 되어 이용후생(利用厚生)의 혜택을 천하에 끼치는 존재이다. '허생 이야기'는 그렇게 새롭게 정립된 사(士)의 구체적 형상화라 할 수 있다.

이러한 연암의 새로운 사상은 이후의 실학파에 의해 계승되고 확산되었다. 연암과 사상적 동지였던 홍대용은 연행길에서 연암의 사상(士像)에 부합할 만한 독서인을 발견하여 그에 대한 기록을 남기기도 하였고, 연암 사상의 직접적 영향을 받은 박제가는 사계층이 더 이상 관직 진출에 연연해하지 말고 실학을 실천해 세상에 기여해야 한다고 주장하였다. 정약용 또한 사들이 자신들의 지식 능력을 활용하여 농공상의 업(業)에 종사해야 한다고 주장하였다. 그리고 연암 사상의 직접적 계승자인 박규수 또한 조부의 사의식을 계승하여 '그 몸은 사(士)이지만 그

업(業)은 농공상(農工商)'이라는 명제로 새로운 사상(士像)을 명료하게 제시하였다. 이렇게 연암의 사상(士像)이 확산되고 계승될 수 있었던 것은 그만큼 당대에 절실한 시대정신을 대변했기 때문이 아니었을까 생각된다.

이상과 같은 실학파의 사인식을 전반적으로 살펴보면 일정한 가치 지향을 발견하게 된다. 특권층의 관직 독점을 비판하며 서인들에게도 학교의 문호를 개방해야 한다거나, 사(士)를 매개로 천자와 서인을 같은 범주로 묶는 것은 인간을 차별 없이 평등하게 바라보는 가치를 지향한 것이라고 볼 수 있다. 그리고 도덕 실천의 수행, 치열한 독서와 각 분야에서의 실천적 학문 활동(즉 실학)을 통해 천하를 담당한다는 강렬한 책임의식을 요구한 것은 인간의 주체적 각성에 대한 요구로 이해할 수 있다. 실학파의 사의식은 이러한 보편적 가치를 구체적으로 역사 현실에 적용하기 위한 고민의 산물이라 할 수 있다. 그래서 그 안에는 중세적 '예악'을 강조한 대목도 있고, '모든 사람들이 편안히 앉아 글을 읽게 된다면 천하가 무사'하게 될 것이라는 유토피아적 이상향을 제시하기도 한다. 그러므로 이를 두고 중세사상이냐 근대지향이냐 하는 꼬리표를 달기 위해 논란을 벌이는 것은 별다른 실효가 없는 도로(徒勞)에 불과하다. 중요한 것은 실학파들이 현실의 구체적인 문제에 대응하여 벌였던 사상적 고투와 그 고투의 결과 한 걸음 나아가게 된 성과를 실사구시적으로 살펴보고, 그 성취가 이후의 역사에 어떻게 연결되는지를 확인하는 작업일 것이다.[90]

---

[90] 조경달(2009)은 이조 후기 실학파의 士에 대한 인식이 19세기 농민운동의 사상적 기저가 되었다는 시각을 보이고 있다. 앞으로 이 문제에 대해 보다 활발한 논의가 필요하다.

參考文獻

박지원 저, 신호열·김명호 역(2007), 『연암집』, 돌베개.

박제가 저, 안대회 역(2003), 『북학의』, 돌베개.

柳壽垣 著, 민족문화추진회 역(1986), 『(국역)迂書』.

柳馨遠, 『磻溪隨錄』, 景仁文化社 영인.

李瀷 著, 민족문화추진회 역(1979), 『(국역)星湖僿說』.

顧炎武 著, 黃汝成 集釋(2006), 『日知錄集釋』, 上海古籍出版社.

袁枚, 周本淳 校, 『小倉山房文集』, 上海古籍出版社.

황종희 저, 김덕균 역(2000), 『명이대방록』, 한길사.

김명호(1990), 『熱河日記 硏究』, 창작과비평사.

______(2001), 『박지원 문학 연구』, 성균관대 대동문화연구원.

______(2008), 『환재 박규수 연구』, 창비.

김문용(2005), 『홍대용의 실학과 18세기 북학사상』, 예문서원.

李佑成(1982), 『韓國의 歷史像』, 창작과비평사.

임형택(2009), 『문명의식과 실학―한국 지성사를 읽다』, 돌베개.

조경달(2009), 『민중과 유토피아』, 역사비평사.

고지마 쓰요시 저, 신승현 역(2004), 『사대부의 시대』, 동아시아.

시마다 겐지 저, 김석근 외 역(1986), 『朱子學과 陽明學』, 까치.

余英時(1987), 『士與中國文化』, 上海人民出版社.

Palais, James B, 김범 역(2008), 『유교적 경세론과 조선의 제도들―유형원과 조선 후기』, 산처럼.

김학성(1989),「양반전의 작품구조와 주제」,『인문과학』19, 성균관대
　　　인문과학연구소.

李家源(1965),「兩班傳硏究」,『대동문화연구』1, 성균관대 대동문화
　　　연구원.

이헌창(2005),「燕巖 朴趾源의 경제사상에 관한 연구」,『함양문화』6,
　　　함양문화원.

임형택(2009),「동아시아 실학의 개념 정립을 위하여」,『한국실학연
　　　구』18, 한국실학학회.

조성을(1986),「丁若鏞의 臣分制改革論」,『동방학지』51, 연세대 국학
　　　연구원.

＿＿＿＿＿(2000),「실학의 사회·경제사상―신분제도 개혁을 중심으로」,
　　　『대동문화연구』37, 성균관대 대동문화연구원.

한국실학사에서 연암 박지원은 이용후생파(利用厚生派)의 중심에 선 존재이다. 대개 역사적 의미의 실학은 반계 유형원으로부터 출발, 성호 이익에 이르러 학문으로서의 체계와 성격이 확립된 것으로 인정되고 있다. 성호에 의해 틀이 잡힌 학문은 국정제도의 개혁을 주 과제로 삼고 있기에, 이 유파를 경세치용파(經世致用派)로 일컫게 되었다. 연암은 성호보다 반세기 뒤에 등장하는데 유민익국(裕民益國)을 위한 기술발전, 상업유통을 제창하여 이용후생파로 일컬어졌다. 그리하여 경세치용파와 쌍벽을 이루게 된 것이다.

연암은 지금까지 학자로서 보다는 문학가로서 평가를 받아왔다. 그의 주저인 『열하일기(熱河日記)』는 불후의 명작으로 읽혀지고 있으며, 그가 구사한 문체는 변동하는 시대의 조류와 요구를 대변한 것이 사실이다. 『열하일기』부터 문학 작품인 동시에 실학적 실천의 의지가 담긴 학문 저술이다. 문학과 학문의 근대적 경계를 넘어서 있는 것이다. 인문학 본연의 총체성을 구현하고 있다고 말해도 좋다. 요컨대 연암이 주도했던 실학은 문예운동을 통해 새로운 기풍을 진작시키려고 한바, 이것이 그 자체의 특성이기도 하다.

이러한 연암의 학문과 사상, 문학을 입체적으로 파악하기 위해 본 연구서는 기획되었다. 실시학사의 실학연구총서는 1차 연도에 성호와 다산을 다루었거니와, 2차 연도로 와서 담헌(湛軒)과 연암을 착수한 것이다. 경세치용파에 바로 이어 이용후생파를 조명한 셈이다.

『연암 박지원 연구』는 5인이 공동 연구자로 참여하여 5편의 중후한 논문으로 구성된 책이다. 임형택(林熒澤)은 연암 실학의 핵심에 해당하는 경제사상과 이용후생론을 거론하였는데, 문제에 접근하는 출발점을 사(士)의 주체적 각성으로 잡아서 연암에 대해 근원적이면서 총체적인 인식을 의도하고 있다. 이용후생학의 연암학파가 성립된 시기를 추론한 점도 본고에서 주목할 대목이다. 김명호(金明昊) 교수는 서학서(西學書)가 연암의 사유와 언어적 표현에 어떤 영향을 미쳤던가를 구체적으로 분석한다. 연암이 남긴 필사본 초고들을 자료로 이용해서 논지를 실증적으로 끌어가는바, '서학의 주체적 수용'이라는 결론을 도출하고 있다. 다음으로 염정섭(廉定燮) 교수는 『과농소초(課農小抄)』를 종합적으로 고찰한다. 『과농소초』는 연암이 심혈을 기울인 농학의 대저인데 이제 비로소 본격적이고 체계적인 연구가 이루어진 것이다. 『열하일기』에 대해서는 지금까지 많은 연구가 축적된바 리쉐탕(李學堂) 교수의 논문은 필담(筆談)을 통해 『열하일기』를 분석했다는 면에서 흥미롭고 신선하다. 이 주제가 중국학자에 의해 수행되어 더욱 의미를 갖게 되었다. 끝으로 김용태(金龍泰) 교수의 논문은 실학을 사의식(士意識)과 관련지어 해석하려는 시도이다. 17세기 이래 동아시아 세계에 대두한 신학풍을 기본적으로 사의 자각의 학적 표출로 보고 있는바 이러한 문제의식의 흐름의 중심에 연암을 놓았다. 뒤에 연암의 생애와 행적을 연대기로 정리한 연보를 덧붙였다. 김명호 교수가 작성한 것으로 비교적 상세하다. 이 책을 처음부터 읽은 독자들에게 마지막으로 인간 연암을 그려볼 수 있도록 한 배려이다.

지금 이 책은 앞으로 연암 연구, 나아가서는 실학 연구에 하나의 이정표가 될 수 있을 것으로 자부한다. 위와 같이 각각의 논문들의 시각과 논리가 전반적으로 새로운 방향모색의 학적 의지를 담고 있기 때문이다. 또한 모두 텍스트에 기초해서 논지를 전개하는바 원래 연암 본가에 소장되어 있었던 필사본 초고 및 연암의 아들이 기록한 『과정록(過庭錄)』 등 신자료를 활용하여 연구의 참신성을 받쳐주고 있다. 학계는 물론 독자 일반의 연암에 대한 애호와 관심이 이 책을 통해서 살아나고 심화되기를 고대해 마지않는다.

2012년 4월 30일
집필진을 대표하여 임형택

부록

· 연보 ― 찾아보기

서기	제왕 연대	나이	연암의 사적
1737년	영조 13	1	○ 2월 5일(이하 음력) 축시(丑時, 일설 寅時)에 한양 서소문(西小門) 밖 반송방(盤松坊) 야동(冶洞, 풀뭇골, 지금의 중구 순화동·의주로 2가 일대)의 조부 댁에서 부친 박사유(朴師愈)와 모친 함평 이씨(咸平李氏) 사이의 2남 2녀 중 막내로 출생하다. ○ 휘(諱)는 지원(趾源)이요, 자는 중미(仲美)·미중(美仲)·미재(美齋)이고, 호는 연암(燕巖)이다. 본관은 반남(潘南)으로, 조광조(趙光祖)의 문인인 박소(朴紹, 호 冶川, 1493~1534) 이후 세신(世臣) 귀척(貴戚)을 허다히 배출한 명문가의 후예이다.
1739년	영조 15	3	○ 형님 박희원(朴喜源)이 한산(韓山) 이동필(李東馝)의 딸과 혼인하다.
1740년	영조 16	4	○ 6월 이후 조부 박필균(朴弼均)이 부응교, 동부승지, 좌승지를 거쳐 도승지에 제수되고, 통정대부에 이어 가선대부에 가자(加資)되다. 9월 한성우윤, 10월 형조참판, 병조참판에 제수되다.
1741년	영조 17	5	○ 8월 조부 박필균이 경기감사에 제수되다. 11월 파직되다.
1742년	영조 18	6	○ 9월 조부 박필균이 호조참판에 제수되다.
1743년	영조 19	7	○ 11월 조부 박필균이 한성우윤에 제수되다.
1744년	영조 20	8	○ 맏누님이 덕수 이씨(德水李氏) 택모(宅模, 초명 顯模)와 혼인하다. 슬하에 1녀 2남을 두다.
1745년	영조 21	9	○ 9월 조부 박필균이 한성좌윤에 제수되다.
1746년	영조 22	10	○ 6월 조부 박필균이 병조참판에 제수되다. 11월 강원도 춘천부사로 나가다.
1747년	영조 23	11	○ 2월 조부 박필균이 춘천부사에서 해임되다.
1748년	영조 24	12	○ 3월 조부 박필균이 예조참판에 제수되다.

서기	제왕 연대	나이	연암의 사적
1748년	영조 24	12	○ 윤7월 성리학의 대가인 족조(族祖) 박필주(朴弼周, 호 黎湖)가 서거하다. 조부 박필균과 막역한 사이로, 숙부 박사근(朴師近)은 그의 양자이다. 연암은 그를 고조 박세교(朴世橋)의 종형제인 박세채(朴世采, 호 玄石)와 더불어 유학으로 가문을 빛낸 두 분의 선조로 추앙하다.
1750년	영조 26	14	○ 2월 조부 박필균이 공조참판에 제수되다. 12월 병조참판에 제수되다.
1752년	영조 28	16	○ 전주 이씨(全州李氏) 처사(處士) 보천(輔天)의 딸과 혼인하다. ○ 장인 이보천에게 『맹자(孟子)』를, 처숙(妻叔)인 홍문관 교리 이양천(李亮天, 호 榮木堂)에게 『사기(史記)』를 배우면서 본격적으로 학업을 시작하다. 이양천이 「신릉군전(信陵君傳)」을 가르쳤더니 연암이 즉시 그에 관한 수백 언(言)의 논설을 지었다든가, 연암이 「항우본기(項羽本紀)」를 모방하여 「이충무전(李忠武傳)」을 지었더니 이양천이 사마천(司馬遷)·반고(班固)와 같은 경지라고 칭찬한다는 일화가 전한다. ○ 10월 처숙 이양천이 소론계인 영의정 이종성(李宗城)을 탄핵한 일로 인해 흑산도에 위리안치되다. ○ 12월 조부 박필균이 병조참판에 제수되다.
1753년	영조 29	17	○ 2월 조부 박필균이 병조참판에서 해임되다. ○ 6월 처숙 이양천이 위리 철거되어 출륙(出陸)하다.
1754년	영조 30	18	○ 3월 조부 박필균이 대사간에 제수되다. ○ 이후 수년간 우울증적 증세로 고생하다. 이 병을 다스리기 위해 골동·서화(書畵)·성가(聲歌)를 가까이 하고, 손님을 청해 우스갯소리와 옛날이야기를 즐기며, 신선술(神仙術)에도 관심을 쏟다. 「민옹전(閔翁傳)」에 나오는 민유신(閔有信)을 이 무렵 만나, 그가 이듬해 74세로 죽기까지 연령과 신분을 초월한 우정을 나누다. 또한 거지 출신인 한양 시정(市井)의 기인(奇人) 광문(廣文)에 관한 설화를 소재로 「광문자전(廣文者傳)」을 지어 선배 어른들의 칭찬을 받은 것도 이 무렵의 일이다.

서기	제왕 연대	나이	연암의 사적
1755년	영조 31	19	○ 9월 처숙 이양천이 향년 40세로 별세하다. 그는 한유(韓愈)의 문(文)과 두보(杜甫)의 시에 정통한 문인으로, 유배에서 풀려난 뒤 이해 4월 세자시강원 필선(弼善)에 제수되었으나 곧 병사하다. 「제영목당 이공문(祭榮木堂李公文)」은 그의 죽음을 애도한 글이다.
1756년	영조 32	20	○ 이후 수년간 김이소(金履素)·이홍유(李弘儒)·한문홍(韓文洪)·홍문영(洪文泳)·황승원(黃昇源) 등과 함께 북한산 봉원사(奉元寺) 등지에서 과거 공부에 힘쓰다. ○ 겨울에 봉원사에서 윤영(尹映)이란 이인(異人)을 만나 허생고사(許生故事)를 듣고 깊은 감명을 받다. 시 「원조대경(元朝對鏡)」에는 이때 학업에 정진하던 모습이 잘 드러나 있다. ○ 이 무렵 이윤영(李胤永)·이인상(李麟祥)을 종유하면서 그림을 배우다. 또 이윤영에게 『주역(周易)』을 배우고, 그의 아들 이희천(李羲天)과도 교유하다.
1757년	영조 33	21	○ 가을에 「민옹전」을 짓다. 무반 출신의 불우한 선비로 풍자와 해학이 담긴 이야기를 잘한 민유신의 일생을 서술한 전기이다.
1758년	영조 34	22	○ 7월 조부 박필균이 동지돈령부사에 제수되다. 곧이어 지중추부사에 제수되고 기로소(耆老所)에 들어가다. ○ 12월 「대은암 창수시서(大隱巖唱酬詩序)」를 짓다. 친구들과 북악(北岳) 동쪽 기슭의 대은암(大隱巖, 南袞의 遺趾)에 놀러가 시를 지은 사실을 기록한 글이다.
1759년	영조 35	23	○ 10월 모친 함평 이씨가 향년 59세로 별세하다. ○ 장녀 출생하다(후에 李鍾穆에게 출가하다).
1760년	영조 36	24	○ 7월 조부 박필균이 지돈령부사에 제수되다. ○ 8월 조부 박필균이 향년 76세로 별세하다. 박필균은 집안의 당론이 노론과 소론으로 갈리자, 종형 박필주·종질 박사익(朴師益)·박사정(朴師正) 형제 등과 함께 단연코 노론을 지지하여 신임사화(辛壬士禍) 때에는 일시 피신하기도 하다. 1724년(영조 즉위년)에 뒤늦게 과거에 응시, 합격한

서기	제왕 연대	나이	연암의 사적
1760년	영조 36	24	뒤 벼슬이 지돈령부사(정2품)에 이르다. 박필균은 족형 박필성(朴弼成)이 효종의 부마인 금평도위(錦平都尉)요, 종손 박명원(朴明源)이 영조의 부마인 관계로 영조의 두터운 신임을 받았으나, 조정에서 노론의 당론을 관철하기에 힘썼으며 탕평책에 비판적이었다. 또한 그는 척신(戚臣)의 혐의를 피하기 위한 신중한 처신과 평생의 청렴한 생활로 널리 칭송을 받았다. 이러한 조부의 정치관과 처세는 연암에게 깊은 영향을 끼치다.
1761년	영조 37	25	○ 조모 정부인(貞夫人) 여주 이씨(驪州李氏)가 향년 79세로 별세하다.
1762년	영조 38	26	○ 「증유구서(贈悠久序)」를 짓다. 벗 이영원(李英遠, 자 悠久)이 평안도 영유(永柔)현령으로 부임하는 그의 부친을 따라 감에 따라 송별 시문으로 지어 준 글이다.
1763년	영조 39	27	○ 아이 종 김오복(金五福)을 시켜 신선으로 소문난 김홍기(金弘基)를 찾아보게 하다. 이를 계기로 나중에 「김신선전(金神仙傳)」을 짓다.
1764년	영조 40	28	○ 「초구기(貂裘記)」를 짓다. 명나라 마지막 황제인 의종(毅宗)이 순사(殉死)한 지 세 번째 돌아오는 갑신년인 이해를 기념하여 마을의 부형들과 더불어 송시열(宋時烈)의 후손 댁을 예방(禮訪)하고 송시열의 유상(遺像)에 절한 후 효종이 북벌(北伐) 때에 쓰라고 하사했다는 초구를 구경한 전말을 기록한 글이다.
1765년	영조 41	29	○ 가을에 유언호(兪彦鎬)·신광온(申光蘊) 등 여러 벗들과 금강산 일대를 유람하다. 만폭동을 거쳐 내금강 마하연(摩訶衍)의 백화암(白華菴)에서 준대사(俊大師)와 불교에 관한 문답을 나누다. 삼일포(三日浦)와 사선정(四仙亭)을 둘러보고 총석정(叢石亭)에서 동해의 일출을 구경하다. 「총석정 관일출(叢石亭觀日出)」은 이때의 체험을 노래한 시로, 판서 홍상한(洪象漢)의 격찬을 받다.
1766년	영조 42	30	○ 3월 장남 종의(宗儀) 출생하다.

서기	제왕 연대	나이	연암의 사적
1766년	영조 42	30	○ 같은 달 역관(譯官) 출신의 천재 시인 이언진(李彦瑱, 자 虞裳)이 향년 27세로 병사하다. 「우상전(虞裳傳)」은 이언진의 요절을 애도하여 지은 그의 전기이다. ○ 6월 동지사(冬至使)의 일원으로 중국을 다녀온 홍대용(洪大容)이 북경에서 사귄 청국 문인 엄성(嚴誠)·반정균(潘庭筠)·육비(陸飛)와의 필담 및 왕복 편지를 도은 『간정동 회우록(乾淨衕會友錄)』을 완성하고, 연암에게 그 서문을 청하다. 이에 지은 글이 「회우록서(會友錄序)」로, 당파가 다르고 신분이 다르면 서로 벗이 될 수 없는 조선의 현실을 개탄하면서 홍대용이 청국인 엄성 등과 화이(華夷)의 차별을 초월하여 결교한 사실을 예찬하다.
1767년	영조 43	31	○ 삼청동(三淸洞) 백련봉(白蓮峰) 아래 무신(武臣) 이장오(李章吾)의 별장에 세를 얻어 이사하다. 찾아오는 손님들로 집이 붐볐는데, 그중에는 연암을 자파로 끌어들이려는 조정의 고관들이 많았다고 한다. ○ 「사장애사(士章哀辭)」를 짓다. 2월 벗 박상한(朴相漢, 자 士章)이 요절하자 그를 추모하여 지은 글이다. ○ 4월 중부(仲父) 박사헌(朴師憲)이 향년 61세로 별세하다. 부인은 해주(海州) 정석조(鄭錫祚)의 딸이다. 후사를 두지 못했다. ○ 6월 부친 박사유가 향년 65세로 별세하다. 부친은 부모 슬하에서 평생을 포의(布衣)로 지내다. ○ 10월 부친의 장지(葬地) 문제로 녹천(鹿川) 이유(李濡)의 후손 집안과 산송(山訟)이 벌어져 형님 박희원이 신문고를 치고 임금에게 상소한 끝에 임금의 판결로 시비는 가려졌으나, 남의 원한을 사고 싶지 않아 부친의 유해를 딴 곳에 임시 매장한 뒤 나중에 길지(吉地)를 얻어 이장하기로 하다. 또 연암은 패소한 상대측의 상소인(上疏人)이 폐인을 자처하며 관직을 사퇴한 사실을 알고, 남의 장래를 막아버리게 된 데 책임을 느껴 자신도 과거를 폐하기로 했다고 한다. ○ 12월 계부(季父) 박사근(박필주의 양자)이 향년 43세로 별세하다. 박사근은 생원 급제 후 아산(牙山)현감을 지내다. 부친 3형제가 이해에 모두 사망하다.

서기	제왕 연대	나이	연암의 사적
1768년	영조 44	32	○ 백탑(白塔, 지금의 서울시 종로구 탑골공원 석탑) 부근으로 이사하다. 연암의 댁 주변에 이덕무(李德懋)·이서구(李書九)·서상수(徐常修)·유연(柳璉, 개명 柳琴)·유득공(柳得恭) 등이 모여 살았으며, 이 무렵부터 그들과 두터운 교분을 맺다. ○ 경신일(庚申日) 밤에 이덕무·서상수·윤가기(尹可基)·유연·유득공·박제가(朴齊家)·이응정(李應鼎)과 함께 「통소 연구(洞簫聯句)」를 짓다. ○ 5월 문하생인 박경유(朴景兪)의 누이 박씨가 순절하자 예조에 정려(旌閭)를 청하는 「박열부사장(朴烈婦事狀)」을 짓다. ○ 12월 서상수에게 윤회매(輪回梅)를 만들어 팔고 증서를 써 주다(『연암집』 권5, 「與人」).
1769년	영조 45	33	○ 부친상을 마치다. 「사황윤지서(謝黃允之書)」는 이 무렵 황승원(黃昇源, 자 允之)이 보내온 위문편지에 대한 감사의 답신으로, 장차 시골에 은둔할 뜻을 밝히다. ○ 「녹천관집서(綠天館集序)」를 짓다. 문하생 이서구(호 綠天館)의 문집에 붙인 서문으로, 그의 글이 신기(新奇)를 추구하여 당시의 의고(擬古) 풍조에서는 곧잘 비난을 받았으므로 이를 변호한 글이다. ○ 대한(大寒) 날 「공작관집 자서(孔雀館集自序)」를 짓다. 『공작관집』을 자찬(自撰)하고 그 서문으로 쓴 글이다. 글을 지을 때에는 오직 참〔眞〕을 그려야 한다고 역설하다.
1770년	영조 46	34	○ 「송서원덕 출재은산서(送徐元德出宰殷山序)」를 짓다. 2월 벗 서유린(徐有隣, 자 元德)이 평안도 은산(殷山)현감에 제수되어 임지로 떠남에 따라 지어 준 글이다. ○ 봄에 이덕무·유득공과 함께 연상각(烟湘閣, 일설 蟬橘堂·歌商樓)에 모여서 「입연구(笠聯句)」를 짓다. 갓을 소재로 읊은 시이다. ○ 8월 감시(監試) 초시의 초장·종장에 모두 수석으로 합격하다. 특지(特旨)로 입궐하니, 영조는 침전(寢殿)에서 도승지에게 연암의 시권(試券)을 낭독하게 하고 칭찬했다고 한다.
1771년	영조 47	35	○ 영조의 칭찬을 받은 일로 인해 연암의 명성이 더욱 높아

서기	제왕 연대	나이	연암의 사적
1771년	영조 47	35	지자, 2월 회시(會試, 소과 覆試)에 연암을 급제시킴으로써 공을 삼자는 시의(時議)가 있었다고 한다. 그러나 연암은 회시에 응하지 않거나, 마지못해 응시해도 시권을 제출하지 않다. ○ 5월 벗 이희천이 조선 태조(太祖)와 인조(仁祖)를 모독하는 문구가 포함되어 있는 줄 모르고 청나라 주린(朱璘)이 지은 『명기집략(明紀輯略)』을 구입해서 소지하고 있다가 발각되어, 그 책을 팔았던 책거간꾼과 함께 처형되다. 이 일로 연암은 큰 충격을 받고 한동안 교제와 인사(人事)를 끊다시피 했다고 한다(「題李夢直哀辭後」). ○ 이해 이후 다시는 과거에 응시하지 않다. 과거를 포기한 뒤 이덕무・백동수(白東修, 이덕무의 처남) 등과 함께 여행을 떠나다. 이덕무와는 개성에서 헤어진 뒤, 평양을 거쳐 천마산(天摩山)・묘향산 등지를 유람했으며, 남으로는 속리산・가야산, 화양(華陽)・단양(丹陽) 등 여러 명승지를 유람하다. 백동수와 함께 황해도 금천군(金川郡) 연암협(燕巖峽)을 답사한 후 장차 여기에 은둔할 뜻을 굳히고 자호(自號)를 '연암'이라 지은 것도 이때의 일이다. ○ 9월 맏누님 박씨가 향년 43세로 별세하다. 「백자 증정부인 박씨묘지명(伯姉贈貞夫人朴氏墓地銘)」은 출가한 뒤 가난과 병으로 고생하다 죽은 맏누님을 추모하여 지은 글이다. ○ 10월 이덕무가 「하야연기(夏夜讌記)」 등 선생의 글 10편을 선(選)한 『종북소선(鍾北小選)』을 편찬하고 서문을 짓다. ○ 「송심백수 출재낭천서(送沈伯修出宰狼川序)」를 짓다. 12월 벗 심염조(沈念祖, 자 伯修)가 강원도 낭천현감에 제수되어 임지로 떠남에 따라 지어 준 글이다.
1772년	영조 48	36	○ 1월 삼종질(三從姪) 박종덕(朴宗德, 초명 相德, 이조판서 역임)의 아들 수수(綏壽)가 29세로 요절하다. 「족손 증홍문정자 박군묘지명(族孫贈弘文正字朴君墓地銘)」은 박수수의 죽음을 애도한 글이다. ○ 형님의 장인 이동필(호 梧川)이 별세하다. 「제오천처사 이장문(祭梧川處士李丈文)」을 짓다. ○ 이 무렵 가족을 경기도 광주(廣州) 석마(石馬, 돌마면, 지금의 성남시 분당구)의 처가로 보낸 뒤 전의감동(典醫監洞,

서기	제왕 연대	나이	연암의 사적
1772년	영조 48	36	지금의 서울시 종로구 견지동)의 우사(寓舍)에 혼자 기거하면서 홍대용·정철조(鄭喆祚)·이서구·이덕무·박제가·유득공 등 여러 우인 문생들과 친밀하게 교제하는 가운데 자신의 사상과 문학을 심화해 나가다. ○「수소완정 하야방우기(酬素玩亭夏夜訪友記)」를 짓다. 이서구(호 素玩亭)의 「하야방우기(夏夜訪友記)」에 답한 글로, 몹시 소탈하게 지내던 자신의 당시 생활상을 해학적으로 그려 보이다. ○「초정집서(楚亭集序)」를 짓다. 박제가의 문집『초정집』에 부친 서문으로 '법고창신(法古創新)'의 문학론을 피력한 글이다(단 이 글과 대동소이한 내용인『貞蕤文集』중의「序」는 1768년 작이다). ○ 10월 유한준(兪漢雋)·유득공·정철조·서상수·이재성(李在誠, 처남)·서중수(徐重修, 자형)·홍대용 등에게 보낸 짧은 편지들을 모은『영대정잉묵(映帶亭賸墨)』을 편찬하고 자서(自序)를 짓다.
1773년	영조 49	37	○ 봄에 유득공·이덕무 등과 서도(西道)를 유람하다. 이때 성천(成川) 비류강(沸流江) 부근의 한 암자에서 이인(異人) 윤영을 다시 만나다. ○ 가을에 「회성원집발(繪聲園集跋)」과 시 「담원팔영(澹園八詠)」을 짓다. 「회성원집발」은 홍대용이 중국 여행 중에 사귄 등사민(鄧師閔)이 동향 친구 곽집환(郭執桓)의 시집인『회성원집』에 대해 조선 명사들의 글을 요청해 왔으므로 짓게 된 글이다. 또한 당시 곽집환이 등사민을 통해 자기 부친의 거처인 담원(澹園)을 노래한 시도 함께 지어 줄 것을 요청했으므로, 그에 호응하여 연암과 이덕무·유득공·박제가·이서구 등이 곽집환의 시에 차운한 「담원팔영」을 짓다.
1774년	영조 50	38	○「이몽직애사(李夢直哀辭)」를 짓다. 서중수의 조카요, 박제가의 매제인 이한주(李漢柱)의 요절을 애도한 글이다. ○ 12월 「제이당화(題李唐畫)」를 짓다. 송나라 이당(李唐)의 명화 「장하강사(長夏江寺)」가 조선에 유입된 내력을 기록한 글이다.

서기	제왕 연대	나이	연암의 사적
1775년	영조 51	39	○「유경집애사(兪景集哀辭)」를 짓다. 벗 유정주(兪靖柱)의 아들인 유성환(兪成煥)이 요절하였으므로 지어 준 글이다. ○ 유언호의 『연석집(燕石集)』에 부치는 서문을 짓다(『연암집』권7,「愚夫艸序」).
1776년	영조 52	40	○ 삼종형 박명원이 동지정사(冬至正使)로 북경에 가다. 이때 벗 나걸(羅杰)이 서장관을 수행하였으므로, 그를 개성까지 전송하다. 또 유득공의 숙부 유연이 부사 서호수(徐浩修)의 수행원으로 사행에 참가하여 이덕무·유득공·박제가·이서구 4인의 시를 선(選)한 『한객건연집(韓客巾衍集)』을 지니고 북경으로 떠나다.
1777년	정조 1	41	○ 4월 장인 이보천(호 遺安齋)이 향년 64세로 별세하다. 이보천은 세종의 서자인 계양군(桂陽君)의 후손으로, 김창협(金昌協)의 제자인 종숙부 이명화(李明華)의 문인이자 기원(杞園) 어유봉(魚有鳳)의 사위가 되어, 송시열에서 김창협으로 이어지는 노론 학통을 계승한 산림처사이다. 탕평책에 반대하여 여론을 진작하기에 힘쓰고 아우 이양천이 급제하여 관직에 오르자 자신은 과거를 폐하고 학문에만 전념하다. 특히 예학에 치력하여 상제(喪制)를 연구하는 한편『주례(周禮)』·『의례(儀禮)』 등을 교정하다. 만년에는 광주 석마에 은거하여 그곳 선비들과 강회(講會)를 열고,「오륜가(五倫歌)」를 지어 아동들을 가르치는 등 교화에 힘쓰다.「제외구 처사유안재 이공문(祭外舅處士遺安齋李公文)」은 장인을 추모하여 지은 글이다. ○ 황해도 금천군의 연암협으로 이거(移居)하다. 연암은 학문이 이미 이루어졌으나 출세에 연연하지 않아 집안은 갈수록 어려워지다. 그뿐만 아니라 정조 즉위 초에 권력을 쥐게 된 홍국영(洪國榮)이 평소 권귀(權貴)에 대한 비판을 꺼리지 않던 연암에 대해 화를 끼치려고 하다. 이에 연암은 신변의 위험을 느끼고 피신 겸 은둔하여 농사를 짓고 살아갈 결심을 하게 되다. ○ 겨울에 규장각 직제학 유언호가 개성유수로 부임하다. 유언호의 제의와 도움으로 연암협에서 개성으로 나와 금학동(琴鶴洞)에 있던 양호맹(梁浩孟)의 별장에 머물면서 연

서기	제왕 연대	나이	연암의 사적
1777년	정조 1	41	암의 고명을 듣고 찾아온 이현겸(李賢謙)·이행작(李行綽)·양상회(梁尙晦)·한석호(韓錫祜) 등 개성의 유수한 청년 선비들을 지도하다. 「금학동 별서소집기(琴鶴洞別墅小集記)」는 이때 양호맹의 금학동 별장으로 찾아온 개성유수 유언호와 금강산을 유람하던 옛일을 추억하며 담소한 사실을 기록한 글이며, 「만휴당기(晚休堂記)」는 금학동 별장 내의 만휴당에 붙인 기(記)이다.
1778년	정조 2	42	○ 3월 사은진주사(謝恩陳奏使)의 일원으로 북경으로 떠나는 이덕무와 박제가를 전별하다. ○ 7월 형수 이씨가 향년 55세로 별세하다. 형수는 덕양군(德陽君)의 후손으로, 16세에 형님 박희원과 혼인한 뒤 가난과 질병 속에서도 일가의 살림을 도맡아 왔으며, 연암을 양육하였다. 슬하에 3남을 두었으나 모두 요절했으므로, 연암의 장자 종의를 후사로 세우다. 9월 형수의 유해를 연암협으로 옮겨 집 뒤뜰에 장사 지내다. 「백수 공인이씨묘지명(伯嫂恭人李氏墓地銘)」은 형수의 죽음을 애도하여 지은 글이다. ○ 개성유수 유언호가 자주 방문하여 물심양면으로 도와주다. 그가 연암을 만나지 못하고 간 뒤 보내온 편지에 답한 「답유사경서(答兪士京書)」, 그리고 임금이 하사한 감귤을 나누어 준 데 대해 감사한 「사유수 송혜내선이귤첩(謝留守送惠內宣二橘帖)」은 당시에 지은 글들이다.
1779년	정조 3	43	○ 3월 유언호가 이조참판에 제수되어 개성을 떠나다. 금학동 별장에서 다시 연암협으로 돌아오다. 개성의 문하생들이 따라와 글을 배우다. ○ 6월 이덕무·박제가·유득공이 교서관 검서(檢書)로 발탁되다(1781년 규장각에 소속됨). 『연암집』에 수록된 4편의 「답홍덕보서(答洪德保書)」는 이 무렵 격려와 위문의 편지를 보내온 홍대용(자 德保)에게 자신의 산중 생활상을 전하면서, 아울러 이덕무 등이 검서로 발탁된 사실을 축하한 편지들이다. ○ 9월 정조가 무신(武臣) 이확(李廓, 1590~1665)에게 정려(旌閭)와 함께 '충렬(忠烈)'의 시호(諡號)를 내리다. 「이충렬공 신도비명 병서(李忠烈公神道碑銘幷序)」는 인조반정과 이

서기	제왕 연대	나이	연암의 사적
1779년	정조 3	43	괄(李适)의 난 진압에 공을 세웠을 뿐 아니라 후금(後金)에 사신으로 가서 결사 저항한 그의 행적을 기린 글이다. ㅇ 동짓날 「산중지일 서시이생(山中至日書示李生)」을 짓다. 연암협에서 문하생들을 지도하며 지내던 외로운 은둔 생활이 잘 드러나 있는 시이다.
1780년	정조 4	44	ㅇ 한동안 전횡을 일삼던 홍국영이 향리방축(鄉里放逐)됨에 따라, 비로소 한양으로 돌아와 평계(平溪, 지금의 종로구 평동)의 처남 이재성의 집에 묵다. ㅇ 7월 차남 종채(宗采, 초명 宗侃) 출생하다. ㅇ 청나라 건륭(乾隆) 황제의 칠순을 축하하기 위한 진하별사(進賀別使)의 정사에 임명된 박명원의 권유를 받고 정사의 자제군관(子弟軍官)으로 사행에 참여하다. 5월 25일 사폐(謝陛), 6월 24일 도강(渡江), 8월 1일 북경 도착, 5일간 체류, 8월 9일 열하(熱河) 도착, 7일간 체류, 8월 20일 북경 귀환, 9월 17일 북경 출발, 10월 27일 귀성복명(歸城復命)하다. ㅇ 열하 체류 중에 당시 그곳의 타시룸포사〔札什倫布寺〕에 묵고 있던 티베트 불교의 지도자 판첸 라마〔班禪喇嘛〕를 예방하다. 또한 숙소인 태학(太學)에서 전(前) 대리시경(大理寺卿) 윤가전(尹嘉銓), 거인(擧人) 왕민호(王民皡) 등과 여러 날 함께 담론하며 지구지전설(地球地轉說) 등을 소개하다. 왕민호가 연암의 학식에 감탄하여 연암을 '해상이인(海上異人)'이라 일컫다. 북경 체류 중에는 선가옥(單可玉)·유세기(兪世琦)·초팽령(初彭齡)·풍병건(馮秉建) 등 중국 문사 십수 인과 교제하다. ㅇ 귀국 도중 평양에서 우연히 김홍연(金弘淵)을 만나 그의 부탁으로 「발승암기(髮僧菴記)」를 지어 주다. ㅇ 귀국 즉시 처남 이재성의 집과 연암협을 왕래하며 『열하일기(熱河日記)』 저술에 진력하다. 당시 경상도 영천(榮川) 군수 홍대용은 소와 농기구, 돈, 공책 등속을 보내면서 연암의 저술을 격려해 주다.
1781년	정조 5	45	ㅇ 7월 박제도(朴齊道, 박제가의 嫡兄)·이희경(李喜經)·이희명(李喜明)·원유진(元有鎭)·이덕무·서유린(당시 호조참판) 등과 함께 밤에 운종교를 산책하고 「취답운종교기(醉踏雲從橋記)」를 짓다.

서기	제왕 연대	나이	연암의 사적
1781년	정조 5	45	○ 9월 박제가의 『북학의(北學議)』서문인 「북학의서(北學議序)」를 짓다. 청나라를 오랑캐로 보는 배청주의(排淸主義)를 비판하고, 청나라의 선진 문물을 적극 수용할 것을 역설한 글이다. ○ 12월 벗 정철조(호 石癡)가 향년 52세로 별세하다. 「제정석치문(祭鄭石癡文)」은 정철조의 죽음을 애도한 글이다.
1782년	정조 6	46	○ 5월 문하생 박경유의 처 이씨가 순절하자 예조에 정려를 청하는 「이열부사장(李烈婦事狀)」을 짓다.
1783년	정조 7	47	○ 1월 박경유의 순절한 처 이씨에게 정려가 내리다. 「열부이씨 정려음기(烈婦李氏旌閭陰記)」는 열부 이씨의 행적을 기린 글이다. ○ 10월 홍대용이 향년 53세로 별세하다. 연암은 손수 그의 시신을 염하는 한편, 사행 편에 홍대용의 중국인 벗인 손유의(孫有義)에게 부고를 전하다. 반함(飯含)을 꼭 할 것 없다는 홍대용의 지론을 그의 아들 홍원(洪薳)에게 일러 주어 따르게 하다. 12월 청주(淸州)에 장사 지내다. 「홍덕보묘지명(洪德保墓地銘)」을 짓다. ○ 「도강록서(渡江錄序)」를 짓다. 『열하일기』의 첫 편인 「도강록」의 서문이다.
1784년	정조 8	48	○ 봄에 오윤상(吳允常, 대제학 吳載純의 아들)의 처 광산 김씨(光山金氏)가 순절하자 예조에 정려를 청하는 「김유인사장(金孺人事狀)」을 짓다.
1785년	정조 9	49	○ 「이자후 하자시축서(李子厚賀子詩軸序)」를 짓다. 벗 이박재(李博載, 자 子厚)가 뒤늦게 득남하자 이를 축하하는 시축(詩軸)의 서문을 지은 것이다. ○ 「족형도위공 주갑서(族兄都尉公周甲序)」를 짓다. 금성도위(錦城都尉) 박명원의 회갑을 축하한 글이다.
1786년	정조 10	50	○ 5월 정조의 장남인 문효세자(文孝世子)가 병사하다. 금성도위 박명원을 대신하여 「문효세자진향문(文孝世子進香文)」을 짓다.

서기	제왕 연대	나이	연암의 사적
1786년	정조 10	50	○ 7월 이조판서 유언호의 천거로 선공감(繕工監) 감역에 제수되다. 연암이 음보(蔭補)로 처음 출사하자 심환지(沈煥之)·정일환(鄭日煥) 등이 찾아와 자파로 끌어들이려 했으나 연암은 그때마다 소어(笑語)로 얼버무려 쫓아 버렸다고 한다. ○ 『송자대전(宋子大全)』의 교정 작업에 참여하다. 연암은 송시열의 편지 중 윤휴(尹鑴)의 일을 논한 대목에 전아하지 못한 칭위(稱謂)가 있어 이를 삭제하자고 건의했으나 받아들여지지 않자 개탄하다.
1787년	정조 11	51	○ 1월 부인 전주 이씨가 향년 51세로 별세하다. 경기도 장단(長湍) 송서면(松西面) 대세현(大世峴)의 선영에 장사 지내다. 부인은 16세에 시집와서 슬하에 2남 2녀를 두다. 처음에는 연암의 조부 댁이 좁아 친정에 많이 가 있었으며, 중년 이래 몹시 가난하여 자주 이사하는 등 고생이 심했으나 잘 견디어 내었다. 집안 살림을 주장한 큰동서를 공경하여 우애가 좋았으며, 큰동서가 후사 없이 죽자 당시 십여 세밖에 안 되는 아들 종의를 상주로 세우도록 하다. 연암은 평소 부인 이씨의 부덕을 존경했으며, 부인 별세 이후 종신토록 독신으로 지내다. 부인의 죽음을 애도한 「도망(悼亡)」(7언절구 20수)을 짓다(현재 일부만 전한다). ○ 7월 형님 박희원이 향년 68세로 별세하다. 연암협의 집 뒤 형수 이씨의 묘에 합장하다. 「연암 억선형(燕巖憶先兄)」은 작고한 형님을 추모하여 지은 시이다.
1788년	정조 12	52	○ 3월 가족이 모두 전염병에 걸려 맏며느리 덕수 이씨(德水李氏)가 사망하고, 장남 종의도 위독한 끝에 간신히 회생하다. 장녀(이종목의 처)도 이때 사망하다. 부인에 이어 맏며느리마저 사망하여 집안 살림을 맡길 데가 없었으므로, 주위에서 재혼을 권유했으나 이를 마다하다. ○ 「승지 증이조판서 나은이공시장(承旨贈吏曹判書懶隱李公謚狀)」을 짓다. 예조판서 서유린의 부탁으로 이동표(李東標, 1644~1700)의 시호를 청하는 글을 대신 지은 것이다. 4월 이동표에게 '충간(忠簡)'이라는 시호가 내리다. ○ 12월 선공감 감역 임기가 만료되다.

서기	제왕 연대	나이	연암의 사적
1789년	정조 13	53	○ 6월 평시서(平市署) 주부로 승진하다. ○ 가을에 여가를 얻어 연암협으로 돌아오다. 개성 사람으로 문하생이 된 최진관(崔鎭觀, 一作 鎭寬)의 청탁으로 작고한 그의 부친을 위해 「치암 최옹묘갈명(癡菴崔翁墓碣銘)」을 짓고 묘갈명의 글씨도 써 주다. ○ 교분이 있던 개성의 선비 김형백(金亨百, 호 醉默窩)이 작고하다. 「취묵와 김군묘갈명(醉默窩金君墓碣銘)」은 그의 죽음을 애도한 글이다. ○ 「예조참판 증영의정부군 묘표음기(禮曹參判贈領議政府君墓表陰記)」를 짓다. 금성도위 박명원을 대신하여 그의 부친 박사정의 묘표 음기를 지은 것이다. ○ 12월 사복시(司僕侍) 주부로 전보되었으나, 전임자인 서중수(자형)와 친혐(親嫌)이 있다고 사퇴하다. 이어서 사헌부(司憲府) 감찰로 전보되었으나, 관부의 명칭이 중부(仲父, 朴師憲)의 성함과 음이 같음을 꺼리어 사퇴하다.
1790년	정조 14	54	○ 2월 의금부 도사로 전보되다. 연암은 언행이 위엄 있고 장중하여 의금부의 여러 낭관(郞官)들이 신임 낭관에게 의례적으로 하던 작희(作戲)도 감히 하지 못했다고 한다. ○ 3월 삼종형 박명원이 향년 66세로 별세하다. 박명원은 영조의 셋째 딸인 화평옹주(和平翁主)와 혼인했으나 부인이 자식 없이 요절하매 안동(安東) 김간행(金簡行)의 딸을 후실로 맞아 서(庶) 4자 3녀를 두었으며, 조카 상철(相喆)을 양자로 삼았다. 그는 생전의 사도세자를 보호하기에 힘썼을 뿐 아니라, 사도세자의 능을 수원으로 옮기도록 건의하고 그 천릉(遷陵) 사업을 열심 성의로 지휘 감독하여 정조의 두터운 신임을 받다. 한편 박명원은 일족 중 누구보다도 연암의 뛰어난 재질을 인정하고 아껴 주었다. 그리하여 1780년의 중국 사행을 선생에게 적극 권유하여 청나라의 선진 문물을 널리 견문할 수 있도록 하고 귀국 후에는 독서와 저술에 전념할 수 있게 자신의 별장인 삼포(三浦)의 세심정(洗心亭)을 내어 주기도 하다. ○ 정조는 금성도위 박명원이 별세하자 '충희(忠僖)'라는 시호와 함께 300여 언(言)에 달하는 어제 제문을 내리고 손수 신도비의 비문을 지었으며, 그와 절친했던 연암에게 묘지명을 짓도록 명하다. 이에 지은 글이 「삼종형 금성위 증시충

서기	제왕 연대	나이	연암의 사적
1790년	정조 14	54	희공묘지명(三從兄錦城尉贈諡忠僖公墓誌銘)」이다. ○ 4월 경기도 개풍군(開豊郡)에 있는 태조비(太祖妃) 신의왕후(神懿王后)의 능을 관리하는 제릉령(齊陵令)으로 전보되어 15개월간 재직하다. 능 안의 극심한 산림 도벌을 근절하고 한가로운 가운데 독서와 저술에 힘쓰다. 그 무렵 음관(蔭官)을 대상으로 한 과거가 누차 있었으나, 번번이 불응하다. ○ 겨울에 정조는 사도세자의 능을 참배하러 가는 편의를 위해 한강에 설치하도록 한 주교(舟橋)가 완성되자 문무백관이 참여하는 성대한 낙성연을 베풀었는데, 이때 음관으로는 유일하게 참석하는 은총을 입다.
1791년	정조 15	55	○ 시 「재거(齋居)」를 짓다. 말단 벼슬아치로 유유자적하게 지내는 자신의 모습을 해학적으로 노래한 시이다. ○ 시 「차홍태화 비성아집운(次洪太和秘省雅集韻)」을 짓다. 7월 성대중(成大中)이 교서관(校書館)에서 숙직할 때 이덕무·유득공·박제가·홍원섭(洪元燮, 자 太和) 등과 함께 모였는데, 이때 홍원섭의 시에 차운하여 지은 시이다. ○ 8월 한성부 판관으로 전보되다. 당시 흉년이 들어 곡상(穀商)들이 쌀을 비싸게 팔고 부민배(富民輩)는 매점을 하여 곡가가 폭등했으므로, 공시당상(貢市堂上)과 평시서, 한성부의 제거(提擧)들과 당상 및 낭관들이 모여 대책회의를 열다. 이때 곡가를 억제하고 매점을 금지하려는 의견이 지배적이었으나, 연암은 그러한 정책을 쓰면 상인들이 다른 지역으로 쌀을 팔러 가 버릴 것이므로 도리어 쌀 품귀 현상이 심해질 것이며, 또한 서울에 이미 집적되어 있는 쌀의 방출을 막으면 다른 지역의 백성들이 굶주리게 된다는 이유로 강력히 반대하다. 이와 같이 곡가의 귀천(貴賤)과 곡물의 집산(集散)을 인위적으로 통제해서는 안 된다는 연암의 견해가 채택됨으로써, 그 후년의 기근에도 피해가 없었다고 한다. ○ 12월 안의(安義)현감에 제수되다.
1792년	정조 16	56	○ 1월 임지에 도착하다. 안의현은 영호남의 경계에 위치한 지리산 중의 작은 고을로, 거창현과 함양군을 이웃에 두고 있으며, 당시 인구는 5천여 호이다.

서기	제왕 연대	나이	연암의 사적
1792년	정조 16	56	○ 부임 인사차 대구 감영에 갔을 때 당시 경상감사 정대용(鄭大容)의 부탁으로 도내의 수많은 의옥(疑獄)들을 심리(審理)하고 소견서를 작성하다. 현풍인 유복재(兪福才) 치사(致死)사건의 범인에 대해 논한 「답순사 논현풍현살옥 원범오록서(答巡使論玄風縣殺獄元犯誤錄書)」, 밀양인 김귀삼(金貴三)의 살인의혹사건을 논한 「답순사 논밀양김귀삼 의옥서(答巡使論密陽金貴三疑獄書)」, 함양인 장수원의 살인의혹사건을 논한 「답순사 논함양장수원 의옥서(答巡使論咸陽張水元疑獄書)」, 밀양인 윤양준(尹良俊)의 살인의혹사건을 논한 「답순사 논밀양 의옥서(答巡使論密陽疑獄書)」, 함양인 조판열(曹判烈) 피살사건을 논한 「답순사 논함양옥서(答巡使論咸陽獄書)」 등은 모두 이때 쓴 글이다. ○ 부임 즉시 송사(訟事)를 엄정히 처리하여 고을 백성들 간에 분쟁을 일삼던 풍조를 바로잡고, 아전들의 상습적인 관곡(官穀) 횡령을 근절했으며, 관아에까지 출몰하던 도적들을 퇴치하다. ○ 함양군의 제방 보수공사에 고을 백성들이 동원되자 행군 대형을 짜 일사불란하게 지휘하여 공사를 완벽하게 해냄으로써 매년 동원되는 폐단을 막다. 「답함양군수서(答咸陽郡守書)」는 이 공사에 안의현민을 징발하는 문제로 함양군수 윤광석(尹光碩)이 보내온 편지에 대한 답신이다. ○ 관아의 황폐한 곳간을 개조하고 그 빈터의 남북에 못을 판 뒤 '백척오동각(百尺梧桐閣)', '공작관(孔雀館)', '하풍죽로당(荷風竹露堂)', '연상각(烟湘閣)'이라 명명한 정각(亭閣)들을 지었으며, 담을 쌓을 때 중국의 제도를 모방하여 벽돌을 구워 쓰다. 「백척오동각기」, 「공작관기」, 「하풍죽로당기」는 신축한 정각들에 붙인 기(記)이다. ○ 「증사헌부지평 예군묘갈명(贈司憲府持平芮君墓碣銘)」을 짓다. 경상도 상주의 선비인 예귀주(芮歸周)는 사후인 영조 29년(1753) 효자로 표창되고 사헌부 지평에 증직되다. 그의 후손이 홍원섭의 소개로 찾아와 묘갈명을 청하므로 지어 준 것이다. ○ 삼종질(三從姪) 박종악(朴宗岳)이 우의정에 제수되다(1월). 「하삼종질종악배상 인논시노서(賀三從姪宗岳拜相因論寺奴書)」는 박종악의 우의정 취임을 축하하면서, 아울러 안의현에

서기	제왕 연대	나이	연암의 사적
1792년	정조 16	56	서 시노(寺奴)들이 노비공포(奴婢貢布)의 과다한 징수로 고통을 당하는 실태를 전하고, 이의 전국적인 시정(是正)을 위해 노력해 줄 것을 당부한 편지이다. 이와 관련하여 경상감사에게 시노의 우두머리가 방공(防貢)을 빙자하고 시노들로부터 돈과 재물을 갈취하는 등 농간을 일삼는 사례에 대해 보고하고, 위의 편지를 동봉한 「답순사서(答巡使書)」가 있다. ○ 벗 김이소가 우의정에 제수되다(10월). 「하김우상이소서(賀金右相履素書)」는 김이소의 우의정 취임을 축하함과 동시에 별지(別紙)에서 화폐 유통을 바로잡고 은(銀)의 국외 유출을 막는 데 대한 견해를 피력한 편지이다.
1793년	정조 17	57	○ 1월 『열하일기』로 인해 문인들의 문체 타락을 초래한 잘못을 속죄하기 위해 순수하고 바른 글을 지어 진상하라는 정조의 하교를 전하는 규장각 각신 남공철(南公轍)의 편지가 임소에 도착하다. 이에 남공철에게 정중하고 간절한 답서(「答南直閣公轍書」)를 보내어 사죄의 뜻을 표하다. 같은 달 이덕무가 향년 53세로 별세하다. ○ 봄에 도내에 흉년이 든 가운데 안의현이 가장 심하여 응당 공진(公賑)을 설치해야 했으나 연암은 자신의 녹미(祿米)를 떼어 사진(私賑)을 설치했으며, 조정에서 내린 초피(貂皮)·소목(蘇木) 등속도 받지 않고 공명첩도 돌려보내다. 죽을 끓여 기민(飢民)들을 구휼할 때에도 남녀·장유·사서(士庶)에 따라 질서를 잡음으로써 예의를 세우다. 공진의 설치를 권하는 경상감사에 대해 이를 고사하는 뜻을 밝힌 「답순사 논진정서(答巡使論賑政書)」, 인근 고을 수령들과 진정(賑政)에 대해 논한 「답단성현감이후 논진정서(答丹城縣監李侯論賑政書)」, 「답대구판관이후 논진정서(答大邱判官李侯論賑政書)」 등은 이때의 편지들이다. ○ 봄 이후 이재성·이종목(李鍾穆, 맏사위)·이겸수(李謙秀, 둘째 사위)·이희경·윤인태(尹仁泰)·한석호·양상회·박제가 등을 잇달아 안의로 초청하여 하풍죽로당 등에서 문주(文酒)의 모임을 갖다(『연암집』 권3, 「與人」은 이때의 초청 편지로 짐작된다). ○ 여름에 이희영(李喜英)에게 편지를 보내다(『연암집』 권10,

서기	제왕 연대	나이	연암의 사적
1793년	정조 17	57	「與人」). 지기(知己)인 이덕무를 잃은 박제가의 슬픔을 위로하면서 우정론을 펴다. ○ 7월 안의 출신 아전 집안의 한 여자가 함양으로 시집갔다가 요절한 남편의 탈상 직후에 순절한 사건이 발생하다. 「열녀함양박씨전 병서(烈女咸陽朴氏傳幷序)」는 박씨의 순절을 예찬하는 한편, 서문을 덧붙여 당시의 지나친 수절 풍습을 완곡히 비판한 글이다. ○ 11월 외읍(外邑)의 사전(祀典)을 제대로 거행하라는 정조의 엄중한 하교와 더불어 단우의칙(壇宇儀則)이 반포됨에 따라 고을의 사직단신우(社稷壇神宇)와 여단신우(厲壇神宇)를 정비하고 「안의현 사직단신우기」와 「안의현 여단신우기」를 짓다. 또 고을 아전들이 정유재란 때 전사한 안의현감 곽준(郭䞭)을 현사(縣祠)에 모시고 제사드리는 일을 칭송한 「안의현현사 사곽후기(安義縣縣司祀郭侯記)」를 짓다. ○ 겨울에 합천군 화양동(華陽洞)에 있는 선조 야천(冶川, 박소) 선생 묘소의 병사(丙舍, 재실)가 무너지고 제전(祭田)이 결실(缺失)되었으므로, 일가 친척인 도내 수령들과 함께 성금을 모아 병사를 수리하고 제전을 마련하다. 「합천화양동병사기(陜川華陽洞丙舍記)」는 그 전말을 기록한 글이다.
1794년	정조 18	58	○ 3월 무신란(戊申亂) 때 정희량(鄭希亮) 도당에게 저항하다 죽은 거창의 좌수(座首) 이술원(李述原)에게 정려가 내리다. 「충신 증대사헌 이공술원 정려음기(忠臣贈大司憲李公述原旌閭陰記)」는 그 전말을 기록한 글이다. 이와 아울러 무신란 때 순절한 신극종(愼克終) 등 거창의 아전 5인을 제사하는 오신사에 붙인 「거창현 오신사기(居昌縣五愼祠記)」를 짓다. ○ 6월 정조의 생모인 혜경궁(惠慶宮) 홍씨(洪氏)의 육순을 맞아 사서(士庶) 중 칠십 이상의 고령자에게 관계(官階)가 하사되었으므로, 안의현에서 그러한 은자(恩資)를 받게 된 50여 명의 노인들을 모아 성대한 경로잔치를 베풀다. ○ 가을에 차원(差員)으로 상경하다. 특명으로 입시(入侍)하여 안의현 및 연로의 농작 상황과 도내 민정 등을 사실대로 보고하다. 호조판서 심이지(沈頤之)가 혜경궁 홍씨 회갑연 행사경비 조달을 위해 안의에 있는 호조의 저치곡(貯置穀)을 팔아 작전(作錢)하기를 제의했으나, 그에 부수입이 따

서기	제왕 연대	나이	연암의 사적
1794년	정조 18	58	르는 것을 꺼리어 거절하고 그 곡식을 다른 고을로 이전시키다. ○ 겨울에 당시 전라감사로 나가 있던 이서구의 편지를 받고 답신을 보내다(『연암집』 권3, 「答湖南伯」). ○ 12월 문하생 김기무(金箕懋)가 박종의와 함께 안의에 놀러와 이듬해 2월까지 묵다.
1795년	정조 19	59	○ 「홍범우익서(洪範羽翼序)」를 짓다. 안의 출신 학자 우여무(禹汝楙, 1591~1657)의 저서인 『홍범우익』에 붙인 서문으로, 오행상생설(五行相生說)을 비판했다. ○ 함양군수 윤광석의 부탁으로 최치원(崔致遠)의 고사가 얽힌 학사루를 수리한 전말을 기록한 「함양군 학사루기(咸陽郡學士樓記)」를 짓다. 또한 함양군의 신축한 학교 흥학재에 붙인 「함양군 흥학재기(咸陽君興學齋記)」도 윤광석의 부탁으로 지은 기이다. ○ 함양군수 윤광석이 그의 선조 윤전(尹烇, 호 後村)의 문집인 『후촌집(後村集)』을 간행했는데, 그중에서 선조 금계군(錦溪君) 박동량(朴東亮)을 모독한 내용을 발견하고 윤광석에게 훼판(毀板)을 촉구했으나, 미온적으로 나오므로 그에게 절교를 선언하는 편지(「與尹咸陽光碩書」)를 보내다. 또 이 문제로 연암의 문중에서 물의가 일자, 윤광석은 연암이 그 문집을 보고도 아무런 이의를 제기하지 않았다는 거짓말로 발뺌했기 때문에 족제(族弟) 박이원(朴彝源)이 해명을 요구하는 편지를 보내오다. 「여족제이원서(與族弟彝源書)」는 이에 답하여 사실을 해명한 편지이다. ○ 6월 전라감사 이서구가 경상도 영해(寧海)로 유배되다. 11월 석방되고 12월 대사성에 제수되다. 「답이감사 적중서(答李監司謫中書)」는 유배 중인 이서구에게 보낸 위문편지이다. ○ 당시 좌의정이던 벗 김이소에게 편지를 보내다(『연암집』 권3, 「上金右相書」. '右相'은 '左相'의 오류이다). ○ 가을에 차남 종채가 전주 유씨(全州柳氏) 영(詠)의 딸과 혼인하다. ○ 「해인사 창수시서(海印寺唱酬詩序)」를 짓다. 9월 연암이 순행하던 경상감사 이태영(李泰永)을 수행하면서 해인사에

서기	제왕 연대	나이	연암의 사적
1795년	정조 19	59	서 도내 수령들과 시주(詩酒)의 자리를 가졌던 일을 서술한 글이다. 그때 지은 「해인사 창수시(海印寺唱酬詩)」(7언율시 2수)가 있다. 또 해인사 구경과 관련하여 지은 장편 고시(古詩)로 「해인사」가 있다.
1796년	정조 20	60	○ 야천(冶川, 박소) 선생 묘소의 병사를 수리하고 제전을 마련한 뒤 합천군의 이청(吏廳, 질청)에 소속시켜 청명절에 제사 지내게 하다. 이 일로 야천 선생의 묘사(墓祀)에 호장(戶長, 우두머리 아전)이 축문을 쓴다는 오해가 빚어져 문중에 적잖은 물의가 일어나다. 「답족형윤원씨서(答族兄胤源氏書)」는 저명한 성리학자인 족형 박윤원(朴胤源, 호 近齋)이 이 문제로 편지를 보내 따진 데 대해 사실을 해명한 편지이다. ○ 2월 첫 손자(박종의의 아들 孝壽)를 보다. 시 「소작(小酌)」을 짓다. ○ 3월 안의현감에서 체직(遞職)되어 귀경하다. 같은 달 유언호가 향년 67세로 별세하다. 연암은 귀경 도중에 부음을 접하고 그를 면결(面訣)하지 못한 것을 애통해하다. ○ 한양으로 돌아온 연암은 산직(散職)에 있으면서 장차 귀전 저서(歸田著書)할 생각으로 한양 북촌 계산동(桂山洞)의 과수원을 사들인 뒤 중국의 제도를 모방하여 소옥(小屋)을 벽돌로 짓고 '총계서숙(叢桂書塾)'이라 명명하다. 이 집이 곧 '계산초당(桂山草堂)'으로, 처남 이재성이 이사 와 살면서 연암과 함께 경세제민(經世濟民)을 논한 곳이다. 이재성이 이사 간 뒤로는 박종채가 계산초당을 물려받아 종신토록 거주하다. ○ 「형암행장(炯菴行狀)」을 짓다. 전년에 정조는 이덕무의 유고를 모아 『아정유고(雅亭遺稿)』를 간행하도록 명하면서 연암에게 이덕무의 행장을 짓도록 하였다. ○ 좌승지 이서구의 부탁으로, 정유재란 때 조선을 도운 명나라 장수 양호(楊鎬)와 형개(邢玠)를 기리는 「양경리치제문(楊經理致祭文)」과 「형상서치제문(邢尙書致祭文)」을 대신 짓다. ○ 10월 제용감(濟用監) 주부에 제수되다. 곧이어 의금부 도사로 전보되고, 11월 경기도 고양군(高陽郡) 소재 경종(景宗)의 능을 관리하는 의릉령(懿陵令)으로 전보되다.

서기	제왕 연대	나이	연암의 사적
1797년	정조 21	61	○ 윤6월 충청도 면천군수(沔川郡守)에 제수되다. ○ 전년 9월 제주도 사람 이방익(李邦翼)이 표류하여 중국의 팽호(澎湖)에 도착, 복건(福建)·절강(浙江)·강소(江蘇)·산동(山東)·북경·요양(遼陽)을 거치는 1만여 리의 여행 끝에 무사히 귀국하여 이해 윤6월 한양에 도착하다. 정조는 이방익을 불러 그가 지나온 중국의 산천 풍속에 대해 묻고, 군수로 부임하기 앞서 인사차 입시(入侍)한 연암에게 이방익이 아뢴 내용을 글로 지어 바치도록 하다. 이러한 어명에 따라 임지에 도임한 뒤 「서이방익사(書李邦翼事)」를 지어 바치다. ○ 면천군에서도 치규(治規)를 안의현감 시절과 마찬가지로 하여, 부임 초에 고을 백성들 간의 극심했던 소송을 진정시켰으며, 군 남쪽의 제방인 양제(羊堤)를 보수하여 해마다 무너지던 폐단을 막다. ○ 당시 충청도 일대에 극심한 가뭄이 들었으므로, 충청감사 한용화(韓用和)가 연암에게 조정에 올릴 장계를 대신 지어 줄 것을 부탁하다. 이는 연암의 친구로 평소 연암의 논사(論事) 문자를 높이 평가한 공주판관 김기응(金箕應, 자 應之)이 감사에게 연암을 적극 천거한 때문이었다. 이에 연암은 가뭄 피해로 세금이 면제되는 토지를 추가로 더 책정해 줄 것을 요청하는 「연분가청장계(年分加請狀啓)」(『연암집』에는 ‘戊午年’ 작으로 잘못되어 있다)를 지어 주다. 9월 연암의 문장에 힘입어 조정의 승인이 내리다. ○ 이 일로 몹시 기뻐한 충청감사는 이어서 연암에게 도내의 옥송(獄訟)을 심리하는 직책을 맡기는 한편, 은근한 뜻을 나타내고 친근하게 굴면서 도내 수령의 인사고과를 함께 논하자고 했으나, 병을 핑계 대고 면천으로 돌아오다. 감사는 연암이 도도하다고 화를 내고 옥송의 심리가 끝나기도 전에 멋대로 돌아가 버렸다는 구실로, 연암을 수행한 아전을 잡아다 벌을 주다. 이에 항의하여 선생이 누차 사직서를 올렸으나 받아들여지지 않다. ○ 12월 충청감사가 연암에 대한 인사고과를 ‘상(上)’에서 ‘중(中)’으로 깎아 내리다. 「답공주판관 김응지서(答公州判官 金應之書)」(모두 5편)와 「여응지서(與應之書)」는 당시 공주판관 김기응이 연암과 충청감사 간의 불화를 해소하려고 여러 번 편지를 보내오자, 연암이 자신의 심각한 풍비(風痹) 증

서기	제왕 연대	나이	연암의 사적
1797년	정조 21	61	세를 설명하고, 아울러 부친의 묘를 이장하려는 숙원사업을 위해서도 사직할 수밖에 없는 사정을 밝힌 편지들이다.
1798년	정조 22	62	ㅇ 7월 충청감사 한용화의 후임으로 이태영이 제수되다. 충청감사를 대신하여 「연분가청장계」를 짓다(『연암집』에는 '丁巳年' 작으로 잘못되어 있다). 조정에서 책정한바 가뭄 피해를 입은 토지에 대한 세금 면제 혜택을 공정하게 집행하겠다는 보고이다. ㅇ 당시 충청도 일대에 천주교가 성행하였는데, 면천군 역시 한 마을도 이에 물들지 않은 곳이 없을 정도로 심했다. 연암은 군내에서 천주교도로 적발된 자들을 엄벌에 처하는 대신, 유교의 인륜 도덕으로 반복 설득하여 개심토록 한 후 방면하다. 그 결과 천주교를 전파하던 자들 중에 천주교 책자와 예수 그림을 자진해서 바치는 자들이 속출했으며, 연암은 백성들이 운집한 시장에서 일장 훈시한 뒤 그 책자와 그림들을 소각하다. 이러한 온건한 대책이 주효하여 신유사옥(辛酉邪獄) 때에도 면천군만은 무사할 수 있었다고 한다. 이때 충청감사에게 쓴 「상순사서(上巡使書)」·「답순사서(答巡使書)」 등의 편지에서도 연암은 관에 자수하여 개전의 정을 나타낸 천주교도들을 다시 중죄로 다스리는 것은 부당함을 역설하다. ㅇ 이해와 그 이듬해 사이에 연암이 '오랑캐 옷을 입고 고을 백성들을 대했다〔胡服臨民〕'는 유언비어와 함께 『열하일기』에 대해서도 '오랑캐 연호(年號)를 쓴 글〔虜號之稿〕'이라는 비방이 야기되어 심각한 물의를 빚다. 우리나라 의관(衣冠)제도 중 몽골의 호속(胡俗)을 답습한 것들을 고례(古禮)에 따라 개혁해야 한다는 지론을 갖고 있던 연암은 안의 부임을 계기로 관아에서 고제(古制)에 따른 옷을 입어 보곤 했는데, 그러잖아도 정각 신축에 벽돌을 사용하여 오랑캐 제도를 따른다는 의혹을 사고 있던 차, 함양군수 윤광석이 이를 빌미로 '호복임민(胡服臨民)'의 설을 지어 한양에 퍼뜨렸다고 한다. ㅇ 이 같은 모함은 반청(反淸) 감정이 여전히 팽배해 있던 당시의 사회 풍조에 편승하여 상당히 주효했으며, 마침내 『열하일기』에 대한 비방으로까지 비화하다. 즉 『열하일기』는 망한 명나라의 숭정(崇禎) 연호를 쓰지 않고 '강희(康熙)', '건

서기	제왕 연대	나이	연암의 사적
1798년	정조 22	62	류' 등 청나라 연호를 썼으므로 명나라에 대한 의리를 망각하고 오랑캐인 청나라를 추종한 '노호지고(虜號之稿)'라는 것이었다. 이러한 비방을 주동한 인물은 유한준이었다고 한다. 병자호란 당시 대표적 척화파였던 유황(兪榥)의 후손인 유한준은 강경한 존명배청주의자였으며, 진한(秦漢) 고문을 모범으로 삼는 의고주의자(擬古主義者)였다가 나중에는 성리학적 문학관에 귀의했으므로, 연암과는 사상적으로나 문학적으로나 대립하는 인물이었다. 따라서 유한준은 때마침 나도는 유언비어에 가세하여 『열하일기』에 대해 그 같은 비방 여론을 조성한 것이다. 당시 처남 이재성(자 仲存)에게 보낸 편지들(『연암집』 권2, 「答李仲存書」)을 보면, 연암이 이러한 모함과 비방으로 인한 물의를 우려하면서도 그에 위축되지 않고 결연히 맞서 자신의 북학론(北學論, 청나라의 선진 문물을 배우자는 주장)을 견지하고 있음을 알 수 있다.
1799년	정조 23	63	○ 3월 정조가 전년에 내린 '권농정 구농서(勸農政求農書)'의 윤음(綸音)을 받들어 연암협 시절의 구저(舊著)인 『과농소초(課農小抄)』에다 안설(按說)을 붙이고 「한민명전의(限民名田議)」를 부록으로 하여 바치다. 정조는 『과농소초』를 읽고 경륜이 담긴 훌륭한 저작이라 칭찬하며 장차 『농서대전(農書大全)』의 편찬을 연암에게 맡기겠다고 하다. 연암을 비방하던 자들도 공경을 표하며 '실용의 학문〔實用之學〕'이라고 높이 평가했다고 한다. ○ 이해 봄에 흉년이 들었으므로, 안의현에서 시행했던 예에 따라 사진(私賑)을 설치하여 기민(飢民)들을 구제하다. 겨울에도 충청감사에게 공진(公賑)을 사양하고 사진(私賑)을 시행하겠다고 건의하다. 이와 관련하여 충청감사에게 올린 글로 「답순사 논진정서(答巡使論賑政書)」(2편)가 있다. 또 '정순기(鄭順己) 의옥(疑獄) 사건'과 관련하여 원범(元犯)으로 옥에 갇힌 정순기에 대해 선처를 요망한 「상순사서(上巡使書)」가 있다. ○ 6월 충청감사 이태영이 천주교도 이존창(李存昌)을 석방한 조치로 인해 조정에서 물의가 일자, 자핵(自劾, 자책)하는 상소를 올릴 때 연암에게 이를 대신 지어 주도록 부탁하다.

서기	제왕 연대	나이	연암의 사적
1799년	정조 23	63	이에 자책 상소의 초고(「監司自劾疏草」)를 지어 주다. 이와 관련하여 연암이 충청감사와 상의한 편지로 「답순사서」가 있다. 11월 충청감사 이태영이 평안감사로 이제(移除)되고, 김이영(金履永)이 충청감사에 제수되다.
1800년	정조 24	64	○ 면천군의 성 동쪽 향교 앞의 언월지(偃月池)를 준설하여 가운데에 작은 섬을 만들고 축대를 쌓은 후 '건곤일초정(乾坤一艸亭)'이라 이름 지은 정자를 짓다. 이로써 못 아래쪽 민전(民田) 수백 경(頃)이 관개의 혜택을 입어 가뭄 걱정을 덜게 되었으며, 연암은 공무의 여가에 이곳에서 뱃놀이를 즐기다. 이와 관련하여 충청감사에게 신축한 정자의 편액에 글씨를 써 주기를 청한 편지로 「답순사서」가 있다. 이때 인척인 유화(柳詠, 박종채의 처숙)가 사소한 죄로 면천에 유배되어, 연암을 종유하면서 크게 학식을 키우다. 연암은 건곤일초정으로 산보 갈 때마다 박종채와 유화를 함께 데리고 가서 담소하는 가운데 깊은 깨우침을 주곤 했다고 한다. ○ 최진관의 청탁으로 그의 양부 최응성(崔應星)의 묘지명(「通德郎崔公墓誌銘幷序」)과 최응성 부인 박씨의 묘지명(「孺人臨淮朴氏墓誌銘幷序」)을 지어 주다(개성공단 출토 묘지). ○ 6월 정조가 승하하다. 연암은 문예의 말기(末技)로써 누차 은교(恩敎)를 입었음에도 불구하고 끝내 그에 보답하지 못했다며 상도(常度)를 넘어서 애통해하다. 충청감사 김이영을 대신하여 「정종대왕진향문(正宗大王進香文)」을 짓다. ○ 8월 양양(襄陽)부사로 승진하다. 양양은 본래 문신이 임명되는 고을로 음관이 임명되기는 처음이었다고 한다. 당시 제사직부(除辭直赴)의 명이 내려져 있었으나, 이를 어기고 입궐하여 혼전(魂殿)에 숙배(肅拜)한 뒤 임지로 떠나다. ○ 9월 양양에 부임하다. 양양은 동해에 임하여 거센 바닷바람이 불고 산들은 하늘을 찌를 듯이 험준한 고을이었는데, 임금의 관(棺)을 만드는 데 쓰는 질 좋은 소나무인 황장목(黃腸木)이 많은 곳으로도 유명했다. 정조가 승하한 뒤 양양의 산하거민(山下居民)과 승려들에게 장례에 쓸 소나무를 벌목하는 부역이 내리자, 진영(鎭營)의 교졸(校卒)들이 도벌을 적발 조사한다는 구실로 갖은 횡포를 부리므로, 강원감사 이노춘(李魯春)에게 이에 대해 조처해 줄 것을 요청하

서기	제왕 연대	나이	연암의 사적
1800년	정조 24	64	는 편지(「상순사서」)를 보내어 그들의 횡포를 막다. 또 황장 목 벌목 사역이 끝난 뒤 전임자들처럼 남은 목재를 자신의 관을 만드는 용도로 챙겨 두지 않고, 모두 거두어 다리를 만드는 데 쓰도록 하다. 이와 아울러 한심한 지경에 이른 환정(還政)을 바로잡고자 녹봉을 부어 모자란 관곡을 솔선 해서 보충해 나가니, 이에 감동한 아전들이 힘을 다해 배상 하는 한편, 고을 부민(富民)들이 조납(助納)하여 마침내 부고 (府庫)가 채워지게 되다. ○ 세모(歲暮)에 족제(族弟) 박준원(朴準源, 순조의 외조가 됨) 에게 편지(「與族弟準源書」)를 보내, 그의 당형(亡兄) 박윤원 의 문집인 『근재집(近齋集)』에 안의현감 당시 야천(冶川) 선 생의 묘제(墓祭) 축사(祝事) 문제로 주고받은 편지들(「與族弟 美仲書」·「答族兄胤源氏書」)을 수록해 주도록 당부하다.
1801년	순조 1	65	○ 봄에 노병(老病)을 칭탁하여 사직하다. 양양 신흥사(神興 寺)의 중 창오(昌悟)와 거관(巨寬) 등이 궁속(宮屬)들과 결탁 하여 수령들을 무고(誣告)하는가 하면 백성들을 침탈하며 구타 살상을 능사로 하는 등 행패가 자심하므로, 감사에게 보고하여 신흥사의 중들을 징치하려 했으나 감사가 미온 적인 태도를 취했기 때문에 칭병(稱病) 사직한 것이다. 이 와 관련한 편지로 「상순사서」가 있다. ○ 2월 신유사옥이 일어나다. 3월 문하생 이희영이 김건순 (金建淳) 등과 함께 천주교도로 체포 처형되다. 9월 숙청된 윤행임(尹行恁)의 문인인 임시발(任時發)의 괘서(掛書)사건에 연좌되어 윤가기가 처형되고 박제가는 함경도 종성(鐘城) 으로 유배되다.
1802년	순조 2	66	○ 봄에 연암협으로 들어가 계곡에 정자를 짓고 수개월 머 물다 돌아오다. 연암협으로 향하던 날은 마침 차남 종채가 정시(庭試)를 보는 날이었음에도, 이를 개의치 않고 길을 떠나다. ○ 겨울에 조부와 부친의 묘를 경기도 포천(抱川)으로 옮기 려다 유한준의 방해로 좌절되는 변을 당하다. 유한준은 연 암이 부조(父祖)의 묘를 쓴 곳이 자기 선조가 지은 여막(廬 幕)의 옛터라고 주장하면서, 묘를 파고 곤을 들어냈을 뿐 아니라 요절한 자기 손자의 묘를 그 근처로 이장했다. 연

서기	제왕 연대	나이	연암의 사적
1802년	순조 2	66	암은 이러한 참변을 당하여 소송하고자 했으나 유한준이 불응할 뿐더러, 그의 소행이 묏자리에 대한 욕심보다는 이를 기화로 묵은 유감을 풀고자 하는 의도에서 나온 것임을 알고, 마침내 이듬해에 부조의 묘를 경기도 양주(楊州) 별비면(別婓面) 성곡(星谷)으로 이장하다.
1803년	순조 3	67	○ 손녀(박종의의 장녀)가 태어나다. 나중에 이 손녀는 청은군(淸恩君) 김익정(金益鼎)의 부인이 되어, 고아가 된 시조카 운양(雲養) 김윤식(金允植) 형제를 양육하다. ○ 9월 9일 중양절에 맹원(孟園, 가회방 孟峴)에 올라 시 「구일등맹원 차두운(九日登孟園次杜韻)」을 짓다.
1804년	순조 4	68	○ 여름 이후 지병인 풍비(風痺)가 더욱 위중해졌으나 약을 물리치고 더 이상 들지 않았으며, 장례를 검약하게 치르도록 아들들에게 훈계하다. 또한 장례에 윤득관(尹得觀, 박필주의 문인)의 견해를 좇아 면포(綿布)로 된 심의(深衣)를 사용할 것과 홍대용의 상(喪)과 마찬가지로 반함을 하지 말 것을 당부하다.
1805년	순조 5	69	○ 1월 조부 박필균에게 '장간(章簡)'이라는 시호가 내리다. 연암은 눈이 어둡고 팔이 마비되었으므로 아들 종채에게 구술하여 조부의 행장(「大考贈諡章簡公府君家狀」)을 짓다. 이는 연암이 남긴 최후의 글이다. ○ 10월 20일 진시(辰時)에 한양 가회방(嘉會坊) 재동(齋洞) 자택에서 서거하다. ○ 12월 경기도 장단 송서면 대세현 선영의 부인 이씨 묘에 합장되다. 송서면은 일제 강점기에 진서면(津西面)에 통합되고, 분단 이후 이북의 개성시 판문군에 속하는 지역이 되다. 현재 연암의 묘는 개성시 전재리 황토고개 옆에 '연암 박지원의 묘'라고 쓴 한글 비석과 함께 보존되어 있다.

작성 : 김명호

가

가경제(嘉慶帝)　272

가사협(賈思勰)　152, 187, 208~210, 218, 239

가상루(歌商樓)　252, 253, 374

『가재연기(稼齋燕記)』　251

가전(架田)　186, 191, 192

『간정동회우록(乾淨衕會友錄)』　90, 91, 373

강건성세(康乾盛世)　272

강구(康衢)의 동요　56

강산(薑山) → 이서구

강소(江蘇)　291, 389

강희제(康熙帝) 강희황제　254, 272

강희황제(康熙皇帝) → 강희제

개물성무(開物成務)　30, 31, 33

개화의 실학　76

『거가필용(居家必用)』(『居家必用事類全集』)　158, 211~213

「거창현오신사기(居昌縣五愼祠記)」　343, 386

건가성세(乾嘉盛世)　272

『건곤체의(乾坤體義)』　105, 143

건륭제(乾隆帝) 건륭황제　254, 272, 273, 275

건륭황제 → 건륭제

건지산(乾支山)　189, 190

격양가(擊壤歌)　56

격치의 실학　76

견종법　207, 214~217, 237

겸인(傔人)　65, 66, 71

경간(耕墾)　175, 182, 196, 207, 208, 211, 212, 214, 217, 219, 237

경강(京江)　35

경세제민(經世濟民)　13, 388

경세치용(經世致用)　5, 23

경세치용파(經世致用派)　6, 150, 363, 364

경세치용학　74, 75, 149

경순미(敬旬彌)　254

경제　13, 14, 39, 47, 58, 266

경제명물(經濟名物)　72

계동(桂洞)　68

계산초당(桂山草堂)　68, 388

고가포(古家舖)　270

고려　263, 264, 265

고문가(古文家)　19, 20

『고백록』　86

『고사신서(攷事新書)』　158, 212

『고사촬요(攷事撮要)』　212, 213

고역생(高域生)　255, 259

고염무(顧炎武)　321, 322, 324~327, 354, 359, 361

고지마 쓰요시　306, 361

곡정(鵠亭) → 왕민호

「곡정필담(鵠汀筆談)」 52, 83, 127, 251, 252, 262, 272, 274, 279, 280, 288, 291, 292

「곤여만국전도(坤輿萬國全圖)」 105, 129

공수(工倕) 60

공자(孔子) 91, 134, 135, 272, 290, 305, 306, 309, 351

공작관(孔雀館) 68, 259, 260, 384

『공작관집(孔雀館集)』 321, 374

과농(課農) 160~162, 198

『과농소초(課農小抄)』 23, 30, 34, 73, 149, 151~162, 164~177, 180, 182~202, 204, 206, 208~212, 214, 217~220, 222~226, 228~230, 232~240, 303, 328, 344~346, 384, 391

『과정록(過庭錄)』 13, 30, 33~35, 37, 38, 52, 65, 66~71, 73, 77, 100, 142, 365

『곽우록(藿憂錄)』 43

곽집환(郭執桓) 85, 92, 93, 100, 256, 376

「관개도보(灌漑圖譜)」 227

관자(管子) 157, 171, 172, 178, 345, 346, 354

『관자』 152, 153, 159, 164, 171, 178, 179, 186

관중(管仲) 134, 180, 351

『교우론(交友論)』 82, 84~95, 98~101, 111, 112, 120, 139, 140, 143, 146

구라파 262, 264

구양영숙(歐陽永叔, 歐陽脩) 254

『구여송(九如頌)』 254, 280, 293

구전(區田) 169, 186~188, 190, 214

구전법(區田法) 169, 187~190, 195, 197, 236

국부(國富) 40, 46~50

군서목(羣書目) 157~160, 163

군액 면제 316

「권농정구농서윤음(勸農政求農書綸音)」 156, 165, 166, 176, 177, 199, 230, 236

궤전(櫃田) 186, 192, 196, 197

근대 13~15, 22, 23, 39, 48, 53, 76, 81, 101, 150, 303, 304, 320, 321, 327, 338, 360, 363

근대주의 53, 304

『금양잡록』 158, 159, 160

기술학 60, 61, 73, 74

기자전기(箕子田記) 162, 169, 174

기전(箕田) 162, 197, 198, 234, 236, 237

기풍액(奇豊額, 조선인 4세) 254, 261, 281, 294

기하(幾何) 121, 122, 126, 127, 129, 130, 131, 133, 137, 141, 144, 251, 292

『기하원본(幾何原本)』 82, 84, 120, 122, 125~131, 133, 137, 139~141

기학 6, 76

길일(吉日) 211~213

김상헌 260

김석문(金錫文) 261

김석형(金錫亨) 15, 20~22, 51, 70, 78

김양직(金養直) 225

김윤식(金允植) 15~17, 77, 394

김이도(金履度) 화산(華山) 260

김정희(金正喜) 완당(阮堂) 150

김창업(金昌業) 노가재(老稼齋) 251

김택영(金澤榮) 15, 16, 18, 19, 77, 155, 172, 173

나

나가르주나〔龍樹〕 132

난설헌(蘭雪軒) → 허초희

남병철(南秉哲) 75, 76

「낭환집서(蜋丸集序)」 133

노가재(老稼齋) → 김창업

노구교(盧構橋) 61

노자(老子) 44

노중련(魯仲連) 336

『논어(論語)』 87, 91, 134, 305, 306, 309

농가자류(農家者流) 344

『농가집성(農家集成)』 152, 154, 159, 160, 184, 185, 213, 239

「농가집성서(農家集成序)」 184

농공상(農工商) 농·공·상 23, 32, 59, 303, 317, 318, 326, 339, 340, 344~ 347, 352, 356, 359, 360

농기(農器) 175~177, 182, 199, 201, 203, 204, 206, 207, 236

「농기(農器)」 199, 200, 202~204, 210

「농기도서(農器圖序)」 74

농본(農本) 164, 178, 179, 181, 186, 200

농본주의 30, 33, 49

『농사직설(農事直說)』 154, 158~160, 201, 213~215, 219~221

농상개본(農商皆本) 37

「농상통결(農桑通訣)」 157, 159, 217, 218

농서 초록(農書抄錄) 168, 169, 174, 177, 211

농서(農書) 30, 73, 149, 152, 154, 157, 159~161, 164, 165, 167, 171, 172, 175~177, 181, 184, 187, 188, 199~ 201, 210, 211, 213, 215, 317, 219, 221, 228, 230, 236, 239, 240, 344

『농설(農說)』 157, 172, 173, 182~184, 186

농암(聾庵) → 유수원

『농정전서(農政全書)』 152~154, 164, 171, 172, 174, 178, 180, 181, 183, 184, 187, 190, 192, 194~196, 199, 200, 203, 204, 207~211, 213, 217~

219, 223, 225, 227, 229, 236, 239

뇌사(耒耜)　199~202, 206

뇨회(尿灰)　219~221

늑가(勒價)　38

능야(凌野)　255

『니코마코스 윤리학』　86, 94

다

다산(茶山) → 정약용

다산학단　75

단가포(段家鋪)　259

「담원팔영(澹園八詠)」　87, 92, 376

담헌(湛軒) → 홍대용

『담헌연기(湛軒燕記)』　269

「답창애(答蒼厓)」　335, 343

당상(黨庠)　314, 383

당전(唐錢)　44, 45

대(碓)　203, 204

대경(代耕)　289

대국심법(大國心法)　271

대명의리(對明義理)　57

「대우모(大禹謨)」　51, 123~125, 163

대전법(代田法)　195, 196, 214~217, 237

『대청회전(大淸會典)』　254, 293

덕보(德保) → 홍대용

「도강록」　102, 120, 127, 132, 138, 140, 380

『도강록록외편(弢園文錄外編)』　327

도전(塗田)　186, 194~197

도학　20, 22, 262

독서　25, 27~29, 55, 59, 65, 332, 333, 336~340, 345, 347~350, 358~360, 382, 383

독서인　28, 267, 272, 293, 303, 337, 349, 350, 353, 359

「동관(冬官)」　344

동도서기론(東道西器論)　17

「동호문답(東湖問答)」　317

두우(杜佑)　315, 316

등사민(鄧師閔)　92, 376

따비　201, 202

마

마일룡(馬一龍)　157, 182~184

「마장전(馬駔傳)」　92, 146

마테오 리치(Matteo Ricci)　82~89, 91, 92, 94, 95, 98, 100, 103~106, 108, 111~114, 117, 120, 125~131, 139, 143~146, 262

마횡(馬鑅)　253

『만국공보(萬國公報)』　327

「망양록(忘羊錄)」　52, 83, 127, 254, 252, 258, 279, 280, 283, 288

매점매석　58

맹아론　22

맹자(孟子)　49, 63, 96, 123, 183, 222,
　　305
『맹자(孟子)』　26, 63, 70, 101, 104,
　　107, 108, 123, 163, 164, 183, 222,
　　305, 306, 334, 370
『면양잡록(沔陽雜錄)』　153, 155~157,
　　161, 163~167, 169, 170~174, 202,
　　203, 235, 236
면천군수(沔川郡守)　82, 153, 156, 160,
　　161, 164~166, 169, 171, 174, 202,
　　232, 235, 341, 389
『명사(明史)』　254
『명언과 예화(Sententiae et exempla)』　84,
　　86, 88, 89, 91, 94
『명이대방록(明夷待訪錄)』　322~324, 361
『모랄리아(Moralia)』　91
『목민심서(牧民心書)』　15
목춘(穆春)　253
몽고　273, 275, 277
무관(懋官) → 이덕무
무종(無終)　289
문벌　32, 69, 311~313
「민옹전(閔翁傳)」　100, 370, 371
민족주의　81, 304, 320

바

박규수(朴珪壽)　16, 68, 75, 76, 144,
　　348, 352, 355~359, 361

박남수(朴南壽)　261
박세당(朴世堂)　158, 183, 216
박야(博野)　293
박제가(朴齊家) 재선(在先) 초정(楚亭)　7, 71,
　　73, 75, 88, 89, 92, 93, 100, 152, 188,
　　207, 216, 231, 256, 260, 267, 348,
　　350~352, 359, 361, 374, 376~380,
　　383, 385, 386, 393
박종채(朴宗采)　13, 30, 33, 35, 37~39,
　　65, 67~69, 71, 77, 100, 134, 142,
　　388, 392
반계(磻溪) → 유형원
『반계수록(磻溪隨錄)』　40, 77, 151, 216,
　　312, 314, 319, 320, 361
반선라마(班禪喇嘛)　255, 273, 279, 379
반정균(潘庭筠)　88, 90, 91, 127, 257,
　　373
반청(反淸)　249, 390
「발고정림생원론(跋顧亭林生員論)」　353,
　　354
「발황중본붕우설(跋黃仲本朋友說)」　97,
　　98
『방경각외전(放璚閣外傳)』　89, 92, 96,
　　98, 100, 101, 139, 328, 330
배관(裴寬)　253
백척오동각(百尺梧桐閣)　68, 384
백탑청연(白塔淸緣)　71, 73, 74
벌열　55, 312, 313, 343
범중엄(范仲淹)　306, 355

「범희문청홍학교청선거(范希文請興學
　　校淸選擧)」 355, 356
법고창신(法古創新) 137, 376
법전(法田) 186, 197, 198, 232, 234,
　　236~238
벽사(碧史) → 이우성
변승업(卞承業) 변 부자 54, 55, 58, 65
「병오소회(丙午所懷)」 351, 352
『보안당비급(寶顏堂秘笈)』 85
보이지 않는 손 36, 39, 40
보정(輔廷) 289
봉전(葑田) 191
부즉불리(不卽不離) 121, 132, 133, 136,
　　137
북경 53, 61, 82, 88, 90, 100, 103,
　　246, 252, 254, 255, 257, 258, 260,
　　265, 294, 373, 377~379, 389
북벌(北伐) 22, 52, 56~58, 62, 63, 372
북벌론(北伐論) 248
북촌 68, 388
북학(北學) 21, 51~53, 57, 58, 63, 70,
　　74, 76, 77, 150, 207
북학사상 277, 361
『북학의(北學議)』 73~75, 152, 351,
　　361, 380
북학파 51, 70, 85, 88, 92, 102
분양(糞壤) 175, 182, 208, 217~222,
　　237
분종(糞種) 218, 219, 222

불교(佛敎) 83, 93, 105, 106, 117, 132,
　　133, 136, 137, 141, 251, 272, 281,
　　292, 296, 372, 379
비치(費穉) 253, 266
빈공과(賓貢科) 58

사

사(士)의 실학(實學) 30, 74, 150, 151,
　　186, 215
「사관례(士冠禮)」 356
『사기(史記)』 107, 118, 134, 344, 370
사농공상(士農工商) 32, 252, 266, 291,
　　317, 318, 334, 340, 344, 359
사농합일(士農合一) 319, 345, 352, 353
사대부주설(四大部洲說) 105
사마천(司馬遷) 18, 118, 370
사상(士像) 305, 306, 313, 332, 338,
　　340, 345, 347, 350, 351, 353, 359,
　　360
사상합일(士商合一) 352
사서(四書) 311, 326
사실(史實) 292
4원인설 113, 115
사의식(士意識) 303~307, 321, 322,
　　324, 327, 328, 332, 338, 341, 347,
　　348, 350~352, 355~357, 359, 360,
　　364
사인식 343~345, 347, 357, 358, 360

사전(沙田)　158, 186, 190, 193~198

「사하곽생(沙河郭生)」　348, 349

사학(四學)　314

사회개량론　21

사회인문학　14

『산가요록(山家要錄)』　213, 240

산동　295, 389

산동반도(山東半島)　265

산여(山如)　261

산해관(山海關)　61, 246, 264, 289

산화전(山火田)　193, 197

「상기(象記)」　111~114, 116, 117, 140

상숙(庠塾)　319

상앙(商鞅)　60, 134, 180

상인(商人)　33, 35, 36, 42, 49, 92, 133,
　　　151, 257, 266, 267, 288, 289, 318,
　　　344, 350, 383

상자(商子)　157, 171, 172, 178, 179

상주(尙州)　310, 384

상평통보(常平通寶)　40, 46

상해(上海)　78, 143, 265

상회(尙晦)　261, 378, 385

『색경(穡經)』　158, 180, 216

「생원론」　354

「생원액수(生員額數)」　321, 322, 325

『서경(書經)』　51, 89, 107, 118, 123~
　　　125, 136, 141, 163, 164

서광계(徐光啓)　125, 152~154, 164,
　　　171, 172, 174, 178, 180, 181, 184,
　　　187, 199, 200, 203, 208, 222, 225~
　　　227, 229, 239

서교(西教)　251, 292

서대용(徐大榕)　257

서리(書吏)　315

서리(胥吏)　316, 341, 343

서명응(徐命膺)　158, 212, 227

서번　273, 275, 277, 279

서얼　100, 101, 341~343

서유구(徐有榘)　126, 127, 142, 158,
　　　159, 188, 196, 198, 216, 239

서유린(徐有隣)　67, 374, 379, 381

서학(西學)　76, 81~84, 88, 95, 105,
　　　111, 117, 130, 136~140, 251, 364

서학서(西學書)　82, 84, 88, 103, 112,
　　　122, 125, 126, 136, 137, 140, 364

서황(徐璜)　254

석마향(石馬鄕)　71

석우(錫佑)　261

석치(石癡)　→ 정철조

선무문　267

선진(先秦)　18, 144

선진유학(先秦儒學)　305

『설수외사(雪岫外史)』　74, 77

성경(盛京)　252, 253, 255, 257, 267,
　　　270, 278, 289

성호(星湖)　→ 이익

『성호사설(星湖僿說)』　308, 317, 361

『성호전집(星湖全集)』　142, 308, 315

성호학파(星湖學派) 23, 74

세네카 91

소국과민(小國寡民) 44

소동파(蘇東坡) → 소식

소식(蘇軾) 소동파(蘇東坡) 18, 71, 265, 315, 316

『소창별기(小窓別紀)』 85

『소창산방문집(小倉山房文集)』 327, 361

송시열(宋時烈) 184, 185, 372, 377, 381

「송초천지서(送焦千之序)」 316

수레 37, 46, 47, 58~60, 113, 117, 222, 237, 267, 270, 350

수리(水利) 175~177, 182, 200, 222~ 232, 237, 239, 346, 353

수전(水轉) 69

수차(水車) 69, 125, 192, 195, 226, 227, 229~231, 237, 240

『순자(荀子)』 49, 222

숭명반청(崇明反淸) 52

『시경』 107, 122, 123, 135, 164, 336

시마다 겐지 306, 361

시사(時事) 56, 57, 292, 295

신농씨(神農氏) 37, 200

신돈복(辛敦復) 189, 190, 239

신분제도 신분제 101, 235, 303, 316, 319~321, 335, 341, 352, 355, 362

신속(申洬) 158, 159, 160, 184, 185, 213, 214, 239

신우궁(信祐宮) 253

신종(神宗) 316

『신학대전』 86, 112

실학(實學) 5, 6, 13, 14, 17, 19, 21~24, 29, 30, 32, 33, 41, 43, 59, 72, 75~ 78, 81, 138, 149~151, 186, 241, 267, 268, 299, 301, 303~305, 320, 327, 344, 345, 347, 351, 353, 359~364

「실학연구서설」 5, 303

「심세편(審勢篇)」 52, 249, 251, 274, 275, 286

심약(沈約) 315, 316

심양(瀋陽) 61, 252

써레 210

아

아리스토텔레스 86, 94, 113, 115, 129

『아방강역고(我邦彊域考)』 15

아우구스티누스 86, 89

악률(樂律) 72, 292

「악양루기(岳陽樓記)」 306

안동(安東) 310

안드레아스 에보렌시스(Andreas Eborensis) 84

안설(按說) 154, 169, 172, 174, 175, 177, 178, 185, 196, 199, 206, 214, 221, 227, 236, 344, 355, 391

안의 67~69, 93, 341, 383~391, 393

안정복(安鼎福) 103

알레니   105~107

알적(遏糴)   34, 35, 38

애국계몽운동   15

애덤 스미스(Adam Smith)   39, 48, 77

「야숙강산(夜宿薑山)」   89

양등   289

양매서가(楊梅書街)   254

「양매시화(楊梅詩話)」   251, 255, 258,
    281, 282, 321, 325

양반   21, 24, 25, 41, 42, 92, 95, 100,
    308, 310, 315, 328, 329, 331, 347,
    354, 355

「양반전(兩班傳)」   24, 25, 30, 328, 330,
    331, 333, 334, 338, 347, 359

양백후(梁伯厚)   261

양선(颺扇)   69

양연계(楊延桂)   257

여람(呂覽)   157

여람(呂覽) → 『여씨춘추(呂氏春秋)』

여숙(閭塾)   314

『여씨춘추(呂氏春秋)』 여람(呂覽)   180~
    182, 186, 209

여영시(余英時)   24, 78, 306, 361

『여유당전서(與猶堂全書)』   353, 354

연경   248, 264, 349

『연기(燕記)』   123, 127, 269, 348, 349

연문소도(沿文泝道)   20

연민문고   83, 119, 155, 321

연상각(蓮湘閣)   68, 374, 384

연시(燕市)   47

「연암집원서(燕巖集原序)」   18

『연암집』   15, 16, 18, 57, 68, 83, 112,
    142, 155, 164, 165, 169, 172, 173,
    252, 259, 321, 328, 361, 374, 377,
    378, 385, 387, 389~391

연암학파(燕巖學派)   23, 70, 71, 74, 76,
    364

연암협(燕巖峽)   168, 173, 174, 177,
    236, 328, 332, 375, 377~379, 381,
    382, 391, 393

『연행록(燕行錄)』   251

열하(熱河)   100, 246, 252~255, 257,
    258, 261, 273, 280, 292~294, 328,
    341, 379

『열하일기(熱河日記)』   20~22, 24, 50~
    54, 57~59, 61~63, 67, 70, 73, 75,
    77, 78, 82, 83, 102, 103, 107~112,
    117~121, 127, 130, 132, 133, 136~
    140, 142, 144~146, 155, 230, 245~
    258, 260, 262~264, 267, 268, 270,
    272, 274, 275, 277~283, 285, 286,
    288~292, 294~299, 321, 328, 338~
    340, 363, 364, 379, 380, 385, 390,
    391

『열하피서록(熱河避暑錄)』   87, 88, 92,
    139, 142

영평부(永平府)   269

영하(寧夏)   255

「예덕선생전(穢德先生傳)」 89, 90, 101, 139, 146

「예문지(藝文志)」 344

예속재(藝粟齋) 252, 253, 279

예악(禮樂) 286, 357, 358, 360

예악형정(禮樂刑政) 28

오대주설(五大洲說) 105

오복(吳復) 253, 266

「옥갑야화(玉匣夜話)」 24, 25, 29, 53~ 58, 338~340

온백고(溫伯高) 253

옹정제(雍正帝) 272

완당(阮堂) → 김정희

왕도(王韜) 327

왕민호(王民皞) 곡정(鵠亭) 82, 100, 127, 252, 253, 261, 262, 271~274, 283, 284, 288, 291, 293, 295~297, 379

왕성(王晟) 255

왕숙(王肅) 283

왕신(汪新) 254

요동(遼東) 61, 102, 109, 214, 246, 264, 268, 269

요순(堯舜) 26, 27, 56, 271, 272

용골차(龍骨車) 69, 230, 231

용미차(龍尾車) 69, 230, 231

「용미차설(龍尾車說)」 74

『용재소사(榕齋小史)』 261

「우상전(虞裳傳)」 100, 105, 373

『우서(迂書)』 32, 41, 77, 310, 311, 313, 318, 361

우전(圩田) 191

『우정론』 86, 89, 91, 94

『원각경(圓覺經)』 132, 137

원매(袁枚) 321, 322, 324, 326, 327, 361

「원사(原士)」 25~29, 303, 322, 326~ 328, 331~339, 345, 347, 355, 358

「원신(原臣)」 323, 324

월세계(月世界) 261, 281

위전(圍田) 186, 190~192, 196

유구(琉球) 264, 274

유금(柳琴) 126, 133, 374

유도경의(儒道經義) 292

유득공(柳得恭) 혜풍(惠風) 71, 92, 100, 126, 260, 374

유리창(琉璃廠) 61, 252, 254, 258, 267, 282

유만주(兪晩柱) 89, 107, 126, 142

유민익국(裕民益國) 13, 30, 33, 47, 49, 150, 363

유민족국(裕民足國) 49

유반(劉攽) 315, 316

유세기(兪世琦) 100, 254, 255, 379

유수원(柳壽垣) 농암(聾庵) 32, 41, 42, 44, 45, 77, 307, 310~313, 318

유안공(遺安公) 71

유클리드의 원론(原論) 15권(Euclidis Elementorum Libri XV) 125

유형원(柳馨遠) 반계(磻溪)　5, 7, 40, 77,
　　149, 151, 216, 240, 307, 312~314,
　　316, 319, 320, 326, 330, 331, 339,
　　340, 358, 361, 363
유황포(兪黃圃)　258, 282
「육두(六蠹)」　308, 309, 317
육일루(六一樓)　254
윤가전(尹嘉銓)　127, 252, 254, 258,
　　275, 280, 284, 288, 293~295, 297,
　　379
윤시동(尹蓍東)　69
윤연(輪碾)　69
율곡(栗谷) → 이이
『율곡전서(栗谷全書)』　317
율도국　56
은(銀)　45~48, 54
음조(音調)　292
의기(儀器)　262, 292
『의례(儀禮)』　356, 377
「의청소통소(擬請疏通疏)」　337, 341, 342
이가원　50, 77, 82, 144, 329
이강회(李綱會)　75
이귀몽(李龜蒙)　253, 266
이덕무(李德懋) 무관(懋官) 형암(炯菴)　71,
　　88~93, 99, 100, 123, 142, 256,
　　257, 260, 267, 374~379, 383, 385,
　　386, 388
이반의 나라　44
이사(李斯)　60

이상진(李尙眞)　188, 189
이서구(李書九) 강산(薑山)　71, 88, 90, 92,
　　142, 374, 376, 377, 387, 388
이식(李植)　212
이언진　100, 105~107, 109, 373
이완　56
이용　58, 63, 64, 66, 67, 76, 201, 202,
　　206, 211, 216, 220, 222, 223, 225,
　　226, 228, 230, 237, 245, 255, 287,
　　320, 350, 364
이용→후생→정덕　64
이용후생(利用厚生)　5, 13, 19, 23, 31,
　　50~52, 58, 63, 64, 69, 70, 72, 76,
　　229, 268, 340, 346, 351, 356, 359
이용후생파　6, 70, 150, 266, 363, 364
이용후생학　70, 71, 74, 75, 83, 364
이우성 벽사(碧史)　5, 23, 74, 75, 78, 150,
　　303, 304
이이(李珥) 율곡(栗谷)　317
이익(李瀷) 성호(星湖)　5, 7, 41~43, 77,
　　103, 126, 142, 150, 307~309, 311,
　　312, 315~318, 326, 331, 339, 343,
　　345, 361, 363, 364
이자성(李自成)　273
이재성(李在誠) 재성(在誠)　376, 379, 385,
　　388, 391
이정관(李正觀)　355
이정구(李鼎九)　90
『이조한문단편집』　25

이중존(李仲存)　261

이중환(李重煥)　37, 38, 77

이희경(李喜經)　67, 73, 74, 77, 100, 231, 379, 385

이희영(李喜英)　83, 385, 393

인심도심(人心道心)　123, 136, 137, 141

「일신수필(馹迅隨筆)」　59, 61, 62

「일야구도하기(一夜九渡河記)」　117~119

『일지록(日知錄)』　321, 322, 324~326

『임원경제지(林園經濟志)』　158, 159, 188, 196, 239

자

자공(子貢)　283

자로(子路)　309

자산　133~137, 140, 141

「자서(自序)」　96~98, 139, 330, 333, 351, 376

『장자(莊子)』　107, 116, 118

재선(在先) → 박제가

재성(在誠) → 이재성

「적언찬(適言讚)」　88~90

전관(錢官)　42

전당(錢塘)　259

전동흘(田東屹)　189, 190

「전론(田論)」　352

전만성(全萬誠)　224, 225

전법자통(錢法自通)　42

전벽(磚甓)　66, 67

전사가(田仕可)　288~291, 297

전순의(全循義)　213

전의감동(典醫監洞)　71, 74, 375

「전제(田制)」　147, 158, 161, 169, 186

전주(田疇)　289

전황(錢荒)　40, 44~46

정덕(正德)　50, 51, 63, 64, 76, 346, 350

『정성시산(正聲詩刪)』　293

정약용(丁若鏞) 다산(茶山)　6, 14, 15, 75, 348, 352~355, 359

정자(程子)　96, 114~116, 119, 120, 124

정전(井田)　197, 234, 236, 237

정철조(鄭喆祚) 석치(石癡)　71~73, 127, 376, 380

정조(正祖)　30, 67, 344, 352

「제가총론(諸家總論)」　30, 153, 164, 171, 178, 185, 186, 236, 301, 303, 327, 344

「제물론(齊物論)」　116

『제민요술(齊民要術)』　152, 157, 187, 207~209, 218, 219

제전(梯田)　186, 192, 193

조공체계　322

조과(趙過)　196, 214

조선(漕船)　264

조선학　19, 21

조선학운동　19, 21, 23

조설범(趙雪帆)　259

조수선(曹秀先) 254

조진택(趙鎭宅) 157

존명배청(尊明排淸) 249, 391

존명의리(尊明義理) 23

『좌전(左傳)』 134

『주례(周禮)』 59, 164, 218, 344, 377

주석(註釋) 154, 169

주자(朱子) 96, 114, 115, 124, 136,
　　141, 184, 185, 275, 358

주자 권농문 160, 177, 184~186

준소(峻少) 44

줄리오 알레니〔艾儒略〕 105, 106

중국 농기구 수입론 147, 199, 202,
　　206, 207, 236

『중론(中論)』 132

중세 129, 206, 304, 321

『증보산림경제(增補山林經濟)』 152, 158,
　　159, 188, 212, 220, 221

증자(曾子) 306, 309

『지봉유설(芝峯類說)』 85, 103

지원설(地圓說) 105

지전설(地轉說) 22, 261, 281, 379

직기(織機) 69

직례(直隸) 293

『직방외기(職方外紀)』 106, 107

「진과농소초문(進課農小抄文)」 162, 165,
　　167, 169, 172, 173, 176, 177

진시황 272, 275

진정훈(陳庭訓) 254

차

「차제(車制)」 59, 61

천문(天文) 292

천선묘(天仙廟) 255

『천애지기서(天涯知己書)』 91

천원지방설(天圓地方說) 105

『천일야화(千一夜話)』 53

천주만물창조설 8, 79, 102, 111, 117,
　　140

『천주실의(天主實義)』 84, 102~114,
　　116, 117, 120, 139, 140, 143

「천폐의(泉幣議)」 44, 46, 73

『천학문답(天學問答)』 103

『천학초함(天學初函)』 85, 88, 103, 126,
　　127

「청비록서(淸脾錄序)」 256

초백강(焦伯强) 316

초정(楚亭) → 박제가

「초정집서(楚亭集序)」 137, 376

초팽령(初彭齡) 255, 379

최한기(崔漢綺) 6, 75, 76

추사시(鄒舍是) 253, 262, 263, 287,
　　288, 295~297

춘당대(春塘臺) 67, 73

춘추대의(春秋大義) 249

출납유방(出納有方) 42

「칠사고(七事考)」 157

카

칸트　320
클라비우스(C. Clavius)　125～130
키케로　86, 89, 91, 94, 143

타

탈근대　304
태원　289
태자하(太子河)　269
태청문(太淸門)　253
태학　295, 379
태학관(太學館)　253, 261
『택리지(擇里志)』　37
토마스 아퀴나스　86, 112, 117
토머스 먼(Thomas Mun)　48
토의(土宜)　176
토지제도　134, 232, 303
톨스토이　44
『통감절요(通鑑節要)』　311
「통상의(通商議)」　34, 39, 44, 46, 73
『통전(通典)』　196, 315
투영도법(投影圖法)　129
특권층　312～316, 321, 337, 342, 358,
　　360
티베트　279, 280, 379

파

파(耙)　209, 210
파로회회도(破老回回圖)　254
『팽성집(彭城集)』　316
「편제(編題)」　162, 165, 167, 176
포관(抱關)　289
포전(圃田)　186, 190
풍병건(馮秉健)　255, 379
프로클루스(Proclus)　129, 130
플루타르코스　91
피당(陂塘)　227, 228

하

하풍죽로당(荷風竹露堂)　68, 384, 385
학교　311, 314, 319, 322, 325, 337,
　　357, 358, 360, 387
『학산한언(鶴山閑言)』　189, 190
학성(郝成)　254, 261
학지정(郝志亭)　296
「한민명전의(限民名田議)」　147, 173,
　　232, 234, 235, 237, 391
『한서(漢書)』　87, 344
한유(韓愈)　18, 371
한전제(限田制)　234
『한정록(閑情錄)』　213
한혜당(韓惠堂)　261
『항창자(亢倉子)』　181

「해람편(海覽篇)」 105

해외무역 73, 352

허생 29, 55~58, 64, 65, 338~340,
　　　347, 359

「허생전(許生傳)」 22~25, 53, 338

허초희(許楚姬) 난설헌(蘭雪軒) 256

헌원씨(軒轅氏) 59

형산(亨山) 283, 284, 293

형암(炯菴) → 이덕무

혜풍(惠風) → 유득공

호곡장론(好哭場論) 102, 107, 109, 140

「호동거실(衚衕居室)」 106, 109

「호질(虎叱)」 107, 110, 146, 263, 287,
　　　338

홍기문(洪起文) 15, 19, 20, 22, 57

『홍길동전』 56

홍대용(洪大容) 담헌(湛軒) 덕보(德保) 71, 88,
　　　90~93, 100, 123, 127, 251, 256,
　　　260, 261, 267~271, 347~350, 359,
　　　373, 376, 378~380, 394

홍명복(洪命福) 120~123, 136, 140

홍양호(洪良浩) 157

화산(華山) → 김이도

「화식열전(貨殖列傳)」 344

화폐 40~48, 180, 385

화폐경제 40, 41, 43, 46, 47, 50

화폐긍정론 41~44

화폐부정론 41~43

화포법(花布法) 66

황교(黃教) 255, 279, 281, 286

「황도기략(黃圖紀略)」 83

황성 259, 291

황제(黃帝) 59

황종희(黃宗羲) 37, 321~325, 335, 359

「회성원집발(繪聲園集跋)」 85, 87, 92,
　　　100, 112, 139, 376

「회우록서(會友錄序)」 90~93, 100, 139,
　　　373

효제충신 27, 28, 359

후생 50, 63~65, 76, 350

흉일(凶日) 211~213

『흠영(欽英)』 89, 107, 126

『흠흠신서(欽欽新書)』 15

히폴리트 텐(Hippolyte Taine) 19

집필진(원고 게재 순)

임형택 · 성균관대학교 명예교수
김명호 · 서울대학교 국어국문학과 교수
염정섭 · 한림대학교 사학과 교수
리쉐탕 · 중국 산동대학교 한국학대학 교수
김용태 · 성균관대학교 한문학과 교수

실시학사 실학연구총서 04

연암 박지원 연구

1판 1쇄 인쇄 2012년 6월 10일
1판 1쇄 발행 2012년 6월 30일

기획 | 재단법인 실시학사
집필진 | 임형택 · 김명호 · 염정섭 · 리쉐탕 · 김용태

펴낸이 | 김준영
출판부장 | 박광민
편집 | 신철호 · 현상철 · 구남희
디자인 | 이민영
마케팅 | 유인근 · 송지혜
관리 | 조승현 · 김지현
외주디자인 | 김상보 · 고연
용지 | 화인페이퍼
출력 | 아이앤지프로세스
인쇄 · 제책 | 삼화인쇄

펴낸곳 | 성균관대학교 출판부 · 사람의무늬
등록 | 1975년 5월 21일 제1975-9호
주소 | 110-745 서울특별시 종로구 성균관로 25-2
전화 | 02)760-1252~4 팩스 | 02)762-7452
홈페이지 | http://press.skku.edu

ⓒ 2012, 재단법인 실시학사
ISBN 978-89-7986-927-9 94150
　　　978-89-7986-923-1 (세트)
값 25,000원